JN223012

デイブ・チェケッツ（左）とパット・ライリーの仕事上の関係は、1991年に行われたこのライリー就任会見の様子からもわかるとおり、幸せな始まり方をした。しかし4年後には険悪な関係となり離別。裏取引の訴訟沙汰を経て、ニックスとその後ライリーが移籍してオーナーの一人となったマイアミ・ヒートの激しいライバル関係へと発展していく。

当時のニューヨークで誰よりも強力な存在だったのが、セブンフッターのパトリック・ユーイングだ。大学時代には、ディフェンスを得意としたビル・ラッセルと比較されることが多かったが、プロ入り後にオフェンス面を強化。ビッグマンとしては史上最高のジャンプシューターと称されるまでに成長し、まったく異なるタイプのタレントとして飛躍した。ただ、ユーイング以外のオフェンス力が限られていたニックスを約束の地に導くことはできなかった。

ニックスの1990年代における一連の成功は、ライバル関係と、誰であれ目の前に現れた相手から決して逃げない姿勢の二つから生み出されていた。特に、毎年5月から6月あたりにやってくるプレイオフでのブルズとの対戦は、世間の注目の的。行き過ぎた闘志を見せていたジョン・スタークス（左）は、いつの間にかシカゴのファンから悪役扱いされるようになっていた。

肉弾戦がニックスを特徴づける要素の心臓部だとしたら、チャールズ・オークリーは全身を巡る血液だ。彼らがプレイした時代にあっては最もフィジカルなプレイヤーだったかもしれない。1992-93シーズンにはフレイグラント・ファウル数が9個とNBA全体で最も多く、二番目に多かったプレイヤーの倍以上。チーム合計でもその数字に届かなかったチームが15もあった。そんなオークリーの存在も一つの理由となって、リーグはフレイグラント・ファウル数が一定に達したプレイヤーを出場停止にするようになったのだ。

あの頃のニックスで最も派手だったアンソニー・メイソンは、荒削りながらロスターで最も頑健なプレイヤーの一人だった。しかしメイソンは、息子のアントワンと写っているこの一枚からも感じられるように、感受性が強く傷つきやすい側面もあったのだ。それはニックスにいた頃にはあまり知られていなかった。

本当に喧嘩のようだったニックスとブルズのライバル関係にあって、ブルズはニックスにない切り札を持っていた。マイケル・ジョーダンだ。あの1990年代にはポストシーズンで5回顔を合わせ、ブルズがそのうち4回勝っている。唯一ニックスが勝ったのは1994年。それはジョーダンが引退し、リーグにいなかったシーズンだ。ニックスはその1994年と1999年にNBAファイナル進出を果たしたが、そのどちらもジョーダンが引退した直後のシーズンだというのも興味深い。

ニックスの歴史の中で不名誉な瞬間を一つ挙げるとすれば、1993年6月2日にマディソン・スクエア・ガーデンで起こった出来事だろう。フォワードのチャールズ・スミスは、試合終了間際にゴール下で執拗に群がり来るブルズのディフェンダーに囲まれ、4秒間に4回ボールを失い得点機を阻まれた。公正かどうかは別にして、あのイースタン・カンファレンス・ファイナル第5戦で、膝の慢性的な故障に苦しんだスミスのキャリアが定まってしまった。

1990年に初めてニューヨークのトレーニングキャンプに加わってこの方、ジョン・スタークスは節目節目で誰かの上からダンクを叩き込んできた。1993年のカンファレンス・ファイナル第2戦で、ホーレス・グラントとマイケル・ジョーダンの頭越しに左手でぶち込んでブルズに対する勝利を決定づけた一撃は、数十年を経てもあの時代の魅力を浮き彫りにする名場面だ。スタークスは、あの場面についてファンから言葉をかけられない日がないという。

1994年のカンファレンス・ファイナル第7戦でペイサーズを倒し、イースタン・カンファレンスの王座に就いたあと、ガーデンで両腕を掲げるパトリック・ユーイング。この試合では24得点、22リバウンド、7アシスト、5ブロックを記録。終了間際にはジョン・スタークスのミスショットをダンクでフォローし、ニックスのNBAファイナル行きを動かぬものとした。

コーチのパット・ライリーとアンソニー・メイソンの関係は何度か危なっかしい経過をたどり、ライリーは反抗的なメイソンを2年連続でシーズン終盤に出場停止にしたこともあった。それでもライリーは、彼ならではのディフェンス力を買って、後年ヒートでも契約を交わしている。メイソンが2015年に心臓発作のため48歳で亡くなった際には、マディソンでの葬儀でライリーも哀悼の辞を述べた。

誰よりも意外性があり気まぐれなプレイヤー、それがジョン・スタークスだ。ロケッツとの1994NBAファイナルでは、彼のジャンプショットが第4・5・6戦の終盤に調子づいたことで、ニックスはもう一息でタイトル獲得というところまで来ることができた。しかし第7戦ではそのショットが18本中2本しか決まらず、3ポイントショットにいたっては11本すべてがミスという寒々しい出来。それが響いてニックスは王座を逃している。

ガーデンで行われた1995年のカンファレンス・セミファイナル第7戦で、勝利を喜ぶペイサーズのシャープシューター、レジー・ミラー。彼は、挑発的な仕草とニックス戦で何度も爆発的な得点力を発揮したことで、ニックスファンがこぞって憎んだプレイヤーだ。このペイサーズの勝利は、ニックスにおけるパット・ライリーの時代に終止符を打った。

ジェフ・ヴァン・ガンディがニックスのコーチに就任したのは1996年。パット・ライリーのあとを引き継いだドン・ネルソンが、大多数のプレイヤーから信任を失ってチームを去ったときだ。次々と新たな契約やトレードが行われたあと、ヴァン・ガンディが1990年代の終わりに差しかかる時期に率いたロスターは、年長のパトリック・ユーイングをラトレル・スプリーウェル（左）、アラン・ヒューストン、そしてラリー・ジョンソンらで支える構成だった。

ロックアウトで短縮日程となった1999年のシーズン中、ニックスは連続ドラマが作れそうなほど話題が豊富だった。ケガあり、マネジメントの内輪揉めあり、ロッカールームの言い争いありで、プレイオフ進出は難しいかと思われるような状態。しかも、GMのアーニー・グランフェルドが、レギュラーシーズンの最後の8試合を残して実質的に解雇されてしまう。しかしそんなチームが、パトリック・ユーイングをアキレス腱部分断裂で欠いた状態でNBAファイナルに進出したのだから面白い。

BLOOD IN THE GARDEN

熱血のMSG（マディソンスクエアガーデン）

1990年代“いきすぎ”ニューヨーク・ニックス激闘譜

クリス・ヘリング 著

島本和彦 訳

イースト・プレス

ヘリング一家のマーシャとセドリック、
僕が望みうる最高の両親へ。
僕はあなた方にとっての誇りになれるようにと生きてきて、
今、それができたのではないかと、祈るような気持ちです。
また会いましょう。愛しているよ。

BLOOD IN THE GARDEN

プロローグ

1994年の春を思い出す。あの頃はツー・ペン・プラザ（ペンシルベニア・プラザ）に行けばいつでもたらふく食える時期があった。

当時、マディソン・スクエア・ガーデンのオフィスで働くニューヨーク・ニックス（以下、ニックス）の従業員たちは、金に糸目をつけない食べ放題のランチを、14階のホールでふるまわれていたのだ——中華麺でも具だくさんのサンドウィッチでもハラペーニョチーズペッパーでも、エッグロールからデザートまで——ニックスが3連勝したら、いつでも。

ニックスはNBAの金満クラブに仲間入りするとともに、バスケットボールの実力的にもリーグで最も恐れられる存在になりつつある時期だった。39勝のみじめな成績に終わった1990–91年シーズン以降の戦力補強のテコ入れで、翌1991–92年シーズンはレギュラーシーズンで51勝を挙げ、翌1992–93年シーズンにはイースタン・カンファレンス最高成績の60勝まで数字を伸ばしていた。その頃には、無料の食べ放題ランチもまれではなくなり、当然のごとく予想される出来事になっていた。

それが豪華なビュッフェになったきっかけは、1994年3月にパット・ライリー率いるニックスが次々と対戦相手を餌食にし、フランチャイズ新記録の15連勝を飾ったことだった。祝福のランチは5週間に渡って毎週ふるまわれた。クラブの事業部長を務めるフランク・マーフィーが、歓喜の食事を〝ランチパレード〟形式で行おうと決めたのだった。

「みんな楽しんでくれよ」と上役の立場から従業員に声をかける。「こんなことはもうないだろうから。特別だよ」。

部屋にいた従業人の中には、54歳のマーフィーが諸行無常を説く意味がわからなかったことだろう。マーフィーは確かに、前にもそんなことを言っていたから。しかしこのときの15連勝はモノが違った。その電撃的な勢いに、誰もが乗りたいと感じた。

「僕は30代で楽観視していて、彼に『そんなことを言わないでくださいよ。これからはずっとこのまま行けるでしょう』と返していたんです」と話すのは、当時マーケティング担当ディレクターだったパム・ハリスだ。「でも今振り返ると、フランクが言っていたことは的を射ていましたね」。

そして、このとき誰一人としてこの組織がその後知られているような急降下をたどるとは想像していなかった。「特別」と言ったマーフィーさえも……。

ニックスは、ＮＢＡが最もまぶしく輝いた黄金期を代表するチームの一つだ。10年連続プレイオフ進出、三度のカンファレンス・ファイナル進出、ＮＢＡファイナルでは二度戦った。それだけに、その後の20年間でニューヨークが完全崩壊するなど想像しえないことだったのだ。

ジェフ・ヴァン・ガンディＨＣが２００１年12月8日に突如辞任したことで、１９９０年代のニックスが宿したＤＮＡの名残はほぼ失われてしまった。総じて、彼が舞台を降りたその日以来、かって誇りに満ちていた組織は破滅と呼ぶべき経過をたどっている。全米最大の都市を拠点とし、どこのクラブよりもロスターに金をつぎ込んできたにもかかわらず、ニックスはどこのクラブよりも解雇したコーチの人数が多く、黒星の数が多く、プレイオフで勝利したシリーズの数が少ないのだ。ニッカーボッカーズ（ニックスの正式名称）が最後にファイナル進出を果たしたときから25年近く（本書初版発売時点）が過ぎ、同時にニックスが最後にリーグ制覇を果たしてから50周年を迎え、今ではファンが単にチームとして機能しそうだということに喜びを感じなければならない状態だ。多くのファンは無料ビュッフェランチくらいふるまわれてもいいんじゃなかろうか。

そんな下降の一途を耐え忍ぶ年月は、90年代のニックスへの郷愁を募らせる。いや、あの時代のチームが不朽の名作だったとは言わない。リーグで最高の能力を備えたプレイヤーがそろったわけでもなかった。しかし技術がなかった部分は闘魂（文字通り乱闘ということもあった）で補い、燃えるようなプレイを披露し、その奮闘する姿は数えきれないニューヨーカーたちから愛された。

例えば、ジョン・スタークス。ときにはセーフウェイ（アメリカの有名スーパーマーケットチェーン）で時給3・35ドルのレジ係のアルバイトをして、四つの大学でプレイしたあと、ドラフト外でプロ入りしてオールスターになった彼の姿に、ファンはまったくと言ってよいほど勝ち目のない劣勢を不屈の努力で跳ね返した勝者の姿を見いだしていた。ブルーカラーのアンダードッグ。スタークスはニューヨーカーたち自身を体現する存在だったのだ。

当時のニックスは見る者に何かを感じさせるチームだった。懸命にがんばるプレイヤーたちを、ファンは誇りに思った。リーグの重役たちは頭を抱えながらニックスのプレイヤーたちに罰則を言い渡すのだが、あまりにもがむしゃらでフィジカルなプレイスタイルに対し、最後にはルールブックを変えなければならなかった。ニューヨークを相手に戦うプレイヤーたちは、通常のバスケットボールの試合の2倍はタフな12ラウンドのボクシングマッチで味わうような、骨がきしむほどの苦痛を味わわなければならなかった。

「ガーデンに行ってニックスとやるときは、絶対に勝てるかどうかはわからなかったな」とホーレス・グラントは当時を振り返る。「だけど、血を見るってことだけは最初からわかっていたよ」。

１９９０年代のニックスはあるがままで多彩なチームだった。ときにはコート外でもコート上と同じように、目に余るとんでもない事をしでかした。力でねじ伏せにかかってくる「フォレストガンプ」のようなものだ。そこにはマイケル・ジョーダンがけん引したシカゴ・ブルズのダイナスティーに始まり、１９９４ＮＢＡファイナル期間中に起こったＯ・Ｊ・シンプソンの逃走劇あり、レジー・ミラーが9秒間で8得点を挙げた１９９５年の大逆転劇あり、ライリーがＨＣとして率いたマイアミ・ヒートとの流血の激闘ありと、歴史的瞬間の数々がより合わされている。ニューヨーク・ニックスを語れば、そのままリーグ全体の最も輝かしい時代を語ることになるのだ。

にもかかわらず、その全貌が語られることはなかった。でもこうして今、プレイヤーやコーチ、トレーナー、対戦相手、友人知人、家族、クラブの上層部など、ニックスを取り囲む人々への数百本に上るインタビューをもとに、それができるようになった。ライバル対決やうわさ、確執と闘争の数々。表に出なかった歴史の裏側や驚くべき新事実を見ていこう。

わかっていると思うが、この本では手加減はなしだ。それがニックスの魅力だから。

熱血のMSG マディソンスクエアガーデン

1990年代"いきすぎ"ニューヨーク・ニックス激闘譜

目次

目次

CONTENTS

BLOOD IN THE GARDEN

1 力という新言語

ニックスのコーチに就任した後、初練習の最初の20分間だけで、パット・ライリーはすでに心を乱していた。いつものように蒸し暑い1991年10月4日の朝、サウスキャロライナ州チャールストン。練習場に空調はない。サウナとしてなら最高と言えそうな、息苦しくなるような空気だ。しかし、コーチの身だしなみが崩れてしまっていた理由は、その暑さが原因ではない。ライリーは2年前に『GQ』の表紙に登場したときから、ビシっと決めたオールバックのヘアスタイルとおしゃれなアルマーニをまとった姿で知られた存在だ。しかし今、ポマードでセットしたヘアスタイルはかき乱されていた。チームが用意したポロは汗だくで、息切れしたように193㎝の長身を折り曲げて両手を膝についている。

46歳の彼は、すでに現代NBA史において最も成功したコーチだ。〝ショータイム・レイカーズ〟を四度のリーグ制覇に導いた頃は、プレイヤーたちがコートを行ったり来たりするのをサイドライン越しにじっと見ているだけでよかった。しかしこの日の朝、コーチとして手がけた最初の練習メニュー中に二人のプレイヤーが〝殺し合い〟のような衝突を起こす。それを止めようとコートを走っていったライリーのスタイルは、それまでとは大いに違っていた。

始まりは、3対3のリバウンド練習をやろうとライリーがチームのメンバーを分けたことだった。小柄なウイングプレイヤーたちは、反対側のコートでアシスタントのジェフ・ヴァン・ガンディとディック・ハーターが対応していた。こちら側ではポストプレイヤーたちが、ライリーとアシスタントのポール・サイラスとともに取り組んでいる。単純な練習で、コーチが15フィート（約4・6m）のジャンプショットを放ち、それがゴールからこぼれたボールを6人のプレイヤーがペイントでポジション争いをして奪い合うのだ。

ポストプレイヤーたちのグループでは、肘鉄の鋭いゼイヴィア・マクダニエルが、相手となるプレイヤーの足を引っかけるというこずるい手口で勝負を支配していた。マクダニエルは移籍してきたばかりだが、オールスター選出歴もあるベテランだ。ライリーとサイラスのショットがリムに弾かれ、プレイヤーたちが体をぶつけ合って猛進して行こうとするたびに、マクダニエルはこれから跳び上がろうという体勢のほかのプレイヤーをつんのめらせる狡猾な奇策で邪魔していたのだ。マクダニエルはこのやり口で、キャンプに招かれていたアンソニー・メイソンの前で二度ボールをつかんでいた。メイソンは、マクダニエルが最初に足を引っかけたときには、ただの偶然だろうと気にかけなかった。しかし二度目は黙っていられない。

「今度そんな汚いやり方をしたら、やり返すからな！」メイソンはマクダニエルに向かって怒鳴りつけた。しかしマクダニエルはメイソンの威嚇を気にかける様子もなく、次のプレイでルーキーのビッグマン、パトリック・エディーを転ばせ、自分は空中高く跳び上がってまた一つリバウンドをかっさらう。身長２０１cm、体重１１３kgのメイソンの堪忍袋の緒が切れた。警告ではない。さっき言ったことを実行に移すのだ。

肩の筋肉がボーリングのボールのように盛り上がった左利きの大男が、巨体を揺らしてマクダニエルに近づいていき、左の拳で顎に強烈なパンチをお見舞いした。その音があまりにもデカかったので、コートの反対側にいたメンバーにまで聞こえた。メイソンの一撃で練習場は一瞬静寂に包まれた。頭にきたマクダニエルは、大きな異状がないことを確認しようとするかのように、少しのあいだ自分の顔に手を当てていた。しかしすぐに、猛牛がマタドールを追いかけるかのように、24歳のメイソンめがけて突進し始めた。

サイドラインの方向にあとずさりするメイソンに近づいたマクダニエルは、相手をつかまえるより早く右のKOパンチをお見舞いした。その後、互いに何発ずつかの応酬を経たところで、ライリーと5、6人のチームメイトが分け入って乱闘を止めた。

「コイツをあとで連れてこい！」。引き離されながら、マクダニエルはこう叫んだ。

メイソンがチームでこんな出来事の主役を張ったのはこのときが初めてだ。もちろんこれが最後でもない。

このときのメイソンは、漫画のような筋骨隆々の体格こそ際立つ存在だったが、バスケットボールプレイヤーとしてはまだ知られてはいなかった。

遊牧民のように世界中を転々とし、様々なリーグでプレイを重ね、自分がこの世界で生きていけることを示そうとがむしゃらになっていた。トルコやベネズエラのプロチームでプレイし、バスでの長旅で尻の感覚が麻痺する遠征や、小さな飛行機に乗れたとしても座席が狭すぎて横向きに座らなければならないような体験を積み重ねてきた。言葉のわからない国で2年間プレイし、社会的に孤立し、慣れない食事を我慢し続けて、ようやくNBA入りのチャンスを手にしたところだった。しかも単に長年の目標を達成するというだけでなく、それを自らが育ったニューヨーク、数えきれない回数をアウトドアコートでプレイしてきた特別な街で実現できるかもしれないのだ。

契約の保証もなく開幕ロスター入りを確約されたわけでもないメイソンには、マクダニエルともめようという気などなかった。代償が大きすぎる。ここまで来て、また世界一周旅行を最初からやり直しするなどやっていられない。

「メイス（メイソンのニックネーム）はボックスアウトの練習に、NBAファイナル第7戦のような真剣さで取り組んでいたよ」と語るのは、この乱闘に割って入ったセンターのティム・マコーミックだ。

マクダニエルは、ようやくロスター入りの選考機会を得たメイソンとは、様々な意味で好対照の立場と言えた。同じチャールストンのコートに立っていると言っても、サウスキャロライナ州が地元のマクダニエルは、最初の練習に参加するまでに世界中を巡る必要などなく、たった19分で到着だ。数か月前に、得点力を必要としたニックスがシアトル・スーパーソニックスからトレードで獲得したプレイヤーで、ドラフト全体4位指名でプロ入りした。前シーズンは平均17得点・7リバウンドを記録しており、ニックスは彼をスモールフォワードの位置でスターターにする考えだった。ニックスにおけるマクダニエルの立場は、チームメイトでスーパースターのパトリック・ユーイングと同じくらい保証されていたのだ。キャンプ初日に彼がチームに対して証明すべきものは何もなかった。

だからといってマクダニエルも、メイソンと同じく一歩も引くつもりはなかった。マクダニエルは強さを誇示する質の男だったのだ。特に自分の〝男〟を見せつけたがった。シアトル時代のチームメイトによれば、試合後のロッカールームで局部を勃起させ、硬くなった一物にタオルを引っかけて歩き回るようなこともあったという。喧嘩も好んでやった。それもかなり頻繁に、であった。

「〝X（マクダニエルのニックネーム）〟は誰にでも喧嘩を売っていくんだよ」。マクダニエルのルーキーイヤーにソニックスでチームメイトだったフランク・ブリコウスキーは言う。「リーグにはもめたくないやつが何人かいるけど、Xはプロ入り直後から自分がそんなやつの一人だということを周囲にわからせたんだ」。

ブリコウスキーはそれを最も早く認識した一人だ。1985年のプレシーズンに、マクダニエルがプロとして参加した最初の練習で、彼はだしぬけにブリコウスキーの顔面に一撃を食らわせたという。しかもその数日後、その一撃が何ら恨みつらみによるものではなかったことを示すかのように、今度は別のチームメイト、レジー・キングの顔面にも3連打を食らわせたそうだ。

試合になればどうかというと、マクダニエルは対戦相手に喧嘩を売った。ルーキーだった1985–86シーズンだけで、9件の乱闘劇にかかわった。今でも語り草なのは、翌シーズンの1987年の一件だ。「Sports Illustrated」のブルース・ニューマン記者が「ハイムリック法（のどにものを詰まらせ息ができなくなった人に対する救急処置法）をウェス・マシューズの首に仕かけた」と言い表したこの一件では、マシューズの目が頭の反対側を向いてしまうほど強く首を絞めていた。

「意気地なしだと思われるなんざぁごめんだね」。後年、マクダニエルは枚挙にいとまがない乱闘劇の数々を振り返ってこう話している。「認められたけりゃ、ときにはそんなやり方で締めなきゃならないんだよ」。

メイソンとマクダニエルにとって、コーチのライリーが二人のいざこざを大した問題ではないと考えていたことは幸運だった。ライリーは9歳のときのある出来事以来、強くあることの大切さを身に染みて知っている人物だったのだ。当時のライリーは、学校で毎日のように自分より大きくて年上の子どもたちからいじめられていた。あるときその中の一人が肉切り包丁を振りかざして家まで追いかけてきた。ライリーはガレージに身を隠して夕食の時間になっても動かず、見かねた父親がいい加減にしろと叱って引っ張り出さなければならなかったほど怯えていたという。父はライリーの兄たちに、翌日パットを公園に連れて行くように話した。

兄たちが理由を尋ねると、パットの中に強さを育む第一歩は恐怖と向き合うことなんだと父は答えた。「恐がらないように教えてやってくれ」と父は兄たちに伝えた。

それ以来ライリーはケンカを恐れなくなったどころか、好むようにさえなっていく。1968年、ライリーはガールフレンドのクリス・ロッドストームを初めてデートに誘い、サンディエゴで行われたボクシングの試合に連れて行った。白いドレスを着たロッドストームとリングサイドで観戦していると、序盤戦の一撃でまき散らされた血潮が彼女の服に降りかかってしまった。残念、白いドレスが台無しだとロッドストームが落ち込むかと思いきや、彼女はそんなことをさほど気にも留めない様子だったという。それを見てライリーは、「こいつはおれの女だ」と感じたそうだ。

その2年後、二人は結婚した。

ライリーが妻とする女性に求めるものがあったとすれば、多少乱暴なことにも耐えられることであり、それはライリー時代のニックスのファンにも相通じる価値観だった。

チャールストンの大学の練習場で起こった衝突は、メイソンとマクダニエルの一幕だけにとどまらず、いざこざがない日でも、練習中は肉弾戦が続く。2年目を迎えていたジョン・スタークスによれば、最初のボックスアウトのドリルではまるでバットマンの効果音のようなバシッ！　ピシャッ！　バコン！　ズザッ！　という音が次々と聞こえてきたそうだ。

スクリメージ（2チームに分かれて実戦形式で行う練習）では、恐れ知らずのはずのガードたちはゴールに向かって攻め込んではいかなかった。「ちょっと今日はゴールに攻め込むのはやめとこう。あれじゃ中には入っていけないよ」というのがスタークスの心理だ。メンバー候補としてキャンプに招待されていたダン・オサリバンに言わせれば、あそこでレイアップを決めてくるなど奇跡でも起こらなければ無理だと感じるほど、ペイントエリアでのディフェンダーからのプレッシャーが厳しかった。オサリバンは「正直、20フィート（約6ｍ）のジャンプショットにしとこうって思っちゃうよ」と当時の心境を語る。「生きて帰りたいもんね」。

あのキャンプの初日に、ニックスはこれぞライリーというスタイルを理解した。それはショータイムとはまったく別もののカルチャーだった。タフネスを体現し、相手が自陣のペイントをうろつこうものなら叩きつぶす。コンディショニングを重視し、接戦をものにするスタミナを身につける。ニックス第一で忠誠を尽くし、相手にとって厳しい行いを常とし、対戦相手のプレイヤーが倒れ込んだときに手助けしようものなら罰則を適用するのだ。

コーチの青写真はあの日の朝に、ロッカールームでおぼろげながら説明されていた。そして以降10年間のほとんど、ニックスはその指針に沿ったバスケットボールを展開した。

ユーイングが中心で、バックコートよりもフロントコートに明らかな強みがあったチームの成り立ちを思えば、ロサンゼルスでやっていたようなアップテンポなオフェンスに磨きをかけても意味はない。ニックスはほかにないディフェンス面の強みを生かすべきチームだったのだ。

１９９１年の秋の時点で、前年まで連覇を成し遂げて誰もが話題にした〝バッドボーイズ〟のデトロイト・ピストンズは王座から陥落し、年齢的にも全盛期を過ぎていた。ただしライリーは、そのコンセプト自体はまだまだ通用すると見ていた。そこに来てニックスはピストンズよりも若い。このチームなら、ディフェンディング・チャンピオンとしてシーズンを迎えるマイケル・ジョーダンとシカゴ・ブルズを、かつてデトロイト躍進の土台となった、血塗られた拳をぶつけ合う裏街道スタイルのディフェンスで叩く可能性を最大化できると考えた。

この戦略を取り入れれば、ときにはＮＢＡの許容範囲を超えてしまうほど激しい戦いになるかもしれない。

しかし何しろジョーダンとブルズは、前年のポストシーズンでニックスをスウィープしたチームなのだ。それだけの能力差を埋める効果を期待できるなら、やってみよう。ライリーはピストンズでアシスタントとして荒々しいディフェンスのスタイルを作り上げたとされるディック・ハーターを迎え入れ、同じ原理をニックスにも適用した。

相手を痛めつけて疲れさせ、ついでにレフェリーが笛を吹くのも面倒になってファウルをコールしなくなるくらい、相手を叩きまくってやれ。しかもその状況下で、ニックス自身は最高の状態で戦うのだ。そうでなければならない。

あのキャンプの最初の15分間をライリーは「楽なラン」と呼んだ。しかしその自虐的なネーミングとは裏腹に、実際にはプレイヤーたちが酸欠に陥るような厳しさだった。わざわざ呼吸が苦しくなるように両腕を掲げたまま走った後、面々は〝17S〟と呼ばれる練習メニューへと移っていく。それは一方のサイドラインからもう一方のサイドラインまで、1分間以内に17回行き来するというもので、途中休憩はあったもののコーチがよしと思うまで何度でも繰り返された。何人かのプレイヤーは蒸し風呂のような練習場で奮闘した結果フラフラな状態になった。フロアも汗まみれで隣のコートに移らなければならなくなった。

「いつもジムに入るときと帰るときに体重を測っていたんだけど、帰りには来たときよりも9ポンド（約4kg）も軽くなっていたよ」とフォワードのブライアン・クインネットは話す。エンシュア（脱水症状を防ぐための清涼飲料）は手渡されていたそうだが。

あの年、練習中にこうした体力的な代償を支払わされたプレイヤーは、クインネットだけではない。その一人は、厳しく手荒いバックアップセンターのチャールズ・オークリーの練習相手を引き受けたティム・マコーミックだ。

タックルされまくるような役目を、わざわざ買って出たわけじゃない。そもそもマコーミックは、リーグで8年目を迎え年齢的にも引退がちらつく立場であり、普通の人々と同じように、暴力を嫌い、争いをしたがらない性格でもあった。しかしオークリーのような巨漢とのスパーリングに応じなければならないとなれば話は別だ。毎日がリバウンドやポストプレイでぶつかり合う男同士の激闘の日々。となればどうなるか、想像がつくだろう。

「アイツはとにかく俺なんかよりもずっと強かったんだ。毎日練習でやられまくっていたよ」とマコーミックは振り返る。

チームメイトだからなどという理由で容赦などありえない。実際、数か月間二人はお互いに話をしなかった。家族のことから対戦相手についてまで、一切語り合うことはなかった。マコーミックはただただ、毎日練習に通い続け、オークリーにやられまくる日々を耐え忍んだ。

しかしある日、練習中にオークリーの肘鉄を食らったマコーミックはとうとう我慢できなくなった。背後に立ったオークリーを乱暴に腕で押し返し、噛みついて流血させてしまう。オークリーはトレーナーの方に歩いて行きながら、身も凍るような視線でマコーミックをにらみつけた。

「こりゃ明日は殺されちまうかもと思ったね」とマコーミック。「でも実際どうなったかというと、戻ってきたアイツは俺の背中を軽くたたいてハウ・アー・ユーと言ってきたんだ。それまでアイツが話しかけてきたことなど一度もなかったから、こっちはどうしたんだろうと思ったよ。でも考えてみると、チャールズはオレがやり返したことで初めて俺を認めてくれたんだよね」。

こんな奇妙な始まり方をしたオークリーとマコーミックの友情は、１９９０年代のニックスを象徴している。二人のあいだでは言葉を交わす必要はなかった。その代わり強靭な体をぶつけ合うことで意思の疎通を図り、彼らしいプレイスタイルを確立させていったのだ。

BLOOD IN THE GARDEN

2 手榴弾を渡していたらどんなことになったやら

1987年3月17日、シーズン終盤まで苦境を味わってきたニックスにとって、この日はホッと一息つけそうな恵みの日になるかもしれない日だった。外気は2～4℃ぐらいでまだ真冬並み。それでも百万人以上のニューヨーカーたちが恒例の聖パトリックデイのパレードに繰り出した。皆グリーンビールに酔っぱらい、レプラコーン（アイルランドの伝承に登場するグリーンの衣装をまとった妖精）の仮装で街中を闊歩していた。

この火曜日の夜はファンの中にも、マディソン・スクエア・ガーデンでよいことが起こるかもという予測があった。20勝44敗で、3連敗中の弱小チームに希望を持てたわけではない。相手が7連敗と低迷中のデンバー・ナゲッツだったからだ。勝利に飢えたファンたちにも、いつもと違う結果を手に笑顔でガーデンをあとにする可能性がありそうだ。チケットを手にした人々が冷え切った体でアリーナに入っていく。パトリック・ユーイングの等身大ポスターが筒状に丸められて配布されていた。7フィート（約213cm）の大きさがわかるようにと1インチ刻みの目盛りもつけられた、聖パトリックデイらしいギブアウェイだ。

しかし集まったファンは座席について程なく、一日置きっぱなしにされて気が抜けたビールのような苦々しい思いに満たされることになる。NBAのウェルター級同士の対戦は互角になるかと思いきや、ニックスは腕のないマネキンにでもなったかのように攻め手がなく、赤子のように不注意なミスを繰り返した。ディフェンスでは、デンバー・ナゲッツのプレイヤーたちをターンオーバーの数以上に叩きまくった。2年目のユーイングもフランチャイズの救世主という期待にまったく応えられないひどい出来だ。いや、ニックスのユニホームを着た全員がひどい出来だったのだ。直近17試合で13敗という相手に、第3クオーター半ばですでに27点差のビハインドを背負っていた。

こんな状況で忍耐強くいられるわけがないのがニューヨーカーの特徴だ。合唱のようなブーイングが大観衆から沸き起こった。アメフトならタッチダウン3回とフィールドゴール二つ分の大差に、観客席から誰かがユーイングのポスターを投げ入れた。一本、また一本。それはうんざり模様のほかのファンにも伝染していく。コートサイドでは、獣のような乱暴さでポスターをビリビリに破り捨てる者もいる。

当時アシスタントだったブレンダン・マローンによれば、ある男は「巻かれたポスターを開いて、そのど真ん中に頭を突っ込んだんだよ」とのことだ。まるで『シャイニング（1980年の映画）』のジャック・ニコルソンじゃないか。「パトリックがかわいそうでさ。あの夜は本当にひどかったんだけど、ファンはまるですべてを彼のせいにしていたみたいだったからね」。

ボールボーイがフロアを駆けずり回って、散らかったポスターを拾って回った。ベテラン場内アナウンサーのジョン・コンドンも、スタンドからの空爆を止めるようにとほとんど懇願状態だ。しかし、「フロアに立っている10人のプレイヤーたちは優秀なアスリートばかりなんですよ」といくら訴えかけても、中学校の食堂で起こった大ゲンカを鎮めようと悪戦苦闘する校長の虚しい呼びかけのごとく、聞き入れられる様子はなかった。

最終的にニックスはこの試合に22点差で敗れた。戦いを終えたあとの囲み取材に応じたスコッティ・スターリングGMには記者からポスター空爆の件と、そんなことをしたファンをどう思うかと質問が飛ぶ。「助かりましたよ」。一瞬の静寂のあと、スターリングは答えた。「手榴弾を渡していたらどんなことになったやら」。

１９７０年代のニッカーボッカーズ（ニックスの正式名称）は、バスケ愛好者たちが好むチームだった。当時のファンなら「俺が若かった頃はなぁ…」と何年経っても自慢したがるような類いのチームだ。彼らは勝者としてのスタイルを確立していた。

頭脳的で、コーチとして殿堂入りを果たしたフィル・ジャクソンを含め、名将と呼ばれるようになった元プレイヤーも何人かいる。博士号を取得し、ローズ奨学制度の特待生で上院議員、大統領候補にまでなった人物や、わずかな時間でニューヨーク市の電話帳の大半を暗記してしまうような者もいた。

実力的にも申し分なく、ジャンプショットを高確率で決められるプレイヤーでコート上のラインナップを構成することができた。息の合った賢さや献身的な姿勢が貫かれたプレイぶりは優雅。重要視したのはパスのつなぎだ。ジャクソンがのちに明かしたところによれば、ほんのわずか空気圧を落としたボールで試合をすることで、ドリブルに頼る相手のプレイヤーたちがいつものバウンドと違うことで不利になるようにしていたという。当然ドリブルよりもパスを重視したニックス側には、それが有利に働くというわけだ。

多くの人々に、こうした利を分かち合う考え方は純粋に響いた。競技があるべき姿を体現していたかのようなニックスは、１９７０年と73年に王座に就いている。

しかし年月の流れとともにあのニックスはどこへやら。90年代初頭のニックスは明らかに、当時と同じチームではなくなっていた。「ガーデンは墓場になってしまったね」とは、プロビデンス・ジャーナルの記者ビル・レイノルズが、華やぎを失った１９８０年代のアリーナを指して記した言葉だ。「ガーデンの天井から吊り下げられた、ニックスの栄光の時代を象徴するバナーの数々が、現在のニックスの面々を、怠け者の我が子を責める親であるかのように見下ろしている」。

最後にタイトル獲得に成功したあとのニックスはとにかくひどいチームと化し、子どもっぽいダメ出しで果てしなくさげすまれる存在となってしまった。

ニックスはあまりにもひどいので、練習さえもやらない。

ニックスはあまりにもひどいので、薬物でも使っているかのようなプレイぶりだ。

ニックスはあまりにもひどいので、八百長でもしているかのようなプレイぶりだ。

最低だった時期には、これらすべてが当たっていたのかもしれない。まあ最初の二つは確実だろう。

1981-82シーズンを振り返ってみよう。この年は50勝以上を挙げた前シーズンのロスターがほぼ残っていたので、タレントはそろっていた。しかし最終シーズンだったコーチのレッド・ホルツマンの花道は、精気の感じられない戦いぶりでアトランティック・ディビジョン最下位へと転落の一途をたどった。シーズン半ばからのきりもみ下降に、練習はさぞ気合を入れて行われたと思うだろう。

ところがいくら待てどもワークアウトのスケジュールなど出てきやしなかったのだ。プレイヤーたちは理由もなく練習に顔を出さなくなった。後年殿堂入りを果たしたポール・ウエストファルは、キャリアの終盤、このシーズン中にニックスに加わったが、「NBAでは当時ドラッグが大問題になっていて、ニックスも例外ではなかったというか、結構問題を抱えていたやつらがいたんです」と話している。「誰も来ないからって練習をしようともしないなんて、やっぱりニックスの歴史上最低の時期だったと言えるんじゃないですかね」。

そのシーズンにニックスでアシスタントを務めていたバッチ・ビアードの経験も驚きだ。「街にいる知り合いから電話がかかってきて、何かと思ったら『君のところの某が、目の前でドラッグを買ってるよ』というんだ。コーチ（ホルツマン）に逐一報告はしなかった。びっくりしちゃうだろうからね。彼はウォルト・フレイジャーやウィリス・リードみたいな真のプロと生きてきた人だから。だけど80年代前半のチームは無茶苦茶だったね。街にのみ込まれてしまっていたんだよ」。

薬物の問題は、八百長疑惑にも関係していたかもしれない。1982年の春、FBIはニックスのプレイヤー3人に関して、ニックスの対戦相手が勝つことに1万ドル規模（当時のレートでは約280万円）の賭けをしていた薬物ディーラーたちに便宜を図るために、八百長に手を染めたのではないかとの調査を始めた。「ある情報筋から、シーズン後半の何試合かでニックスが負ける方に相当突っ込んだ賭けをしていることをつかんだ。どのケースもニックスは負けたか、ハンデ分を取り返せるような結果だった」と連邦捜査局の資料には記載されている（調査は嫌疑の対象となったプレイヤーの名前を明かすことなく1986年に幕引きとなった。供述も物的証拠も不十分だったため、誰も逮捕されていない）。

確執もあった。ガードのダレル・ウォーカーは、1986年1月のとある日にアトランタで行った練習中にコーチのヒュービー・ブラウンと言い争いとなり、皆がワークアウトしている最中にコート内で座り込みを始めたという。それもゴール下の制限区域内で座り込んだものだから、チームメイトたちはウォーカーを気にしながらシューティングをしなければならない始末だった。

乱心の一件もあった。ガードのトレント・タッカーと同じマンションに住む女性とニックスのコーチの一人が不倫関係になったことを、何人かのプレイヤーたちがつかんだのだ。普段はさんざんプロフェッショナリズムを説いてチームメイトを批判していた人間が何たることか。

故障者も多かった。特に得点源のスターだったバーナード・キングとインサイドの要となるビル・カートライトは重傷で、ケガによる欠場試合のNBA記録を塗り替えたほどだ（1985年に塗り替えた記録を、翌1986年にも再び塗り替えた）。当時練習に使っていたニュージャージー州のアップサラ・カレッジの、岩のように固いコートが何らか影響していたかもしれない。実際そう感じていたプレイヤーもいる。１９８４年から85年にかけてニューヨークで74試合プレイしたバッチ・カーターは、「あそこはひどかったよ」と振り返る。「あんなにひどいコートでプレイしたのは小学校２〜３年生の頃以来だったね」。

その結果、とんでもないバスケットボールしかできないのもしかたがない。あの頃のニックスは、得点よりもターンオーバーの方が多いクオーターもしばしばあったほどだ。臨時コーチを務めたボブ・ヒルは、半分冗談でリバウンドをしっかりしないと罰則を食らわせるぞとプレイヤーたちを脅かしたことがあったそうだが、実際そうした方が皆のためになったのではなかろうか。何しろ１９８６-87シーズンの彼らは、ディフェンス・リバウンドで断トツの最下位だったのだ。ある記者のノートには、身長２１６cmのカートライトよりも、身長１６０cmでリーグ一小柄なマグジー・ボーグス（次に大きなプレイヤーよりも10cm近く小さい）の方がシーズン序盤にはリバウンドを取っていたことが記されていた。

ケン・バニスターという男がいた。１９８４年のＮＢＡドラフト7巡目でニックスが獲得したビッグマンで、センターが次々と故障欠場となったために出場機会を得ていた。彼はニューヨークのユニホームを着たプレイヤーの中で、歴代最低のフリースロー・シューターではなかろうか。あるときにはバックボードの右隅に外して、観客を唖然とさせたことさえあった。別の試合では10本連続で外す芸当も披露している。

ケニー〝スカイ〟ウォーカーを覚えているだろうか。ケンタッキー大卒のオール・アメリカンだった彼は、１９８６年のドラフト全体5位でニックスが指名したプレイヤーだ。それほどの名声があったにもかかわらず、彼は軸足を動かさずにパスをするという技術の習得に悪戦苦闘して、トラベリングの反則を繰り返した。１９８７年10月のトレーニングキャンプのこと、その様子に驚いたコーチのリック・ピティーノは、パス練習を途中で止めてウォーカーにどこが悪いのかを説明したが、結果は変わらない。ＮＢＡで2年目を迎えた期待のプレイヤーにもかかわらず軸足の概念から授けなければならず、しかもウォーカーにそれは伝わらなかったのだ。最後にはコート外でアシスタントをつけて、軸足の何たるかを一から説明することとなった。

しかし１９８０年代で最も不可解なものといえば、チームのマネジメントをしていた連中に違いない。１９８６年から90年にかけて、クラブの重役たちは5人のコーチと３人のＧＭを雇い入れている。そして、うまくいったトレード（例えばカートライトに代えてその後チームの基盤となったチャールズ・オークリーを獲得した）を打ち消すようなとんでもない一手（殿堂入りしたスコッティ・ピペンを獲得できる可能性があったドラフト１巡目指名権を、ジェラルド・ヘンダーソンという8年目のジャーニーマンとの交換で手放してしまった）もしでかしていた。ニックスのスーパーファンとして知られるスパイク・リーは当時について、「私がシーズンチケットを手に入れてからの最初の3年間は、ニックスの経営陣がクラブ運営で危なっかしい真似をしないだけでもよかったと思っていたよ。場合によっちゃもっとひどくなっていたかもしれなかったんだから」と回想している。

その後、ほんの短い期間、希望のときも訪れた。１９８７年に、ニックスは当時35歳だったピティーノを新たにコーチとして招く。彼は最初のシーズンに38勝、翌シーズンに52勝を挙げ、どちらもニックスをプレイオフに連れて行っている。戦い方は議論の的だった（特にフルコートプレスを長い時間続けるディフェンスが、82試合のレギュラーシーズンでベテランには負荷になる懸念があった）が、過去３シーズン24勝以下が続いた後、ほとんど皆がピティーノのアプローチとその結果としてのプレイオフ進出を歓迎していた。

ただし、この「ほとんど」が問題だった。当時ニックスでＧＭを務めていたアル・ビアンキは、ガーデンの上司の意向で自身の意にそぐわないピティーノ就任を飲まされたと感じており、ピティーノと反りが合わなかった。ビアンキはよりオーソドックスで、フルコートプレスや時代を先取りしたアウトサイドからのショットを多用するスタイルは正反対の志向だ。勝てばよいとは思えなかった。「基本的な部分で、最初からお互いを信用できませんでした」とピティーノは両者の関係を説明する。

そんな問題があった上に、ピティーノにはカレッジバスケットボールへの思い入れもあったため、程なくケンタッキー大との交渉についての許可を打診するという流れになり、それは認められた。ニックスとの契約は5年間だったが、結局彼は2シーズンで去っている。

ピティーノがケンタッキー大へと移籍したあと、ビアンキはそれでも勝てることを証明したいと考え、ピティーノのアシスタントだったステュー・ジャクソンをヘッドに昇格させた。しばらくはこれがうまくいき、ニックスは1989-90シーズンの前半に、26勝10敗というジャンプスタートでイースタン・カンファレンスの首位に立った。この快進撃に、ガーデン上層部はシーズン半ばからビアンキに複数年の契約延長をオファーする。ただ、面白いことにビアンキの方はこの話にためらいを見せた。金額やビジョンには問題はなかったのだが、いったいなぜ？

「実はこのときビアンキは離婚調停の真っ最中で、相当もめていたんだよ。だからあのタイミングでサインして半分妻に持ってかれちゃあたまらないと考えたわけさ」。ビアンキの最上級補佐だったジュディス・コーヘンによれば、理由はそんなものだ。

しかし、ビアンキの思惑通りに、事は運ばない。このオファーが出された直後、ニックスは急に苦戦し始めたのだ。レギュラーシーズン最後の30試合で20敗。あまりの急降下に、ガーデンの上役たちは、ビアンキがサインを見送ったままのオファーを取り下げてしまった。

ジャクソンHCがプレイオフ1回戦で上位のボストン・セルティックスを破る金星を挙げたことでビアンキのクビは辛うじてつながったが、それは一時的なことに過ぎなかった。契約更改は単年のオファーに縮小。

「あれはとどのつまり、墓穴を掘っちまったってとこだね」。後年ビアンキは、当時をこんなふうに振り返らなければならなかった。

短期間の契約更新はビアンキのGMとしての立場の失墜を示す兆候だっただけでなく、ジャクソンHCもそのとばっちりを受けることになった。そして1990-91シーズンの序盤戦で低迷すると、ビアンキは早々に手を打ってジャクソンを解雇。絶望的な状況でシーズン半ばにジョン・マクラウドをHCに招き入れる。ニックスは何とかかんとか第8シードでプレイオフに駒を進めたが、その頃には組織はガタガタ。プレイオフ1回戦でマイケル・ジョーダン率いるシカゴ・ブルズにスウィープ（勝ち星なしの4連敗）を食らい、あえなくシーズンを終えている。勝ったブルズが最終的に初のリーグ制覇を成し遂げたのはご存じのとおりだ。

ビアンキは去り、ガーデンはその後任としてデイブ・チェケッツを迎える。35歳の彼は、7年前にNBA史上最年少の最高経営責任者となった人物だ。193㎝の長身でモルモン教信者。ユタ・ジャズで6年間を費やし、ジョン・ストックトンとカール・マローンのドラフト指名の陣頭指揮を執ったことで知られる。

チェケッツには、ニューヨークとソルトレークシティがいかに違うかがすぐにわかったし、どんなコーチが必要かも社長就任以前から目星をつけていた。

チェケッツは1989年にユタを離れ、その後はNBAインターナショナルに籍を置き、アメリカ国外でのリーグの人気獲得を目指す職務についていた。当時コミッショナーだったデイヴィッド・スターンは、チェケッツを組織に加えるために大盤振る舞いをし、コネティカットに8人の家族ごと引っ越すためにかかった数千ドルの費用もリーグ持ちだ。しかし歓待するスターンの思いをよそに、チェケッツの方は早々にこの仕事に飽きを感じるようになる。「試合が恋しくなりましてね。長年そんな暮らしをしてきていたので、勝利に飢えていたんですよ」とチェケッツは言う。

自分以外にもそう感じている人間がいることをチェケッツは知っていた。パット・ライリーだ。レイカーズにおける4度のリーグ制覇を含む9年間のキャリアを終えた彼は、次に情熱を注げる何かを探しながら、数か月前にNBCスポーツのアナリストという地位に身を置くようになっていたのだ。

チェケッツはNBAインターナショナルの職務を何度かさぼってまで、ライリーと話す機会を作った。あるとき、ニューヨークで食事をしようと誘い出し、1990年の秋に両者はリージェンシーホテルで顔を合わせる。ジャズとレイカーズが激突し、第7戦にもつれ込んだ1988年のウエスタン・カンファレンスのセミファイナルの話題に花が咲く。「どこかにあの頃を懐かしむ気持ちがあるのではないですか?」とチェケッツはライリーに尋ね、本題を持ち出した。

チェケッツはライリーに、つまずいたニックスがゆくゆくは自分のところに面倒をみてほしいと言ってくると思うと伝え、もしそれが実際に起こったら、ライリーが彼の下でコーチをする気があるかと聞いたのだ(ニックスがチェケッツに興味を示したことは以前にもあったが、チェケッツは好調なジャズを離れる気がなかった)。ライリーは格段興味を示さなかったが、来るとなったらレイカーズのときと同じように、彼はどんな状況にせよ結束を求めるだろう。「そうなったら我々は同じものを目指す必要があるでしょうね」とライリーはチェケッツに言った。仮にも「我々」という言葉を使ったライリーの返答に、チェケッツは希望を感じた。

6か月後、チェケッツはニックスの経営に参画した。ジョン・マクラウドHCの去就については1990–91シーズンが終わった時点でノートルダム大への移籍を調整し、ライリー獲得に動き始める。しかしこれは思いのほか難航した。どこからどう見ても魅力的なNBAコーチのライリーだが、チェケッツへの要求もスポーツ史上聞いたこともないほど多くの項目を並べてきたのだ。

バスケットボール界一の高給取りにしてもらいたいというのは、レイカーズでの実績からしてもまあわかる。

しかし、引っ越し先の家賃を持てとなるとちょっと珍しい。こうなると、同じようなクラスのタレントにはこれだけの要求を飲まなきゃならないという前例になる。しかもライリーは、出版契約まで求め、クラブの母体がパラマウントだということもあり、何なら映画も考えたいときた。さらには彼が着るチームのポロシャツはラルフ・ローレンにしてほしいという。これでもかというほど長いリスト（英語でLaundry listと表現される）には、文字通りランドリー（つまり洗濯）の費用の負担まで含まれていた。ドライクリーニング費用もだ（特にこの部分に関しては、原則的にチェケッツとニックスは強い姿勢で臨んだとされている）。

とはいえこれらの要望が、ライリーがニックスに提示した最大の難題だったわけではない。最も悩ましかったのは、ユーイングがチームに残留するなら受けてもいいと言い出したことだった。

ユーイングはニックスに入ってからの6年間で、６人のＨＣと4人のＧＭの下でプレイすることになる。もうんざりだし、ニックスが自分を中心として勝てるチームを作る気があるかどうか、懐疑的になっていたのだ。すでにエージェントのデイヴィッド・フォークを通じて、その夏のオフにフリーエージェントになることも辞さないと伝えていた。

ユーイングがチームを出たがっているというのはただごとではない。ニックスが、物議を醸したＮＢＡ初のドラフトロッタリーで1位指名権を引き当ててユーイングを獲得したことは、それ自体リーグの将来を変える出来事の一つであったと同時に、必ずしも全国的に受け入れられてはいなかったからだ。ビル・ラッセルと並び称される、金になる大学バスケットボール界のスターを全米一の市場に連れてきたのは、人気を高めつつあったバスケットボール界とニックスの企てなのではないかと考えられていたのだった。

状況を完全に理解していたフォークは、それをユーイングのルーキー契約交渉の盾に使った。ユーイングの10年間３２００万ドル（当時のレートで76・8億円）の契約は、史上最高額だっただけでなくリーグのサラリー上位4人の枠から外れるようならフリーエージェントになれるという、過去に例のない条項も組み込んだものだ。1991年のユーイングは、クリーブランド・キャバリアーズのジョン〝ホットロッド〟ウィリアムズ、ヒューストン・ロケッツのアキーム・オラジュワン、そしてブルズのマイケル・ジョーダンに続く4位。フォークはほかにユーイングを超える者がいないかの確認に着手した。すると、ゴールデンステイト・ウォリアーズとクリス・マリンとの契約に関して、契約期間終盤のサラリーから一定額を前倒しで1991‐92シーズンに支払うよう形態を変えさせようと考えていたことがわかった。それによりウォリアーズは、マリンをユーイングに代わってリーグのサラリー上位4人に仲間入りさせることになる。そうなれば理屈上、ユーイングはフリーエージェントになれるし、ウォリアーズは彼をニックスから引っ張ることもできる。

しかしニックスはこの考えを察知した。マリンのエージェントを務めていたビル・ポーラクがオークリーのエージェントでもあったことから、フロントに情報が舞い込んできたのだ。ニックスは、もしウォリアーズが実際に動き出すなら不正な取引に対し訴訟で抵抗すると警笛を鳴らし、果たしてウォリアーズは引き下がった。

フォークはそれでもユーイングをフリーエージェントにしようと、1991‐92年シーズンにラリー・バードの710万ドルのサラリーがユーイングを上回るという話を持ち出したが、ニックスはバードのサラリーの土台はユーイングより低いと主張。結局それが通ることになった。

この相違はチェケッツにとって難しい問題だった。ユーイングは、何とかして勝ち目のなさそうなニックスの組織から抜け出そうと、パラシュートをつけて危機回避のために身構えているような状態だ。一方で、ニックスがぜひとも迎え入れたい新任コーチ候補は、スター残留がかなうなら来てもいいと言っている。

ニックスの重役として、デリケートな二つの交渉を同時に進めなければならない。しかも完璧にやり通さなければ、フランチャイズに取り返しのつかない痛手を追わせてしまう。パラマウントの重役で実質的にニックないぞ」。

スのオーナーだったマーティン・デイビスは、チェケッツに一言釘を刺した。「デイブ、絶対にしくじるんじゃないぞ」。

ライリーとユーイングの両者と何度かやり取りを交わしたあとの1991年5月31日、チェケッツは二人と個別に直接話し合う。まずはライリーとアッパーイーストサイドのリージェンシーホテルで会い、その後ユーイングとフォークの待つ15ブロック北のマークホテルへ。ライリーには、打てる手はすべて打ったと伝えた。そしてその日に会見を開いて、ライリーが次のコーチとなるか否かを発表することも。ユーイングの去就は保証できないこともだ。つまり、ライリーはユーイングの去就を知ることなく決断を迫られたことになる。チェケッツはライリーのスイートルームを離れ、彼に考える時間を与えた。

30分後、自室に戻ったチェケッツの電話が鳴った。ライリーだ。「あなたがどんな人か知りたかったんですよ。ボスになる人が、簡単にグラつくような人であってほしくないですからね。よろしくお願いします」。ライリーはニックスのコーチのポストを承諾した。

聞きたかった答えを聞いたチェケッツだったが、喜びに浸る暇はない。ホテル前に待たせていたリムジンに飛び乗ると、今度はユーイングのいるホテルへと向かう。ライリーがニックス入りの意思を固めたことが、スターセンターのチームに対する不信を消してくれるとよいのだが。しかしそうはいかない。フォークとユーイングはまだ、契約の効力停止を求めて調停を起こそうとしていた。

ニックス側は不安をぬぐえなかった。理屈上、ユーイングとの契約書の文面でも有利とは感じていたが、それでも負けた場合には壊滅的な打撃を受けるだろう。28歳で五度オールスターに選ばれたフランチャイズ・プレイヤーの去就がかかっている一件だ。過去に彼とのトレードによる補強という話も持ち上がったことはあるが、同等の価値を持つ取引などあるわけもない。ユーイングの高給を賄いながらチームサラリーを限度内に収められるクラブもほとんどなかった。

それだけに調停でニックスに軍配が上がったとき、それは大きな勝利を意味していた。ユーイングはフリーエージェントになる機会を認められずに終わる。ただしユーイングがチームを離れたいと思っていたことに変わりはない。そんなにすぐには、気持ちが変わるわけもないだろう。

裁定が出たあと、ライリーはユーイングと心を通わせようとワシントンに飛んだ。ホテルの一室でこの話し合いに臨むに当たり、ユーイングはライリーに一枚の紙を手渡した。ゴールデンステイト・ウォリアーズ、ポートランド・トレイルブレイザーズ、フェニックス・サンズ、ロサンゼルス・レイカーズ、ボストン・セルティックス、ワシントン・ブレッツの6チームの名前が書かれた紙。つまり、移籍したいチームということで、契約にはまだ4年残っていたが、ニューヨークにそのあいだずっととどまる気はないというわけだ。

ライリーはそこに書かれたチームの名前を少しのあいだ眺め、ユーイングに注意を戻した。このビッグマンは不満を抱えている。新たな始まりを望んでいる。しかしライリーの目には、必要なのは物事を単純に捉えることと思われた。レイカーズ時代にはそれがうまくいった。「考えてみろよ」。ライリーは声をかけた。「目をつぶってブロードウェイでチャンピオンシップ・パレードをやる場面を想像してみてほしい。それがニューヨークにとって、君にとってどんな意味を持つことか、わかるだろ」。

ユーイングはすぐにはなびかなかったが、ライリーが呼び起こさせたその情景はユーイングの心をくすぐる。紙吹雪が舞うマンハッタンの街を、パレードの行列が行進する場面を語るのがライリーであればこそ、話に説得力があった。ユーイングはついに、ニックス残留を決心する。

BLOOD IN THE GARDEN

3 ライリーの改革

パット・ライリーはソウルミュージック育ちだ。もっと言えばモータウンの音楽で育った。長年のお気に入りはテンプテーションズの大ヒット曲『マイガール』。アイズレーブラザーズが1965年に出した『ディス・オールド・ハート・オブ・マイン』は、毎試合前に自分がフロアに登場するときに流すようニックスの試合運営担当者に頼んだほどだ。

ライリーのトレードマークというべき練習の一つに、テレビの大人気ダンス番組『ソウルトレイン』に感化された内容が含まれていたのも、たぶんこのモータウンとソウル好きの影響だ。低音の声が魅力のドン・コーネリアスが司会を務めた『ソウルトレイン』では、ダンサーがフロアで2列に並んで作った花道を一人一人踊りながらカメラににじり寄ってくる〝ソウルトレイン・ライン〟というコーナーがある。ベルボトムのパンツに、これぞアフロという完璧なヘアスタイルに厚底シューズという装いのダンサーが、側転やシミーシェイク、スピン、スプリッツなどの楽しげなダンスムーブを披露するコーナーだ。ライリーはこれに似た要素を練習に取り入れていた。ただし、ショーが表現していた喜びやスムーズな動きが取り入れられたわけではない。その部分は流血や打撲が取って代わっていた。

例えばニューヨークのパーチェイスで行われたシーズン開幕初期の練習内容はこんな感じだ。6人のプレイヤーたちがフリースローレーンの両側に並ぶ。そこをジェラルド・ウィルキンズが突っ切ってレイアップを決めようと突進する。周りのプレイヤーの役割は、肩や肘を使ってその突進を阻むことだ。

「忘れられないよ。彼は俺をベースラインに立たせてこう言ったんだ。いいかジェラルド、もし君があいつら全員の中をゴールまで突き抜けられたら、明日は練習なしにしてやるよってね」とウィルキンズは、当時を回想する。「当然休みは欲しかったけど、あいつらが簡単に俺を通すわけはないよ。そんな思考回路の連中じゃないからね」。

ウィルキンズが両足をブルブルっとリラックスさせ、首筋を軽く伸ばして深呼吸したところでライリーの笛が鳴る。勢いよく駆け出し、さあ最初の二人まであと約1mというところまで来ると、待ち構える二人が今にも殴りかかってきそうに思えた。瞬間的に、思わずサイドライン際の空いたスペースに向かってランニングバックのように急転換せざるを得ない。「真っ直ぐ突っ込むつもりだったけど、やべぇ、だめだこりゃと思ってね。これは無理だと」。

ライリーが密かに「スイサイド・アリー（決死の裏通り）」と名づけたこの練習メニューで、彼はどんな体の張り方を望んでいるかをプレイヤーに理解させようとしていた。颯爽とした外見とモータウン好きで知られ、レイカーズで鮮やかなオフェンスを展開したコーチとは思えない、何やら乱暴なやり方への大転換が行われようとしていたのだ。

フォワードのキキ・ヴァンダウェイは、文字通り自分の体を武装して練習にやってきた。トレーニングキャンプ前月の交通事故で肋骨を2本折っていた上、キャリアの晩年でもあった彼は、体を守るために防弾チョッキを着てチームメイトからの攻撃に備えたのだ。

事前にわかっていれば、ニックスはスタッフを含むメンバー全員に防弾チョッキを用意したかもしれない。

あるときディフェンスの出来に満足しなかったライリーは、プレイヤーにカバーディフェンスの練習を命じた。しばしば相手を見失う上、外角シューターの手元を狂わそうと走っていく懸命さも足りないと感じられたからだ。そもそも自分がガードしている相手がゴール下に突っ込んでいけないように立ちはだかる姿勢がなっていない。そこでライリーはアシスタントにシューター役をやらせて、ショットを阻止するか、少なくともゴールに突っ込むコースを塞ぐようがんばれと指示した。

最初に出てきたアンソニー・メイソンは、気の乗らない動きでアシスタントのボブ・サルミの前に出て行き、チャージングを取ろうとしたはずみによろけてコートに転がった。立ち上がろうとするメイソンを見ながら、ライリーは気合が足りないと激怒した。「わかるだろ！　見ろ、このざまを！　ディフェンスに必要なことを俺たちは何もやっていない！」とライリーは叫んだ。「あまちゃんだな、貴様は！　サルミからチャージングを取るのがそんなに怖いのか？」。ライリーはそう言ってメイソンにもう一度やるよう指示した。

ライリーに叱責されたメイソンは動揺しながら立ち上がった。サルミの方も狼狽した様子で3ポイントトラインまで戻る。ライリーの怒りでメイソンの闘争心に火がつき、とんでもない対応をしてくるかもしれない。サルミはメイソンの体格と力に負けないように、今度は全力でペイントに突っ込んでいったが、今回立っていられたのはメイソンの方だ。

コートに転がったサルミは怯えて立てたものではない。あとあと肋骨が2本折れていたことも知らされるのだ。「彼をぶっ倒してやろうと思ったけど、あの体に跳ね返されたよ」とサルミは振り返る。

ほとんどのメンバーはこんな厳しい練習は初体験だ。多くのチームでは練習はせいぜい1時間半から2時間だが、献身を求めるライリーは3時間以上続けるのが常だった。試合当日の朝にゲームプランの確認程度に行われるシュートアラウンドでさえ、ほかのクラブの通常練習より厳しかったと話すメンバーも多い。2時間超えでコンタクト系のメニューばかりということもたびたびで、ライリーは毎度、試合同様に足首をしっかり固めてくるようにと指示していた。

プレイヤーには不評なシュートアラウンドだった。

フォワードのゼイヴィア・マクダニエルには、1991年12月26日の朝に行われた終わりなきシュートアラウンドの忘れられない思い出があるという。その日はサンアントニオ・スパーズとのホームゲームがあったにもかかわらず、「結局3時間のワークアウトになって疲れきった」そうだ。「終わってチームのホテルに戻ったのが午後1時くらい。くたくたで何もできない状態だったので、シャワーも浴びずに昼寝をしたんだけど、目が覚めたらもう6時を過ぎててさ。試合に寝坊だなんて！　あんなことはそれまで一度もなかったよ」。

マクダニエルがロッカールームに到着したのは6時45分。チームメイトたちがすでにスカウティングレポート（毎試合前にコーチ陣が用意する相手チームの特徴を記した報告書）のチェックを済ませ、ユニホームを着てフロアに出ている時間だ。そんな状況だったので、シーズン最低の出来だったのもしかたがない。その夜のマクダニエルは11本のショットのうち3本しか決められず、ディフェンスでは壊れた改札口のようにショーン・エリオットに何度も抜かれまくった。ニックスはチームとしてもまったくよいところなく、ガーデンに集まったファンが見つめる中29点差で吹き飛ばされてしまう。

試合後のロッカールームで、マクダニエルはライリーめがけて一直線で飛んでいき、「よう、パット。俺は今日2試合やったようなもんだ。あんたが今朝あんなに走らせたのが悪いんだぜ！」と金切り声を上げた。

ライリーはその場で会話が熱くなりすぎないように、マクダニエルにそういう話はロッカールームでするべきではない、あとで事務所に行って話そうと言ってなだめた。しかしドアの向こうでも二人の衝突は避けられない。マクダニエルは試合当日の長時間練習を強く批判したが、逆にライリーはチームで決めた筋力トレーニングにマクダニエルが参加しなかったことを持ち出し応酬する始末だ。オフシーズンにチームに加わった大物マクダニエルは、そのことで月々5000ドル（当時のレートで約67万円）の罰金を科されていたのだ。

この一件は、ライリーがどんなコーチかを物語っている。練習がきつすぎて試合で力を出せないとプレイヤーが泣き言を言っても、そんなのはがんばりが足りないだけだと反論するのだ。

ライリーの世界に練習のし過ぎなどという考えは存在しないということだ。

ライリーはニューヨークでニックスを初めて見たときに、瞬く間にどんなチームか理解できた。これと同じように、彼が1967年にプロ入りしたときの最初のコーチも、ライリーについての評価をまとめるのにさほど時間を要さなかったようだ。

ケンタッキー大の最終学年時に背中の手術を受けたライリーは、サンディエゴ・ロケッツ（現ヒューストン・ロケッツ）入り後の初練習の開始数分から苦難に直面する。193cmのライリーは大きくも小さくもなく、ディフェンスではガードについていけず、オフェンスでは高さに対抗しきれなかった。コーチとGMを兼任し、ライリーをドラフト指名したジャック・マクマホンは、心配そうに成り行きを見つめていたが、ついにライリーを呼び寄せてこう言った。「君をドラフトで指名した俺の立場がないぞ。この5分間は最低の出来じゃないか」。

大学時代はフォワードで、ガードはやったことがなかったからというライリーの言い訳に、マクマホンは「研究しろ」と取り合わなかった。ライリーにとってこれは学びになる瞬間だった。ケンタッキー大では、ジャンプボールの瞬間を除けば常に一番うまく、運動能力でも勝るプレイヤーだったからだ。能力的には、同年のNFLドラフトでダラス・カウボーイズからワイドレシーバーとして指名されるほどのものを持っている。しかしこれまでと同じ努力では足りないことが明らかだった。

彼は必要な努力を積み、ロケッツでの3年間に平均16分間の出場時間と7・6得点のアベレージを残すことができた。しかし1970年にリーグが新規参入チームとしてポートランド・トレイルブレイザーズを迎えるにあたり、サンディエゴはライリーをプロテクト枠に保持せず、結果としてブレイザーズがライリーを獲得。1か月後にライリーの権利をレイカーズに売却する。ライリーはジェリー・ウエスト、ウィルト・チェンバレン、エルジン・ベイラー、ゲイル・グッドリッチとスターがそろった強豪に加わった。ここではサンディエゴ時代以上に厳しい現実を突きつけられることとなる。ウエストによれば「彼は何とかして私に勝とうと必死だった」そうで、フィジカルなディフェンスで立ち向かってくるライリーに、彼も相当痛めつけられたという。

1972年にレイカーズでリーグ制覇を果たしたライリーは、ポジションを失うような危機感が自分の努力の源になっていたことに気づく。バスケットボールを失ったら、自分はどうなるかわからない。ベースボールのプロとしてキャリアを積んだ父親が引退後に身を崩した姿も見ていた。焦ってはいけない。ライリーは自分にそう言い聞かせた。

ライリーは1945年3月20日に、父リオンと母メアリーのあいだに6人兄弟の末っ子として生まれた。両親は厳格で冷たいと言ってもよいような人柄だったという（比喩的に冷たいだけでなく、母親は本当に冷たかったのか、よくセントラルヒーティングの温風が出てくる送風口の前に座っていたそうだ）。父親からは責め立てられてばかりで愛情深い言葉はほとんどかけてもらえなかった。2017年発行の『ESPN The Magazine』の中で、ライリーは「父から愛してるなどと言われた記憶はありません。母からもほとんどありませんでした」と明かしている。

ライリーが育ったのはブルーカラーの労働者世帯が多かったスケネクタディ（ニューヨーク州）のスプルース街にあった二階建ての家屋だ。しかし父親の仕事の影響で、一家は相当な時間を遠征で費やしている。父親は外野手として、22年間に渡りマイナーリーグの19クラブでプレイした（第二次世界大戦下の１９４３年は防衛関係の工場で働いた）。37歳だった１９４４年に、フィラデルフィア・フィリーズが彼にメジャーリーグでプレイする機会を与えている。パット誕生の10か月前のことだ。リーの呼び名で親しまれた父親は4試合に出場して12回打席に立ち、二塁打を1本放ったあと、マイナーに戻って現役最後の数年間を過ごした。

最終的にリーは、フィリーズのマイナークラブ組織の中でマネジメントの職務にありつく（若手ピッチャーだったトミー・ラソーダのコーチ役を担った関係で、幼少期のライリーをラソーダがダッグアウトであやした時期もあった）。しかし、フィリーズがファームの規模を12チームから9チームに縮小した１９５２年の秋に職を失ってしまう。その夜、消沈して帰宅したリーは、屋根裏にとってあったベースボール人生20年間の思いが詰まった品々を燃やしたのだった。

プレイヤーとして、マネジャーとして、メジャーを目指した人生が44歳で突如として終わりを告げるというこの世界の厳しさが、ベースボールに対してだけではなく人生全般に対しての彼の姿勢をねじ曲げた。その後取り組んだ仕事でも二度失敗し、酒に溺れるようになったライリーの父親は、ライリーが高校生の頃、試合会場に乱入し、酔っ払ってレフェリーのコールにいちゃもんをつけるようなこともあったという。

コーチを務めていたウォルト・プリズビロが事を荒立てずに父親を連れ出してその場は収まった。しかし、夢の実現まであと一息まで行きながら一気に人生の価値や目的を失った父親の凋落を、ライリーは忘れられることができずにいる。自分の人生で同じ思いをすることだけは避けなければならないと、ライリーは悟った。

そう思って努力はしたものの、ライリーにも同じような虚無感を味わうときがやってきた。

1976年、引退から数か月過ぎたある日、レイカーズのホームゲームでそんな感覚に直撃される出来事が起こった。試合後に記者や放送関係者などチームに近しい人々が交流するラウンジに向かったライリーは、部屋に入ろうとして警備員に止められた。現役でなければラウンジには入れないからだ。

「引き返したけど、びっくりしたよ」とライリーは言う。これまでのチームとの関係性は続くと思っていた。しかしライリー側に縁を切るつもりがなくとも、組織の方は明らかにそうではなかったのだ。

落ち込んだまま時間を持て余したライリーは、ステイトビーチに日々通っては、波の打ち寄せる音を聞きながら、胸の内をレポート用紙に書き記すようになる。いつか本にでもなるだろうか。新たな自我を探し求める元バスケットボールプレイヤーのたわごとに終わるのが関の山だろうか。とにかく何でもやってみよう。短大チームのコーチでもいい。知人の洋服店のマネジャーになれるかもしれない。しかし、そんな機会さえ、やってはこなかった。

救いの神は1977年に放送関係の職という形で訪れる。スポーツ実況界のレジェンドで、当時レイカーズの実況担当として12年間を費やしていたチック・ハーンが、中継でコンビを組む解説者にライリーを誘ったのだ。ハーンはライリーの鼻にかかった声が気になったものの、ライリーの長所をロサンゼルス・レイカーズのオーナーだったジャック・ケント・クックに伝え、好感触を得た。

年収2万5000ドル（当時のレートで約500万円）の仕事。実はハーンに助けられてレイカーズ入りできたのは二度目だった。1970年にブレイザーズとレイカーズがプレシーズンゲームを行った際、ブレイザーズから放出されると感じていたライリーがハーンに相談したことが、その後のレイカーズ入りにつながったのだ。ハーンは鼻っ柱の強いライリーを気に入り、クックに推すよと言ったという。レイカーズがライリーの権利を買ったのはその数日後のことだった。

解説の職務にはレイカーズの秘書という作業も伴っていたことから、ライリーは細部に気を配ること、自分が出るべきところとパートナーに任せるべきところを見極めることという大切な二つの技能を身につける。後者は2年後の1979-80シーズン序盤に、当時レイカーズのHCだったジャック・マッキニーが自転車事故で頭に重傷を負うという予期せぬ出来事が起こったときに役立った。それがきっかけとなり、レイカーズはライリーをアシスタントコーチとして雇うことになるのだ。ただし、このときライリーはあまり乗り気ではなく、マッキニーが復帰するのと同時に解説者のポジションに戻すことを条件としたほどだった。

レイカーズにはタレントがそろっていた。カリーム・アブドゥル＝ジャバーはMVPを五度受賞していたし、身長206cmのアーヴィン〝マジック〟ジョンソンは、そのサイズのプレイヤーがそれまで見せたことがないような鮮やかなボールハンドリングやパスで魅了した。マッキニーがジョンソンの視野やスキルセットを最大限に生かせるアップテンポなショータイム・スタイルを採用していたため、ライリーと臨時HCのポール・ウエストヘッドにとって戦術的な移行は楽だった。レイカーズのプレイヤーは、ウエストヘッドが自らの持ち味を押しつけシーズン半ばに複雑な戦術を導入するような愚かな考えを持たなかったことを、ありがたがっていた。

レイカーズはタレントとマッキニーのゲームプランで、ウエストヘッドの下、1980年にNBAのタイトルを獲得した。しかし蜜月の時期は、1981年のプレイオフ1回戦でヒューストンに敗れたときに終わりを告げる。1981-82シーズン開幕前に、ウエストヘッドは戦術に手を加えてハーフコートでのオフェンスを改善しようと試みた。しかしここで問題が持ち上がる。レイカーズはマジックを含め、新たなオフェンスなど望んでいなかったのだ。11試合を終えた時点で、ジョンソンはウエストヘッドのシステムではプレイできない、トレードしてほしいと記者に言いだした。最終的にはこれがウエストヘッドの退任につながるのだ。

ライリーがHCになる可能性が初めてこのとき浮かび上がる。レイカーズの新オーナーとなったジェリー・バスとしては、レイカーズのスターであるジェリー・ウエストにその職を任せるつもりだったが、ウエストには、少なくとも長期的にその職を請け負う気はなかったのだ。バスはコーチ交代の会見で、ウエストがオフェンス面をつかさどり、ライリーがディフェンス面を指導するという突飛な説明をした。しかし、明確な仕事の区分けを知りたがる記者に、ウエストは「私はパット・ライリーの下で働く立場です。私の中では彼がHCですから」と整理して伝えた。

こうして若干36歳のライリーは、わずか数年前にラウンジへの立ち入りを拒まれたチームの面倒を見ることになった。サンアントニオ・スパーズを相手にHCとしてのデビューを果たそうという直前には、プレイヤーとの10分間のミーティングのために45ページにも及ぶノートを書き記したほどの気合の入れようだったそうだ。しかしそのほとんどを端折り、ジョンソンたちに任すべきだということもわかっていた。

「外から入ってきて俺たちのやり方を変えようとする人はいらなかった。いいコーチはプレイヤーに任せるもんだよ」とレイカーズのガードだったノーム・ニクソンは話す。「俺がいたあいだのライリーは、俺たちのやりたいようにやらせてくれたんだ」。

ライリーの謙虚な姿勢は即座に結果につながり、経験も豊富なレイカーズは1987年、88年の連覇を含め7年間で四度リーグ制覇を成し遂げた。彼らはまだまだ勝ち続けるだろうと予想され、ライリー自身1989年を前に「スリーピート（three・peat=三連覇を意味する造語）」の商標登録をしていたほどだった。レイカーズが三連覇を達成したら、その商業的な活用により彼にも金が入ってくるというわけだ。

しかしその後、ライリーとプレイヤーの関係性は緊張の度合いを高め、それが無視できないまでになっていく。ライリーの演説は心理的要素が強く、コート上で動きまわるプレイヤーをまるでソファに横たわる患者ととらえているように聞こえ、不評だったのだ。メディアを通じてプレイヤーに何かを伝えようとするやり方も反感を買った。何より、ライリーばかりが目立つようになり、エゴを感じさせるようになったことで、レイカーズは混乱に陥ってしまう。7年前、一人前のコーチとしてバスに信頼されなかったライリーはもういない。今や彼はベストセラー作家であり、一度の講演で2万ドル（1988年9月当時のレートで約256万円）を稼ぐ有能な演者であり、雑誌の表紙を飾るスターの身分なのだ。

「彼の方がプレイヤーよりコマーシャルなんかでも稼いでいたくらいだったよ」とジョンソンは語る。

レイカーズがコーチへの警戒心を高めるとともに、コーチの方も妄想を膨らませ何も信用できなくなっていく。ライリーにとってレイカーズでの最後の年となった1990年には、レイカーガールズ（レイカーズのチアダンス・チーム）の存在が試合終盤に流れをぶち壊す要因になっているのではないかと心配するようになった。このとき彼は、地元紙の一つであるサンタモニカ・イブニング・アウトルック紙に寄稿していたミッチ・コーツコフを呼び出し、ダンサーたたきの種になるような記事を書くように依頼している。レイカーズのマネジメントがダンサーの出番を減らしてくれることを期待したのだ。

陰では常々自身のコーチとしての技量が認識されないと文句をいっていたライリーは、同シーズンに最優秀コーチ賞を受賞している。しかし、はじめのうちはチームのPR担当者ジョン・ブラックに受賞会見をしたくないと伝えていた。最終的にこの会見は行われたが、こうした態度はチームの悩みの種だった。「でも年中そんな感じだった。毎日インタビューの要望を相談しにいくとろくでもない対応をされたよ」とブラックは振り返っている。

レイカーズは63勝を挙げプレイオフに進出したが、2回戦でフェニックス・サンズに敗れ、喜びのないシーズンを終えた。

レイカーズを離れてから数年後、ライリーは『The Winner Within（内なる勝者）』のタイトルで著書を発表した。その中の「The Disease of Me（私という病）」と題された章では、チームの活力が自我のぶつかり合いの中で埋もれていってしまうことに起因する苦悩が長々とつづられている。

ライリー自身の非か、プレイヤーの非か、あるいは両者に非があったのか。いずれにしてもレイカーズは分裂。そしてニックス入り後のライリーの仕事ぶりにも、レイカーズ時代と同じような傾向が顔をのぞかせる。妄想癖はなくならず、彼はプレイヤーに誰が近づくことができるかについて全面的な権限を望み、それを手にしていた。

ニックス入り後まもなく、ライリーはチーム関係者数名とプレイヤーを引き離すような動きを取り始めた。例えば、長年テレビ中継を担当してきたマーブ・アルバートとウォルト〝クライド〟フレイジャーは、試合の分析内容が気になってか遠征のフライトに乗ることができなくなる。スカウトたちは、練習参加に事前の許可申請が求められるようになった。長年非公式にチームつき牧師を務めてきたジョン・ラブによれば、ライリーが試合前の祈りの時間に反意を示したことで、プレイヤーの中には萎縮していたものもいたという（これは根拠のない見方ではない。レイカーズ時代にライリーの下でプレイしたスウェン・ネイターは、飛行機で聖書を読んでいたときに、あまりにも頻繁に読みすぎてコート上でのアグレッシブさをなくさないようにと声をかけられたことがあるのだ）。チームの心理カウンセラーでニックスのプレイヤーとも近しかったフランク・ガードナーは、ライリーのＨＣ就任後も職を確保したものの、内容的にはドラフト前の指名候補者への対応に限る仕事へと格下げされた。要は距離を置けということだ。

ガードナーは「彼に自分以外の声でプレイヤーを惑わせたくないのだ、と言われたよ。あのときの言葉はしっかり覚えている。こんな伝え方をするのかと思ったからね」と話す。その知らせはデイブ・チェケッツ社長とアーニー・グランフェルドGMから聞かされたのだった（後になってライリーから電話で直接同じメッセージを聞いたが、ガードナーがライリーと話したのはあとにも先にもこのときだけだという）。

ニューヨークでのライリーのキャリア初期におけるこうした変化の中で抵抗はほとんどなく、一見唐突に思えるようなチーム運営スタッフの首切りが進められていった。プレイヤーとだけでなく組織内のほかの人々とも近しかったスタッフがチームを去っていく。張り詰めた静寂の中でプロセスが進められ、首切りの数日前にその事実が知らされる。

多くの人に好かれるスタッフでも関係ない。「見せしめが必要なときもあるんだよ。容赦なく頭を撃ち抜いて、次はどいつだ？　と周りを見渡すこともしなければならないんだ」。ライリーは真剣な口調でこう話す。

ライリーのやり方は狂気じみていたが、結果的にはチーム内に、隔離された塹壕の中で世界に対抗する軍団のような結束を生み出していく。やり方が極端だったこともあってか、既存戦力を中心にほとんどのプレイヤーがライリーについていった。彼らが敏感に感じ取ったチーム改革は、まるで自分たちだけのチャーター便で旅に出るような感覚をもたらしたのだ。例えばライリーは、ホームゲーム当日にマンハッタンの中心街にあるホテルを借りて、シュートアラウンド後にプレイヤーが郊外の自宅までクルマで往復する必要がないようにした。皆が試合までリラックスできるというわけだ。

チャールストンでのトレーニングキャンプ中には、プレイヤーのために特別なはからいも行われた。ある夜には滞在していたホテルに近い高級イタリア料理店「ガリバルディーズ」で、プレイヤーとコーチ、トレーナーだけの晩餐会を行った。部屋のレイアウトも特別仕様にとライリーは要求し、テーブルナプキンの置き方一つにもこだわったという。

その年のチームの総務部長だったエド・タプスコットは、ライリーがナプキンの配置に指示を出す様子を見て、「ずいぶん細かいところまで気を配るもんだな」と感心したそうだ。

ライリーはチャンピオンシップ獲得の経験とともに、試合の分析に関して、当時ほかのチームにはない深みのある洞察を可能にする術をニックスにいくつももたらした。

映像分析は1991年当時のNBAでも新しい手法ではなく、1980年代にはリーグ全体に広がっていたが、ライリーはこれを非常に重視し、すでに特定の事象に的を絞る方法を見つけていた。ハーンと組んで試合の解説を担当した1970年代に映像スタッフがテレビ向けに短いハイライトを作る様子を見ていたので、何を指示して何を見るべきかの感覚が身についていたのだ。トレーニングキャンプに参加したプレイヤーは、1日2回のワークアウトを終えても宿題に取り組まなければならなかった。それは、シーズン中にそれぞれが対峙するだろうプレイヤー8人の映像を見て、翌日ライリーから質問されたときのために備えるというものだ。

ライリーはビデオコーディネーターも担当していたサルミに、意図的に対戦相手の接戦から最後の3、4分を抽出して短いオフェンスの流れを次々と見せる「レイトゲームテープ（当時はビデオカセットテープを使用していた）」を用意させた。サルミが聞いたことも考えたこともないアイデアだった。しかしほかのチームが接戦で仕かけてくることにライリーが綿密な対応を取れるようになったのはこのおかげだ。

このような細かい映像資料をはじめ、サルミは多くの分析に携わるよう求められた。

スタッツ関連のデータをコンピューターに入力するのは大変な作業だったが、これによりライリーはリーグ全体のプレイヤーのパフォーマンスをポジション別に評価できるようになった。「彼はプレイヤーを10のグループに分類した。1がポイントガード、5がセンターで、6が控えのポイントガード、10が控えセンターというように」とサルミは説明する。「それぞれについて得点、エフィシェンシー（効率）、リバウンド、ディフェンスとあらゆるデータを求められた。表計算ソフトはまだ『Excel』がなかったから、『Lotus 1－2－3』ってやつを使ったよ」。

15年後にはこの成果が、本質的にPER（Player Efficiency Rating）というプレイヤーの評価指標として広まることとなる。ほかにもライリーは、プレイヤーの出場時間帯におけるチームとしての得失点差をデータ化し、評価の一端とした。これにより、アシスタントコーチは、相手がどれだけしっかりボックスアウトしたりオフェンスファウルをとったり、ジャンプショットを阻もうときちんと対応してくるか、ディフェンスのローテーションでどの程度ミスを犯すかなどを細かく数値化するように求められるようになった。言うまでもなく皆、忙殺されるようになる。

「パットが来るまでのニックスは、アシスタントが毎週1、2回はゴルフできたんだけど、彼の体制になってからは毎日フルに働いても彼からの要求に応えるだけで精一杯だったよ」とサルミは振り返る。

当時3年目のガードだったブライアン・クインネットは、あるときマディソン・スクエア・ガーデンのニューヨーク・レンジャーズ（NHLのアイスホッケーチーム）のロッカールームでライリーと会って、ローテーションの一角としてより大きな役割を得るために何に取り組むべきかを聞こうと試みた。

真面目な答えを知りたいと思っているのかと確かめるライリーに、彼ははいと答えた。「それじゃ言ってやろう。君は白人で中流意識のある家庭背景からやってきただろ。貪欲さに欠けているんだよ」。

これにクインネットは驚かされた。「ライリーの下でプレイする機会もほとんどなかったのに」という状況でそんな判断をされる根拠は見当たらなかったし、ライリーがそこまで見て批評しているとは思わなかったのだ。これもライリーのプレイヤー時代の経験からくるものだろう。クインネットはライリーの言葉が何かの前兆かと不安に感じたが、それは的中し、翌年2月に彼はダラス・マーベリックスにトレードされる。マーベリックスのひどい状況を思えばそれは放逐にも等しい。とはいえ、ライリーの雑感的な反応を腹立たしく思ったクインネットが、宿題をやっていないと責められることもなくなったのだ。

もちろん研究だけでは勝てるわけではなく、生まれ変わったニックスはしっかり戦わなければならなかった。ライリーの指揮による最初の2試合は、オーランド・マジックとマイアミ・ヒートというまだ歴史の浅いエキスパンション・チームに対する連敗で始まっている。決してこれは希望に満ちたものとは言えない。

その当時、長く不振から抜け出せずにいたニックスにとって負けは珍しい結果ではなかった。しかしライリーにとっては拷問のようなものだ。鬱憤のたまる負け方だと、頭の中に試合中の状況が思い起こされて眠れなくなるので睡眠薬もほしくなる。レイカーズ時代は、連敗を喫すると肩の凝りをほぐすためにロサンゼルスのはり師の世話になった。

マイアミ・ヒートに負けてニックスが0勝2敗となったとき、プレイヤーはライリーの執務室から鼻を突くようなタバコの悪臭が漂ってくることに気づいた。

2日後、練習に顔を出したライリーは3日分の無精ひげのおかげで本人か見分けるのも難しいほどだった。「答えを探していたんだね。夜も徹していたんだと思うよ」。センターのティム・マコーミックは言う。

開幕から1週間もたたず、ニックスは分岐点に立たされていた。ライリーを不眠のコーチにしてしまうか？ それとも、ライリーの中の勝者を呼び覚ますことができるだろうか？

BLOOD IN THE GARDEN

4 マイケル・ジョーダンをぶったおせ

39勝で何とかプレイオフに進出したものの、1回戦でマイケル・ジョーダン率いるシカゴ・ブルズに3連敗。そんなニックスのGMを1991年3月に引き受けたデイブ・チェケッツ（1990年、世界初のNBA公式戦Japan Gamesのスタッフ〈NBA本部の一員〉として来日している）は、ライリーとの契約後まもなく、いくつかの計画に着手する。

まずはシーズンチケットホルダーを対象としてグループインタビューを実施。集客が80%に落ちてきていた中で、クラブの方向性に愛想を尽かせそうになっている熱狂的なグループの意見を聞いた。マーケティングにはそれまで以上の予算も突っ込む。スタッフとともにプロモーションの検討にも注力。ライリーの左手にレイカーズ時代のチャンピオンシップリングをすべてつけた状態で撮影して、「もう一方の手はニックスのためにとってある」とメッセージをつけるというアイデアもあった（ライリーが了承しなかったため、ボツになったが）。

ほかに先駆けて、マディソン・スクエア・ガーデンの天井に豪華な8面のジャンボトロンが取りつけられたのもこの時期だ。ホームゲームで使用する音楽のプレイリストは、クレイグ・バルサムとクリフ・チェンフェルドのコンビに発注するようになる。二人はニューヨーク大の法科大学院を出た実業家で売れっ子プロデューサーだ。ジェシー・イッツラーという22歳のユダヤ人ラッパーに依頼して、のちのニックス讃歌となる「ゴー・

ニューヨーク・ゴー」という楽曲も作らせた（彼らは3人とも、ニックスでの経験を足がかりにNBAのほかのクラブにも取引を広げ、いまや億万長者になっている）。

チェケッツは、オーナーのスタンリー・ジャッフェからの反感を買いながら、ニックスにダンスチームを導入する動きもあと押しした。会議で参考映像を見せた際、ジャッフェはノートを投げつけ、「こんなものを私のテレビに映すな！　消せ！」とわめきたてたという。

チェケッツがこうした戦力補強外のことに投資したのにも理由があった。

「はっきり言って最初のうちは苦戦すると思ったし、それがどのくらい長引くかわからなかったですからね」というのがチェケッツの本音だ。「就任当時にものすごいブーイングの嵐を何度か経験したんだよ。うちのプレイヤーはファンの声が厳しすぎて、ホームでプレイしたがらなかったくらいだ。だから、事をうまく運ぶ上で、まずどうしたらファンの思いをほぐすことができるかに心をくだいたんだ」。

開幕2連敗ではこの心配が消えるわけもない。しかしディフェンス面の奮闘が続き、ジョン・スタークスとグレッグ・アンソニーの控えコンビが脅威と言える存在として頭角を現すとニックスは調子を上げ、1月には22勝11敗の成績を収めていた。

ただ、パトリック・ユーイング以外のオフェンスはよいとはいえず、得点が停滞したりぐずついたり、インサイドのスペーシングが悪いために突っ込んでいったプレイヤーが味方と交錯するような場面がたびたび続いた。

第2の得点源としての期待とともに獲得したゼイヴィア・マクダニエルも不要なポンプフェイクが多く、弱気に見えるときもあった。プレイの波が大きく、シカゴ・ブルズとの負け試合で2得点に終わったかと思えば、翌日のボストン・セルティックスとの試合では37得点を記録するような状態だ。

うれしい誤算はスタークスで、控えながら第2のスコアラーとして暴れている。マクダニエル同様に当たり外れがあったものの、意気込みの点では強そうだ。アンソニーの方も闘志をみせていた。

アンソニーの問題はショットの手元がおぼつかず、ボールがあさっての方向に飛んでいくことだ。その外れ方があまりにも大きいため、アシスタントはいつもじゃんけんで誰がリバウンドしてやるかを決めていたという。ボブ・サルミはアンソニーのリバウンドにつきあったあの頃が一番体の切れがよかったという。「すごい運動量になるんだよ。普通このレベルのいいシューターなら、外れるにしてもリムの前か後ろかの問題で、あまりリバウンドで動く必要はないんだけど、グレッグの場合だとそうはいかない。ドアの外やら階段やら何十mも離れたところにいってしまうんだ。ときにはそんなもん追いかけずに、近くにあるボールのラックから新しいボールをパスしてやることもあったよ」。

ポイントガードのマーク・ジャクソンのプレイスタイルが、チームのオフェンス陣とかみ合っていなかったことも問題の一つだ。少なくともチームメイトの数人は、そう感じていた。

「パスはくれるんだよ。ちゃんと気を遣ってくれていたんだと思う」。ブライアン・クインネットはこう言いながら、キキ・ヴァンダウェイと話していたジョークを教えてくれた。

例えばショットがどれだけ決まったかを表現するのに今日は「5分の3」のような言い方をするが、ヴァンダウェイはジャクソンに関して、5回パスをもらって3回「打てた」という意味合いでこう言っていたそうだ。いいところでボールがこないので、多少強引にでもショットにもっていければましな方というわけだ。

1月の西海岸遠征でオークランドに行く前に、5試合中4試合に負けたニックスは、11月以来初のつまずきを経験する。

オフェンス力の欠如でポートランド・トレイルブレイザーズとミルウォーキー・バックスに敗れたのがその始まりだ。しかしそのあとのクリーブランド・キャバリアーズとフィラデルフィア・セブンティシクサーズ戦での敗北はディフェンスの問題で、平均失点が113に達した。何をやるにもなぜかまとまりがなくなっていた。

オークランドでのウォークスルー（作戦確認のためコートなどで行うミーティング）で、ライリーはホテルの宴会場にプレイヤーを集めた。四つの丸テーブルと人数分の椅子が置かれている。

ライリーが事前に決めた組み合わせに従い、チャールズ・オークリー、ユーイング、ジャクソン、マクダニエルがまず一つのテーブルに当てられている。次はスタークス、アンソニー、ジェラルド・ウィルキンズだ。続いてヴァンダウェイ、クインネットとセンターのティム・マコーミックのテーブルがあり、最後はアンソニー・メイソン、パトリック・エディー、ケナード・ウィンチェスターだった。

皆が席につくと、ライリーはうまくいかない理由をどう思っているか話し始めた。「我々はただ一緒にいるだけでチームとして機能していない。それが最近の状態だ」。

グループ分けにも理由がある。ユーイングのテーブルはすでに名声を得た格上のベテランの集まりだ。次のテーブルはこのシーズン中に絆を深めたガード。三つめのテーブルは皆白人で、最後は成功の足がかりを見つけようとしている若手グループになっている。

このミーティングでライリーは、誰もが仲よしである必要はないことを明確にしつつ、グループとしてばらばらになることや相互の話し合いができずチームとして崩壊するようなことは望まないと話した。実は賭けにはまっている者がいるという心配な情報があったのだ。

どのクラブもそうだが、ニックスのメンバーも皆負けず嫌いで、やることなすこと勝とうとしてしまう。元ドラ1で生涯サラリーが1億2500万ドル（1991年当時のレートで約168・4億円）に上るユーイングに、プライベートでもそんな面があれば、心配にもなるものだ。トレーナーのマイク・サンダースは「パトリック、君はもう大当たりを何度も引き当てただろ！」とよくたしなめたという。しかしチームメイト同士で、誰が練習に一番乗りするかを賭けるようなことが習慣になっていた。例えばフォードに乗っているオークリーとトヨタSUVに乗っているジャクソンのどちらが速いか勝負するのだ（ジャクソンはニューヨーク州大の保安組織に捕まったこともある）。

飛行機で遠征となれば機内でカードゲームの賭けになり、アンソニーによれば賭け金が5万ドル（1991年当時のレートで約674万円）に上ることも珍しくなかった。練習でのシューティング競争も同じで、ジャクソンとアンソニーが1万ドルに達する金を賭けてあらゆるところからショットを打ちまくる。あまりにも高額な賭けが行われていることがライリーの耳に届けば、互いの関係性に影響がないかと心配になるのも当然だ。「3万ドルもの貸し借りがあるあいだ柄で気がねなくパスを出し合えるわけがないだろう?」。ライリーは大声を出した。「子どもの学費に足りる額だぞ!」。

ライリーがどこまで本心で腹を立てていたかはわからない。単にやる気を出させようとしただけかもしれない。しかし、いずれにしてもこのスピーチは効果があった。その後のゴールデンステイト・ウォリアーズ戦からニックスは5連勝し、9試合中8試合に勝利するのだ。ニックスはあっという間にボストン・セルティックスを追い抜いて、アトランティック・ディビジョンの首位に躍り出た。ウィルキンズは例のスピーチが効果てきめんだったと認めている。

ライリーはプレイヤーを非難するばかりではなく、がんばりに報いることもあった。『Sports Illustrated』誌の表紙に登場して注目を浴びた約1か月後の3月、デンバー・ナゲッツを破った時点で連勝を5に伸ばしたニックスは、45勝25敗という通算成績を引っ提げてスーパーソニックスの本拠地シアトルに乗り込もうとしていた。ところが、2日後の試合に向け乗り込んだ飛行機が強風で1時間ほど足止めを食らい、遠征疲れのたまった巨人たちをデンバーの空港で苛つかせるという出来事があった。そんなときにはホテルについたら即座にベッドに倒れ込みたくなるものだ。

エメラルドシティーのニックネームで知られるシアトルの街でホテルに到着したのは午前2時。寝落ちしていたところを起こされぼんやりしていたプレイヤーたちがバスを降りようというときに、ライリーは「明日は10時に集合」と告げた。つまり8時間後には練習が始まるのだ。「しっかりテーピングして来いよ」。

プレイヤーは口々にうめき声をもらす。それは2800マイル（約4500km）離れたニューヨークにも届いたのではなかろうか。「皆疲れきっていて、明日くらい休ませろよという感じだったよ」と控えセンターのティム・マコーミックは回想する。

数時間後、仮眠程度に体を休めてビュッフェの朝食を済ませたニックスの面々が、午前中のワークアウトに向かうバスにのそのそと乗り込んでいく。皆、練習着に足首のテーピングという姿だ。ところが彼らが連れて行かれたのはバスケットボール・コートではなく、大きな倉庫だった。部屋の中央に映像を映し出すスクリーンがある。10時からの練習は映像分析に変わったのだろうか。だとしたら、それはそれでプレイヤーにとって小さなご褒美には違いない。

「みんな、私が望んだことをすべてやってくれている」。ライリーは言った。「今日の練習は取り止めだ。代わりに封切られたばかりの映画でもみようや。ティム・マコーミックが主人公だぜ。『ホワイトメン・キャント・ジャンプ（邦題ハードプレイ）』ってやつだ」。

ライリーがニヤッと笑顔を浮かべ、続いて皆の笑い声が響く。飲み物とポップコーンの小袋が運ばれてくると、思わぬ休日の到来にほっとしたように面々から安堵（あんど）のため息が漏れた。

その時点までに、開幕前のあらゆる予想を越える躍進で見せ場を作ったプレイヤーを、たまにはねぎらうことがあってもいいだろう。ライリーはそう考えた。

この考えに異論を挟むのは難しい。しかもニックスは、映画を楽しんだ翌日にソニックスを破り、遠征の最終戦では、のちにウエスタン・カンファレンス首位でこのシーズンを終えるブレイザーズを倒すのだ。

直近10試合で9勝を挙げたニックスは、イースタン・カンファレンスの第2シードをほぼ手中に収めたように見えた。レギュラーシーズンは残り8試合で、カンファレンス3位のボストン・セルティックスとは5ゲーム差。最後の2週間は自動操縦でも乗り切れそうだ。

少なくともこの時点ではそれが自然な成り行きに思われた。

しかし以降のニックスは、笑えないジョークのような流れにのまれ、あれよという間にその地位から転落の道をたどるのだった。

■ニックスがクリーブランド・キャバリアーズに敗れた一方、セルティックスがブルズを破りゲーム差が4に縮まる。

■ニックスがデトロイト・ピストンズに屈し、セルティックスがキャバリアーズを下したことにより3ゲーム差に詰められる。

■ニックスがラリー・バードを欠くセルティックスにつまずき、タイブレーカーを失うとともに2ゲーム差まで迫られる。
■ニックスがクラブ史上最少の61得点でピストンズに完敗を喫したのに対し、セルティックスはまたしても勝利を挙げ、ゲーム差はいよいよ1に。
■ニックスがアトランタ・ホークス戦の最後の3分41秒間に0-10のランを食らって94-95で敗れた一方、セルティックスは勝利を挙げ、同率2位に並ばれる。

ホークス戦当日、将来有望なプロ候補を確認するためにバージニア州で開催されていたポーツマス・インビテーショナル（カレッジのオールスター戦）に来ていたフロントオフィスのメンバーは、ノーフォーク・マリオットホテルのバーでホークスの驚くべき逆転勝ちを目の当たりにしなければならなかった。ディビジョンタイトルは完全に手中に収めたはずだったのに、7試合前の5ゲーム差のリードはどこに消えたのか。セルティックスが15試合で14勝を挙げ、調子を落としたニックスを捉えた事実をどう受け止めればいいのか。

そばにいたレッド・ホルツマン（ニックスで最も成功したコーチ。当時はコンサルタント）の傍らを、苛ついたチェケッツが思わず蹴飛ばした椅子が飛んでいく。物腰柔らかな重役らしからぬ反応を見せたチェケッツの腕を静かにつかんで、ホルツマンはなだめようと声をかけた。

「デイブ、落ち着けよ。俺たちはニックスだ。こんなもんじゃないよ」。

チェケッツは頷き、そうですよねと返答して椅子を元に戻した。しかし、とてつもない勢いで崩壊したニックスを立て直すのはかなり難しそうだ。

ミルウォーキーでのシーズン最終戦の前に、ライリーはプレイヤーを集めて密室でミーティングを行った。

現実から目をそらすことはできない。思いもしなかった終盤戦の急降下で、ニックスはすでにディビジョンタイトルを自力ではつかめない状況なのだ（セルティックスの最終戦はカンファレンスで8位タイとなるマイアミ・ヒートが相手で、負ける公算は低かった）。ライリーは皆の前で、特にロードでポートランド・トレイルブレイザーズを倒したあと、プレイヤーをなだめすかして乗り切ろうとした自分の甘さを責めた。練習量で勝る文化に慣れてきていたチームの負荷を下げたことで、我を見失ったかもしれないと考えたのだ。

自分を責めるライリーを見て、誰もがそんな必要はないという思いを持ったが、続けてライリーがプレイオフ開幕前にチャールストンに戻ろうと言いだしたときには同情の思いも薄らいだ。もう一度トレーニングキャンプからやり直す。注意散漫な状態を脱すると同時に、長時間厳しくフィジカルな練習に慣れていたシーズン開幕当初の感覚を取り戻すのだ。

とにもかくにも、ミルウォーキーでのシーズンフィナーレが終了したときニックスは51勝目を手にしていた。前シーズンより勝ち星は12増え、アトランティック・ディビジョン1位タイという成績だ。ただし、8試合で5ゲーム差を詰められるといういまだに破られていない記録を残したあとでは、躍進を祝う雰囲気があろうはずもない。しかもポストシーズンの最初の相手はベテランぞろいで実績に事欠かないピストンズなのだ。

二度王座に就いたピストンズとのプレイオフ1回戦を前に、ニックスはゲームプランを用意した。

オフェンスでは、パトリック・ユーイングをゴールから遠い3ポイントラインのすぐ内側あたりに立たせ、ピストンズがダブルチームにくるならば長い距離を走らなければならないように仕向ける。ディフェンスの対策は二つだ。一つは、ガードのアイザイア・トーマスがスクリーンのそばをドリブルですり抜けようとするときに、二人のディフェンダーをつけて苦しめ、もう一つは、ピストンズの誰かがジャンプショットを狙うのに対し、チャールズ・オークリーやユーイングらビッグマンをベースライン際のほとんどコート外に近い位置に立たせるというものだ。それにより、リーグのリバウンド王となったデニス・ロドマンと対峙するオークリーとユーイングが、よりアグレッシブなボックスアウトでゴール下から外に押し出しやすくなると考えた。

第1戦ではこの三つがどれも当たり、ピストンズのダブルチームを逃れたユーイングは楽々24得点を奪う。逆に苦しめられたトーマスはフィールドゴールを9本中1本しか決められず3得点という最低の出来で、ロドマンもそのシーズンで最も少ない4リバウンド。これはシーズン平均より15本少ない数字だ。3戦先勝の5試合シリーズにおける大事な初戦にドアを蹴破るような勢いで突入したニックスは、109-75で勝利した。

微調整はほかにもあったが、それはゲームプランというよりも示唆のようなものだ。シリーズ開幕前に、ライリーは調子に波があるフォワードのマクダニエルと膝を突き合わせて2時間話し合い、「シアトル時代のXを見せてくれ」と諭した。行儀よくディフェンスが仕かけてくるのを待つのではなく、先手を取って攻めつける本来の姿がどうしても必要だ。

ニックスの大勝となった第1戦のあと、シリーズは拮抗した激しい戦いに様相を変えていく。第3戦ではテクニカルファウル（悪態や遅延行為などプレイ以外で起こる反則）が6回、フレイグラントファウル（過度の接触を伴う危険なファウル）が1回コールされた。第4戦では開始から5分間にテクニカル4回、フレイグラント1回という激しさだ。しかし第2戦以降の4試合で20得点、9リバウンドを越えるアベレージを記録したマクダニエルの活躍で、ニックスはマディソン・スクエア・ガーデンでの命運を賭けた第5戦でピストンズを押し切ることができた。

このシリーズはブルズがピストンズを倒した1991年のシリーズと似たところがあり、一つの時代の終焉を意味していた。ニックスがプレイオフ1回戦でピストンズを打ち負かしたことで、チャック・デイリーがピストンズの指揮官の座を降り、バッドボーイズ（ピストンズのニックネーム）に代わってニックスがリーグを代表する悪ガキ凶悪軍団に名乗りを挙げることになったからだ。

「いざ一線を超えそうになったとき、ピストンズはフィジカルでニックスに対抗する気はなかった。血みどろのニックス時代の始まりだ」と『Sports Illustrated』誌のブルース・ニューマンは記している。

レギュラーシーズン中から、相手に重苦しい思いをさせるディフェンスはニックスの持ち味だ。フレイグラントファウルの数は20回。1月のサンアントニオ・スパーズ戦では二つのプレイで連続してコールされ、デイビッド・ロビンソンの首をはねてしまうのではないかと思うような瞬間もあった。2回戦では、フィジカルな相手との対戦経験も豊富なブルズと対決するが、どんな戦いになるだろうか。ブルズは、マイケル・ジョーダンのオフェンスを露骨な力技で阻む「ジョーダンルール」というディフェンスを土台としたピストンズの前に3年連続で屈したあと、四度目にその壁を乗り越え王座を獲得した前年の王者だ。

ニックスがピストンズとの第5戦に臨む数時間前、オークリーの電話が鳴った。出てみると馴染みのある南部なまりの声が聞こえる。オークリーがブルズに在籍した当時のチームメイト、スコッティ・ピペンが激励の連絡をよこしたのだ。

しかし一体なぜだろう。ピペンは単に仲のよい友人を応援しただけかもしれない（ピペンはルーキー時代にオークリーにかわいがられ、ちょくちょくからかわれたり使いっ走りにされていた）。あるいは、ピペンとブルズがピストンズをいかに嫌がっていたかを示しているのかもしれないし、その両方かもしれない。ピペンはオークリーを尊敬していたからこそニックスを応援したが、どこかでニックスの方がピストンズよりは御しやすいと思っていたという可能性はある。

両者の直近の対戦成績は圧倒的にブルズの優位だ。前年のプレイオフではブルズがニックスをスウィープ。レギュラーシーズン中の四度の対戦もすべてブルズが勝っていた。シリーズ初戦はニックスが17連敗を喫した地シカゴであり、『New York Post』紙の見出しも「ニックスの望み？　いい負け方をすること」と辛辣だった。メディアが早々に結果を決めつけたのも無理はない。

ただしライリーはそうは思っていない。こうした見方はチームの発奮材料だ。ブルズはシーズン前のキャンプの時点から視野に入れていたチームでもある。ジェラルド・ウィルキンズは「パットは最初から、『いいか、シカゴはいずれにせよたたかなければならない相手だからな』と言っていた」と話す。「彼らはチャンピオンだ。ニューヨークに来て負けるつもりはないことを最初から明確にして、俺たちに自信を植えつけようとしていたよ」。

ニックスが初戦から見せた恐れ知らずの戦いぶりは、ブルズを混乱させたに違いない。試合開始から2分過ぎ、ゴールに向かうビル・カートライトが空中でオークリーに体当たりされて床にたたきつけられると、シカゴ・スタジアムのファンはまるで自分たちが殴られたかのようなうめき声をもらした。

このファウルが意味するのは、レイアップはさせないぞという決意にほかならない。ブルズの控えセンター、ウィル・パデューは「恐れという言葉を使いたくないけど、あいつらはどこまでやるかわからないような気がした」と話している。「勢いをくじかれるんだ」。

そんな雰囲気で始まったシリーズ初戦は、ユーイングがゲームハイの34得点に16リバウンドと奮起。アウェイのニックスが94-89でジョーダンとブルズを破るという結果で世間を驚かせた。

第2戦、第3戦はブルズが立て直して勝ったが、ニックスは自分たちのスタイルが相手を消耗させていると感じていた。第2戦ではマクダニエルのアグレッシブなプレイで、ピペンがフィールドゴール12本中2本成功のみに封じ込まれ、しかも右足首をひどくくじいている。三度目の対戦でもニックスは序盤から〝フルスイング〟状態で、開始早々その言葉通りオークリーが強靭な腕を振りかざしてホーレス・グラントのレイアップをブロックした拍子に頭をたたいてゴーグルが口元までずれるという場面があった。

そのファウルはまだ優しい方の部類で、第3クオーターにはジョーダン（鼻）、ピペン（顎）、ジョン・パクソン（腕）と3人が流血し、一時コートを離れてトレーナーのチップ・シェイファーの手当を受けなければならなかったほどだ。ニックスはそんなことはお構いなしで、マディソン・スクエア・ガーデンのフロアに血がしたたるのを楽しんでいるかのようなプレイぶりだった。

第4戦は、マクダニエルが攻守に躍動。24得点を挙げるとともにピペンを苦しめるディフェンスでニックスを勝利に導く。これでシリーズはタイだ。ピペンはフィールドゴール13本中4本しか決められず、マクダニエルにぬいぐるみ人形のように投げ飛ばされた。「俺の思いのままにあしらってやった」とマクダニエルはピペンとのマッチアップを言い表している。「あいつの頭を殴れそうなときは殴るつもりでやっていたよ」。

ただ、この流れは長続きしない。シカゴに戻った第5戦では、ジョーダンがミドルレンジから次々ゴールを射抜き、37得点の爆発でブルズをけん引。ブルズは96-88の勝利でシリーズ成績を3勝2敗とし、ニックスを敗退の崖っぷちに追い詰めた。

ライリーに再び眠れぬ夜が帰ってきた。

ニューヨークに帰る機内でも、ジョーダンがいとも簡単に得点を重ねる情景が頭に何度も浮かんでくる。プレイヤーにも同じ思いを共有してみるか。そう考えたライリーは、ビデオコーディネーターのサルミの力を借りることにした。

30年を経た今でも、当時ニックスに在籍した面々はライリーのこのときのアプローチを心に留めている。第6戦の前、ライリーはロッカールームにプレイヤーを集め、部屋の真ん中にテレビとVHSビデオプレイヤーを引っ張ってきて、サルミに用意させた映像を見せた。前年のプレイオフからの、ある場面が収録されたものだ。ジョーダンが左ウイングからスタークスを相手にドライブを仕かけてくる。オークリーがカバーして立ちはだかるが、ジョーダンはスタークスとオークリーを鮮やかに出し抜きゴールに襲いかかる。身長が20cm近くも大きなユーイングが懸命にカバーに来るが、ジョーダンは強烈なトマホークダンクをその頭越しにぶちこむ。その一連のプレイだ。

誰もが沈黙する中、ライリーはこの映像を繰り返し再生した。ニックスが誇る3人のベストプレイヤーがホームコートでジョーダンに弄ばれる場面など、見たい者はいない。しかしこれは、自分たちの悔しい場面を繰り返し見せる『時計じかけのオレンジ（1971年公開の名画）』的な嫌悪療法なのだ。5分か、10分か。時間が過ぎ、ようやく立ち上がってストップボタンを押したライリーは、唸るような声でこう言った。「こんな腸が煮えくり返るような場面を、俺は今日絶対に見たくないぞ」。ライリーは真っ直ぐな気持ちを言葉に乗せた。「君らの誰かがマイケル・ジョーダンをフロアにぶっ倒さなけりゃならない」。ライリーの言葉が続く。「俺たちはあいつがすごいとか、うまいとか、敬服している場合じゃない。いつまでそんな気持ちでいるんだ。人生、どんなことでも成し遂げられる。でもそれは誰かに与えられるものじゃないし、マイケル・ジョーダンは何の助けにもなってくれないんだ。やってやろうぜ。放っておけばマイケルが自分で失敗するなんてことはない。君らの手でそうさせてやるんだ」。

試合当日にこんな挑戦的な姿勢にいたる以前から、ライリーはディフェンス面の不満を明らかにしており、前日の練習後会見でも、ジョーダンをゴール下に入れないようにする努力が不十分だと苦言を呈している。第5戦の映像を見返すと、ジョーダンとブルズがゴールにドライブを仕かけた回数はニックスのほぼ倍の35～40回にも上っていたのだ。

ライリーの言葉がメディアを通じて伝わると、第6戦に臨むジョーダンの心境にも変化が生じた。「今日はペイントに突っ込むと頭を吹っ飛ばされそうだな」。試合開始数時間前にジョーダンはこう話している。「早く終わりにしたいね。このシリーズは野蛮だよ」。

しかしこの夜、ジョーダンが望むような結果にはならなかった。

ニックスが手荒なことも辞さない覚悟であると感じたジョーダンのプレイぶりは、第6戦では受け身となり、第5戦のようにペイントに切れ込んで支配的に活躍しようとする場面は少なかった。掃海艇のようにニューヨークのディフェンスを警戒し、一人目のディフェンダーを抜いても二人目から先になかなか踏み込めない。

第2クオーター序盤にジョーダンがこの試合で初めてゴールに向かって試みたドライブは、象徴的だ。左ウイングから右に二つドリブルをついて勢いよくウィルキンズを抜いたが、フリースローラインに踏み込もうというところでアンソニー、オークリー、メイソンの3人が寄ってくると、迫りくる足音を聞いただけでジョーダンは自らファンブル。ニックスはすかさずボールを奪い、速攻に転じてスタークスのレイアップで得点につなげた。

ショット自体は多かったジョーダンだが、25本中22本がペイントの外からで、結果的に決められたのは9本のみ。21得点はしたものの、その時点までのプレイオフキャリアで最低のシューティングと言える出来だった。最終スコアは100-86。ニューヨークの勝利で、誰も予想しなかったシリーズ最後の第7戦に突入することが決まった。

第6戦までのニックスは前年の王者ブルズを得点、リバウンド、アシストの総数でいずれも上回った。これでもかというほどフィジカルなプレイスタイルが効果を上げ、ブルズの得点はレギュラーシーズンの平均を20得点以上下回り、プレイオフ平均に比べれば30得点近く低いレベルにとどまっている。フレイグラントファウルの数はブルズのゼロに対しニックスは5。その中には、スタークスが腕を伸ばしてピペンの首を引っかけ、床に引き倒すという荒っぽいものもあった。

調子を取り戻したマクダニエルはフィールドゴール成功率51%で平均19・3得点を記録。マッチアップするピペンのフィールドゴール成功率37%、平均15・8得点を上回っていただけでなく、直近3試合でその差を広げてきている。普段は感情を表に出さないジョーダンさえ、この状況に不安を感じさせていた。

しかし、シカゴに舞台を戻して行われた第7戦では、ジョーダンが再び地に足をつけたプレイを見せる。試合開始後の最初のオフェンスから、ジョーダンは左ウイングでボールをつかむとスタッターステップ（素早く足踏みするようなステップ）でマクダニエルを揺さぶり、ゴールに突っ込んでオークリーのファウルを誘った。着地する際、ジョーダンはユーイングからも顔に一撃食らって唇から流血したが、ジョーダンの姿勢はニックスのフィジカルなプレイの前にアグレッシブさを弱めた第6戦とは明らかに違う。消極的なジャンプショットでは終わらないぞということだ。

ニューヨークのいたぶるようなやり方にチームメイトがぐらつかせられるようなことを、ジョーダンはこの試合で断固拒絶した。

第1クオーターが終わる少し前、マクダニエルがピペンと立て続けにぶつかり合う流れがあった。二度目はオフェンスのマクダニエルがポストプレイで肩からピペンの胸に体当たりしてファウル。するとマクダニエルが、反対側のコートに戻ろうとするピペンの鼻先まで詰め寄り、何やら言葉を交わすことに。そこにジョーダンとグラントが割って入り、今度はジョーダンとマクダニエルが言い合いになった。

スキンヘッドの二人が頭を突きつけ合って言い争っている。このシリーズを見た人なら、忘れることができない情景だろう。ジョーダンは自分が標的にされたときでさえ挑発にはほとんど乗らないタイプだが、このときばかりはマクダニエルがそれまでと同じようにピペンに絡みつくのを見ていられなかった。

「許さんぞ、エックス！　この野郎！」とジョーダンが叫ぶ。テクニカルは両者とも宣告されている。

ニックスは前半を接戦のまま終え、第3クオーター3分過ぎまで60-57と粘っていた。しかし息切れが見え始める。足首のひどいねんざを押して出場していたユーイングが、わずか4分間で三つのファウルを犯してベンチに下がると、ジョーダンに目を見張るようなプレイの連続を許してしまう。バンクショット、スティール、マクダニエルのボールを奪い取っての速攻からの得点と止まらない。

ピペンを守ろうと立ち向かったあとのジョーダンは、もう十分だと言わんばかりにニックスのあらゆる反撃の芽を摘み取った。「あのあとは完全にあっちの流れになってしまった」とマクダニエルも脱帽するしかない。ピペンがトリプルダブル、ジョーダンが42得点を記録した決戦は、終わってみれば110-81というスコア。ブルズが第7戦を制して勝ち上がった。

あそこまで戦って、第7戦でこんな結果になるなど誰も望んだわけはない。しかし1年目で前年の王者を倒すまであと1勝のところまできたのだ。シーズン序盤には、失敗を想定した社長がコート上にダンサーを仕込もうとしていたことを思えば、決して悪くない。

何かを結論づけるには時期尚早だろう。しかしうだつの上がらない年月を重ねたあと、ついにニックスはその後に続く礎を築き始めたように見えた。

BLOOD IN THE GARDEN 5

MSGのゴール下は犯罪現場？

オフ期間のマディソン・スクエア・ガーデンのオフィスで、パット・ライリーは次のシーズンに向けたプロモーション会議に出席していた。事前にどんな内容か知らされてはいない。混乱気味の表情を浮かべながら手元に配られた資料を覗き込んでいる。

資料に描かれていたのは、紙の上に浮かび上がるようなガーデンのコート図。ゴール下の青く塗られたペイントエリアには、犯行現場で人が倒れた様子とその位置を示すためにチョークで描かれる人のシルエットのようなイラストが描かれている。対戦相手に対する無愛想な挨拶代わりのメッセージだ。ゴール下に間違って突っ込んできたらこうなっても知らないよというわけだ。

コート図の下には「タフな街、タフなチーム１９９２–93ニューヨーク・ニックス」というキャッチフレーズが添えられていた。

全体像をつかみきれずにいるライリーに、もう一枚資料が手渡された。これもまた最初の案に負けず直接的な表現で、いわゆるマックトラック（アメリカで広く知られる輸送トラックブランド）がページの真ん中をこちらに猛進してくるイラストが描かれている。ニックスと対戦するのはどでかいトラックに体当たりするようなもの。そんなイメージの下に、やはり「タフな街、タフなチーム１９９２–93ニューヨーク・ニックス」と書かれている。

広告代理店が持ってきたこれらの提案にニックスの重役たちは含み笑いを浮かべていたが、ライリーには違和感でしかない。「ちょっと行き過ぎだと思いますがね」と、そう声を挙げた。

そんなライリーの様子を見て、代理店側は軽いジョークで場をなごませたかったのだと真意を明かした。手元の1992-93シーズンの宣伝ポスター案は、日の目を見ることはないので安心してほしいと繰り返す。チームの特徴を正しくつかんではいるけれど。

ライリーのニックスが、誰でもすぐにわかる武骨なアイデンティティをわずか1年で作り上げたことが、こんな出来事にも表れている。マーケティング担当者は、ゴリゴリ押してくるニックスのイメージを感じ取り、さっそく乗っかろうと考えたのだ。チケットに関しては偽造防止のために合成紙を採用したが、結果的にこれでニックスのチケットは、文字通り「最もタフなチケット（手に入れるのが困難なだけでなく丈夫で破れない）」となった。

フロント陣はもう一歩前進し、サラリーキャップ（プレイヤー維持のためにNBAの各クラブに許される年俸総額の限度額）に抵触せずに戦力補強を行うという、これまでにはできなかったことを実行しようと考えていた。シカゴ・ブルズを第7戦まで追い詰めた前シーズンの顔ぶれに、さらに意義あるプラスをもたらしたい。キモの一つは、自チームのフリーエージェントとの契約更改により限度額超過を認めるバード特例条項を活用し、体を張れるフォワードのゼイヴィア・マクダニエルを引き留めることだが、いかにしてそれを成し遂げるかの考えもすでにまとまっていた。オフにいくつか補強の話をまとめたあと、締めくくりにマクダニエルを確保する。

本人にもその考えをしっかり伝えた。

前シーズンの後半戦で、マクダニエルはニックスが契約更改への思いを強めるような活躍を見せられてはいない。パフォーマンスが不安定だったことに加え、29歳のひざには不安がつきまとうこともあり、チームドクターは重役に単年契約を進言していた。しかしプレイオフで力強い活躍を見せ、特にスコッティ・ピペンとブルズに対抗した様子を見たフロントの評価は一変。マクダニエルを確保した上で、彼を含むスターターに得点力を加えるような補強を狙うことにした。

ニックスはダラス・マーベリックスとのトレードにより、オールスターに四度選出された33歳のシューティングガード、ローランド・ブラックマンを獲得し、ドラフトで有能なシューターとして期待を集めたノースキャロライナ大のヒューバート・デイビスを指名。7月にはワシントン・ブレッツの制限つきフリーエージェントだったハーヴェイ・グラントに6年間1700万ドル（当時のレートで約21・4億円）のオファーを投げかける大勝負に出た。平均18得点を稼いだ27歳のフォワードだ。ただ、このオファーはブレッツが対抗するオファーを出したことで白紙に戻っている。

得点力のあるフォワードがほしいニックスは、次の手として、オーランド・マジックとロサンゼルス・クリッパーズを絡めた新たな三角トレードを画策。スターティング・ポイントガードのマーク・ジャクソンに将来の1巡目、2巡目のドラフト指名権をつけて手放すかわりに、パワーフォワードのチャールズ・スミスとベテランガードのドック・リバース、シューティングガードのボー・キンブルを獲得することになる。

3チームともこの条件に合意していたのだが、一つ問題があった。マジックがトレードに含めていた2年目のセンター、スタンリー・ロバーツが移籍拒否権を発動したのだ。ロバーツはルイジアナ州立大在籍時から一緒だったシャキール・オニールの控えセンターとしてオーランドに残りたがっている。

結果、トレード成立が先延ばしになった。そしてそれが1週間経っても、丸2週間経っても前に進まない。そうなるとマクダニエルも落ち着かない。ニックスは自分と同じポジションのグラントと契約しようと試み、それがだめと見るやトレードで別のフォワードを獲得しようと狙っているのだ。

9月上旬にもなるとマクダニエルのイライラはさらに膨らむ。自分と同じオフェンス面の活躍を期待するプレイヤーが確保されるまで待っているあいだに、フリーエージェント市場に流れる各チームの予算が枯れてしまってはたまらない。そんな思いに駆られてしまった。

そんなマクダニエルに、ボストンからのオファーが舞い込む。マクダニエルは、同じ代理人の世話になっていてチームの中で最も親しくしていたパトリック・ユーイングに相談し、ニックスにはぜひとも残りたいが、この時点までほったらかしにされた自分の優先順位は高くないのではないか、どうしたものかとユーイングに話した。

「もし本気で君を確保したいなら、今頃もうしてるよな」。ユーイングはそう返した。たぶん、バード特例条項を生かすためにマクダニエルの契約が最後にならなければならないことを理解していなかったのだろう。

ユーイングの言葉を胸に刻んだマクダニエルは、次シーズンのトレーニングキャンプが始まる3週間前の9月10日に、セルティックスとの3年間660万ドル（当時のレートで約8・18億円）にサインしてしまう。ニックスの首脳が快く思うわけはない。「何でこんなことになってしまったんだ？」。ライリーは練習場に入るや強い言葉で問いかけた。

アシスタントのボブ・サルミが覚えているのは、オフィスから聞こえてくる怒り心頭のライリーの言葉だ。

「本当に最悪の日だった。パットがあれほどうろたえたところを見たのはあのときだけだよ」。

デイブ・チェケッツの困惑はやがて心配に変わった。マクダニエルには、ニックスがきちんと契約を結ぶがそれはフリーエージェント獲得期間の最後になるということをしっかり話したつもりだったのに。パラマウントのＣＥＯで実質的なニックスのオーナーであるスタンリー・ジャッフェからもマクダニエルが去ったことで叱りつけられる始末だ。

「マディソン・スクエア・ガーデン史上最悪の一日だ！」ジャッフェは電話口で怒鳴り散らした。

幼少期からニックスの熱烈なファンだったジャッフェは、物事を大げさに捉える傾向がある。1年前にダンサーをチームに導入しようとしたときもそうだった。チェケッツは「これはクビになるかもしれないなと思った」そうだ。

クビは免れたものの、マクダニエルを失ったことにより保留中のトレードにも悪影響があるかもしれない。GMのアーニー・グランフェルドはクリッパーズのエルジン・ベイラーGMにたびたび連絡を入れては、ロバーツに西海岸行きを受け入れさせるような妙案がないものかと相談した。最終的には、クリッパーズのオーナーだったドナルド・スターリングにロサンゼルスで盛大なパーティーを開催してもらい、そこにロバーツを招待してさんざん楽しい思いをさせ、ようやく懐柔に成功するのだ。

トレードが成立してスミスとリバースが加わった。しかしフィジカルさを売りにしているニックスのようなクラブがマクダニエルを失ったことはどんな影響を及ぼすだろうか。〝X〟が抜けた部分には、どでかい穴が空いた状態だ。

チャールズ・オークリーのバスケットボール人生の転機は、クリーブランドのジョン・ヘイ高校に通っていた10年生（日本でいう高校1年生）の終わりが近づいた頃に訪れた。HCのローレン・オルソンに、次のシーズンに向けて何をがんばるべきかと尋ねると、事もなげに「フットボールをやるといい」という。15歳で190㎝近い体格のオークリーには、フットボールに対する思いはない。やはり好きなのはバスケットボールだ。オルソンは最後にはこんな言葉で説得した。「フットボールをやらないならバスケットボールはさせないよ」。

オルソンは本気だった。「彼のためだから。そうすることでうんといいバスケットボール・プレイヤーになれると思ったし、実際そうなったよね」。

その頃のオークリーは、接触というものに対する考えがまだ弱々しかった。たぶん母と4人の姉妹では喧嘩の相手にならなかったからだ（弟もいたがまだ9歳だった）。しかしフットボールはオークリーに、コーチが思ったとおりの影響をもたらした。心配なく思い切りぶつかり合うことの楽しみがどんなものかがわかったのだ。

オークリーの高校時代の友人でのちにＮＦＬ入りした、ティム・マッギーはこう話す。「最初の頃、彼はうまさでプレイしていた。でもフットボールをやるようになったら、もっと体を強く使ってプレイする領域に足を踏み入れたんだ。『そうか、あいつにぶつかってやればいいんだ。ファウルにならないんでしょ？　全力でぶつかっても』みたいなね」。

それがオークリーを、ＮＢＡの肉弾戦が最も激しかった時代にその領域で最強と思えるプレイヤーにした。

１９９2-93シーズンにオークリーはフレイグラントファウル数が9でリーグ最多だったが、これは2位のプレイヤーの倍以上。メンバー全員を足してようやくこの数字というチームが15以上あり、マクダニエルが出ていっても肉弾戦に心配はなさそうだ。

オークリーは、トレーナーのサイド・ハムダンが「コンクリートを握るみたい」だと形容したほど力強い握手をし、リバウンドを争うと相手にみみず腫れやこぶがいつの間にかできるようなプレイヤーだった。誰とでもやり合うプレイスタイルで、ときにはコーチにさえ食ってかかったことが、１９９０年当時アシスタントだったポール・サイラスの回想に垣間見える。

「オーク（オークリーの愛称）がフリースローを練習している最中に、私が何か気に入らないことを言ったんだろうね。やつが絡んできたので、たたいてやった」。サイラスは自身もオークリーのようなスタイルで１９６０年代から70年代に活躍した人物だが、オークリーは恐れ知らずだ。「そうしたらあいつも私の胸をたたき返してきてもめ事になってしまってね。２週間くらいはあざが残っていたよ」。

そんなオークリーだが、周囲の人々にぶつかってばかりが持ち味というわけではない。リバウンドとヘルプディフェンスの直感が素晴らしかったことが、格別なジャンプ力や出足の速さがなかったにもかかわらず相手のプレイヤーを圧倒することを可能にしたのだ。オフェンスでは自分で思っていたほど目立つ存在ではなかったが、１９９０年にＨＣを務めたステュー・ジャクソンによると本人は「カール・マローンと同じだけボールをもらえれば俺もオールスターになれる」と話していたという。堅実なパッサーであり、17フィート（約５・２ｍ）程度の距離から放つジャンプショットはチームでもトップレベルだったのは間違いない。

それ以上に印象的なのは活力で、それが相手を窮地に追い詰め、ルーズボールなどでチームを救った。彼があまりにもがむしゃらにボールを追いかけるので、クラブの仲間の中には家族がルーズボールにダイブするオークリーの体当たりを食らわないよう、コートサイドの席に座らせないようにする者もいたほどだ。

練習でもそのアプローチは似たようなものだったが、実はチームを救う以上に人助けにつながったこともある。とある実戦形式の練習でコート外に出そうだったボールに飛びかかったオークリーは、そのボールをはたき戻そうとして不運にもアシスタントのジェフ・ニクスの股間に投げつけてしまった。ニクスがあまりに痛がるのでオークリーは泌尿器科の医師との面会を取り持ったのだが、そこで医師はそれまでニクスが認識していなかった病巣を発見し、取り除いたのだ。ボールを受けた衝撃とは無関係の病巣だ。「オークがあんなふうにハッスルしてくれるのはとてもありがたい。おかげで命を助けてもらえたかもしれないんだしね」とニクスは話す。

コンディションを最高の状態に保つためにオークリーほど努力した人はそういない。ウエイトトレーニングを始めたのはバージニア・ユニオン大に入ってからだが、その後は取り憑かれたようにプロキャリアを終えるまで日々のルーティンに取り入れてやり続けた。

「ホワイトプレインズにある彼の家に行くと居間の真ん中にウエイトトレーニング機器が置かれていて、ベンチプレスやカールができるようになっているんだ」。ライリーがやってくる前にニックスでセンターとして2シーズン活躍したグレッグ・バトラーはこう話す。「シカゴから引っ越してきて、まだ片づいていないのかと思ったけど、その後何回か行ったときも同じ状態だったよ」。

筋肉痛はオークリーのプレイに影響を及ぼさなかった。

幼少期をクリーブランドの厳しい地域で過ごしたオークリーだが、成長に影響したのは35歳という若さで父親が亡くなったあと、母親に送り込まれたアラバマの小さな街で祖父母と過ごした時間だ。

少年時代の彼は、バーミンガムから2時間ほど南西にあるヨークという穏やかな働き者の街で、祖父母の住む綿花農場に暮らしていた。本格的に働くには小さすぎたが、それでもチャールズは毎朝5時に起きて、文句一つ言わずに水の入ったバケツを運び、畑を耕す祖父ジュリアス・モスを手伝った。モスは農作業のほかに、近隣の製鉄所での労働にもいそしんでいた。

「祖父はほかのところのように農機がそろっていなくて、すき以外にはトラクターも何もなかった。本当に厳しかったけど、祖父は言い訳しないでがんばっていたよ」と、それがオークリーの記憶に残るモスの姿だ。

痛みや苦しみをものともせず毎日きっちり働き続けるモスの姿は、オークリーの働くことに対する心構えに影響を及ぼした。彼は今でも、自身が経営する洗車場に出向いては、腰をかがめて来店者の洗車に手を貸している。普通なら嫌がられるような単調で辛い作業は、彼にとって誇るべきものなのだ。

低い声でぼそぼそ喋るにもかかわらず、彼は例え話がうまくメディアの人気が高い（例えば「駐禁切符も書けない俺が警官になれるわけはないよ」のような）。逆にチームメイトは、彼と食事するのを嫌がる。長くなるから、というか、いつまでたっても始まらないからだ。彼はシェフの料理に文句をつけ、ときには何回もやり直しを求めるのだった。

アシスタントだったブレンダン・マローンによれば、「皿に盛りつけるサラダは少なめに」が好み。好き嫌いも多かった。「飛行機でも、ファーストクラスのデザートや料理にさえ不満の叫びを上げるんだから。『こんなのジャーマンチョコレートケーキじゃないよ』みたいにね。食べ物に対してあんなに好き嫌いを言うやつはほかに会ったことがないよ」。

それにも増して、きらびやかなファッションはオークリーの代名詞とも言えるもので、所持しているスーツは計200着以上、オレンジシャーベットやらクランベリーやら、緑、金、赤紫と多彩だった。遠征先で同じスーツを二度着ないのもこだわりの一つ。あるときはチームメイトが自分と同じ上着を着ていたのを知って、着替えに戻ったこともある。

オークリーは目立ちたがりで、どうすれば注目を集められるかを考えながら慎重に物を選んだ。ライリーの下、ニックスでトレーニングキャンプに参加したガードのデイヴィッド・ケインが、ある朝シュートアラウンド後にマディソン・アベニューに繰り出して高級ベルトを探したときのことを話してくれた。

「ベルトを1本つかんで、僕にどう思うか聞くんだ。こっちは見てもよくわからないけど、まあ、いいベルトだと思うよ。金のバックルがついた黒いベルトで500ドル（当時のレートで約6万円）かな。でも、聞く相手が間違ってる。僕はベルトに20ドルかけたことさえなかった男だから。オークには『それ、500ドルもするんだね』と答えた」。

オークリーは「そうだよ。俺がこれを着けたらみんなどういう反応をすると思う？」と言いながらレジに向かった。

数時間後、チームバスはオークリーのファッションショーだ。全員が乗り込むまで待って最後に登場すると、ベルトに気づいたチームメイトの一人から「よう、オーク！　そのベルトいいな！」と声が飛ぶ。

オークリーはケインに視線を送ってウインクし、満足そうに座席に着いたのだった。

目立ちたがりのオークリーが、目立ちすぎてニックスを困らせてしまうときもあった。

例えば1992年12月30日のインディアナ・ペイサーズ戦では、ペイントに向かう鋭いバックドア・カット（ボールを持っていないプレイヤーが、ディフェンダーの裏をかいてゴールに向かう動き）でリムめがけて突っ走る相手のスターガード、レジー・ミラーに対するオークリーのプレイが物議を醸した。オープンになったミラーにリック・スミッツからの完璧なパスが渡ったかと思ったその瞬間、ドスン！　カバーに来たオークリーの強烈な体当たりを食らい、ひょろ長いミラーの体は、床に崩れ落ちた。

テレビの実況を担当していたマーブ・アルバートが「ウォーウ！」と声を上げたその激突の瞬間があまりにも強烈だったので、レフェリーも動揺したのだろう。あ然とした状態でファウルをコールすることさえ忘れ、ボールが最後にミラーの手に触れてコート外に出たにもかかわらず、ペイサーズボールでプレイを再開させてしまった。

ペイサーズのGMだったドニー・ウォルシュは、「フィジカルすぎてレフェリーがどうしたらよいか困惑してしまっていた」とそのシーンを説明する。「あのプレイを見て、夏場にはオークリーのようなプレイヤーを二人は獲得しなきゃならんなと思いました。あのようなプレイヤーはチーム構成を一発で変えてしまうんですから」。

レフェリーはオークリーに反応できなかったが、NBAはリーグとして2日後に、ミラーを倒したオークリーに対して1万ドル（当時のレートで約125万円）の罰金を科している。リーグの懲罰を取り仕切るロッド・ソーン（バスケットボールオペレーション担当副社長）は「オークリーが行く手に立ちはだかり、ミラーを突き飛ばした。パスが行われたあと、ディフェンダーが受け手を突き飛ばした行為（に対する制裁）」と捉えた。「チャールズ・オークリーはすでにフレイグラントファウルが六つに達している。しかもまだ30試合も終えていない」と手厳しい。

ニックス側はこの裁定を承服できない。「道にガラスが散らばっていたからと言って事故があったとは限らない」とオークリーは反論。チェケッツは怒り心頭でNBAのコミッショナー、デイヴィッド・スターンにソーンのガーデンへの出入りを拒否すると伝え、NBAのニックスに対する偏った捉え方を非難した。

チェケッツとグランフェルドにしてみれば、NBA本部から数ブロックしか離れていない場所でプレイするニックスはほかのどのチームより細かく監視されている。オークリーの問題よりもそちらの方が大問題だ。顕微鏡で見られているのではないだろうか。「我々の最大のシーズンチケットホルダーはNBAでした。毎試合必ず見に来るんですから。そんな人はほかにいませんよ」。

スターター紹介の映像が15〜20秒長すぎるとつつかれる。ジャンボトロンに際どい判定のリプレイを映し出す回数が多すぎることでは罰金をちらつかされた。リーグは運営サイドが必要以上に冷笑を受けないように、実は各クラブがファウル判定シーンを大画面に映し出す回数を制限していたのだ。些細なことをちまちま指摘するリーグのやり方にはもううんざりだ。毎夜行き過ぎた監視にさらされていたニックスは、ひどいコールがあると平然とルールを無視した。

イベント進行責任者を25年近く務めたボビー・ゴールドウォーターが、コートサイドの赤電話の話をしてくれた。「アーニーとデイブが試合進行管理係と連絡を取るために用意させたんです」。際どい笛の直後にそれが鳴ったら、何をするかは決まっている。「アーニーが『ビデオをもう一度見せろ！』というわけです。罰金になりますよと言い返しても、彼は気にかけていませんでした」。

一見すると、最大のマーケットであるニューヨークのチームを押さえつけようとするのはリーグとしておかしいと感じるかもしれない。しかしチェケッツからすれば、ニューヨークにユーイングを呼び寄せた１９８５年のドラフト以降、ニックスに対するえこひいきを疑われないよう、リーグは監視の目を厳しくしているように思えたのだ。オークリーが罰金を受けた頃にはもういい加減にしてほしいと感じていた。

１９９３年1月、ニックスはＮＢＡに乗り込んでこの状況にけりをつけようとした。スターンをはじめとした関係者数人が会議室のテーブルの向こう側に着席している。反対側にはチェケッツ、グランフェルド、そして顧問弁護士のケン・ミュノズだ。

ミュノズは、グランフェルドが彼を呼んだ理由を聞いて、この場に来たことを悔やんだ。これは一か八かの賭けのような議論だと気づいたからだ。ニックスは、リーグ全体の統制を保つために決められていることに法的な懸念を投げかけようとしていた。「私は『皆さん、これは不利だと思います』と言ったんですよ」。ミュノズが話す。

「でもアーニーは引きませんでした。腑に落ちないし恥さらしかもしれないが、この思いは伝えなければ気がすまないと言いましてね」。

ご想像のとおり、話は順調には進まない。ニックス側が即座に統制に関する話を持ち出すと、まずはスターンから、そしてニックス側からも荒っぽい言葉が飛び交った。

「話にならん！」。弁護士の肩書を持つスターンが会議に終止符を打ったのはわずか数分後のことだ。問題を解決する手法としては不快なやり方だが、ある意味ニックスらしいと言えるかもしれない。

ビデオコーディネーターのサルミは早い段階で問題解決の鍵に気づいていた。

ニックスがディフェンスの力強さにより本物の強豪になりつつあったのは間違いない。その威力は1991−92シーズンがリーグ2位、翌シーズンはトップ間違いなしと言えそうな鋭さを持っていた。

しかし、ニックスが2年連続でフレイグラントファウルの数でリーグトップに立とうとしていたため、メディアは威力そのものよりもスタイルとして汚いかどうかの方に注目した。はたしてこのニックスにチャンピオンの風格はあるのだろうか？　何しろテクニカルファウルも97回コールされ、これもリーグトップの状況なのだ。

そこでサルミは、ニックスの面々がオフィシャルのコールに対する不平の泣き言を言ったり、拳を丸めて相手プレイヤーに食ってかかるシーンをまとめたビデオを用意した。ＢＧＭはビリー・ジョエルの『怒れる若者』だ。

失敗から学ぶことなど一度もなかった。

だから心が打ち砕かれる理由が理解できない。

……そしてそのまま、怒れる老人として人生を終えるのさ。

チャンピオンになれる可能性があるチームなのか、単に怒れる若者で終わるのか。このニックスがどんなレガシーを残せるかは、冷静さを保てるかどうかにかかっている。それをわからせようという映像だ。

だからといって、ニックスのディフェンスが夜な夜な切れ味を失っていくことはなかった。ライリーが効果的な形で思いを伝えていたからだ。

あるときは試合前のミーティングで勝ちたいという思いの強さが足りないと諭し、冷たい水をためたバケツにいきなり頭を突っ込んだ。コーチはびっくりし、プレイヤーたちはどこまで続けるのかと怪訝そうに見つめる中、2、3分間も冷水に顔をつけたままのライリーの頭を、アシスタントのディック・ハーターがついに引き上げる。ライリーはしばらくのあいだ深々と息を吸って呼吸を整えたあと、興奮が収まらない様子でこう言った。

「これくらい勝ちたいと思ってほしい。息を吸いたい、でなけりゃ死んじまう、というくらいまでだ」。

別の試合では、開始の1時間半前にアシスタントトレーナーのティム・ウォルシュをガーデンの向かいにあるジェリー・コスビー（スポーツショップ）に走らせ、ベースボール用のスパイクを買ってこさせた。それを履いていったん自分のオフィスに戻ったライリーは、15分後にオフィスからロッカールームに走り込んで、プレイヤーの目の前でスライディングをしてみせた。

滑り込み終えたライリーは「何をやるにも（スパイクの歯先のように）尖っていくぞ」と一言。ときには相手に痛い思いをさせるくらいなアグレッシブさがほしいということだ。

11月のデトロイト・ピストンズ戦までは、ライリーが何を言ってもプレイヤーが勢いづくことはなく、この試合も前半が終わった時点で17点差を追う展開。第3クオーターに向けてウォームアップのためにコートに出ようとすると、ピストンズのハーフタイムショーでフリスビーをキャッチする犬のウィットニーが、コート上で粗相をして待たされた。

「我々の方は運も尽きたような戦い方をしてしまったがね」と試合後のライリーは無愛想だ。第3クオーターから第4クオーターにかけて15本連続でショットを外し、その間の約11分間を無得点に封じられたニックスは、結局16点差でピストンズに屈し7連敗を喫している。

負け方が気に入らなかったライリーは、2日後のシュートアラウンドでプレイヤーたちを小馬鹿にした。ゴール下付近に立ち、レイアップに来る一人一人に「弱い！」とチクチク言い放つ。

「100回は言ったと思うよ。頭に来ていたんだね」と、ドック・リバースが話す。

この日のポートランド・トレイルブレイザーズとの対戦前には普段やっている試合開始直前の演説を取りやめ、サルミに用意させた刺激の強い場面ばかりの5分間のビデオを見せた。自動車が激突したり、オオツノヒツジが力を競って角をぶつけ合う場面が収められているビデオだ。

乱暴な場面の連続を見せられたニックスは闘争心を掻き立てられた。「部屋を見渡したら、メイソンの目から火が吹き出しそうな様子になっていたよ」とリバース。「コーチから一日中、小馬鹿にされた後だったからね。俺たちに向かって弱いだって？　オークにメイスにパトリック、スタークスだぜ。あの日はコートに向かうとき、今日は誰かが死んでもしらねえぞと思ったくらい、俺も気持ちが高ぶっていたよ。絶対に俺たちが勝つ。ポートランドに勝ち目はない」。

死者は出なかったが、ニューヨークはその時点でリーグの最高成績を収めていたポートランドを撃破した。前半は相手を30得点に封じ、最後の5分間は相手にフィールドゴールを1本しか許さず二桁点差をつけるという完勝だ。

ライリーはプレイヤーに、早めの時間帯に相手を何度もたたくように指示を出していた。それによりオフィシャルが試合のペースをゆるめるか、感覚が麻痺してたたいてもファウルを吹かなくなるかもしれないと考えたのだ。この戦略に加え、何が何でもペイントを死守する考えが、ゆくゆくは多くのチームに痛手を追わせることになる。

ニュージャージー・ネッツ（現ブルックリン・ネッツ）で活躍したケニー・アンダーソンが、当時を振り返って話を聞かせてくれた。彼は1993年に、スタークスから厳しいファウルを受けて手首を骨折したことがあるのだ。「俺の地元から仲間が見に来ていて、試合が終わったらロッカールームの外でジョンを囲んでやるとすごんでいた。まあ落ち着けよと言ってやらなきゃならなかったよ」。

しかし誰もがアンダーソンの友人たちのように聞き分けがいいとは限らない。

ニックスに関して、1991-92シーズンと1992-93シーズンの最大の変化はわかりやすいものだった。予想外の51勝を挙げてブルズとのプレイオフシリーズで最終戦まで戦った彼らを軽く見る相手がいなくなったのだ。

3月23日時点でイースタン・カンファレンスの最高成績で、レギュラーシーズン60勝の可能性も残していた。彼らを上回っていたのは、この日アウェイで対戦する相手のフェニックス・サンズだけだ。

この対戦はそれ自体が見どころに満ちていた上に、地元フェニックスのメディアがニューヨーク側のイメージを深めるような展望を報じた。また、サンズはこの時点までリーグ最高勝率を保持していたが、イーストの上位3チームのニックス、ブルズ、キャバリアーズに対しては勝ち星なしの4連敗だ。はたしてチャールズ・バークリー、ケビン・ジョンソン、ダン・マーリーを中心にハイスコアリングなバスケットボールを展開するサンズは、強豪を倒せる本物といえるのか？　少なくとも王者の座を狙えるチームと思ってよいのだろうか？　そんなあおりが両者の対戦を盛り上げた。

「相手が俺たちみたいにやってやろうというようなことが何度もあったと思う」とリバースが言うように、前半終了12秒前、リバースがジョンソンに突っ込んでオフェンシブファウルを取られると、両者は言い合いとなった。「相手は俺たちがどうやってたたきつぶそうとしているのがわかっているので、同じようにタフでフィジカルにやり返してやろうとするんだ」。

リバースとジョンソンを引き離そうと両チームのプレイヤーとオフィシャルたちがファウルが起こったベースライン際に集まってくる。スタークスがダニー・エインジと言い合いを始めたので、ライリーも反対側のベンチから駆け寄ってきて、ことがエスカレートしないようにスタークスを押しのけた。

こうした本筋ではない出来事がよく起こるニックスの試合は、オフィシャルにとって非常に難しい試合だったに違いない。

フェニックスでのその試合を担当した3人のレフェリーの一人だったスティーブ・ジャービーによれば、ニックス戦は常に挑戦だった。「試合前にその日のクルーと打ち合わせするんだが、『ああ、この二人のやり合いはもめ事にならないように要注意だな』『こっちの二人も、あとこっちもだ』みたいなことになってしまうんだよ。気づけば心配になるやつらばかりが並んでいるんだからね」。

この一件をきっかけに、試合がおかしな流れとなる。続くポゼッションでの両者の激しいやり合いを、当時ＮＢＡでも最も有能なレフェリーと認識されていたエド・T・ラッシュも追いきれていなかった。「ジョンソンが先に仕かけてリバースが反応した場面を私が目にしていたら、あんなふうにはならなかったでしょう」。ラッシュはこのとき前半最後のショットの方に注意を向けすぎていたのだ。「リーグにも報告書でそう説明したのですが、あの試合の報告書は仕上げるのに7時間もかかりましたよ。あれは私の失敗だったと言えるでしょうな」。

前半終了のブザーが鳴ろうかという直前、ドリブルのスピードを上げてコートを駆け上がってきたリバースが右ウイングにいたスタークスにパスしたときのことだった。ジョンソンがリバースに上半身で体当たりして床に倒したのだ。このひどいタックルはファウルとは見なされていない。ジョンソンは平然とロッカールームに戻ろうとしたが、リバースは立ち上がって即刻お返しの一撃を食らわせてやろうとジョンソンを全速力で追いかけた。

同時に両チームのベンチが空っぽになり、不穏な空気が立ち込める。ジョンソンとリバースを含め20人くらいがこの騒ぎに参戦し、62歳のアシスタント、ハーターがいつの間にか床に転がっていた。それでも、場が荒れてアメリカウエストアリーナを混沌とした空気が満たしたにもかかわらず、その場は25秒程度で収束。ライリーがリバースをビジター側ロッカールームに引っぱっていこうとした。

ところがここで、足首の故障で欠場となり私服で観戦していたガードのグレッグ・アンソニーが首を突っ込んできたことで状況は一変する。アンソニーは背後からジョンソンに近づき、利き腕の左からいきなり強烈なフックをお見舞いしたのだ。収まりかけた騒ぎは、近年ＮＢＡでは見ることがなかったような大乱闘に発展してしまった。

そのパンチを目撃したライリーはアンソニーを何とかしてその場から引き下がらせようとその場に向かった。しかしバークリーやマーリー、セドリック・セバロスらが飛び込んできてもみくちゃ状態だ。ライリーのアルマーニのパンツは、いつの間にか右側のポケットから膝にかけてみごとに引き裂かれてしまっていた（ライリーはハーフタイムに、トレーナーのマイク・サウンダースに替えのパンツをバスから取ってきてもらい着替えなければならなかった）。アンソニーはどこ吹く風の様子でパジャマのようなボタンダウンシャツを着てのし歩く。何を考えていたのやら？

25歳のアンソニーは、矛盾だらけの性格だ。本物のタフガイで、UNLV（ネバダ大ラスベガス校）に在籍していた1990年には、歯を折り、顎を砕かれた状態にもかかわらず翌日の練習にアイスホッケーのフェイスガードつきヘルメットを着用して参加しようとしたことさえある。しかし、タフガイの一言では説明できない面もいろいろある。例えば、ニックスのウエイトルームに弾丸を装填した銃を置き忘れたことがあったり、人からうまくいかないことを責められないかと用心深くなったり……。普段は冷静で、ドラフト前のインタビューでは合衆国大統領になりたいと話したほど長期的な計画を持っているかと思えば、衝動的にレフェリーに食ってかかってチームにとって痛いテクニカルファウルを取られてしまう。しかもそれが2点差を追う残り10秒のような状況だったりするのだ（現在までアンソニーは政治家になっていないが、彼が殴りかかったジョンソンの方はサクラメント市長として活躍している）。

事が収まるまでの90秒間に、風変わりなシャツを着た一人の男が暴れ、二つの乱闘が起こり、騒ぎを大きくしようとする者、仲裁役になろうとした者はあわせて50人を下らなかった。ハーフタイムが終わってロッカールームから戻ったオフィシャルは12個のテクニカルファウルと6人の退場を宣告。「ハーフタイム後のニックスのベンチはプレイヤーよりコーチの数の方が多かったんじゃないかな」とジャービーは話す。

リーグは21人のプレイヤーに、計約30万ドル（当時のレートで約3500万円）という過去に例のない額の罰金を科した。アンソニーは5試合出場停止。それだけでなく、汚名を着せられたような立場にもなったNBAのオフィシャルは、この一件を契機に乱闘騒ぎに関するルールを厳格化させている。

アンソニーはこの出来事についてほとんど語らない。記憶から消し去りたいのだろう。しかし当時のニックスの心理については、核心を突く表現で説明している。「俺たちは毎試合、今日も何かを勝ち取って帰ろうぜって感じだった。試合か喧嘩かはわからないけどね」。

さて、いずれにせよ、ニックスはこのレギュラーシーズンで60勝を挙げてトップシードでプレイオフに臨むことになった。いよいよタイトルに向かって走り出すべきときだ。

猛牛の群れに舞い降りた蝶

ピッツバーグ大のチームメイトと一緒に練習を終え、汗だくになったチャールズ・スミスが、サイドラインで待つＨＣのポール・エバンスのところまで一直線に向かい、動揺した表情を見せている。普段よりも上半身が痛むのは、センターのスティーブ・マズレックとの１対１のワークアウトでしこたまたたかれたためだ。スミスは次々とフリーのチャンスを作ったが、さあ得点だと思うそのたびにマズレックが肩でガツンと体当たりしたり、腕を引っかいたりするので、いつの間にか血も出ていたような状態だ。なぜそんなことをするのかと尋ねると、マズレックはエバンスＨＣから厳しくやれと指示されたと話した。

一体なぜ？　エバンスにその理由を聞きたい。そう思いながらスミスは当惑の表情でエバンスに問いかけた。

「スティーブに僕をたたきまくるように指示したんですか？」。

エバンスは、海軍士官学校から数か月前に移ってきたばかりの昔気質の人物だ。前職ではデイヴィッド・ロビンソンを育て、ミッドシップメン（士官候補生）のニックネームで知られる同チームをエリートエイトに連れていっている。そのエバンスが２０８㎝のスミスを見たとき、走る歩幅の大きさ、ミドルレンジからの柔らかなシューティングタッチ、パスの能力、高さを生かし相手に打ちたいショットを打たせないディフェンス力など、ロビンソンに似た特徴を見て取った。雰囲気的にも落ち着きがあり、理路整然としていて、態度で示すことができる人柄なのだ。

ただ、チャールズ・オークリーが高校時代までそうだったように、ポストで活躍するにはまだタフネスが足りていない。そう感じたエバンスは、マズレックによりフィジカルな戦いの練習台になるよう指示したのだ。「自分だけ狙い撃ちしていじめられたと彼は恨んだだろうけど、真実はちがう。我々は誰にでもあれと同じことをするのが哲学だ。彼だけじゃない。皆にもっとよくなってほしかったんだ」。

コネティカット州ブリッジポート出身のスミスは、激しくぶつかり合うペイントエリアでのプレイを自然にできるようになったわけではない。高校1年生のときは身長178cmのガードで、レベル的にも何とかメンバー入りする程度だった。その後、急激に身長が伸びて高さを生かせるようにはなったが、本人によると「僕には身長が185cmとか188cmだといった記憶がないんです。178cmだったのがいきなり200cmを超えたような感覚でした」とのことであり、結果、長身プレイヤーとして、特に素晴らしいと言えるボールハンドリング能力を生かすスタイルで花咲いたのだ。

しかも、秀でた能力と新たに備わった長身という自らの武器を生かして全米の高校バスケットボール界でも注目の存在になりながら、いつかはNBA入りをという考えに過度に取り憑かれていなかった。ニューヨーク市から120km、ボストンにも1時間程度の距離に住んでいたが、スポーツ狂でもない。好きなプレイヤーやチームもなく、NBAへの興味は限定的だ。これは両親が、チャールズの好奇心をくすぐるものならどんなことでもやってみるように育てたことに起因している。スミスはバスケットボール以外にアメリカンフットボールもプレイし、ウォーレン・G・ハーディング高校ではチェス、読書、イヤーブッククラブ（アメリカの学校で一学年の修了記念に生徒たちが作る本の制作グループ）と幅広い活動に参加した。株と世界情勢も興味の対象だった。

女子の気を引く部活の人気者的なタイプではまったくない。逆にうちの子とつきあってくれたらいいのにと親が望むタイプだった。

同じ名を持つ父チャールズに言わせれば「バスケットボールは彼にとって、24時間語り続ける対象ではなかった」そうだ。休みの期間に、ピッツバーグ大で彼が出た試合のビデオを一緒に見て研究しようと誘っても、乗り気でないことが多かった。それはコート上でのパフォーマンスに懸念材料がなかったからではないのだ。

スミスのプロ生活は、彼の加入前のシーズンを17勝で終えた低迷中のロサンゼルス・クリッパーズで始まっている。しかし、1988年のドラフト全体3位で指名されたスミスは、最初の3シーズンで平均19得点、フィールドゴール成功率50%を記録し、個人的には大奮闘だった。1990年にはフランチャイズ記録に並ぶ52得点を挙げた試合もある。

しかしチームとしてのクリッパーズはその間いずれも31勝以内にとどまり、不振を抜け出せない。負け続きのチームの顔というプレッシャーに疲弊したスミスは、ストレスから脱毛症を発症し、精神科医の世話にさえなっている。「幸運にもあの頃はニット帽が流行りで、僕もそうしていたので隠せていたんですけどね」とスミスは言う。

スミスは心中に隠された不安を、ほとんど外に見せることがなかった。この内面的なバランスのよさは、とニックスでチームメイトとなった連中と比べると特筆すべき長所だ。ピッツバーグ大のアシスタントで、彼を勧誘したレジー・ウォーフォードいわく「彼は若くしてコーチの私よりも人生の何たるかをよく理解していたよ」。

スミスのプレイは巧みで洗練されており、ニックスのチームメイトとは対照的だ。オークリーやメイソン、スタークスなどローテーションの主な顔ぶれのほとんどが極端なフィジカルさを売りにしている。ドック・リバースとグレッグ・アンソニーは、先のフェニックスでの乱闘騒ぎでその中心となり罰則を受けたことからもわかるとおり、荒っぽいことも辞さない。スミスが加入する前にその役割を担っていたゼイヴィア・マクダニエルもごついニックスの特徴そのものだった。

そこにきて、スミスは毛色が違う。

「猛牛の群れのようなチームだけに、蝶のような異色の存在が生きるんだ。でもその中で生きることは、彼にとって大変だったと思うよ」。チームの取締役経営管理部長だったエド・タプスコットはこう表現した。「喧嘩っ早いやつらばかりの中で、彼だけが愛を語っていたような感じだったからね」。

クリッパーズ時代にもチームメイトだったリバースは、「チャールズにはずっと俺たちみたいになってもらおうとしていた。ものすごくスキルがあるけど、フィジカルさで押していくタイプじゃなかったんだ」。

しかしそれが大変だということは、スミスがニックスに加わった最初の練習から見て取れた。

パット・ライリーはこのシーズンも、例年と同じくプレシーズンキャンプ初日に過酷なコンディショニングテストの時間を設け、プレイヤーに例の〝17S〟を課している。サイドライン間を1分間に17往復するこのテスト（ライリーがよしというまで繰り返される）を通過できなかった者は、翌日もう一度取り組まねばならないのだ。ただしがんばるとご褒美も用意されている。最初のセットをトップで終えると以降のセットは免除され、足ががくがくになるような辛い思いをしなくて済むのだ。

新入りで初日からこれほど苦しいとは思っていなかったスミスにとって、最初のラウンドだけで抜けられる可能性は神の救いのように感じられた。

タプスコットの目には「コンディションも出来上がってはいなかった」ように見えたという。「スカウトのフィル・ハバードと、彼の中からクリッパーズ時代の習慣を取り払うのに数か月かかるかもしれないと話していたんだよ。うまくいっていないチームだったから、日頃の練習に向かう習慣も最高とは言えなかったと思うんだ」。

17Sの最初のセットが始まると、それがどんなものかを知っているベテラン数人は自分なりのペースで走り始めたが、スミスは違う。まるで命がけの全力疾走でいきなり周りを引き離してリードした。しかし徐々に勢いを失い、14-15往復目には息切れ状態だ。その頃にはすぐ後ろに迫っていたスタークスが、最後の半周でわずかに先行。スミスは最後の力を振り絞ってゴールとなるサイドラインに頭から飛び込んだが、その努力も虚しくライリーはスタークスを勝者と認定し、残りのセットをパスする権利を認めたのだった。

負けたスミスには、1分程度の短い休憩だけで次の17Sが待っている。もちろんその間に息を整えられるわけはない。二度目のトライは参加者全員の中で最下位に沈んだどころか、最後にはよろよろで真っ直ぐ走れない状態だった。

情けをかけないことで知られていたライリーも、全力で打ち込み疲れきった様子のスミスを見かね、残りの17Sを打ち切ることにした。スミスは走りきれないだろうと判断したのだ。

体作りで大目に見るようなことをしたことはないんだが、とライリーはアシスタントの方を見ながら言った。

「今日ばっかりは何だかかわいそうに感じてしまったよ」。

***

1990年代のニックスにとって宿敵の一つに数えられるインディアナ・ペイサーズのホーム、マーケット・スクエア・アリーナで、ジョン・スタークスの味方につくものなどそもそもいなくて当たり前だ。

しかし、スタークスのチームメイトでニックスの共同キャプテンを務めるチャールズ・オークリーとパトリック・ユーイングまでが、スタークスを真っ二つに引き裂くほどの剣幕で叱りつけたときがある。そのときの二人はスタークスの胸をド突いて、まるでピンボールのように行ったり来たりさせていた。続いてオークリーの叫び声が飛ぶ。「お前、一体何を考えているんだ?」。

的を射た質問だ。なぜならスタークスは何も考えていなかったからだ。

プレイオフ第1ラウンドでペイサーズが用意したスカウティングレポートには、スタークスのヒューズはすぐに飛んでしまうと書かれていた。つまり、レジー・ミラーが得意としているトラッシュトークで、すぐに頭にきて本来の役割を忘れてしまうということだ。まさしくこのときは、思考より先に反応してしまったことで、スタークスはまんまとペイサーズの術中にはまった。

オークリーとユーイングが彼に怒りをぶつけたのは第3戦。しかしスタークスはそのずっと以前から、苛立ちを積もらせていた。シリーズ第1戦の開始からわずか45秒で、すでにスタークスはミラーに対するディフェンスで二度ファウルを吹かれていたくらいなので、第3戦の頃にはもう限界だっただろう。不安定なプレイに加えて苛々が態度にも出ていたスタークスは、ユーイングにコートサイドでたしなめられたり、レフェリーのジェイク・オドンネルに肘を使うミラーのプレイがファウルだと噛みついて「スタークス、黙ってプレイするんだ!」と怒鳴り返されたりという状態だった。

勝てばシリーズ制覇となるはずだった第3戦の第3クオーター、スタークスは自らの得点でニックスに59-57のリードをもたらす。しかし、童顔を真っ赤にするほどかっかときていたスタークスは、試合の重要性よりもミラーのことで頭がいっぱいだ。その得点からディフェンスに戻る間にミラーとの口論が始まり、やがて両者はもつれ、体を寄せたスタークスはミラーの額に向けて頭突きをお見舞いしたのだった。ドラマのようにミラーがコートに崩れ落ちる。わざとらしくなくもなかったが、そこは大した問題ではない。シリーズを締めくくれるかもしれない大事な試合の後半に先行した状況で、スタークスがインディアナのスターガードにヘッドバットを食らわせたことが問題だ。

「俺は本当に頭にきていた。あいつの顔に俺の拳をぶち込んでやりたいという気持ちだったよ」。スタークスは一連の流れについて語る。顔に拳とまではいかず頭突きで済んだというわけだ。しかしそれくらいスタークスは、ミラーに煮えくり返るような思いを何度もさせられていたのだ（1995年の後日談だが、大激戦となったレギュラーシーズンのペイサーズとの一戦を終えたあと、スタークスはミラーについて「あいつの一物をちょん切ってあの口に突っ込んでやりたい」と乱暴な口調で記者に言い放っている）。

いずれにしても、スタークスはこの一件で退場となる。ユーイングとオークリーは、チームで2番目の得点源を失うことで敵地での試合の流れが大きく変わる可能性があることを知っていたからこそ激昂したのだ。試合はまさしくそんな展開となり、インディアナは以降の時間帯に59－34とニックスを圧倒。第3戦でのシリーズ敗退をしのいだのであった。

ユーイングはスタークスの母アイリーンから、コート上でスタークスをど突いたことで責められた。息子の判断ミスは横に置き、今度やったら許さないというのだ。ユーイングはそんな彼女の親心も十分理解したものの、自分の対応が間違っていたわけではない。「スタークスさん、申し訳ないですが、彼がまたあんなことをしたら、僕は今日と同じことをしますからね」とユーイングは答えた。

これ以前にも、コート上でスタークスが感情的になって試合をぶち壊したことがある。1990年にスタークスが所属していたＣＢＡ（Continental Basketball Association：当時ＮＢＡの育成リーグとして存在していた）のシーダーラピッズ・シルバーブレッツは、ポストシーズンに勝ち残れるかどうかの際どい戦いをしていた。その状況でスタークスはレフェリーのジャッジに文句をつけ、ふくれ面で詰め寄った挙げ句、つい体当たりして退場を食らってしまったことがある。

スタークスはシーズンの最後の5試合で出場停止の処分を受け、クラブはプレイオフ進出を逃す。シルバーブレッツのコーチだったジョージ・ウィティカーは「あの一件で私が彼にどれだけ腹を立てていたか、面と向かって話したことはない」そうだ。「今となっては、故意的なわけでもないしもういいんだけど、我々は1ゲーム差でプレイオフ進出を逃したんだからね。翌シーズンも出足が悪く厳しい目で見られて、結局コーチ交代さ。まあ、ジョンはそんな性格なんだよ。熱くなりやすくて弾みで我を忘れてしまう瞬間があるんだ」。

ニックスは、ペイサーズとの第4戦で14点差の劣勢を跳ね返してシリーズにけりをつけ、次のカンファレンス・セミファイナルでは、シャーロット・ホーネッツを相手に2-0のリードを奪う。アウェイの第3戦は、2万4000人のファンが白いTシャツを着て白いコットンのタオルを振るシャーロット・コロシアムが舞台。熱狂的な応援に背中を押されたホーネッツに、ニックスは延長戦の末、敗れた。試合後のミーティングのためにビジター側ロッカールームに戻ったライリーは、ダークグレーのアルマーニのスーツが何やら白いふわふわした塵のようなものにまみれていることに気づいた。靴やネクタイにも積もるように付着している。

それが気になったライリーは「スーツに何かついてるな。何だこれは?」と話を折って尋ねたが、これは明らかにホーネッツのファンが振っていたタオルから舞い落ちてきた繊維くずだ。糸くずローラーが必要なほどの状態だったことにそのときまで気づかなかったほど、ライリーはコート上の展開に集中していたのだ。

ニックスはこのシリーズで、チームとしてもライリー同様の集中力を発揮して第4・第5戦を連取。これにて誰もが待ち望んだニューヨークとシカゴによるカンファレンス・ファイナルの一大決戦が実現した。

マディソン・スクエア・ガーデンでの朝のシュートアラウンド。ブルズのHCを務めるフィル・ジャクソンは周囲の騒音を無視するのに必死になっていた。しかしもうたまらない状態だ。

ブルズ関係者以外立ち入り禁止で行われるはずの大事なシュートアラウンドにもかかわらず、しつこい騒音が鳴り止まない。

ガン、ガン、ガン、ガン、ガン。

ヘルメットとオレンジのベストという身なりの男数人が、3階席の通路で不快なほど大きな音を立てて鉄の塊を金槌でたたき続けているのだ。ウォームアップの間にそれがやられていること自体は、うっとうしいとはいえ構わない。しかし、ジョニー・バックがディフェンスの細かな指示を伝えようという段階にいたり、さすがに静かな環境が必要だった。

もうたくさんと感じたジャクソンは、小指を口に持っていきコネティカットの郊外まで響き渡るような指笛を鳴らした。それが金槌の騒音にも負けず即座に作業員の注意を引いたのは言うまでもない。

「なあ、こっちは練習中なんだ！　しばらく作業を止めてくれないか？　だいたい今は立ち入り禁止だぜ！」。

ジャクソンがこう要請したあと、アリーナはしばらく静寂に包まれた。フィル・ジャクソンはブルズを連覇に導いたコーチであり、１９７０年代にはニックスの一員として二度王座に就いた人気プレイヤーだった男だ。要請の内容も妥当なものだっただろう。自分たちがゲームプランに集中したいちょっとのあいだだけでいいから静かにしてほしい。それだけのことだ。

少しのあいだジャクソンの要請に考えを巡らせたあと、作業員の一人が返した言葉は「知ったことか！」だ。

ブルズの練習中に金槌の音が鳴り止むことはなかった。

これがニューヨークだ。ヘルメット、折れない反骨心、負けん気。この情景には、この街が持つ泥臭い美しさが集約されている。

「800万人都市ニューヨークにはスポーツなどどうでもいい人もたくさんいる。それでもニックスは皆をつないで一つにする力なんだよ」。当時『New York Magazine』で数々のニックス特集を手がけたクリス・スミスはこう記している。「皆職場から直接ガーデンにやってくる。スーツ姿も多い。だからものすごく力に満ちた、精神的な開放の場になるんだね。まるで礼拝のようなものさ。しかもガーデンの（コートを見下ろす）角度や照明が舞台の中にいるように感じさせるんだ」。

ニックスが前年のような大穴の立場ではなかったこのシリーズには、ニックスファンが楽しみに思える理由がたくさんあった。両者はほぼ互角のシーズンを送っており、わずかに成績が上だったのはニックスの方だ。第1シードのニックスにはホームコート・アドバンテージがある。ホーム25連勝を飾っていたチームにとってこれは大きな意味を持っていたはずだ。全米のメディアの注目度も高く、両チームの地元以外からの取材申請件数が200を超えた。シアトルとフェニックスの対戦だったウエスタン・カンファレンスのファイナルが、両都市以外からの申請12件だけだったのとは対照的だ。

そんな中、誰よりも自信満々だったのはスタークスで、「気をつけろ。女と子どもは近づかないようにな」と息巻いていた。オフェンスでマッチアップしたのが198cmのマイケル・ジョーダンではなく188cmのBJアームストロングだった初戦は、この自信に見合う内容となり、スタークスは第4クオーターの3ポイントショット4本を含め14本のショットで25得点を記録。守ってもジョーダンを最後の6分間は無得点に封じ、世界最高のプレイヤーに25得点を奪われたものの、フィールドゴールが27本中成功10本のみと苦しめたスタークスの堅実なプレイは、ニックスに98-90の勝利をもたらした。

第2戦も同じような展開で、ジョーダンは36得点を記録したもののスタークスの前にフィールドゴール成功は32本中12本のみ。得点数の印象とは程遠い出来だった。ニックスが91-88とリードした残り50秒には、ブルズをたたきつぶし2-0のシリーズリードを決定づけるダンクの機会がスタークスに訪れた。

スタークスはオープンのチャンスさえあれば、思い切り豪快にフィニッシュに行くタイプだ。1990年、まだニックスのキャンプに呼ばれただけでロスターに残れる公算も低い立場だった頃に、そんなスタークスの性格がよい方に作用したことがある。一発大技を披露して強い印象を残そうと自分に言い聞かせて臨んだ最後のワークアウトでユーイングの上から渾身のダンクを試みたのだ。このダンクは9インチ（約23㎝）大きく60ポンド（約27㎏）重いユーイングに跳ね返され、しかもスタークスは膝をひどくひねってしまったのだが、その故障のためにスタークスはカットされずに12月までチームに残ることができ、それまでにガードが手薄となっていたニックスは最終的にスタークスをその後もロスターにとどめたのだ。

1990年のキャンプでは絶頂の瞬間を作り損ねたが、ブルズとの第2戦ではしっかりやり遂げる。右ウイングでアームストロングとビル・カートライトに対峙。両ディフェンダーが左へのドライブを警戒するあまり、右ベースライン側はサイレンの唸りを上げて中心街を通過するときのようにがら空き状態になった。スタークスは勢いよくそこに突っ込み、ペイントエリアの一歩外でボールを利き手と反対の左手につかんで離陸。カバーに飛び込んできたホーレス・グラントとジョーダンをかわしてボールをゴールにぶち込んだ。体を軽やかに回転させて着地し、ディフェンスに戻ったスタークスのこのビッグプレイで、ニックスのリードは5点差。ガーデンが過去20年間聞かれることがなかったようなものすごい叫び声で満たされ、ブルズはタイムアウトを要求した。

スタークスはこの試合で12得点にとどまったが、アシスト9本はブルズのスターター5人の合計よりも多かったのに加えてディフェンスでもジョーダンを十分苦しめた。3年前にブルズが獲得を見送ったタレントとしては特筆すべき活躍だ。

シカゴのGMを務めたジェリー・クラウスは、1990年にニックスが動き出す前にスタークスとの契約を検討していたが、最終的に見送っていたのだ。

「それまでの試行錯誤で、ジョーダンに若いバックアップをつけるのはうまくないと理解していたんだ」。クラウスはそう話した。「ジョーダンがやりたい放題にやって練習でつぶしてしまうんだよ」。

しかしここまでは、ニックスが2-0で優位に立ったシリーズでスタークスの方がブルズを食い荒らしている状況だ。是が非でも、三連覇を狙う王者をシリーズ最初のアウェイ対決となる第3戦でもやっつけたい。その可能性は十分あった。

シカゴ・スタジアムは戦いにくい場所に違いないが、ブルズには不穏な緊迫感が渦巻いてもいたのだ。ジョーダンが第2戦前日深夜に、アトランティック・シティーでギャンブルに興じていたというニュースを、『The New York Times』がすっぱ抜いたからだ。そんな中で迎えた第3戦、ジョーダンは普段の力を出せずフィールドゴールを18本中3本しか決められなかった。ニックスは3戦連続でジョーダンを大いに苦しめた形だ。

ただ、ニックス側でうまくいったのはほとんどその点だけだった。最初の2試合で落ち着きあるプレイを見せていたスタークスは第4クオーター半ばに退場。しかもその時点でニックスはすでに23点を追う窮地という流れだ。チームとしてのターンオーバーが20に上ったこの試合は、ジョーダンを苦しめたにもかかわらず大失敗に終わってしまう。「あの試合をきっちり獲って、2-1ではなく3-0にできていたらね」。アシスタントのジェフ・ヴァン・ガンディは言う。「次があの第4戦だからね」。

ニックスにとって最悪の想定が現実となった第4戦では、ジョーダンが54得点でブルズを勝利に導く。これでシリーズは2-2のタイだ。このジョーダンのパフォーマンスで対決ムードは最高潮を迎え、シリーズは舞台をガーデンに戻しての第5戦に移っていくのだった。

チャールズ・スミスがニックス入りしたあとの練習初日、彼がチームにうまく溶け込めるかどうかはすでにパット・ライリーの懸念事項だった。

オークリーとユーイングがパワーフォワードとセンターを務める中、スミスにはスターターとしてスモールフォワードでプレイしてほしい。しかしスミスについては、そのときに垣間見えた体力的なひ弱さだけでなく、タフに戦えるかどうかという点も気になっていた。あるときには記者との会話の中で、スミスがポジションを下げウイングでのプレイに適応できるかどうかを注視していることを語っていたが、その同じ週にライリーは、ストレングス&コンディショニングコーチのグレッグ・ブリテナムにスミスの体重を260ポンド（118kg）から245ポンド（111kg）に搾るよう指示を出している。軽量化でスコッティ・ピペンのようなウイングプレイヤーに対抗できるようにするためだ。

ポストプレイヤーからウイングへの変更はスミスにとって大きな挑戦だ。しかも、それまでなら第1・第2の得点源だったのが、戦力豊富なニックスでは第3の存在になる。彼中心の作戦はなく、流れの中で起こることに対応していかなければならない。スミスは一歩前進の様相を見せた時期（12月にフィールドゴール成功率47％で15得点、7リバウンド、4アシスト）もあったが、その後二歩下がってしまった（翌月は同36％で11得点、4リバウンド、アシストは1本に届かず）ようなシーズンの流れとなっていた。対戦相手のコーチの中には、アトランタ・ホークスのボブ・ワイスのように、ときにはスミスがゴール下に来ない限り空けておくように指示を出す者もいた。

そんなスミスにライリーは、この男が本当に自分の欲したタレントだったのかどうか疑問を抱いていたほどだ。ライリーはその思いを、スミスがシーズン後にフリーエージェントになるより数か月も早い段階で明らかにしていた。デイブ・チェケッツは「パットは彼に金を出す考えがまったくなかった」と話す。

社長のチェケッツは異なる感覚だった。前年ゼイヴィア・マクダニエルを見返りなしで失ったことで実質的オーナーのスタンリー・ジャッフェにしこたま叱られた傷が残っている中で、スミスを放っておく気にもならない。かつ、スミスがレギュラーシーズンでよい終わり方を見せていたことも手伝い、フロントオフィスはプレイオフ前には長期契約への交渉に前向きな状態だったのだ。

勢いを失ったニックスは第5戦を前にあわてていたわけではない。まだシリーズはタイであり、ニックスはホームに戻るのだ。そこではレギュラーシーズン中にリーグ最高の37勝4敗という成績を残しており、プレイオフを含めると27連勝中でもある。特にジョーダンとブルズに対してニックスはガーデンでめっぽう強く、1991‐92シーズンから6連勝中だった。

その第5戦、ニックスは熱のこもったプレイで試合をスタートさせたが、リードが行ったり来たりの展開が47分半続いたあと、残り28・8秒時点で94‐95と1点差を追う状況に置かれていた。

インバウンドパスを受けたスタークスがドリブルでボールを運んでくる。何十年も語り継がれるだろう一つのプレイが起ころうとしていた。ニックスは第2戦でスタークスが稲妻のようなダンクをたたき込んだときと同じように、スタークスとユーイングのピックプレイを狙った。スタークスは右コーナー寄りにうっすらと得点機を感じ取ると、そのスポットでジャンプショットの体勢まで持っていってジョーダンを引き寄せ、ユーイングにパス。ゴールから22フィート（約6・7m）の右エルボー付近でボールを受けたユーイングは、バランスの悪い状態から213cmの体をぎこちなく揺すって、マッチアップしたステイシー・キングの左にドライブを仕かけるが、キングと接触したあと両者そろってフロアに崩れ落ちてしまう。

ユーイングは体勢を崩しながらもスミスにボールをつないだ。スタークスがコーナーからジャンプショットを放つ可能性があったので、スミスはリバウンドのためにペイントエリアに突入してきていたのだ。今やスミスはゴールからわずか2フィート（約61cm）の距離でボールを手にしている。マズレックに引っかかれたり引っ張られたりしながらやられまくった日々に報いる栄光をつかめるチャンスだ。

膝を曲げて、しっかりボールを確保して高く飛び上がり、目の前のゴールに力強くボールを入れるだけでいい。しかしプレイが崩れディフェンダーがペイントに密集したこんな瞬間には、やはり本能が顔を出すものだ。スミスの場合、それは力ではなく技能だった。

ブルズの面々4人に囲まれたスミスは、素早く右手でボールをゴール付近に持っていったが、このレイアップはホーレス・グラントのブロックに弾き返される。

転がったボールを拾い戻したスミスは、3人のブルズが彼を止めようとしているのを感じ取り、もう一度ゴールを狙う前にちゅうちょした。これに続いてポンプフェイク（上半身を上下させてショットを放つかと見せかける動き）から二度目のチャンスを狙うが、フェイクの間にジョーダンにボールをはたき落とされ、これも失敗に終わる。それでもスミスは、ジョーダンがファウルを取られるリスクを回避していったん引き下がったことで、三度ボールを取り戻した。

この瞬間が最大のチャンスだっただろう。何本もの腕が彼の視界を遮る状態が一瞬変わったのだ。しかしここでもスミスはスピードで勝負し、力でダンクに持っていこうとはしなかった。そして背後から襲いかかったピペンが三度目のショットもブロック。スミスより2インチ（約5・1㎝）小さいものの、ピペンはコンドルの成鳥と同じウイングスパンを持つブルズのエースディフェンダーだ。奇跡的にボールは四たびスミスの手に戻ったが、素早く決めようとしたスミスのアテンプトは、またしてもピペンの餌食となってしまう。

アメリカンフットボールなら、ハーフバックのプレイヤーがゴールライン間際に迫りながら四度連続で跳ね返されたような流れが、わずか7秒間に立て続けに起こったような流れだ。最後はジョーダンからパスを飛ばされたアームストロングがレイアップを沈めたところで万事休した。

ニックス史上最も悔しい敗北だ。試合終了のブザーが鳴り響いたあと、アームストロングがゴールに吸い込ませたボールを手にしたスミスは、教会のような静けさに包まれたガーデンで、それをフロアにたたきつけた。そのボールが20フィート（約5・1ｍ）近くの高さに弾み上がるのを顧みることもなく、ジョーダンとブルズは喜びに満ちた様子でロッカールームに去っていった。97－94の勝利にその場で酔いしれたまま過ごせば、バスケットボールの神様が心変わりを起こしてしまうかもしれない。そんな様子にも思えた。「シャワーなんかいいから早くバスに乗り込もう、もう勝ったんだから。そんな感じだったよ」。ウィル・パデューはこう話す。

一方のスミスは、信じられない思いに今にも涙をこぼしそうな様子だった。

ドック・リバースは第5戦の敗北を「あれはまるで、健康そのものの家族の一員を突然亡くしたときのような感じだった」と、とてもわかりやすい言葉で表現している。「もちろん試合に負けるのが家族を亡くすほど辛いと言うわけじゃないんだ。でもこれは正確な表現だと思うよ」。

ガーデンから自宅までは約1時間のドライブ。それが拷問のように辛い時間だったので、リバースはガソリンスタンドに車を入れることにした。ガス欠だからではない。リバース自身が新鮮な空気を吸いたかったためだ。

しかし到着してみると、チームメイトのハーブ・ウィリアムズも、そこで敗北の苦しみに頭を抱えているではないか。

一息ついて運転を再開したリバースが高速を走っていると、パトロールカーに止められた1台の車が目に入った。スピードを落として運転席のウインドウから首を出したリバースが、赤と青の警光灯が点滅する現場で視界に捉えたのは、なんとスミスだ。そうでなくても人生最悪の一日に数えられるようなこの日の終わりに似つかわしい出来事といえばそうだろう。

ニックスがシリーズで2-3と劣勢に立たされることとなった第5戦の敗北について、意味のある戦評を語るとすれば、スミスが抑え込まれた流れ以外にもニックスはうまく行かないことだらけだった。セカンドチャンスから14得点を献上し、リバウンドではこのシリーズで唯一37-48と上回られた。フリースローは35本中20本しか決められなかったが、これはレギュラーシーズンも含めこのシーズン最低の成功率だ。

しかし誤解してはいけない。スミスの一連のプレイは今日まで、ニックスとそのファンの心の中に、痛ましくも唯一無二の特別な居場所を有しているのだ。

シカゴに飛ぶ前、ライリーはこんな言葉を記者に語っている。

「あれは決定的瞬間だったかもしれないな」。

ニックスは敗北の汚名をスミスに着せただろうか。少なくともそれは表に見える形ではなされていない。興味深いことにスミスとクラブは、スミスが制限なしのフリーエージェントとなる夏場を待たず、シカゴでの第6戦までに長期契約に基本合意している。7年間で2600万ドル（当時のレートで約28・6億円）という内容だ。

スミスとニックスは第6戦でも大いに戦ったが、勝利には届かず、この試合を落としてシリーズ敗退が決まった。ニックスにとっては3年連続でブルズの前に屈する形であり、ブルズは最終的に三連覇を果たすこととなる。

ライリーを含め、当時ニックスに在籍した多くの人が、1993年のグループがあの時代の最強チームだと話している。「真にチャンピオンシップにふさわしいチームだった。あの年はうちのチームがリーグのどこよりも強いと思っていた」とライリーは言う。「ただ、マイケル・ジョーダンを乗り越えられなかった」。

レイカーズを率いた時代から、ライリーはトップで支配的な快進撃を展開する喜びがどんなものかを知っている。しかし今の立場はフェンスの反対側だ。ニューヨークがジョーダンの影に覆われた状態から抜け出すことなどはたして可能なのかと、一人心を悩ませている。30歳のジョーダンは、まだまだこの先何年もニックスのファイナルへの道に立ちはだかるように思えた。

BLOOD IN THE GARDEN

7 夜明け

1993年のオフシーズン、パット・ライリーは家族とともにワイレアで晩夏の休日を過ごしていた。三日月のようなビーチと美しいゴルフコースで知られる絵画のようなマウイのリゾート地だ。

滞在中のある日、プレジデンシャル・スイートにいたライリーにフロントデスクのマネジャーから電話が入った。その声には、落ち着きなく申し訳なさそうな雰囲気が隠せない。要件は単純、予想外の状況になったため、ライリー一行に別の部屋に移ってほしいということだった。

ライリーは困惑し、憤慨した。第一に、相当高額な滞在費を支払ってこのスイートを使っているのに、こんな不便を押しつけられるのはおかしい。きちんとした理由も、誰がライリー一行に向かって出ていくよう急に要請したのかももちろんわからない。

しばらく言い合ったあとライリーは折れた。マネジャーは、従業員に一行の荷物を別のスイートに運ばせると約束したが、次の部屋への移動が済むまで元の部屋にいられない。ライリーはプールで時間をつぶすことにして、そこから元の部屋の様子をうかがっていた。いったい自分を追い出したのは誰なのか。

まもなく答えがわかった。それはなんとマイケル・ジョーダンだったのだ。子どもたちが泳いでいる傍らで、スイーツのバルコニーの窓が開いたのを見たライリーは言葉を失った。そこにいたジョーダンは、快適なバスローブに身を包んで、満足げにライリーを覗き込んで手を振っているではないか。

この場面は、ライリーとニックスはもちろん、ＮＢＡの全チームの現実の縮図と言える。三連覇を成し遂げたばかりのジョーダンとブルズは頂点にあり、誰もが立ちたい場所に立っているのだ。

１９９３年10月５日の火曜日、パトリック・ユーイングがエージェントのデイヴィッド・フォークに電話を入れたのも似たような理由だ。この日の午後、３か月前の殺人事件で父親を亡くしたジョーダンがバスケットボールから引退するとの情報が渦を巻いていた。ユーイングが気にしていたのは情報の信憑性ではない。翌日会見となっている以上、それは間違いないだろう。ユーイングはなぜその情報がもっと早く自分に届かなかったかを知りたいのだ。

ユーイングは自分とジョーダンの両方のエージェントを務めていたフォークに、「俺に一報くらいくれてもいいんじゃないか？」と尋ねた。

「ジョーダンと約束していたもので」とフォークは答えた。

ユーイングとニックスがどんな形でジョーダンの驚きの計画を知ったかによらず、根底にある事実は明らかだった。最も偉大なプレイヤーが去ったあと、ニューヨークのタイトル獲得への道は楽になったということだ。「間違いない」とドック・リバースは記者とのやりとりで明確にしていた。「声を大にしてそう宣言するまでいかなくても、ほとんど誰もがそう思っていたはずだよ」。

ジョーダンがリーグを去るという事実は、トレーニングキャンプが始まる10月8日の2日前に発表されたが、それはニックスの1993-94シーズンに向けた準備に何ら影響を与えるものではなかった。ジョーダンの発表より以前から、ライリーはキャンプがチャールストンで午前0時1分に始まることをプレイヤーに告げており、そのとおりスタートさせている。リーグ規定でこれより早くキャンプインすることは許されていない。つまりニューヨークはこのシーズンどこよりも早くコートに立ち、コートを去るのはどこよりも遅く、つまり最後まで勝ち残る。その意気込みの表れだ。

ただ、あるメンバーにとっては、コート上に立ち続けることが難しくなりそうだった。

オフシーズンにニックスのようなチームを標的にしたルール改正の第一弾が行われたからだ。フレイグラント・ファウルがポイント制となり、5ポイントに達したら1試合出場停止というルールが導入されたのだ。これにより、前シーズンにリーグ最多のフレイグラント・ファウル数を記録したチャールズ・オークリーのようなタイプは大きな影響を受ける。その数がリーグ2位のプレイヤーの倍以上に登ったオークリーが、キャンプでも一層フィジカルなプレイを見せている。うまく調整しないと出場停止は避けられそうもない。

ある日のスクリメージで、オークリーはゴールに突っ込むチャールズ・スミスをゴール前で阻止しようと立ちふさがり、肘鉄でスミスの歯を折ってしまった。そこまで乱暴なケースでなかったものの、新たに加わったフリーエージェントのアンソニー・ボナーもいきなり最初の練習でオークリーと取っ組み合いになっている。ワークアウトが終わったあと、唇から出血して目を血走らせたボナーを見たリバースは、「まあ、こんなもんだよ、アンソニー」と笑って肩をたたいたという。

ニックスの序盤の取り組みに欠陥があったとしても、それは1993-94シーズンのスタートでは露呈していない。キャンプ初日から42日間のうち29日を遠征に費やし、ガーデンにいたのと同じ日数をテキサス州で過ごしたにもかかわらず、ニックスは開幕から無敗の7連勝だ。この段階まで無敗だったのはヒューストン・ロケッツと彼らだけという状況だった。このシーズン、ニックスがチャンピオンシップ獲得の候補であったのは間違いないが、懸念事項がないわけでもない。控えの一人だったトニー・キャンベルが、チーム内のルールに難癖をつけてライリーと衝突していたのだ。キャンプの第1週時点で不満の声に辟易としたライリーは警告を発した。出場時間をとやかく言うなら、真っ先にトレード候補になることを覚えておけ、と毅然とした姿勢を見せ、同時にチーム内での混乱を避けるために各人の位置づけも明確に伝えた。

1994年にオールスターに選出されるスタークスの波の激しさも懸念の一つだ。不発に終わる日（ジャズとの試合でフィールドゴール21本中4本しか決められず）もあれば、その翌日に一面焼け野原にするような猛爆（マイアミ戦で当時のNBA記録に並ぶ7本の3ポイントショット成功を含む、計37得点の活躍）を見せるのだ。スタークスの不安定さが気にならないときには、チームとしての攻守のアプローチが読まれやすい傾向もあった。

1月のある試合を取り上げてみよう。ニックスは下位のシクサーズを相手に残り1分で1点ビハインドの状況だ。ライリーがタイムアウトを取って作戦を授けるが、シクサーズ側のベンチではガードのジェフ・ホーナセックがチームメイトに、ニックスがスタークスからローポストのユーイングにボールを入れる考えだろうから、こっちもそうさせるようにしてやろうと話していた。「スタークスがユーイングにパスをいれたら、俺がすぐに獲りにいくから」。こんなハドルからプレイが再開されると、ホーナセックの思った通りの流れが起こり、ホーナセックのスティールからシクサーズが勝利を手にするのだ。

翌日ニックスのプレイヤーからは、この敗戦において、ユーイングとスタークスの二人でチーム全体のフィールドゴール86本中47本を占めていることについての匿名の不満が噴出した。あまりにも変化がなさすぎるというわけだ。

安定した得点源が二人のほかに見つけられないのだ。これは特に、相手にユーイングのリズムを崩せるスター級のセンターがいる場合に難題となる。

開幕14連勝でガーデンに乗り込んできたロケッツは、まさしくそんな相手だ。ニックスは何度もユーイングにボールを入れるが、アキーム・オラジュワンの前にユーイングはなかなか得点機を作れない。

この試合では、スタークスががんばって35得点を挙げたが、やはりジキルとハイドのようなパフォーマンスで、最初の14本のショットのうち12本を外す苦戦の末の数字だった。一方ユーイングは後半放った12本のショットすべてを外し、試合全体では20本中4本の成功にとどまる不調。第3クオーターにはオラジュワンに16-0と一方的にやられてしまった。スターティングメンバー以外が前半無得点で、まったくと言っていいほど存在感を出せなかったのも痛い。ガーデンのファンがブーイングを始め、ニックスは力なく敗退。ロケッツはリーグ新記録となる開幕15連勝を達成した。

ただ、長いシーズンでより大きな挑戦は、故障との戦いだった。

夏場に7年契約を結んだばかりのチャールズ・スミスも、12月のロケッツとの一戦に出場している。しかし24分間の出場で5本のショットすべてを外して2得点、2ファウル、1リバウンドという出来の悪さであり、何か様子がおかしい。実際、彼は左膝に問題を抱えていた。オフシーズンに内視鏡手術をしてまだ数か月の時点であり、プレイできる状態ではなかったのだ。12月にMRIを行った結果は半月板損傷。再度膝に手を加えたスミスは、6週間の欠場を余儀なくされてしまった。

しかも、リハビリ期間を終えても膝の状態はなかなか戻らず、1月下旬に戦列復帰したものの、その後数週間のうちに痛みが再発。事はうまく運ばない。

いったん復帰してからすぐ、スミスが痛みを理由に再び練習を休まなければならなくなったとき、チームメイトはスミスがうそをついたり大げさに説明しているのではないかと疑いを持ち始めた。髪型を変えたスミスをドクターJ（ジュリアス・アービング）だのアンジェラ・デイビス（アメリカの左翼活動家）だの『シャフト（1970年代の映画で、出演者が当時流行りのアフロヘアで登場する）』だのと茶化していた仲間なのに、スミスが慢性的な膝の問題に陥り始めたことには気づけずにいたのだ。あるプレイヤーはスミスが休むたび、毎回のように「あいつはまただめなんですか？」とトレーナーに一声かけてきたという。

これはある意味、ニューヨークが耐久性の高いフォードの車両のように強いロスターを持っていることとの反作用とも言える。何があっても喜んでプレイし続けるのに皆慣れているのだ。ローテーション入りしているのは相当な痛みや大きな故障の古傷があってもそうしてきたメンバーばかりであり、痛みで休むスミスへの同情などない。ライリーのスミスに対する見方も厳しかった。

ある試合の前のこと、ライリーが戦術を説明しようとロッカールームの黒板に向かっていたところに、その試合を左膝の関節炎で欠場するスミスが入ってきた。スーツ姿でぶらぶら入ってきたスミスを見て、ライリーの手が止まる。

「チャールズ、優勝するために今夜お前に1分だけ出てほしい。1分だ。そう頼んだらやってくれるか？」。ライリーがチームメイトの前でスミスにそう尋ねると、スミスは驚きながらも、はいと答えた。

「だったらスーツなんか着て何をしているんだ？」。ライリーの言葉にその場は奇妙な静寂に沈む。スミスがどうしてよいかわからないまま自分のロッカーに向かい、急いでユニホームに着替えるのを尻目に、ライリーは再び手を動かし始めた。

スミスはこのとき何も言わなかったが、このやり取りで傷ついたのは間違いない。彼としてもコーチに認められたいと思っていたし、自分とは毛色の違う、よりフィジカルなチームメイトに馴染む努力もしていたのだ。スミスのエージェントを務めるブリッグ・オーウェンズは、「チャールズは悔しかっただろうな」と話す。「彼だってほかの連中と同じように勝ちたい。コーチとして、どのくらいひどく痛むか疑ってはいけないよ。ぎりぎりまで自分を責めているんだから」。

後年スミスとサンアントニオでチームメイトになったウィル・パデューは「彼にはニックス時代の影響が感じられた。昔とは違っていたよ」と話す。「ニューヨークの連中に聞いたけど、ライリーはスミスに泣き出したくなるほどしつこく絡んでいたそうだ。でも彼の本来の姿とは違う方向に押しすぎたんじゃないかな。ある意味つぶされたのかもしれないよ」。

ライリーはペースを重んじるコーチではない。休日は計算外なのだ。毎試合が戦いで、すべてに勝たねばならないと思っている。『The New York Times』でニックスの番記者だったマイク・ワイズは、「彼は刺すか刺されるか。なんで軍人にならなかったのか不思議なくらいの厳しさを持っていた」。

ライリーはいきなり強豪となったニックスのすべてを引き出したい。しかし全力でペダルを踏み続ければ体に影響も出るものだ。「ニックスへのトレードが決まったときはマジック（ジョンソン）や（ジェームズ）ウォージーと一緒にＵＣＬＡでワークアウトしていたんだけど、彼らからすぐに『そりゃ大変だ』と言われたよ」と語るのはリバースだ。「どちらもライリーのことは好きなんだけど、練習が厳しくてもたないと言うんだ。『お前のキャリアも終わったな』だとか言われてさ」。

当時32歳だったリバースにとってこの移籍は諸刃の剣のようなものだ。キャリアの晩年を迎えているだけにこれまで手が届かなかったタイトルを是が非でも勝ち取りたい。しかし長年リーグで痛めつけてきた体が厳しさに耐えきれるかどうか……。そして12月のある日、不幸な出来事が起こってしまった。不自然な体勢で着地したリバースは、左膝前十字靭帯を断裂してしまったのだ。

ポイントガードのスターターを失う痛手は大きい。ただでさえ練習に参加できるのが6人だけというときがあったほど苦しい台所事情だったのに、リバースから控えのグレッグ・アンソニーになればリーダーシップでもスキル的な観点でもチーム力が落ちてしまう。ロスターにはほかにポイントガードがいないので、スタークスがコート上を仕切る時間帯が長くなり、本来のシューターの役割に集中して心地よくプレイすることができなくなる。

リバースの離脱から3試合目のニュージャージー・ネッツ戦で、アンソニーは相手のガードケニー・アンダーソンに手玉に取られる。勝負どころで2本のショットを決められて敗れたあと、ニックスのフロントオフィスはアンソニーのスターターとしての力量に早々に見切りをつけたようだった。アンダーソンはオフェンスでアンソニーをもてあそんだだけでなく、ディフェンスでは外から打ってみろと言わんばかりにシュート率の低いアンソニーをフリーにして挑発した。アンダーソン相手にいいとこなしだったその夜のアンソニーは、着替えて試合後の会見に向かうにもベルトが見つからないというどうにも〝締まらない〟終わり方だった。

ニックスはポイントガードの力を上げないと毎試合不利に立たされるのが見えている。そこでダラス・マーベリックスのガード、デレク・ハーパーの獲得に動くことにした。総合的な能力の高さで定評のあるベテランで、27試合で2勝しかできていないマーベリックスにげんなりしていたプレイヤーだ。ニックスにとってハーパーは、リバースの離脱以前から目をつけていたタレントではあったので、文句の多いキャンベルとドラフト1巡目後半の指名権に換えてこのとき獲得するだけの価値がある。

しかしハーパーの移籍にもスミスと同じように痛みを伴う時期があった。32歳、プロ入り11年目にして、古株からまるでルーキーが入ってきたかのような扱いをされることがあったからだ（ボストンへの遠征中に、オークリーとボナーからエレベーターで突然襲撃されるという手荒な洗礼も、少なくとも一度は含まれている）。

ニックスでの最初の練習でルーズボールに手を伸ばしたとき、床に飛び込んできたオークリーとアンソニー・メイソンから一瞬先に奪い取られたハーパーは、ニックスのプレイヤーたちが練習から緊迫感に満ちた状態で取り組む姿勢に、4年間負け越しチームにいた自分の甘さを自覚させられた。そんなハーパーの加入は、ポイントガードが手薄なニックスの力になる。スタークスも仕切り役ではなく得点源としての役割に集中できるようになった。スターターは経験の浅いアンソニーが務めるとしても、クオーターまるごとを任さなければならない状況ではなくなった。

ハーパー加入でローテーションに賢さと厚みが増したのは間違いないが、ハーパーはニックス入り直後から絶好調だったわけではない。最初の4試合はフィールドゴール成功率24％にとどまっている。ある試合では、ベンチに下がるハーパーにガーデンのファンから「おいハーパー、いったいいつまで待てば活躍してくれるんだ？」と野次が飛んだ。

そう思っていたのはファンだけではない。その試合から数日後の練習では、ライリーがチームの概況をどう見ているかについて率直に語る機会があったが、ハーパーに関しては歯に衣着せぬ批判が飛び出した。

「ハープ（ハーパーのニックネーム）、こんな出来じゃお前を獲得した意味がないぜ」。ライリーは芳しくないハーパーの数字を並べてこう言った。「もっとできるだろ。LAにいた頃、レイカーズ時代の俺に対してやっていたのと同じことをやってくれればいいんだ。これでは期待していた出来とは違うぞ」。

「ぐうの音も出なかった。彼の方を見て、気合を入れられるしかなかったね」とハーパーは当時を振り返る。

この叱責のあと、アシスタントのジェフ・ヴァン・ガンディがハーパーに居残りシューティングの提案をしてきたという。「もし打ちたけりゃ、いくらでもリバウンドにつきあってやるぞ」と背中を押されたハーパーは、どうやってチームに馴染もうかといったことを考えすぎず、戦術に囚われるよりもポイントガードとしての自分の感覚を生かすよう意識を変えた。

ハーパーの数字は徐々に上昇し始め、気づけばチームは停滞がちではありながらも36勝15敗でイーストの首位を保ってシーズン半ばを迎えることができていた。ただ、まだ完璧とは言えない。

＊＊＊

ある時期まで、ニックスのスカウトだったフィル・ハバードにとって、チーム練習を見られる機会は楽しみだった。多くの時間をチームから離れて過ごす仕事柄、ハバードが同僚と一緒になったり普段見られないチームの努力を見られることはまれなのだ。ライリーが許可しない限り見られないし、詳細を知らされることもない。それでも見たかった。ライリーのようなコーチが組み立てるならすごいワークアウトに違いないからだ。

しかし練習が始まってみると、時計にちらちら目をやる自分がいた。ライリーが退屈なわけではなかったし、次の約束の時間が迫っていたからでもない。ニューヨークはいつまで待ってもオフェンスにフォーカスしたドリルに入らないのだ。「しばらく見て思ったのは、練習見学はもう十分かなということだった」とハバードは話す。「いつ出かけても前回と同じこと、ディフェンスをやっているんだ」。

ニックスはしばしばオフェンスの練習が不足したチームのように思えるときがあった。１９９4年2月の最終週にガーデンでシアトル・スーパーソニックスと対戦したときは恥じるべき出来で、前半フィールドゴール成功率29％の33得点に終わっている。ユーイングが弱気なジャンプショットに終始し、最初の14本をミスしたこの一戦は、結局二桁点差で敗れてしまう。ライリーもニューヨークに来てからの3年間で最低の負け方だと苛立ちを明らかにしていた。

次のヒューストン・ロケッツ戦も結果は似たようなもので、ロケッツは何ら問題なくニックスのオフェンスを73点に封じ、20点差で勝利した。次のデンバー・ナゲッツ戦はフィールドゴール成功率50％で94得点とましな数字になったが、ニックスはこの試合にも敗れて3連敗。フェニックスに飛んだその次のサンズ戦もうまくいかない。得点したのが6人だけで92-78の黒星となったこの試合まで、ニックスは１００得点未満が続き、連敗もライリーのコーチ就任後最長の4まで伸びている状態だ。

この西海岸遠征で、アシスタントのマイク・サウンダースからライリーに、チームへのプレッシャーを少し緩めてもいいのではないかとの直言があった。シューティングがそれまでにも増してひどくなっており、悪化傾向だったからだ。しかしライリーは、「出血がひどいときは圧迫するものだろう？」と言い返してこれを聞き入れなかったという。

それがライリーのやり方なのだ。とにかく全力で押し切る。ただ、サンズ相手に78得点で敗れた様子を見ると、もはや考え直さざるをえない。サクラメントに向かう飛行機で、ライリーは迂回すべきときかもしれないと思いを巡らせていた。

BLOOD IN THE GARDEN

08 36時間のブレイクタイム

3番手のガード、コーリー・ゲインズは、チームの飛行機が下降し始めるとともに窓の外に広がる景色から目が離せなくなった。

乾燥した砂漠が広がり、それと対照的な雪に覆われた山並みも続く西部特有の風景だから、そんな衝動に駆られるのもわかる。摩天楼に埋め尽くされたコンクリートのジャングルのようなニューヨークから飛んできたニックスのメンバーがついつい覗き込みたくなる風景には違いない。

しかしこの日、ゲインズが外の風景に目を奪われたのは、美しい景観に胸を打たれたからではない。ロサンゼルスで育ちカリフォルニアの大学でプレイした彼にとっては、何度も飛んだことがあるはずの空なのに、このときは自分がどこを飛んでいるのかがわからなくなっていたのだ。

少し前には、パイロットの一人がインターホンでまもなく着陸することを告げたのを聞いて、思わず時計を確認した。フェニックスからサクラメントに向かっているはずなのに、本来の到着時間より30分も早く着いてしまいそうなのだ。こんなはずはない。

混乱に陥っていたのは彼だけではない。この年ニックスに加わる前、3年間サクラメントでプレイしていたアンソニー・ボナーも、下降し続ける飛行機から見える景色が見慣れたものと違うことに気づいていた。それをボナーから聞いたチームメイトがいぶかしみ、変なところに連れて行かれるのではないかと心配し始めたのもしかたがない。中でも最も不安に駆られていたのはユーイングで、口をぽかんと開けたまま目を見開いて窓の外を眺めていた。

この嫌な予感の根源は、サクラメントに入る前のニックスのプレイぶりだ。何しろパット・ライリーがコーチに就任して以来初の4連敗。その間練習は厳しくなるばかりで、力ずくで無理やりリズムを引き戻そうとしていたような流れだった。

どこに迂回するのか知らないが、またライリーが俺たちを試そうとしているのに違いない――そんな思いがパニックや恐れにつながるのだ。雄大な山並みを見つめながら、ゲインズもそんなことを心配していた。「砂漠に囲まれた山を走ってこいと言われたらどうしよう？　軍関係の施設かもしれないな。ひょっとしてエリア51？　何でもそろっているだろうから、がんばりが足りない俺たちを鍛え直そうと思っているのかもしれない。そんなことばかり考えていた。どこかわからないけど、行くはずだった場所に向かっていないことだけはわかったんだ」。

しかし、機体が空港に近づくにつれ、カジノが建っている一群を認識できるようになってきた。ラスベガスほど派手ではないが、どうやらそれは、グレッグ・アンソニーの故郷、ネバダ州のようだ。

ついに空港に着陸したユーイングもほかのメンバーも、滑走路に多くの旅客機があるのを見てひとまずほっと一息、胸をなでおろした。それは、少なくとも彼らが民間の施設にいることを意味している。

そこはリノ・タホ国際空港だった。ただし、なぜサクラメントではなくそこにやってきたかはまだわからない。ライリーは離陸直前の思いつきでパイロットに行き先の変更を依頼したのだが、まだ手の内をすべて明かしていない状態だ。しかしリムジンに乗り込んだ一行がペッパーミル・カジノ＆ホテルに着いた時点でようやく成り行きが理解できるようになった。

「しばらくバスケットボールから離れてみよう」。ライリーは皆を前にしてそう話した。「今から36時間、一つだけお願いがある。一緒に食事をして、一緒に騒いで、一緒に楽しんでくれ。バスケットボールの話は抜きでいい。親密な仲間同士がやることをやろうじゃないか。楽しもう。ただし皆一緒にな」。

＊＊＊

輝くばかりの笑顔でカジノに入った一行は、キャッシャーでギャンブル用の小遣いとして一人500ドル（当時のレートで約5万2000円）ずつのチップを受け取った。コーチが気前よく1万ドル（同約105万円）をおごってやったのだ。ライリーのような一時代を代表するような成功者が、まるでチャッキーチーズで子どもにゲーム用のトークンを渡す親のように、身長2m超えの大金持ちにとんでもない金額のギャンブル資金をくれてやる図は、想像しただけでも面白い。「皆喜んで持っていったよ」とライリーは言う。

プレイヤーがそれぞれの部屋に散っていくのを見て、アシスタントのジェフ・ヴァン・ガンディはポイントガードのデレク・ハーパーを呼び止めた。「どうやらパットは、君を次の試合からスターターに使うつもりらしいぞ」。

ハーパーの様子が一変した。「チップはもらったけど、使うのはやめることにしたよ」とハーパーはそのときを振り返る。実戦に戻ったら自分がニックスの手綱を握ると聞けば、遠征中に平常心を失いたくないと思って当然だ。自室に入ったハーパーは、ラインナップの変更について知る由もない仲間たちとワインをちらほら味わったものの、あとはおとなしく過ごしたという。

一方、ジョン・スタークスはといえば、彼は彼らしく、1時間と経たないうちに500ドルの資金すべてを散財し、自分の金も注ぎ込んでいた。その甲斐あってか翌日になって強烈に運が回ってきたスタークスだったが、おかげで危うくサクラメント行きの飛行機に乗り遅れそうになった。

旅程の管理を任されていたトレーナーのマイク・サウンダースが、チームバスに乗り込んだメンバーの確認をしてみると、スタークスだけがいないことが発覚した。サウンダースはカジノに戻ってスタークスを探さなければならなかった。「あいつはクラップス（サイコロの目を当てるゲーム）のテーブルに貼りついていたよ」。サウンダースが「出発の時間が迫っている。皆がバスで待っているぞ」と伝えても、スタークスは「待ってくれよ、マイク。今いいところなんだから！」と動こうとしない。サウンダースは「こいつはもしかしたら、一度も自分の部屋に入らなかったんじゃないかな」とさえ感じたという。「だからしかたなく、テーブルからやつを無理やり引き剥がして連れて行ったんだ」。

36時間思い切り発散したあと、サクラメント・キングス戦に向けたシュートアラウンドで、ライリーはラインナップの変更を発表している。グレッグ・アンソニーとチャールズ・スミス、そしてスタークスはスターターから外れ、代わってハーパー、ボナー、2年目のシューティングガード、ヒューバート・デイビスが抜擢された。

外された連中は当然面白くない。スミスはチームで3番目の得点源で、7年契約を結んだばかり。スタークスは2番目の得点源であり、数週間前にオールスターゲームの舞台に立っていた男だ。しかし議論の余地はない。それまでのラインナップで苦戦続きだったことを思えば、そんな必要はライリーには感じられなかった。

ボナーはライリーの英断について、「あれをよくやったと思う」と感心したように話す。得点力が落ちていた中で、チーム上位の得点源二人を外すのには勇気が必要だったはずだ。「でも、それまで機能していた駒を外したことで、ライリーは皆でボールを回して得点するという考えを鮮明にしたと思う」。

リノでの息抜きにも間違いなく効果があった。外されたメンバーからの風当たりは、問題になるほど強くはなかったのだ。

どんな狙いがあったにせよ、戦術的に的確だったのか、これで勝てるという思い込みの結果だったのかわからないが、効果は即座に現れた。キングスに100‐88で勝って連敗を4で止めたニックスは、その試合から8試合連続で失点を90未満に抑えるという、1954年のショットクロック導入以来初の快記録を打ち立てたのだ。これは3シーズンに渡ってリーグトップのディフェンス力を誇ったライリーのニックスの中でも、最も支配的なディフェンスの力強さを発揮した期間となっている。

失点90未満の連続試合記録が途切れた試合でさえ、相手となったボストンは91得点しか獲れず、ニックスが勝利していた。しかもライリーは、その後さらにハングリーなディフェンスを要求するのだ。プレイヤーのやる気を引き出すために、ライリーはまたしても自費を注ぎ込む。今度は勝ち試合で相手のチャージング（オフェンス側のファウル）を誘ったら、一度につき100ドル（約1万円）のボーナスを自分のポケットから出す、かつ白星を重ねるたびにその金額を倍にするというのだ。

この3月をニックスは14勝無敗で終えている。ライリーがチャージング・チャレンジを言い出してからだけでも5連勝。つまり、3月末時点のチャージング一つあたりのボーナスは1600ドル（当時約17万円）という驚くべき金額だった。

もちろん、ユーイングやチャールズ・オークリーのような高給取りにとっては、それになびいて姿勢を変えるような額ではない。しかしベンチの隅を温める時間が長いエリック・アンダーソンのようなプレイヤーには、大差で勝っている試合の終了間際の時間帯でも、目の前に現金がちらついて見えるような話だ。

ホームでマイアミ・ヒートを破って連勝を15に伸ばした試合がまさにそうだったとジェフ・ヴァン・ガンディが話してくれた。「パットが彼を投入したのは残り4分だったけど、走り回って誰に対しても体を投げ出して必死なんだ。何だかおかしくてね。でも彼はチャージングを二つも獲ったんだよ」。15連勝はロケッツが開幕からの流れで達成したシーズン最長記録に並ぶ数字だ。アンダーソンは、わずか4分間で3200ドル（当時約34万円）のボーナスを手にしたが、これは彼の1試合当たりのサラリー自体をわずかながら上回るほどの金額だった。

連勝が15で止まったあと、ライリーはチェケッツにリノでギャンブルに使った1万ドルの精算書を送った。一風変わった遠征だったことも、自分のプレイヤーにギャンブル資金をふるまうやり方が普通ではないこともわかっている。しかしあれくらいの金額は、勝つためには構わないだろう。実際ニックスは不振を抜け出したのだから。

チェケッツは同意し、問題ないと伝えた。しかし数週間が過ぎ数か月が過ぎてもライリーの金は戻らなかった。チェケッツによれば、正式に経費計上する方法を、ガーデンの誰も見つけられなかったというのがその理由だった。用途がギャンブルなために、株式公開している会社として株主に正当な説明ができないのだ。

ライリーは不服だった。金額うんぬんよりも原理的な問題だ。ライリーとしては、ニックス入りを決める前の1991年に乗り越えた交渉過程と同じく、自分のボスには勝利に向かうための考えならばすべてあと押ししてほしいと思っている。今回も勝つために動いたのに、組織側はそこまでしなくてもいいというような姿勢を見せているのであり、価値観のずれを感じざるを得ないのだ。

「彼は忘れていない。根に持っているはずだよ」とチェケッツは悔やむ。「あのときに今のように彼を理解できていれば、私が自費で支払っていただろう。パットは何ごとも白黒をつけたがり、旗色を鮮明にするよう求める質なんだよ」。

一心同体の大切さを固く信じるライリーの性格にチェケッツが気づいたのは、一緒に働くようになってからまだ数か月も経たない頃、チャールストンで行われた最初のトレーニングキャンプでのことだ。ライリーと昼食をともにしていたチェケッツに妻のデボラから電話が入り、そのとき買おうとしていたシボレーのSUVは何色にしたいかと聞いてきた。

デボラが緑にしてもいいかと聞くので、チェケッツは構わない、完璧だねと伝えたのだが、ここからがややこしい。隣で聞いていたライリーが「何を言っているんですか？　緑はだめですよ、デイブ。セルティックスの色じゃないですか」とショータイム・レイカーズ時代の宿敵の名を持ち出して反対し始めたのだ。「いや、その色は本当にやめておきましょうよ」。

最初は笑って聞いていたチェケッツも、ライリーが真剣な表情を変えないのを見て、デボラに待ったをかけて緑はやめようと伝え直した。

そこでデボラが店頭でほかの選択肢を確認すると、赤があるという。チェケッツは同意した。ところがまたしてもライリーのダメ出しが飛んでくる。「ちょっと待って。赤はブルズじゃないですか」。辟易としたチェケッツが、ならば何色がいいのかとライリーの好みを尋ねた。最終的な結論は「青（ニックスのチームカラー）以外で買ってきちゃだめだよ」。ライリーのこだわりにチェケッツが折れた形だが、ライリーは万事がそんな感じだった。自分の味方なら、車の色まで染まってほしい。そうでなければ味方ではないのだ。

1993-94シーズンが終盤にさしかかった頃、ライリーにはアンソニー・メイソンが心ここにあらずだと映るようになっていた。

プレイオフ開幕を前に、コーチはチャールズ・スミスの出場時間を増やしている。膝の故障の悪化で3週間欠場したあと、ラインナップに戻ったばかりだったこともあり、必要なことを見極めたかったからだ。ニックスはスタークスが足を痛めてレギュラーシーズン中の復帰を見込めない状況で、プレイオフで彼に負荷をかけすぎるのも避けたいところ。となれば、スミスのオフェンスが重要性を増すかもしれない。そんな思考からしわ寄せを受けたのがメイソンで、接戦の末に敗れたアトランタ・ホークスとの一戦では後半丸ごとをベンチで過ごすことになった。

ライリーは「得点力がほしかったので」とその理由を説明したが、その日のスミスは8本放ったショットの打ち成功2本だけの6得点。期待はずれの出来でガーデンの観衆からブーイングを浴びせられている。ニックスは最終的にアトランタと同勝率でシーズンを終えるのだが、この黒星でプレイオフのトップシードを逃してしまった。

メイソンは試合後の記者とのやり取りで「得点力がほしかった？　コーチはそんなことを言っていたのかい？」と明らかに苛ついた様子で話しながら気持ちを抑えていたが、翌日の練習では持論を語った。「彼にはそう見えたんだろうね。それはそれだけど、俺たちの見方は違う」。コーチがオフェンスで自分よりスミスを高く評価したことに反発しているのだ。

「オフェンスはいろんな要素の組み合わせだ。始まりはディフェンスで、相手を止めたりリバウンドを獲ったり、そこからパスを出すことだ。俺の得意なことだよ。オフェンスで大事なのは、ポストでダブルチームされた状況からワイドオープンのシューターにボールをつなげるプレイヤーだ。俺はそこもうまくできる。最高にオフェンスがうまいのは誰かという議論はそういった要素も含めなけりゃできないよ。でもパットは俺とは定義のしかたが違うんだ」。

ライリーはバスケットボールの世界で成功したコーチであって、メリアム・ウェブスター（辞書や参考書の発行で知られる出版社）の新語担当者ではない。メイソンのコメントを聞いたライリーは、コーチとしてチームに害をもたらす行動とみなし、メイソンに無期限出場停止の処分を下した。そんなことをしたのは初めてだ。

シュートアラウンドで集まったチームメイト全員を前にして、ライリーはメイソンにその処分を告げた。記者にも「我々はあらゆる方法でチームの形を整えて作り上げていこうとしているんだ。皆はっきりさせなければならない。その一部になるのか、ならないのかだ」と語っている。

ライリーとメイソンの確執は以前から見え隠れしていた。新入りのハーパーさえ、加入後ひと月と経たずに両者の気持ちの行き違いに感づいていたという。

アトランタで行われた試合で、リバウンドを奪ったニックスが敵陣に向かってオフェンスに転じたときのこと、ハーパーにボールを渡さずメイソンがボールを運ぶ状況になった。レッグスルードリブルで前進したメイソンがポストに放ったパスはつながらず、連係を欠くプレイぶりにライリーはタイムアウトを要求した。

ベンチに戻る際、ハーパーはメイソンに声をかけ、次は司令塔の自分にボールを託して攻めさせてほしいと伝えたが、メイソンの反応は穏やかではなかった。返ってきたのは、「何のことだよ。わけがわからねえな」という、ライリーにもほかのチームメイトにも聞こえるような叫び声だ。「お前にボールを入れてもうまくいかないだろうが！」。

そこにこのやり取りを聞いたライリーが「ハープ、もっとしっかり仕切れないのか？」と割って入る。ハーパーは口答えしなかったが、気持ちとしては、メイソンの姿勢ではなく自分の統率力を疑問視するライリーに言い返したい気持ちになった。「こっちに責任を押しつけてメイソンとの摩擦を避けているけど、それは俺の責任じゃないと思うよ。彼はチームが生んだ暴れん坊で、俺が来る前から問題だったんだから!」。

ライリーが処分を下したあとのメイソンの激昂ぶりは、エージェントだったドン・クロンソンが忘れられない類のものだった。メイソンから電話がかかってきたのは、アリゾナ州で行われたフェニックス・デザート・クラシックで、大学バスケットボールのトップタレントの様子を見ていたときだ。「何やらキーキーがなって、ファック、ファックと汚い言葉しか聞こえなかった」。ただ、クロンソンは冷静だった。「とにかく落ち着くよう話した。メイス(メイソンのニックネーム)があんなに怒ったのは見たことがなかったから。練習場に行くなとも伝えた。来るなと言われているんだからね。嵐が過ぎるのを待てと」。

にもかかわらず、ついつい自制心を失いがちな性格のメイソンは余計なことをやらかしてしまう。メイソンはその夜、ガーデンで行われたニックスの試合に観客として足を運んだのだ。ニューヨーク・レンジャーズのジャージを着て、3階席でファンとハイファイブを交わして観戦するメイソンの様子は当然注目を集め、第4クオーターにはテレビカメラにも捉えられている。

ニックスのプレイヤーも、上階の観客が騒いでいるのを見て何かがおかしいことに気づいた。出場停止中のスターがすぐそこに座っていれば、ファンはびっくりもするし、うれしいに決まっている。デイビスは「喧嘩でも起きたかなと思った」そうだ。

ニックスはこの試合でシクサーズを130-82でたたきのめしたが、ニューヨークのメディアの関心はいまやメイソンとチームの関係の方に向いてしまっている。ライリーの怒りはさらに深まった。

それを知ってか知らずか、メイソンは数日後運だめしのように練習場にも足を運んでいる。メイソンが向かっていることを知らされたライリーは一歩踏み込んでメイソンに連絡を入れ、「まだわからんのか!? お前は立ち入り禁止だ！　来ても入れないぞ！　この組織の一員じゃないんだからな！」と電話口で怒鳴りつけた。

その叫び声を聞いたメイソンは驚いて電話を切った。ようやく二人の心がどれだけ離れてしまっているかに気づいたのはこのときだ。板挟みのクロンソンは、いきなり爆発してしまった事態の収拾に向けチェケッツとの連絡を密にした。「何とか事を収めようと思ったからね。彼もそうしたがっていた」とクロンソンは言う。「でもパットはものすごく怒っていて、プレイオフにメイソンを登録する気さえないと言っていたよ」。

そうでなくてもチェケッツは、ライリーを招へいした時点からコーチとしてのロスター構成に関する決断に口を出しすぎないように気遣っているのだ。こんな大事な時期に、彼が一度決めたことにとやかく言うことはできそうにない。そこでチェケッツは仲を取り持つ人物に頼ることにした。プレイオフのロスター登録締め切りの30分前に、ライリーとアーニー・グランフェルドを交えて電話で話し合う機会を作ったのだ。グランフェルドの言葉なら、ライリーの気持ちを動かす可能性があると見た。

普段感情を出すことがほとんどないグランフェルドは、メイソンを外すことはチームのベストディフェンダーを失うことに等しいと力説した。それだけでなく、最高のリバウンダーでプレイメイカーとしても使えるタレントが失われるという認識から、グランフェルドは「パット、彼を外すのはありえんぞ」と反論し、「それじゃ勝てん」と訴えた。

上司たちの主張を聞いたあと、ライリーはしばらく黙って座ったまま思案を巡らした。チェケッツとグランフェルド同様、メイソンの価値はライリーもわかっているし、メイソンがいた方が強いチームになれると思っているのだ。しかし自身の決断に対する反論を大っぴらに展開するようなプレイヤーを許しておいてよいのか。どれだけメイソンを理解しようと努めてもうまくいかない。メイソンはなぜあれほどまでに反抗的なのか？

その原因がわからなかった。

BLOOD IN THE GARDEN

9 アンソニー・メイソンの謎

アンソニー・メイソンが顔を歪めている。ほとんど漫画のような、あるいはピカソが彼をモデルに抽象画を描いたかのような表情だ。

ベンチから飛び出てきたテネシー州立大のチームメイト、ニコ・チャイルズが駆け寄ってきて、自分と交代だと言っている。「コーチは俺と代われと言っているのか?」。信じられないという思いからメイソンは、突き刺さるような鋭く冷たい視線をコーチのラリー・リードに送っていた。そのシーズンに平均38分プレイしたスターである自分が? ずさんなプレイでターンオーバーの一つや二つ記録したからと言って、気にする必要などないはずだろ? ……と。

サイドラインの外に出るとメイソンは怒り心頭。両手を激しく動かして、何かを叫びながら訴えはじめ、ついにはチームメイトと3200人のファンの前で、同性愛者を蔑視する酷い言葉でコーチをののしる始末だった。

そして、ようやくベンチの隅に座ったときには涙を流していた。

そんなときはいつでもそうなのだが、彼には彼の言い分があるのだ。この日1988年に卒業する彼らの年代のシニアデー（卒業前の大学時代最後のホームゲーム）で、初めてニューヨークから母親が会場を訪れている。

母親が観客席にいるのに後半半ばでベンチに下げられる意味がわからない。それはメイソンにしてみれば挑発に思えて激昂してしまうのだ。リードはその気持ちを理解し、メイソンをすぐにコートに戻した。

メイソンの不分別な行動に、テネシー州立大はそんな姿勢で応じるのが常なのだ。不必要に攻撃的で南部の人々を田舎者と蔑み、自分はニューヨーク生まれの都会人だと言わんばかり。「ANTHONY」と刻まれた金の鎖を身につけてナッシュビルのキャンパスを威張り歩く。そんなメイソンの態度は生まれつきでどうにもならないと、チームメイトの大半はあきらめている。

2年生のとき、メイソンは最初の1週間だけで二人のルームメイトともめ事を起こしている。どちらもバスケットボールチームの仲間だが、どちらも数日でメイソンとは一緒には暮らせないと断念したという。メイソンは、マッチを擦ることに異常な興味を示し、そばに誰かがいても関係なく火をつけるというおかしなクセがあり、同じ部屋にはいられないのだとか。困ったコーチはセンターのジョージ・レスターにメイソンと一緒に暮らしてもらえないかと持ちかけ、同意を得た。

しかしメイソンはまたしても問題を起こす。レスターによれば、「キャンパスでパーティーに参加したあと、部屋に帰ろうと歩いていたら、あいつが2対1で喧嘩しようとしていた」という。メイソンの味方になって喧嘩をやめさせたレスターは「あれからやつとは仲よくなれたんだけどね」と話す。

問題行動はその後も続く。メイソンはメアリー・ウイルソン・ホールという女子寮に三度忍び込もうとして捕まった。このときはチームとして、大学側にメイソンを退部させると言い出さないよう説得しなければならなかった（コーチ陣はこのとき、メイソンが幼児期に身体的な虐待を受けた経験を持っており、プレイする機会を奪えば将来に甚大な影響を及ぼす危惧があると説明し、処分の猶予を得ている）。

17歳だったメイソンが時速90マイル（時速約145km）で運転して州軍に捕まり、偶然その担当官がテネシー州立大に近い人物だったことで、制限速度30マイル（時速約48㎞）オーバーを大目に見てくれたこともある。大学関係者がメイソンに車を貸すこともたびたびだったが、これはNCAAの規則に抵触する行為だ。しかもメイソンは運転が下手ときている（チームメイトのジュードン・ローパーの車で近隣のクローガーという日用品店に買い出しに出かけて消火栓に突っ込んだことがある）。「あいつに運転させちゃいけない。子どもを運転席に座らせるようなものだよ」とレスターは言う。メイソンは交通違反で警察に捕まって、署からレスターに電話してきたこともある。何とかしてくれ、捕まったのがコーチにバレないうちに帰りたいんだと泣きついてきたのだ。

こんなメイソンではあるが、コーチやチームメイトにとって耐え難い存在でしかなかったわけではない。彼らはメイソンに欠点を帳消しにするすぐれた長所があることを知っているからだ。

特筆すべきなのは優しさだ。貧しい家に育ったメイソンは、身体的に勢いよく成長した10代の頃、毎年身長がぐんぐん伸びたために身の丈よりも数インチ短いズボンを履いていたときが多かった。首が長くパンツが短いのでガチョウとからかわれたり、足も大きくてアディダスのスニーカーは3本線だがメイソンのには4本線が必要だなどといじられた。

テネシー州立大には、遠征にネクタイとスラックスで出かけるしきたりがある。メイソンがどちらも持っていなかったことを知った1年先輩のコーデル・ジョンソンは、同じような体格のメイソンに、たくさん持っている中から茶色と黒のパンツを譲ってやった。メイソンはその恩を忘れなかったという。「僕が彼の一番の親友と思えるくらいだった」とジョンソンは話す。その後メイソンは、何かしら日用品を買うたびにジョンソンにも持ってきたのだ。

「彼のものは僕のものみたいな感じだったよ」。

物事を心底楽しむところ、しかもできるだけ皆で一緒にというのもメイソンの素晴らしいところだ。新年度のバスケットボールシーズンが始まる前の時期は特にそんな長所を感じる時期だった。「身体測定で皆と顔を合わせたあと、しばらくはまた彼の姿を見なくなるんだ」。テネシー州立大で長くトレーナーを務めたウェイン・ベルは笑いながら振り返る。

１９８５年秋のある夜、2年生だったメイソンはキャンパスで行われた焚き火パーティーに仲間と一緒に参加した。女子学生も何人もいて、彼は注目の存在だ。そこでメイソンは、女子学生の一人に、その場にいたルームメイトのレスターと踊らないかと話しかけた。「話しているうちに、『俺のルームメイトに電話番号を教えてやってよ』という流れになってね。面白いもので、その女性と俺は結婚し、あれ以来28年間連れ添っているんだよ」。レスターにとって運命の夜をメイソンは演出したのだった。

メイソン自身もこのとき出会った女子学生と近しい関係になっている。同じテネシー州立大に通うモニカ・ブライアントにメイソンは一目惚れしたのだ。

この時点では単なる友だち同士だった二人だが、メイソンは彼女を遠征に向けて用意されたチームバスに連れて行き、さっそく仲間に紹介する。「彼はチームメイトの前で、私を『俺の彼女だ』と言ったんです」。そう振り返るブライアントは、最初はメイソンがふざけていると思ったそうだ。「うれしかったけど、出会ったばかりだったから」。

しかしメイソンは本気だったのだ。二人は毎日のように会うようになり、そうでなければ電話で長々話して愛を深めていく。レスターにとっては、ブライアントが毎日のようにやってくるので、ルームメイトが一人増えたようなものだった。

翌年の夏、母親と一緒に定期検診に出かけたブライアントは、妊娠していることを知る。「一番にアンソニーに電話したら、ものすごく喜んでくれました」とブライアントは話す。１９８７年1月、アンソニージュニアが誕生した。

ジュニアは生まれたが、当時まだ二十歳になったばかりのメイソンに父親としての自覚が急速に膨らんだとまでは言えないかもしれない。モニカはキャンパスから約3時間離れたメンフィスに戻って赤子の世話をしていたが、メイソンは3年生としてプレイする責任があったため、日常的に関わることができなかったからだ（その状況をわかっていたメイソンの母親は、ニューヨークから毎日モニカに電話を入れていた）。

ただ、新たに生まれた命がメイソンの意欲に火をつけたのは間違いない。それまでは遥かな夢でしかなかったプロ入りが必然に変わったのだ。今や彼は育むべき命を背負って生きている。バスケットボールで頂点を極めることで、それを続けていくことが可能となるのだ。

メイソンはうだるような残暑の中で行われたランニングメニューで、チームメイトを周回遅れにするほどの体力を手に入れる。夜中の2時にレスターやほかのチームメイトを起こして、今からピックアップゲームやシューティングにつきあってくれと頼むようにもなった。スカウトやディフェンダーが利き手を簡単に判断できないくらいになってやるんだと、飽きることなく右手のボールハンドリング向上に取り組んだのもこの時期だ。

大学での最初の2年間は力で押す印象ばかりが強かったメイソンだが、平均28得点を記録した最後のシーズンでは、それまでと異なるプレイぶりだった。その努力が実を結び、１９８８年のドラフトでメイソンはブレイザーズから53位で指名された。

その後3年かけ、六つのプロチームを渡り歩いたが、メイソンは最終的にニックスに続く道筋を見つける。ポートランド・トレイルブレイザーズでロスター入りを逃したメイソンは、海外に活路を求めた。しかし最初の拠点となったイスタンブールでは、まずは食事が口に合わないことからひと苦労だ。「異文化を悪く言いたくはないんだけど、トルコの人たちがすすっている風変わりな料理にときどき顔が引きつってしまったよ」というメイソンのコメントを、『New York Magazine』が紹介している。しかもコーチとの相性も悪く衝突が勃発。得点とリバウンドでリーグトップの数字を残しながら、結局メイソンはシーズン半ばにアメリカに戻ってしまう。

トルコに比べて世俗的なベネズエラは楽しめた。現地の美女たちとのやり取りが楽にできればもっとよかったのかもしれないが。

この海外体験で、メイソンは大切なバスケットボールの技能に磨きをかけている。トルコでは多少手荒なプレイはレフェリーも前提条件とみなしていたため、フィジカルなプレイをより積極的にやれたというのが一つ（メイソン自身がファウルを吹かれてもいないプレイで歯を2本折るという目にあっている）。ベネズエラではそれと対照的に、ほんの少し相手に触れただけでファウルを吹かれた。「だから足でディフェンスすることを学んだし、おかげで速く動けるようになった」とメイソンは話す。力強さとダンサーのように軽やかなフットワーク。この二つがその後の彼を特徴づける要素になっていくのだ。

しかしまだ旅路は終わりではない。ニュージャージー・ネッツ、デンバー・ナゲッツ、さらにはＣＢＡのタルサにＵＳＢＬ（United States Basketball League）のロングアイランド・サーフと経由地が続く。

しかし、サーフの一員として平均28得点、11リバウンドという支配的なアベレージを残した１９９０–91シーズンに転機が訪れる。GMのエド・クリンスキーがメイソンのサイズに見合わないボールハンドリング能力に感心し、ニックスのスカウトだったファジー・リーベインに見てほしいプレイヤーがいると推したのだ。6月の試合でメイソンが36得点の活躍を披露するのを見せられたリーベインは惚れ込み、メイソン獲得に動く。

ただ、あと一瞬起動が遅れていたら、その機会は失われていたかもしれない。メイソンは翌7月にはイスラエルのチームとの契約書にサインする段階を迎えていたのだ。実際には、メイソンが当時つきあっていたラティファ・ウィットロックという彼女を連れ立ってマンハッタンのイタリア料理屋に足を運び、そのクラブの重役二人の前でサインを済ませ祝福の握手を交わしたタイミングで、ニックスからメイソンの携帯電話に連絡が入るという経過だった。サマーリーグのロスターにメイソンを迎えることを検討しているという。いったん席を外して話を聞いたメイソンは、イスラエルのチームに、もし故郷のクラブであるニックスとの話がまとまるようならたった今サインした契約を解除してもらいたいと持ちかけた。

このときイスラエルの重役は、そうなったら彼らの契約はなかったことにしようと答えている。それだけではなく、もしその後ニューヨークがメイソンを放出するようなら、うちのクラブでメイソンの居場所を作るという寛大な対応だった。

しかしその寛大さに甘える状況にはならなかったのだ。パット・ライリーも、クリンスキーが感心したメイソンの特徴にすぐさま目を奪われたからだ。ロサンゼルスで行われたサマーリーグの試合を見に行ったライリーは、ディフェンスリバウンドをつかんでドリブルでコートを駆け抜け、セブンフッター（身長２１３㎝のプレイヤー）の頭越しにダンクをぶちかますメイソンの爆発力を目の当たりにした。

この5秒間のプレイだけでも、ライリーにはメイソンがニックスの力になることがわかった。これはショータイム・レイカーズのように創造性に富むプレイメイカーがいないニックスで、一人でも多く持っておきたい人材だ。

こうしてニックスのメイソンが誕生した。ある意味ニックスをニックスらしくする男がやってきたのだ。

チャールストンで最初の練習に参加したメイソンは、自分を軽く見てはいけないということをすぐに周囲にわからせた。もちろんゼイヴィア・マクダニエルも含めてだ。「彼のことがわかったな」。ライリーはそう言って、チームのベテランビッグマンたちにメイソンを仲間として受け入れるよう話した。態度がでかい若造だが、まあいい。

メイソンが相当な危険人物として扱われるようになったのは、ポジションごとのグループで1分間走を行ったときから、繰り返し五つの言葉を吐き続けたからだ。制限時間内に決められた回数コートを走って往復する体力作りの類で、できなければ翌日も同じ苦しみに耐えなければならないのだが、時間計測を担当したアシスタントの一人、ボブ・サルミが2、3秒遅れたメイソンにその事実を伝えると、メイソンは唸り声を上げてこう言い返した。「ファック・ユー・アイ・メイド・イット！（ふざけるな、間に合っただろ！）」。

メイソンはその後の練習でも、この五つの言葉「ファック・ユー・アイ・メイド・イット」を、サルミに近づくたびに呟いたという。7、8回は聞いただろうか。サルミはやめてくれとメイソンに言った。練習後ホテルに戻ってからは、メイソンが恨みから襲ってこないかとフロントデスクに部屋を変えてくれるよう依頼したほど恐れていた。

コート外では、徹夜したあとの強さがチームメイトを驚かせた。1991年と翌92年にニックスのキャンプに参加したギャリー・ウエイテスがある一夜の体験を話してくれた。

「一日2回の練習をパーチェスで終えたあと、車で彼のお母さんが住むクイーンズに寄ってから彼の仲間と会うんだ。皆ジンやら何やら飲んでいて、ルーキーの僕はどうしたらいいかわからないんだけど、クイーンズのストリートで身内として扱ってもらえてね。体格のいい男たちが僕にも酒を手渡してくれるんだ。でも僕は翌朝の練習が気になって飲む気になれなくて、どう言って断ろうかとうろたえてしまったよ」。このくらいなら許容範囲内だろうか。しかしそれでは終わらない。

「何とかその場をやり過ごして、よかった、これで帰れると思ったら、彼はそこから彼女を呼び出して、今から拾いに寄ってくれと言い出した。まあ、あとは彼女を連れてホテルに戻るんだろうなと思ったら違うんだ。シーフードレストランをやっている知り合いに電話して、今から行くから店を開けてくれと。結局高級シーフードを食べ終わったのが夜中の2時半か3時くらい、ホテルに戻ったのは4時頃さ。8時からの練習でコートに立ったときには、どうやって走ればいいかわからないほど疲れていたよ。でも彼は何ごともなかったかのようにコートを元気に走り回って、あらゆる練習で競争相手を負かしているんだ」。

コート上で誰にも負けないほどのがんばり屋だったメイソンは、コート外では誰にも負けないパーティー好きでもあった。18歳あたりから現役を退く36歳までのメイソンは、綱渡りの途中で前方宙返りしても落下しない曲芸師のような究極のバランスの中で生きている。なかでも女性関係はとんでもなく張りつめていた。

大学4年生のときチームメイトだったニコ・チャイルズの思い出話も面白い。

「学校が休みに入る直前のある夜、彼が『ちょっとつきあえよ』と声をかけてきた。こっちは翌朝8時からアメリカ史の試験だからと断ったんだけど、ちょっといい女がいて、ほんの少し会いたいだけ、すぐ帰るからと言うんだよ」。

チャイルズは了解したが、行き先はそこから南東に車で40分も離れたマーフリーズボロだった。チャイルズは笑いながら、「マーフリーズボロを出たのは明け方だよ。帰ってシャワーを浴びたらもう試験に間に合うぎりぎりの時間だったよ」と振り返る。「メイソンは女たらしだったね。あのときは単に狙っていた女の子のルームメイトに僕をあてがいたかっただけだったんだ」。

２０１５年に、幾多の選択肢からテネシー州立大進学を選んだ理由を尋ねられたメイソンは、「本当の理由が知りたいかい？　お嬢様の比率が8対1だったからさ。近くにあるフィスク大は13対1だ。南部のことはあまり知らずに行ったけど、皆が言っていたのが『毎回あの子は俺に気があるのかな』と思うくらい愛想がいいってことで、実際そうだった。選んだ理由は不真面目だったかもしれないね」。

ＮＢＡ入りしたあとも、メイソンの女遊びはその頃と変わらない。何しろこの世界では、ほとんどコート上と同じほど、相手の気をいかに引きつけるかの競争も激しいのだ。

メイソンと同じ頃、ニックスで1シーズンだけＮＢＡの世界に身を置いたセンターのパトリック・エディーは、よく彼とお互いをからかいあったという。「俺はあいつを不細工だと、ハーマン・ミュンスター（アメリカのテレビ番組に登場するモンスター、フランケンシュタイン家の家長）みたいなりで俺よりもてるわけがないと言っていたんだよ」。

彼にとってメイソンは、チームでも一番の親友。からかい方が直球なら、メイソンの反応も直球だ。「俺にそう言われるのが悔しくて、あいつは毎晩のように美女を〝お持ち帰り〟していたよ。俺とあいつとグレッグ・アンソニーはホワイトプレインズの同じペントハウス（マンションなどの最上階の住居）に住んでいたんだけど、メイスはわざわざ夜中の2時に俺の部屋をノックして、女連れでおやすみと言いに来るんだ。どうだと言わんばかりにね。2万人の女と寝たってのはウィルト（チェンバレン）だったっけ？　メイスがそれと同じ人数と寝たと言ったら、俺は信じるね。俺はその証人みたいなものさ」。

チームメイトたちはメイソンが持っていた「シート」を目にしている。そこには何人もの女性の名前と連絡先が書かれており、アコーディオンのように折りたたまれているのだ。「それを広げて俺たちに見せるわけさ。優に100人以上の名前が書かれているんだ。優にだよ」。ウエイテスの証言だ。

メイソンは武勇伝を仲間に隠す質ではなかった。近しい仲間の何人かには、ニックスのチームメイト二人の妻とも寝たと語っている。仲間が口説いていた女性を奪ってしまうこともたびたびあったという。

メイソンの仲間の数人は、スカイテルのペイジャー（ワイヤレスの通信端末）を15機から20機買い与えられていた。理由は二つあり、一つは仲間同士で夜な夜な計画をたてるため、もう一つはそれぞれが何人の女性の電話番号を集められたかを知るためだ。しかし実は、メイソンには皆に知らせていない三つめの理由があった。それぞれのPINコードから女性の電話番号をかすめ取り、仲間に自分から悪趣味なからかいメッセージを送るのだ。

幼馴染のアンソニー・ケラーはその手にかかった一人だ。「誰かからボイスメールが来てると連絡がきたので聞いてみたらメイソンのやつだったんだ。裏声でゲイみたいに話して、『今はボーイフレンドと一緒で話せないからメッセージを残す』とか何とか、5分くらいも話していやがった」。

女の尻を追いかけ回すにもバスケットボールをやるにも、メイソンは勝たなければ気が済まない。バスケットボールから引退して間もない頃、ちょうど中学校の卒業式を終えたばかりだった次男のアントニーから11点先取の1対1を挑まれたときのエピソードは、そんなメイソンの性格をよく表している。

高さでは父に敵わないアントニーは、アウトサイドからジャンプショットを立て続けに決めて5–0のリードを奪う。しかしメイソンも気を引き締め直して反撃し、終盤には10−9と逆に1点リード。いい勝負だ。アントニーがクロスオーバードリブルで父親の横をすり抜け、同点レイアップを狙う。その瞬間だった。身長で7インチ（約18㎝）、体重で80ポンド（約36㎏）も大きな父親が容赦なく飛びかかり、物干し竿のような腕を振り回して我が子の喉もとにラリアットを食らわせたのだ。「僕が地面に転がって喉を抑えて咳き込んでいるのを気にもしないで、父はボールを拾って最後の1本を決めた。『終わりだ』と一言残して家の中に引き揚げていったよ」とアントニーは、そのときのことを語る。そしてこのとき彼の卒業を祝おうと集まっていた家族一同は、恐るべき光景に驚きその場を見守るしかなかったという。

メイソンには、誰かに遠慮して勝ちを譲るような考えが頭に浮かぶことはないのだ。バーで起こした数えきれないほどの喧嘩も、多くは自分に向けられた批判的な言葉に煽られて引かなかったことで起きている。「メイソンは何かを言われたら必ず言い返す。座ったまま、まあいいやで済まさないんだ」。幼馴染のケリーはそう話す。

ニックスのチームメイトだったヒューバート・デイビスは、ルーキーシーズンにメイソンから夜の街に繰り出そうと強引に誘われ、恐ろしい経験をしている。道徳心が強く穏やかな性格のデイビスは2、3軒のバーにつきあったが、帰る前にもう一軒だけ開いている店を知っているから行こうと言われてついていったのが間違いだった。メイソンはそこでニックスの悪口を言った男ともめ事を起こしてしまうのだ。

「表に出ようや。けりをつけようぜ！」とメイソンは叫び、男と一緒に路地に向かう。デイビスにも、一緒についてきて何かあったら味方しろと伝えた。

その後デイビスが目撃したのは、出入り口で喧嘩の相手を先に外に行かせたメイソンが、その男にいきなり強烈なパンチを浴びせるシーンだった。とんでもない光景に顎が外れそうなほど大きく口を開け驚くデイビスに、メイソンは「いくぞ、ぼさっとしてないで走れ！」と呼びかけた。

二人は別々の方向に逃げ去ったが、血相を変えて歩道を走るデイビスを数分後にメイソンが車で拾い、合流した。

メイソンは喧嘩でどれだけ警察の世話になったかわからない。ニューヨーク中の応急手当キットが足りなくなったのではなかろうか。

１９９６年から２０００年までだけで、身体に危害を加えて逮捕や訴訟にいたったことが5回もある。金銭強盗の疑いをかけられたこともあるが、最終的にそれは却下された。

１９９７年には、タイムズスクエアの近くでメイソンに手錠をかけようとして肩を痛めたという警官から訴訟を持ちかけられそうになったことがある。しかし実際に訴える前に、その警官がメイソンの弁護士の一人に10万ドル（当時のレートで約１２４０万円）払えば訴えを取り下げると伝えたことで、ゆすりの容疑をかけられ難を逃れている。

メイソンの心に重くのしかかるような出来事もいくつかある。２０００年に息子のアントニーが小学校で喧嘩して登校禁止の処分を食らったときがその一つだ。アントニーによれば喧嘩の原因は、相手から「父さん（メイソン）が悪い手本を見せている」と逮捕された父親を蔑むような言葉をかけられたからだった。

１９９８年2月の出来事はメイソンの事件簿の中でも最も重いものだ。メイソンはニューヨークでＮＢＡオールスターが開催されたのと同じ週に、クイーンズでの法定強姦の容疑をかけられたのだった。彼はいとこのウイリアム・ダギングスとともにマンハッタンで行われたチャリティーバスケットボールゲームに足を運び、ある姉妹と出会った。二人は姉妹をリムジンに乗せてその場を離れ、クイーンズで性的な関係を持ったとされている。当時この姉妹は14歳と15歳だった。

ウイリアム・ダギングスは、法定強姦と児童福祉を危機にさらす行為で有罪となり、5年間刑務所に収監されている。対照的にメイソンは、2件の強姦という重罪の容疑が解かれた。5時間の取調べとDNA鑑定で犯行が証明されなかったのだ。彼は児童福祉を危機にさらした軽犯罪法違反で200時間の社会奉仕を命じられた。

メイソンのエージェント、ドン・クロンソンはクイーンズで捕まったメイソンを救い出したが、この一件でデイヴィッド・スターンNBAコミッショナーから怒りを買った。「最初の容疑があまりに衝撃的だったので、どこも大きく扱った。オールスターゲームがタブロイド紙の一面から裏面に追いやられたものだから、スターンは私に電話してきて金切り声を上げていたよ」。

DNA鑑定で無罪が証明されても意味はなかったとクロンソンは振り返る。「2、3か月過ぎてから彼が無罪だったと言われても、もう思い切りダメージを受けてしまったあとだ。ほかにもっと大きな関心事が出てきている中、記事にする価値は低くなっていた」。

クロンソンはデイブ・チェケッツ、アーニー・グランフェルドとともに、午前3時に電話が鳴る恐怖の生活のことをよく話したという。

チェケッツは1993年にそんな電話を受けたことがある。鳴ったとたんに重要性がわかる電話だ。時間もそうだが、鳴ったのは緊急時にしか使わないはずの私用の電話。この二つがそろったら応じないわけにはいかない。

かけてきたのはガーデンの警備責任者、ボブ・ラッソーだ。元ニューヨーク市警で、その当時でも市警に目や耳を持っていたラッソーは、メイソンが街でトラブルを起こしたらしいとの話を聞いて連絡してきたのだ。どうやら酔っ払って、ホワイトキャッスル（アメリカのファストフードチェーン）でサンドウィッチを食わせろと従業員に悪態をついているらしい。そこでメイソンが警察にしょっ引かれてメディアに嗅ぎつけられる前に、その場から連れ出そうとしている、と報告してきたのだった。

このときは破滅から救う助けの手が差し延べられたが、そんなときばかりではない。ニュージャージーのペパーミントラウンジで仲間とシャンパンの特大ボトルを空にして楽しんだときはただでは済まなかった。

メイソンが駐車場に停めた白いメルセデス・ベンツ560の方向へよろめきながら近づいていく。シャンパンだけでなく、大量のテキーラを飲み干していた。一緒にいた幼馴染のケリーは、自分が運転してもいいよと申し出た。

「いやいや、任せとけって」。メイソンはこう答え、運転席にどすんと体を落とし込む。ケリーがメイソンの真後ろに座り、ほかにも3人の仲間が乗り込むと、メイソンはアクセルを底まで踏み込み急発進した。ニューヨークに向かう高速道路に乗る頃には、スピードが時速100マイル（時速約161km）を超え、やがて時速110マイル（時速約177km）に達しようとしているのを見て一同は恐怖に包まれていた。ケリーはたまらず「スピードを落とせよ！　出し過ぎだぜ！」と声を出したが、メイソンは「うるさい、黙ってろ！」と唸り声を返すばかりだ。

そしてついに、事は起きてしまう。メイソンの車は追い抜こうとした白いバンを引っかけ、弾みでまずは道路左側のガードレールに突っ込み、今度は逆側までスピンしてしまったのだ。メイソンの車は、ケリーいわく「まるでアルファベットのZみたいに」変形して大破し、その破片がそこらじゅうに散らばっていた。

深刻な傷を負った者がいなかったのは不幸中の幸いだ（メイソンが引っかけた車は止まることなく走り去った）。最もひどいケガをしたのはメイソンだったが、エアバッグの直撃を受け顔が血だらけになっただけだった。

大変な事故だったが、後ろから2台の車でついて来ていた別の仲間がメイソンを法的なトラブルから救おうとその場から連れて帰ったため、その意味でも事なきを得た。警察が到着したときにメイソンの名前が表に出ることはなく、メディアにもすっぱ抜かれずに済んだのだ。罪は幼馴染のアンソニー・ケリーの弟、コーリーが被った。コーリーが受け取った危険運転の切符と1000フィート（約305m）におよぶスリップの痕跡が、表面上はこの事故のすべてとなっている。

総じてメイソンは謎めいた存在だ。ライリーにとっては「アンソニーは鋭い尖った鈍器」だと言う。結局ライリーは、1994年のプレイオフロスターの登録締切直前に、メイソンを加える決断をした。「あらゆるところに矛盾を抱えている。メイソンはほかにはない器用さを持っている。でも、もしかしたら器用すぎるのかもしれないよ」。

メイソンは怒りっぽい性格だが、経理事務員をして一人で自分を育てた母メアリーを大切にする深い優しさも持っている。幼少期から母の手伝いなら何でも喜んでやろうとしたという。テネシー州立大時代にコーチ陣がメイソンの立場を守ろうと言及した身体的虐待の経験とは、その頃母に暴力を振るった男に立ち向かったことに端を発している。若き日のアンソニーは、母とその男の間に入り、母の代わりに痛みを体で受け止めたのだ。

自力で生きる力を身につけてからは、母の世話に力を注いだ。トルコに行ったときにも一緒にいられるように環境を整え、NBA入りしたあとは自分と同じメルセデス・ベンツ560を母にも用意した。毎週母の家を訪ねては廊下の化粧台に数千ドルを置いていく。母の優しさと支援への恩は返しきれないが、できる限り返したい。そんなふうに思っていた。

子どもたちへの愛情の深さも同じだ。試合に出て最優秀プレイヤーに選ばれたあとのヒーローインタビューはいつも、遅くまで起きて試合を見ているだろう我が子への「もう寝る時間だぞ！」という言葉で締めくくられるのだった。

子どもたちが大きくなると、自分自身は寝たくないメイソンは、今度は何とか一緒に夜更かししようとけしかけた。アントニーには、まだ見たことがなかった映画「ゴッドファーザー」シリーズの映画を見せてやると言って父親がそばに寝そべってきた思い出があるという。3部作を9時間かけて一緒に見ようというのだが、見始める時点ですでに夜9時だ。『ゴッドファーザーＰＡＲＴⅢ』の半ばでうとうとし始めてしまった。「おや、眠くなったんだな？　しかたがない、それじゃ寝るとしようか」。メイソンがそう言って息子を解放したのが朝の5時。しかしそのわずか1時間後に目覚ましが鳴り、息子はたたき起こされた。「起きろ。オフシーズンのワークアウトの時間だ」とメイソンが呼びかける。アントニーは寝ぼけ眼でさっき寝たばかりだよと返して寝直そうとするが、メイソンは気にもかけずこう言った。「だったらあんな夜更かしをして映画を見なけりゃいいじゃないか。起きろ！　ワークアウトにいくぞ」。

メイソンはこんな、矛盾が歩いているようなおかしさに満ちた男だった。プレイヤーやコーチに怖がられるようないかつさに似合わず、フリースローの練習中に入れ歯を吐き出して爆笑を誘ったこともある。話題の中心になりたくて髪型をビシッと決めて試合前にカメラクルーの前に出てきたと思ったら、スカンクのようなとんでもない臭いの屁をこいて、その場は大騒ぎだ。

オフコートの問題があまりにも道に外れていると感じた人々からは距離を置かれたが、かわいげのある性格だったのも間違いない。１９９3‐94シーズンの半ばにアトランタに向かって移動する途中、ニックスの一団がストリップクラブで馴染みの記者数人と鉢合わせたことがある。面々はばつが悪くなり出口にまっしぐらとなったが、エリック・アンダーソンとアンソニー・メイソンだけは動かなかった。それどころかメイソンは、記者たちに酒を一杯振る舞いひとしきり世間話をしてから、アンダーソンとともにその場を立ち去ったという。

ニックスのチームつき聖職者を33年間務めたジョン・ラブ牧師には、「あなたは彼がどれだけとんでもない人間か知らないんでしょう。礼拝堂に立ち入りを許すべき人間じゃないと思うに違いないよ」と意見をする者もいたらしい。これに牧師は「でも私は、そんな人だとしたら逆に、ぜひ礼拝堂に来てほしい」といい返したという。

実際、ニックス時代のメイソンは定期的に礼拝堂を訪れ、信仰心を明確に表している。祈りに始まり祈りに終わる日も多く、常に電子書籍の聖書を持ち歩いていたという。ときには突然、人にクリスチャンかどうか尋ね、同じ信仰心の持ち主かどうかを確かめることもあった。

そして何より、メイソンは地域の子どもたちに関わることに積極的だった。

毎シーズンの始まりは、チームの地域支援担当マネジャーのエド・オリーバにとって、地域にどんな課題があると思うかをプレイヤーに尋ねる時期だ。中核メンバーでは唯一生粋のニューヨーカーであるメイソンの場合、その答えは毎回学校のあり方だったという。体育館でバスケットボール教室をするにせよ、教室で「学校で過ごそう」という呼びかけをするにせよ、メイソンは学校のあり方をよくすることに価値を見出し、積極的に取り組んでいたのだ。

「参加を打診すると、だいたいのプレイヤーは考えさせてとか、あとで返事をするからと答えるんだけど、メイソンはいつでも即答で参加なんだ」。

オリーバは、メイソンが教室の隅に一人座っている子のそばに行っては、皆の会話の仲間に入れようとしていたことも覚えている。

子どもたちを対象とした夏のバスケットボールキャンプもメイソンが誇りとしていたことの一つで、参加者の練習を支援するために夜を徹して取り組んだこともあるほどだ。コーチ役はメイソン自身の高校時代のコーチで父親代わりと言えるケン・フィドラー。最優秀プレイヤーにはトロフィーが用意され、さらにメイソンからの特別なボーナスとして、例えば３００人参加のキャンプなら、フリースローと3ポイントショット大会の優勝者に３００ドルの賞金も出されていた。

誰の目にも明らかな子どもたちへの優しさは、メイソンが父親なしで育ったことに由来していたのだろう。バーでからかわれたりベンチに下げられること以外でメイソンが頭にきたことといえば、サインを求めてくる子どもたちを避けるスターたちの態度だった。

メイソンは試合の前後に、ときには10分から15分も時間をとって子どもたちが持ち寄るボールやシューズ、ジャージにサインした。そうしたくてやっているのだ。しかし例えばパトリック・ユーイングは、誰かにサインしたら皆にしなければならないからという理由から、そうした機会にサインをしない考えを持っていた（引退後メイソンは、ユーイングのサイン無視の姿勢を批判していたと知人は話している）。

１９９5年の3月に出場停止を食らったメイソンの気持ちをやわらげたのも、ある少年との交流だ。メイソンはこのとき、マウントサイナイ病院で白血病と闘っているジョーイ・ハレルという12歳の少年がメイソンとニックスの大ファンだということを知り、見舞いに向かった。治療で眠りに落ちていたハレルが目を覚ましたとき、ベッドの横で帽子や写真にサインを書いているメイソンの姿があった。メイソンがその場で過ごした約30分間、ハレルの笑顔が部屋を明るくしたのは言うまでもない。

病院関係者は、万が一にもメイソンが来られなくなったら闘病中のハレルがいっそう辛い思いをすると思い、メイソンがやってくることを事前に伝えずにいたという。しかしメイソンは自分のサイズのシューズを持参して、ハレルが生きる喜びを感じられるひとときを届けにやってきた。

ハレルは残念なことに、その翌日に短い人生を終えなければならなかった。

「その前に最高にうれしいひとときを過ごさせてもらえました」とジョーイの叔母グロリアは話す。「前からメイソンさんの大ファンでしたが、もっと好きになりました。ジョーイはいつもメイソンさんの髪型の話をして、本当に大好きだったんですよ」。

メイソンはそのシーズンが終わるまで、ハレルの名をシューズに書き込んでプレイした。

クロンソンはこの出来事について、出場停止処分中だったことを思えば広報的な意味合いから都合がよかったのかもしれないとも話している。しかしメイソンの訪問は間違いなく、命を終えようとしていた少年の最期を幸せなひとときで飾ったのだ。

まさしくアンソニー・メイソンらしいと言えばそうだろう。よかったのか、悪かったのか。自分の都合か、心温まる行為か。どう見るかはあなた次第だ。

ニックスが強豪として認識されるようになり1991年、92年、93年と立て続けに50勝以上のシーズンを続けると、ニューヨーカーの間での人気もそれまでとは異なるレベルに達し、チケットもよく売れるようになった。

「(ガーデンで行われる) コンサートやサーカスなどどんなイベントが組み合わさっていても客は疑問を持たず買おうとしていました。もちろんニックスの試合目当てで。私たちの原動力でしたね」とマーケティング部長だったパム・ハリスはそう話す。

ライリーの時代には営業が非常に活性化され、チケットが売り切れるのも当たり前だったので、クラブはシーズンチケットのキャンセル待ちリストを作らなければならなかった。その数は最大でなんと1万5000人に達していたという。NBAで最も高額なチケットだったことを思えば、驚くべき数字だ。

1994年には、ジョン・F・ケネディ・ジュニアがシーズンチケットを二人分ほしいといってきたことがある。女優のダリル・ハナーと離婚したために、元妻が持っていたチケットを使えなくなったのだ。そのリクエストは名が伏せられ、どこからの依頼かがわからない状態ながら、フロントオフィスのスタッフから優先順位の高い顧客として扱われ、デイブ・チェケッツもケネディをVIP扱いのシーズンチケットホルダーにすることを了承していた。ところがシーズンチケット管理担当部門と連係するジョエル・フィッシャーに情報が誤って伝わったため、ケネディ・ジュニアは3階の安い席に回されてしまう。

チェケッツの上級アシスタントだったマギー・マキーヴォイは、フィッシャーとのやり取りを覚えている。「彼にちゃんと依頼した通りにやってくれたか、どの座席になったかを確認したら、3階席にしたというからびっくりでしたよ。からかっているのかと思いました」。これは一大事だ。「デイブはお詫びの電話を入れて、もっとよい席に移すと約束したんですが、面白いことに、最初の3階席に文句はない、ここでいいよと言って、まったくもめなかったんですよ。身近な人でもなかなかチケットが手に入らないということが、理解されていたんですね」。

ファンや著名人で場内が埋まるという事実は、その年のニックスのプレイオフ初戦で思わぬ結果をもたらしている。近隣のフランチャイズ、ニュージャージー・ネッツを相手にガーデンで戦ったこの試合は激しい肉弾戦となり、チャールズ・オークリーが彼らしく相手の流血を誘う流れとなった。

「どんな感じだったかって？　まるで銃を突きつけてじろじろ見られているようで、近づかないほうがよさそうだったね」。当時ネッツを2年間コーチしたバッチ・ビアードは言う。

第3クオーターの終わりが近づいた頃、オークリーはリバウンドに飛びついた拍子にネッツのスタープレイヤー、デリック・コールマンの唇にエルボーを食らわせてしまった。コールマンは出血し、コートを離れて傷口を縫わなければならない状態だ。

ところがコートサイドにネッツのチームドクター、ジョン・ソンゾーニがいない。ニックスは対戦相手の関係者を上階の混み合った区域にまとめて座らせるのが常だった上、ネッツもコートサイドの席を要求していなかったため、ソンゾーニも上階で見ていたのだ。ソンゾーニは警備員に事情を説明しながらコートサイドにたどり着くのに数分かかってしまった。

この流血事件はニューヨークに幸運を呼び込んだ。ゲームハイとなる27得点を記録するコールマンの支配的な活躍で、ネッツはわずかなリードを築いていたが、ソンゾーニが6分かけて5針縫う処置をしたあとは、ニックスが10連続得点で突き放し、勝負をつけてしまったのだ。

第1戦の最終スコアは91-80。勢いを得たニックスは、レギュラーシーズンに四度黒星を喫したネッツとのポストシーズン1回戦のシリーズを3勝1敗で勝ち上がることができた。ネッツのホーム、ブレンダン・バーン・アリーナで第4戦の勝利を動かぬものにしようという最後の数分間、場内は「次はブルズだ！」という雷のような大合唱が沸き起こった。ライバルのシカゴ・ブルズはキャブズに4連勝で勝ち上がってきているのだ。

マイケル・ジョーダンがいなくなったからといって、ブルズがすぐさま弱体化したわけではない。彼らはレギュラーシーズンに55勝を挙げてプレイオフに進んでいる。

ニューヨークは前年と同じようにホームでの第1戦、第2戦に勝利したが、第3戦では前半残り3分時点で二桁点差を追う状況に置かれていた。

デレク・ハーパーも、ブルズの控えガード、ジョジョ・イングリッシュの必要以上にべったりひっつくようなディフェンスに苛つかされている。ゴールから10mも離れたところでボールを持っていない状態でも、イングリッシュはまとわりついて離れないのだ。ハーパーがトップの位置で、怒ったようにイングリッシュの手を強く振り払うと、それをきっかけにボクシングのような殴り合いが勃発してしまう。

ほぼ同時にパトリック・ユーイングがゴールに突進してファウルをもらったのだが、そのホイッスルが戦闘開始の合図だったかのように、ハーパーは先制パンチをイングリッシュにお見舞いしたのだ。受けて立ったイングリッシュは、ハーパーをセンターラインの方に力いっぱい押し返す。ハーパーは右に避けながら、拳と腕に力を込めて受け止め、コート中央のサイドライン際でスープレックスをかけ、ファンのすぐ目の前でイングリッシュを投げ飛ばした。二人がやり合っている間にライリー、チャールズ・オークリー、ジョン・スタークスもベンチから飛び出し、ブルズ側ではスコッティ・ピペン、ホーレス・グラント、さらにはフィル・ジャクソンも参戦。プレイヤーやアシスタントだけでなく黄色い制服の警備員も含めた大乱闘となってしまった。

現場から間近の3列目には、デイヴィッド・スターンNBAコミッショナー夫妻が苦々しい表情で状況を見つめている。注目度の高い人気チーム同士のプレイオフという舞台が、これではまるでレスリングマッチだ。15か月前にフェニックスで、グレッグ・アンソニーのパンチを発端に起こった乱闘以降、こんなことが二度とないようにと注力してきたのに、何たることか。

今回スターンにとっては、スタークスを含むニックスのメンバー数人が、ブルズのマイノリティーオーナーの成人した娘たちを含む富裕層の観客と口論を起こしたことも気に入らない（第4戦ではコートサイドのファン数人がジョークでフットボール用ヘルメットを被って来場した）。どれもスターンにとって、オフシーズンに乱闘関係の規則をさらに厳格化させる理由になる。

ハーパーが起こした乱闘騒ぎのあと、ニックスは一時22点差のビハインドを背負ったが、試合終了間際に102−102の同点に追いつく。残り1・8秒。ニックスとしては延長に持ち込みたい場面で、ブルズのHC、ジャクソンがタイムアウトを要求し、そうはさせじと最後のオフェンスの指示を出す。

このときシカゴのベンチで異変が起こった。ジャクソンがクロアチアからやってきたルーキーのトニー・クーコッチを使うプレイを指示すると、その年オールスターに選出されたピペンが、自身に最終局面が託されなかったことにへそを曲げコートに戻ることを拒否したのだ。それでも結果的には、クーコッチが懸命に腕を伸ばしてくるアンソニー・メイソンの頭越しにブザービーターとなる20フィート（約6・1m）のジャンプショットを沈める。かたくななピペンの態度で黒星を喫するところを回避したブルズが勝ち、シリーズはニックスの2勝1敗に変わった。

ハーパーが出場停止となった第4戦もブルズが取り返す。ブルズは、ハーパーの代わりに出場機会を得たシュート率の低いグレッグ・アンソニーにあえて打たせるよう仕向け、まんまとその手にかかったアンソニーは13本のアテンプトで2本しか決められなかったのだ。

これは明らかに、2‐0のリードを取り返されて最終的に敗れた前年と同じ流れだ。ライリーとすれば、シカゴの三連覇につながったあのシリーズと比べたくもないが、第5戦では、ジョーダンがいないにもかかわらず同じ結果を想像せざるを得ないような展開が待っていた。1993年と同じように、フリースローが25本中15本しか入らない。しかも、BJ・アームストロングが決定的なレイアップを決めて終わった1年前を思い出させるかのように、残り44秒でアームストロングが15フィート（約4・6m）のジャンプショットを決め、ブルズに86‐85のリードをもたらしていたのだ。

ガーデンはデジャブを感じていた。しかし本当に再び勝利を逃してしまうのだろうか。

そこから一度攻めあぐね、一度守りきり、ライリーはタイムアウトを要求。スタークスとユーイングで得点を狙うオフェンスの指示を出す。その間にグレッグ・アンソニーはヒューバート・デイビスに「ヒューバート、打てる状況ならお前が打て」と伝えた。ブルズはユーイングに二人がかりになるので、2年目のデービスがオープンになる可能性があると読んだのだ。

この読みは見事に的中。残り6秒、ニックスのワン・ツー・パンチであるスタークスとユーイングのスクリーンプレイに、シカゴのディフェンダー4人が潰しにかかる。ブルズはコート上の5人全員がスタークスのドライブを止めようとフリースローラインよりゴールよりのスペースに密集していた。トップの位置に素早く移動したデービスは完全にフリーだ。

スタークスはすかさずキックアウト。ピペンがスタークスの視線を読み、ペイントの中央からデービスに迫る。残り3秒、デービスはシュート体勢だ。「スコッティはものすごい速さで向かってきたよ」。デービスはその瞬間を振り返る。

しかしピペンのクローズアウトは一瞬遅かった。2万人近い大観衆が立ち上がり、魔法にかかったかのように見つめる中、運命を乗せたボールが弧を描いて飛んでいく。

このアテンプトがわずかに長く、右にずれてリムに弾かれた瞬間、誰もが万事休すと思っただろう。しかしレフェリーのヒュー・ホリンズが、ピペンがデービスの腕に接触したとしてファウルを宣告するのだ。ほっとした空気がガーデンを満たす。

世界でもトップクラスのディフェンダーと自負するピペンは、最初は笛が鳴った理由がまったくわからなかった。ピペンとしては、「何だよ、誰かファウルしたのか？　みたいな感じだった」という。しかしそれが自分のファウルというジャッジだとわかると、スコア記入係のテーブルで座り込んでしまった。最後はデービスがフリースローを2本成功させ、ニックスを87–86の逆転勝利と3–2のシリーズリードに導いている。

ホリンズはその後もあの判定が正しかったと主張を曲げていない。しかし、あのシーズンの審判長で彼と一緒にあの試合のレフェリーを務めたダレル・ギャレットソンは、数か月後になってあのコールはまずかったとみなしている。

ジャクソンは何十年経っても、「あの判定は誤りだった。しかもシリーズの流れを左右する大誤審だよ」と話している。「あの年はマイケルが去ったことで皆考え過ぎていたので、私もニックスの方がうちよりもいいチームだったとは思うけどね」。

たしかに「流れを左右した」というジャクソンの言葉は正しかったかもしれない。ブルズはこの試合を落としたあと、シカゴでの第6戦を取り返して3-3のタイに持ち込んだものの、第7戦ではホームのニックスがブルズに雪辱を果たす。シリーズを制したニックスは、ついにイースタン・カンファレンス・ファイナルに駒を進めるのだ。

しかし、次のラウンドがあれほどまでに厳しい戦いになるとは、この時点では誰も想像していなかった。

そのシーズン中、インディアナ・ペイサーズのHCを務めるラリー・ブラウンは、チームの変貌を感じていた。

ブラウン体制になるまでのペイサーズは、アップテンポな走るバスケットボールを指向するチームで、泥臭くフィジカルな相手を苦手としていたが、ブラウンを迎えてからというもの、明らかにタフなチーム作りに方向転換している。GMのドニー・ウォルシュは、器用に何でもこなし人気も高かったフォワードのデトレフ・シュレンプを手放し、ディフェンスでがんばれるデリック・マッキーを獲得。ドラフトでも、ペイントで相手を苦しめられるアントニオ・デイビスを指名した。

それが徐々に実を結び始めているのだ。「うちの連中は私が来た初日からがんばっていますが、まだつかんだりたたいたりファウルをうまく使う戦い方をわかっていません」。ブラウンは3月にニックスに敗れたあと、そう話していた。「不満だと言っているんじゃないんですよ。ただ、ニックスはそれで勝っていますよね。それを得意としています」。

ブラウンは展望を持って取り組み、ペイサーズは新たなスタイルでどう戦えばよいかを学んでいる。ウォルシュがニックスを参考に形作ったスタイルだ。この戦い方でペイサーズはレギュラーシーズンを8連勝で締めくくり、プレイオフ1回戦でシャキール・オニールとペニー・ハーダウェイを擁したオーランド・マジックを4タテにし、次のラウンドではレギュラーシーズン57勝のアトランタ・ホークスを6試合で下していた。この年まで18年間、プレイオフに残ったことはあってもシリーズを勝ったことが一度もなかったチームが、今やファイナルまであと4勝に迫っている。これは特筆に値する快進撃だ。

ニックスはホームコート・アドバンテージを持っており、レギュラーシーズン中の四度の対戦にもすべて勝っていた。そして、軽く見ることなく臨んだ結果、第1戦と第2戦で勝利をつかむ。ユーイングは「相手は俺たちと似ている。ディフェンスが厳しくリバウンドやぶつかり合い、体当たりに強い。俺たちを真似ている」と警戒を解いていない。「ただしこっちが一枚上だよ。あいつらはものまねさ。本物はうちだぜ」。

第3戦、インディアナは射返してくる。ユーイングはこの試合で、10本のショットすべてを外しわずか1得点という、キャリア全体でも最低のパフォーマンスに終わっている。何しろ、得点よりもエアボールの数（2本）の方が多かったくらいだ。ニックスは88-68で敗れたがこの68得点は、ショットクロック導入後のプレイオフにおける最少得点記録を塗り替えるものだった。試合後ロッカールームに戻る際、ユーイングが感情を爆発させて叫び声を上げた気持ちもよくわかる。

次の第4戦では、ユーイング個人としては25得点と13リバウンドでやり返したが、チーム全体としてはまたしても非力な出来に終わった。ターンオーバーの数は26。第4クオーターの最後の2分間だけでも四つも犯している。守ってはその第4クオーターだけでレジー・ミラーに13得点を奪われたニックスは、83-77でこの試合に敗れてシリーズを2-2のタイに持ち込まれてしまった。

そしてガーデンでの第5戦になだれ込む。ニックスは大差で吹き飛ばしてやろうとやる気満々だ。開始早々15-2と一方的に攻め、第1クオーターは12点差のリードで終える。ニックスの進撃は止まらず、第2クオーターには最大16点差、第3クオーターにも一時14点差をつけ、第4クオーターも12点差のリードを保っていた。ペイサーズは最初の15本のフリースローのうち12本を外したのが響いている。ミラーも第3クオーター終了時点までフィールドゴール16本中成功が6本のみ。決して調子がよいと言えるレベルではない。

誰であれ、ガーデンにいたファンの中で、この展開をスパイク・リーほど楽しんで見ていた人はいなかったのではなかろうか。


リーにとって、1985年5月12日は強く記憶に焼きつけられた日だ。当時28歳だったリーはこの日、夕方以降はただ一つのことにだけ関心を向けていた。史上初めて行われるNBAのドラフトロッタリー（指名順を決めるくじ引き）の日であり、いくら愛情を注いでもうだつの上がらないニッカーボッカーズ（ニックスの正式名称）が翌月のドラフトでどんな指名順になるかを見届けなければならない。

ニックス最優先というのはリーにとっていつものことにすぎない。子どもの頃から死ぬほど好きなチームなのだ。13歳のときには、家族そろって父親のジャズコンサートに行く日が1970年のNBAファイナル第7戦に重なってしまい、父の演奏ではなくガーデン行きを選んだことがある。ドラフトロッタリーはNBAファイナルほどの重みはないと思うかもしれないが、この年はある意味そのくらい大切だと言えた。いの一番を引き当てたチームは、1960年代のルー・アルシンダー（現在は改名してカリーム・アブドゥル＝ジャバー）以来、カレッジバスケットボールで最も多くを成し遂げたとさえ言われる逸材、ジョージタウン大のユーイングを指名できる権利を手にするからだ。

リーはガールフレンドで女優のシェリル・バーのアパートでその様子を見ていた。ニックスの指名順が上位に絞られていく。それにつれてリーの気持ちも高ぶるばかりだ。バーが急ぎの話があるからと声をかけても「ちょっと待てよ」と取り合わない。

残るはいよいよ最上位の二つの指名権のみ。可能性があるのはニックスとペイサーズだけになっていた。スターンが2位指名権がペイサーズに決まったことを告げる。その瞬間、ニックスが1位指名権を得ることが決まったのだ。リーは両腕を掲げて小躍りし、勝利の雄叫びを上げた。それとほぼ同時に、まったく自分に注意を向けないリーに飽き飽きしたバーが、胸に留めていた思いを吐き出した。「スパイク、もうあんたとはおしまいだよ」。

興奮して自分の家に帰ったリーは、起こったことの意味を考えていた。「俺がまずかったと唇を噛んだよ。電話を手に取って、誇りをかなぐりすてて番号を押した。思いの丈を伝えなきゃね」。

リーが思いの丈を伝えた相手はバーではない。電話したのはニックスのチケット窓口だ。ユーイングがロスターに加わるのだから、シーズンチケットはどうしたら買えるかを知っておかねばならない。電話口の案内係から翌朝8時にマディソン・スクエア・ガーデンの券売所で発売開始と聞いたリーは、その時刻を待つまでもなく朝5時にはアリーナに到着していた。手に入れたのはセクション304の座席だ。以来現在まで、リーはシーズンチケットホルダーであり続けている。

1994年までには何人ものプレイヤーと親密な間柄になっていた。試合中に時計が止まれば彼らとじゃれ合い、あるときはアップタウンの「シャークバー」という人気ソウルフードスポットに招待して蜂蜜風味のフライドチキンを振る舞った。ときにはその場で、リーの作品に出演したデンゼル・ワシントンやハル・ベリーのようなスターがプレイヤーと交流することもあったし、リーはそれにより映画製作の経済的支援を得ることも期待していた。

そうした密な関係性を築いたプレイヤーの一人がマイケル・ジョーダンだ。彼は『マルコムX（1992年公開の映画）』の製作赤字500万ドル（封切り当時のレートで約6・2億円）を補填した超大物黒人セレブリティーの一人に名を連ねている（リーは『シーズ・ガッタ・ハヴ・イット［リーの初期ヒット作、1986年公開］』で自身が扮したエアジョーダン好きのニックスファン、マーズ・ブラックモンのキャラクターで、ジョーダンとナイキのコマーシャルに共演するうちに近しい間柄になった）。

リーとレジー・ミラーはよくも悪くも近しい関係になかったが、ミラーがリーのお気に入りだったスタークスとよくやり合っていたのを知っていたリーの方から、ニックス対ペイサーズのシリーズ前に接近した。遊び心でこのシリーズに賭けをしてみないかと持ちかけたのだ。

もしニックスが勝ったら、ミラーはインディアナ州で6年間の投獄刑に服しているマイク・タイソンに会いに行く。ペイサーズが勝ったら自身の妻マリータが女優業に興味を持っているのでリーの映画に出してほしい、そうしてくれるなら乗るよという反応だった。リーはこれを了承し、賭けが始まった。

こんな背景があったので、第5戦の第3クオーターまでは、リーはトラッシュトークを浴びせながら試合を心底楽しんでいたのだ。ショットが本調子でなかったミラーには、より活発にやんやと言葉を投げかけた。

しかし第4クオーター開始とともに流れが変わり始める。ミラーが早々に左ウイングから3ポイントショットを沈め9点差。ディフェンスに戻るミラーに、リーから「運がよかったね！」と声がかかった。

次のペイサーズのオフェンスでは、ベースラインからのインバウンドプレイでミラーがヒューバート・デイビスをスクリーンに引っかけてオープンとなり、右ウイングから楽々3ポイントショットを沈める。これでニューヨークのリードは72−64の8点差だ。ペイサーズはさらに、フォワードのケニー・ウィリアムズがティアドロップ（高い弧を描く短距離のショット）を決めて6点差。ライリーは悪い流れを切ろうとタイムアウトを取った。

しかしニックスは立て直しが利かない。ペイサーズはターンオーバーを誘発し、そこからのオフェンスで、ミラーがグレッグ・アンソニーをポンプフェイクでかわして15フィート（約4・7m）の距離からショットを沈め、残り9分で72−68の4点差まで詰めてきた。

あとずさりしながら自陣に戻るミラーがリーの方に視線を向け、何やら話しかける。これでクオーター開始から3本目のジャンプショット成功だ。「こいつはまずくなってきたかな?」。リーは妻のトーニャにそう話した。

ニックスの控えガード、コーリー・ゲインズも同じ思いだったという。ゲインズはUCLAで3年間ミラーのルームメイトで、以前にもこんな流れをミラーが生み出すのを見たことがあったのだ。

これはミラーがアウェイの大観衆を大量得点で黙らせたワシントン州立大との一戦にそっくりだ。「将来コーチになりたいと思っていたので、いつもアシスタントのジェフ・ヴァン・ガンディの隣に座っていたんだけど、あのときジェフは『手遅れにならないうちに、ミラーに対する守り方を変えなきゃまずい』と言っていた」とゲインズは振り返る。ミラーが懲らしめようとしていた対象が唯一スパイク・リーだけだったとは知るよしもない。

流れを取り戻そうとするニューヨークがユーイングのパスミスでボールを失うと、左コーナーで完全にフリーな状態となったミラーにボールが渡った。わずかに3ポイントラインに足がかかった状態で放ったミラーのショットが決まって72−70の2点差。ミラーが再びリーと言葉を交わす。リーは「これがいつまでも続くと思うなよ」と言うかのように両手を掲げて立ち上がり、眠りから覚めた獅子をさらに挑発し続けている。

両チームが72得点で並んだあと、ファンの「ディーフェンスッ！」という大合唱がガーデンを揺るがす中、ミラーが攻め込む機会をうかがう。スタークスが4フィート（約1・2m）の距離でついていたが、ミラーは構うことなく27フィート（約8・2m）離れたその位置からゴールを狙った。これがまたも成功。ゴールのど真ん中を射抜くスウィッシュでペイサーズは75−72とリードを奪った。

ニックスのアシスタントだったジェフ・ニクスはこの第4クオーターを「爪を体に押し込まれるかのような痛さ」を感じる時間だったと言い表す。

3ポイントショットを沈めたミラーは鼻孔を膨らませながら、サイドライン際に座るリーを見つめた。その少し前には、ミラーはリーの方に右手の4本指を立て示したあとで両手で自分の首を絞める仕草をして、さらに左手で股間をつかむというなんとも下品な行為をしてみせた。「俺は妻と一緒なんだぜ！」とリー。しかしすでにこの第4クオーターでニックスが行き詰まっているのは明らかだ。不屈の闘志はどこへやら。ライリーがいくらタイムアウトで引き締めを図っても一度悪くなった流れは変わらず、ニックスは第5戦の終盤をうまく締めくくることができないまま終わってしまう。

ミラーはこの試合で39得点。そのうち25得点は、5本の3ポイントショット成功を含めフィールドゴール10本中8本を沈めた第4クオーターの猛攻によるものだ。ミラーとペイサーズは最終クオーターにニックスを19得点上回り、ガーデンでの決戦に93−86で勝利。気づけばペイサーズはシリーズを3−2でリードしていた。

ニックスは窮地だ。敵地に乗り込む第6戦に負ければ、プレイオフ敗退が決まってしまう。

プレッシャーは否が応でも高まる。

ライリーもアシスタント陣もその中で第6戦に向けてつけ焼き刃のプレイをひねり出そうと考えたし、プレイヤー側も、普段あまり声を上げないスタークスが、ショットを決めまくっているミラーを抑えるチームディフェンスの確認のために、ユーイングのスイートルームでプレイヤーだけで話そうと提案していたほどだ。シーズン最後の試合になってしまうかもしれない一大決戦を前に、ニックスは全体的に戦術うんぬんにばかり目が向いている。しかし、もっと大きく基本的な問題がありそうだ。だいたい、この仕事に向かう心構えはできているのか？ ガーデンでの第5戦で、ミラーのワンマンショーで胸を引き裂かれるような思いをしたのはわかっているが、インディアナポリスでの第6戦では覚悟しなければならないことがある。

必勝を期して敵地のマーケット・スクエア・アリーナに乗り込むニックスは、ポストシーズンのアウェイゲームが1勝6敗という成績で、この時点で5連敗中。一方のペイサーズは、レギュラーシーズン終盤からホームで10連勝中だ。これはニックスが乗り越えなければならない要素のごく一部でしかない。

ニックスとペイサーズはプレイスタイルこそよく似ているが、フランチャイズとしては両極のように対照的で、互いにライバル心をたぎらせる特徴を持っているのだ。ニューヨークは何をするにも仰々しい全米最大の市場であり、「眠らない街」と呼ばれている。ペイサーズのホームタウンは「居眠りの街」として知られる場所だ。どちらもバスケットボールに関しては誇るべき伝統を持つ街なのは間違いない。しかしその特徴はまったく違う。ニューヨークには数えきれないほどストリートボールのコートがあるほか、スポーツの舞台として世界で最も有名なガーデンがあり、毎試合コートサイドがセレブの社交の場となっている。インディアナは、人気の高いレジェンドのラリー・バードが「フレンチリックの田舎者」というニックネームで親しまれたことからもわかるとおり、小さな街のシンボルのような場所なのだ。テキサス州が高校のフットボールで盛り上がるのと同じほど、インディアナ州の高校バスケットボールは熱い。だからこそ『フージャーズ（1986年封切りの映画、邦題は「勝利への旅立ち」）』のような作品が生まれる。大学バスケットボールの熱狂も、州のどこに行っても感じることができる。

インディアナポリスにあるマーケット・スクエア・アリーナには、大学バスケットボールの雰囲気を感じさせる設備配置や音響効果がある。観客席にも、ほかのNBAチームのホームアリーナ以上にプレイヤーにのしかかるような威圧感を持っている。インディアナのファンは敵地で戦わなければならないニックスに、ほかよりも強いプレッシャーをかけられるのだ。

両者の対戦を前に、熱く燃え上がるのはアリーナの中だけではない。シカゴ・サンタイムズ紙の記者だったJ・A・アダンデとジェイ・マリオッティは、第6戦の取材に向から前に立ち寄ったレストランで、入れ替わりにやってきたリーとインディアナポリスのペイサーズファンのやり取りを目撃した。リーが相当な〝アウェイ感〟に包まれていたのは当然としても、アダンデによれば、中には「ただのニガー（黒人の蔑称）のくせに」と人種的な差別表現で攻撃する者もいたというから困ったものだ。

リーが言うにはアリーナの中も似たような状況だった。「クラン（白人至上主義団体クー・クラックス・クラン）の集会に行ったことはないけど、あの夜のマーケット・スクエア・アリーナでは、オレを吊るし上げて喜ぶようなやつらに囲まれていたよ」。リーはそう話す。

通路からコートに出てウォームアップを始めたニックスの数人が、ファンから侮辱的な言葉を投げかけられている。オークリーとメイソンは負けじと悪態をついて怒鳴り返したが、しばらくすると、そこまでひどくないからかいやののしりにもニックスの面々は過敏に反応するようになっていた。フロントオフィスのチェケッツ、アーニー・グランフェルド、エド・タプスコット、そしてコンサルタントのレッド・ホルツマンは、ミラー夫人の隣に座っている。しかしこれがまた口数の多い夫人だった。

タプスコットは彼女を「やかましい」と表現した。レフェリーに噛みつくかスタークスに叫ぶか、夫人はそのどちらかしかしていないのだという。「隣にいたアーニーとデイブも、ミラー夫人にはうんざりしていたよ。それで少しでも夫人の口撃をやわらげようとして、私は彼女に『ニックスのものです』と自己紹介したんだ」。それが効果を上げたかはわからない。ただ、小さなやり取りが助けになった。「ポケットにライフセーバー（アメリカで広く親しまれたキャンディやグミなどの菓子ブランド）がいくつか入っていたので、彼女が盛り上がってきちゃったなというときに、よかったらどうぞと差し出したんだ。あれは効き目があったよ」。

ともあれ、第6戦で彼らにとって最大の助けとなったのは、3ポイントショットを6本中5本成功させて26得点を挙げたスタークスの素晴らしい大活躍にほかならない。ニックスは終盤91－91の同点から、ハーパーの好プレイにもけん引され連続7得点を奪い、98－91の勝利を手にした。シリーズは第7戦になだれ込む。

アウェイでの厳しい戦いを制して第7戦に臨むニューヨークは、威風堂々とした雰囲気を取り戻していた。「いったんはまるっきりあきらめたような雰囲気になっていたのが、全員意気揚々として、これなら戦えそうだと思ったよ」とライリーは話した。

自信を取り戻し、シリーズの締めくくりにさらに意欲を高めて臨めるよう、チェケッツはこのときリーグ本部に一つ頼み事をしている。NBAチャンピオンに贈られるラリー・オブライエン・トロフィーを1日借りて、第7戦の前にロッカールームに飾りたかったのだ。リーグは承認し、トロフィーを貸し出した。

しかしライリーが最終的に反対し、実際にはトロフィーがロッカールームに飾られることはなかったそうだ。「彼が縁起が悪いと言っていやがったので、結局トロフィーを隠したよ」とチェケッツは言う。

第7戦でニックスは、第3クオーター終盤に12点差を追う状況に置かれたが、そこから食らいつき盛り返す。

特に、最も大事な場面で威力を発揮したのは、ユーイングの文字通り食らいつくようなオフェンスリバウンドとそこからのプットバックだ。

ペイサーズが90-89でリードした残り35秒にタイムアウトを要求したライリーは、それまでに試合を締めくくる場面で何度もやってきたのと同じように、コート中央でスタークスとユーイングのピック&ロールを展開しようと指示を出す。シーズンが終わるか、次に進むか。1本獲れば、ニューヨークにとって21年ぶりのファイナル進出が濃厚となる。失敗すれば翌日はロッカールームを整理して、夏休みの準備だ。

オークリーのスローインでパスがスタークスに渡ると、スタークスはトップの位置からユーイングのハイスクリーンを使い右に四つドリブルをついてゴールに向かう。インディアナが3人がかりで止めに来たのをかわしてスタークスが左手で放ったレイアップは、リムの手前に弾かれた。

しかしその瞬間、ユーイングがミスショットを空中でつかんでいた。誰一人リバウンドに跳び上がることができないほど瞬時のフォローから豪快なダンクをぶち込んだ時点で、ニックスは1点のリードを手にした。「見上げたらパトリックが空を飛んでくるのが見えたよ」とスタークスはユーイングのキャリア最大のプレイを語る。

このプットバックはユーイングがこの決戦の舞台でつかんだ10本目のオフェンシブ・リバウンドだ。チームとしてはなんと28本目。インディアナ側がディフェンス分もあわせて29リバウンドだったことを思うと、これは目が飛び出るような数字だ。

この時点で残り時間はまだ26・9秒あった。ペイサーズにはまだ勝てる可能性が十分残っている。逆転を狙うオフェンスで、ペイサーズは残り10秒程度になるまで時計を進めさせ、ボールを右エルボー付近にいたミラーの手に託す。しかし、4日前に同じガーデンで行われた第5戦では打てば入る状態だったミラーも、今回いた。

は決められなかった。最後のショットはエアボール。接近して厳しくディフェンスしたオークリーの仕事が利いた。

しかもボールはそのままコート外に飛び出してしまう。ペイサーズの命運尽き、ニックスの勝利がここでほぼ確実なものとなった。最終スコアは94-90でニックスの勝利。スタークスと握手し、リーともリー夫人とも抱擁を交わしたミラーの態度は立派なものだった（ロッカールームに戻ったミラーは悔し涙を流したといい、この日の痛みを今でも忘れていないそうだ）。24得点、22リバウンド、7アシストに5ブロックという人生最高の大活躍を披露したユーイングは、ガーデンのテーブルオフィシャルの前で勝利を噛みしめるように両腕を高々と掲げていた。

大物食いのインディアナをしのいだニックスが、NBAファイナルに進む自分たちこそが世界の頂点に立っていると感じたとしても何らおかしくはない。「俺たちが最高のバスケットボールを見せるのはこれからだ」。スタークスは第7戦後にそう話した。「ファイナルに出たいというプレッシャーがものすごく強かった。そんな経験をしたからか、チャンピオンシップがそよ風みたいに感じられるよ」。

BLOOD IN THE GARDEN 11

夢、追跡、そして悪夢

ジョン・スタークスはまだ11歳だった頃から衝動的な行動をする人間だった。

タルサ（オクラホマ州）に住んでいた1976年、小学校6年生だったスタークスに白人のクラスメイトがいたずらをしたことでもめ事に発展したことがあった。その子がスタークスの本をわざと床に落とした挙げ句、拾えと言うスタークスにそれを拒否して黒人に対する蔑称「nigger（ニガー）」という言葉を投げかけたのだ。

スタークスは怒りを爆発させ、「ぶん殴ってやった」のだが、その結果校長室に呼び出されてしまう。しかもそのとき処分を受けたのはスタークスだけ。事を荒げたのはスタークスだと校長は断じ、三日間の自宅謹慎を言い渡した。登下校にスクールバスを使っていたスタークスは、帰宅しろと言われたあと、スクールバスが動く時間まで校長室で待たせてほしいと言ったが、答えはノー。「学校の敷地から出ていきなさい」と冷たい。

幼いスタークスは、母親や祖母から叱られるのが怖くて迎えに来てもらう電話もかけられない。しかたなく、歩いて民間のバス停まで行ってポケットに入っていた1ドルばかりの小銭で帰路に就こうと考えた。ただ、それまでに街の民間バスに一人で乗ったことなどないし、どうやったら家にたどり着けるかわからない。人見知りが強かったスタークスは、周りに助けを求めるのも気が引けてしまうのだ。「勘に任せて家まで帰ろうとしたよ」とスタークスはその日を振り返る。

しかしスタークスは、自宅に向かう北方面行きではなく南方面行きのバスに乗ってしまう。まったく知らない場所に来てしまったことに気づき、ポケットの小銭を握りしめて反対方向を走るバスに乗り換えたが、二度目に降りた場所も馴染みのない場所だった。

遠くに見覚えのあるウイリアムズ・センターがそびえている。それを頼りにしばらく歩き続ける。そのうちやっと、馴染みのドライクリーニング店にたどり着く。そこで家までの帰り道を教えてもらい、スタークスは何とか帰宅することができたのだった。

こんな出来事からもわかるとおり、スタークスはこうと決めたら頑固に取り組み、路頭に迷った状況でもリスクをとって物事に挑戦する質なのだ。ニックスがそれを知らなかったこともなかろうが、ヒューストン・ロケッツとのNBAファイナル第1戦はそれを痛感する結果に終わっている。

スタークスは最初に放った8本のショットのうち3本を決めたが、後半に入るとまるでゴールに蓋をされたかのようにミスしまくった。スクリーンプレイでワイドオープンにしてもらっても入らない。速攻からのレイアップもだめだ。きれいにフローターを沈められそうなチャンスに、考え過ぎてパスを選んでしまう。その流れで再びボールがトップで回ってきても、迷った挙げ句ウイングからの3ポイントショットを外す始末だ。

第3クオーター残り2分にベンチに下がったスタークスは、ハーブ・ウィリアムズとコーリー・ゲインズの間に座り、怒りを隠さず「くそったれ！　こんちくしょう！」と大声で叫んだ。座っている椅子は少し前に蹴りつけたばかりだ。その時点でスタークスは放ったショット14本のうち3本しか入っていない。ミスは6本連続という状態だったが、その流れは第4クオーターにも止まらず連続ミスは8まで伸びてしまった。

ニューヨークはまだ勝てる可能性を残していた。リーグMVPのアキーム・オラジュワンが後半に疲れを見せ始めたことに乗じて、一時の12点差を残り2分までに2点差まで詰めていたのだ。

時間がなくなってくるとともに、一つ一つのポゼッションの重要性が増していく。あまり点の入らない殴り合いのような展開で、グレッグ・アンソニーから右ウイングのスタークスにボールが渡った。パトリック・ユーイングのスクリーンでディフェンダーは一瞬離れた状況となっている。ショットクロックにはまだ時間が十分残っており、スタークスはこのプレイでボールに触れた二人目のプレイヤーだ。しかしピックを仕かけたユーイングの方をほとんど見ることもなく、自分がオープンだと感知したとたんにスタークスはジャンプショットの体勢に入り、入れば同点の長距離砲を放った。

しかし焦って狙った一撃は、ゴールから1フィート半（約46㎝）もずれてバックボードにもリムにも当たらずベースラインの向こう側にいる観客の中に飛んでいった。相手のひどいミスにヒューストンのファンは大歓声。元気づいたロケッツはそこから二度オフェンスを成功させ、勝負をつけてしまった。スタークスはもう1本ミスショットを積み上げ、最終的に10連続ミスを含む18分の3という散々なシューティングに終わる。第1戦は85-78でヒューストンがものにした。

ロッカールームに戻るスタークスの足取りは重い。しかし実は、岸から海に投げても入らないようなひどいシューティングとは別に、そうなる原因があった。タルサから車で7、8時間の距離にあるヒューストンでの第1戦と第2戦にスタークスは近親者を数十人招待していたのだが、その場に来るはずだった85歳の大叔父フランク・テイトがペイサーズとの第7戦のあと、亡くなっていたのだ。親戚一同の喜びの再会となるはずだったこの夜の会合はしめやかな挨拶の場にならざるを得ない。

第1戦の前日練習を、スタークスはタルサでの葬儀に参列するため休んでいた。「特別な人だったから。俺を力づけてくれた人で、尊敬していたんだ」とスタークスは話した。「でもそれと第1戦の不調は関係ないぜ」。大概のプレイヤーについてなら、やはり少しはそんな感情が影響したのではないかと思うのが自然だろう。

しかしことスタークスに限っては、パフォーマンスを左右したのはスタークスの一本気な性格だったと信じるに足りる理由があるのだ。

＊＊＊

スタークスは、イヌイットの氷の家イグルーのように冷え切ったパフォーマンスから大噴火、あるいはその逆ということを数えきれないほど繰り返してきた。自制心を失い、流れを感じることなくそんな結果になってしまうのには理由がある。

多くのＮＢＡプレイヤーが高校時代に支配的な活躍をして有力大学に進むが、スタークスはまともにバスケットボールを習った経験があまりなかったのだ。高校で本格的に取り組んだのは1年だけで、バーシティーチーム（1軍チーム。日本のいわゆる部活チーム）の試合に二度出ただけでやめてしまった。高校生だったスタークスをコーチしたバッチ・フィッシャーは「彼は基本的に我流だね」と話す。「いいスピンムーブを持っていて、ディフェンダーをかわしてゴールに攻め込むんだ」。ただし当時は身長も5フィート10インチ（約１７８㎝）で目立つほどの存在ではなかった。

スタークスは自伝の中で、バーシティーチームをやめるときにコーチともめたと記していたが、それは「彼は、やめなきゃならない理由は母親を助けるためだと言っていた」というフィッシャーの記憶とは食い違う。スタークスの家庭にとって、確かに生活費は大きな問題だった。７人の子どもたちを、母親と祖母が育てていたからだ。大学に行きたければ助けが必要となる。期待を寄せたのは奨学生制度だが、小柄だし最終学年でプレイしなかった不利もある。奨学金が無理ならばいくつも借金をしなければならない。

彼は後者を選び、ロジャース州立大に進む。立場としては練習相手のチームメンバーで、正チームの誰かがプレイできないときにだけチャンスがもらえる。しかしそこでのローテーション入りはかなわず終わる。寮生の部屋に忍び込んでステレオを盗もうとして5日間収監され、追放されてしまったからだ。

スタークスが次に進んだのはノーザンオクラホマ大で、ここではシーズン半ばに平均11得点を記録している。しかしこの活躍も長く続かない。今度はチームメイト二人と寮でマリファナを吸ってキャンパスの警備員に捕まったのだ。仲間をかばう姿勢を見せたがスタークスは再び大学から蹴り出された。

行き場を失ったスタークスは兄弟のモンティーを頼る。また、この１９８５年頃つきあい始めたジャッキーという女性と生活しはじめる（のちにスタークスの伴侶となっている）。生活費をつなぐために大学をやめ、日用品ストアのセーフウェイで最低賃金の時給３・３５ドル（当時のレートで時給８４５円程度）のレジ係として働いた時期もある。

それでもバスケットボールは大切な存在に変わりない。時給の高い商品補充係になり深夜のシフトに変わると、10・５フィート（約３２０㎝）の高さに吊るされた倉庫の照明にジャンプして触れるか試しては同僚を驚かせたり、それで賭けをして小遣いを稼いだりするようになった。空いた時間ができればプレイしたし、カール・マローンやデニス・ロドマンのほか、オクラホマで活躍していたカレッジスターのウェイマン・ティズデイル、アンソニー・ブゥーイーらが登場したタルサでの大会にも出場し、そこではオールトーナメント・チーム（大会の優秀選手）にも選ばれている。

20歳の頃は、高校卒業時から身長も約４インチ（約10・２㎝）伸び、６フィート２インチ（約１８８㎝）になっていたのはよかったが、目的を見失って道を踏み外しがちでもあった。一度コカインも試した。はまって戻れなくなる恐ろしさを感じて踏みとどまれたのはよかった。低賃金の単純作業を何十年も続けなければならないのかという思いが、スタークスに重く重くのしかかっていたのだろう。

スタークスはタルサ短大で再びキャンパスライフに戻り、経営を学んだ。ここにはバスケットボールチームがなく、スタークスは地域で仲間と作ったチームでプレイするにとどまっている。ただ、そこでプレイする姿が、コートサイドで見つめていた近隣の大学のアシスタントコーチ、ティム・バートの目に留まる。バートはタルサ短大で、バスケットボールがしたくてもプレイできずにいるタレント、いわば掘り出し物の有能な人材を探していたのだ。

ある日バートは、もう一人のアシスタント、ケン・トリッキー・ジュニアとともにスタークスのチームメイトの一人を勧誘しようとその場に立ち寄った。ところがトリッキーの方は、スタークスにより強く惹かれたという。

結果的に両者に誘いの声がかけられ、トライアウトの機会が設けられた。受かれば授業料免除でオクラホマ短大に入れる。結果は二人とも合格。スタークスはぎりぎりでの通過だった。「あのときの10番目、11番目といったところかな」とトリッキー・ジュニアは言う。「彼より有力なプレイヤーがケガをしたことでプレイングタイムが得られて、そこからあらゆるショットを決め始めたんだよ」。

スタークスの伝説が始まった日、それはオクラホマ短大に通っていた1986年12月13日と言えるだろう。この日のスタークスは、スーパーマンの衣装を着ていてもおかしくないような1日を過ごしている。

まず、この日はスタークスがジャッキーと結婚式を挙げた日だ。オクラホマ短大はカンザスでアウェイゲームを戦う予定の日だったが、スタークスはトライアウトの誘い以前に式の予約を済ませていたのだ。スタークスにとっては都合のよいことに、その週末は大雪の予想で、バスの長旅を伴う試合は中止になりそうな気配だった。

ところがその予想は外れ、試合は予定どおり行われることに。トリッキー・ジュニアは緊急招集をかけるが、簡単に事は運ばない。「何とか間に合う時間にバスを出そうと皆に連絡を取ったんだけど、ジョンだけが捕まらなかったんだ」。

やむなくスタークスをあきらめ、チームはタルサから北東に85マイル（約137km）の位置にあるコッフィーバレー短大での試合に向かって出発した。式典を終えたスタークスと花嫁をコーチがやっと捕まえたのはもう試合が始まる頃。試合が行われていることを伝えると、スタークスから「コーチ、今週はないって言っていたじゃないですか。僕は結婚式を挙げたばかりですよ！」という声が返ってきた。

ケン・トリッキー・ジュニアは「それがやることになってな」と状況を伝えた。「何とかして来てもらうわけにはいかないかい？」。

ジャッキーに説明して理解を求めたあと、スタークスは新妻と一緒にシボレー・インパラに飛び乗り、高速75号線で試合に向かった。間に合うかどうか、かっ飛ばしてしまった結果スピード違反の切符を切られながら、到着したのはハーフタイムだ。

タキシードからユニホームに着替えたとき、スタークスのチームは25点差を追う状況だったが、彼が加わりそこから22得点を挙げる活躍を見せたことで、流れは前半とは真逆になる。「後半の彼はものすごかったよ」。トリッキー・ジュニアは、スタークスがハーフコート・パスを受けてそのままリバースダンクに持ち込んだシーンを振り返りながらそう話した。

残念ながら勝ちにはいたらなかったが、4点差まで詰めた過程でスタークスが披露した大活躍が元となり、四つめの大学、NCAAディビジョン1のオクラホマ州立大から奨学生としての誘いが舞い込む。まさしく劇的な結婚式当日のパフォーマンスは、なんともスタークスらしい。彼はこの試合で、どんなときでも必要とされればチームを背負って戦えることを見せつけたのだ。

ニックスは78得点しか獲れなかったシリーズ開幕戦の不出来から立ち直り、ヒューストンでの第2戦に勝利した。スタークスも11本中6本のショットを成功させ19得点。彼だけではなく出場したほかのメンバーも、19本中7本成功のユーイングを除き全員がフィールドゴール成功率50％以上を記録している。ディフェンスでは、初戦と同じオラジュワンを徐々に疲れさせる戦術が、さらによく機能した。

ファイナル期間中の練習後、オラジュワンがあまりにも足元に注意して歩いているのを見た記者の一人がその理由を尋ねると、「メイソンですよ」という答えが憎々しい笑みとともに返ってきた。

しかしニューヨークのディフェンスがいかにフィジカルか、オラジュワンにとっては笑い事ではないのが明らかだ。「ジャンプショットはパトリックにブロックされてしまう」。オラジュワンはそう話す。ヒューストン大時代に、ユーイング率いるジョージタウン大と1984年のNCAAトーナメント決勝で名勝負を繰り広げ、敗れた記憶もよみがえるのだろう。「しかもメイソンとオークリーがいます。ボールをもらう前から彼らは当たってきますからね。簡単に僕に持たせたら、高さを生かして頭越しにゴールを狙うとわかっているので、やりやすい場所から押し出そうとあらゆることをしてくるんです。肉弾戦が得意な連中を次々ぶつけてきて、何ごとも簡単にさせてもらえません」。

オラジュワンがシリーズ半ばに消耗しきってしまうことを避けようと、ロケッツのルディ・トムジャノビッチHCは第2戦から微調整を試みる。「素直にボールを運んできてポストアップしたアキームに渡すのはだめだと判断した。相手が万全の状態で待ち構えているからね」。トムジャノビッチは振り返る。「ボールを彼に渡す前に一工夫入れた。彼がポストプレイでひどい目にあわないようにね」。

ピック&ロールを逆サイドで展開し、オラジュワンについているディフェンダーをわずかに動かすだけで、大きな変化が期待できるとも思えない。しかし、殿堂入りコーチでトムジャノビッチの親友でもあるジャック・ラムジーから、一見実を結ばないようにも思えるこの戦術を続けた理由を尋ねられると、トムジャノビッチは「我々としては大いに満足できる結果でしたよ」と返答したという。

オラジュワンの消耗を抑えられた効果は、ニックスが88-86でリードしていた第3戦残り40秒のプレイに生きる。オラジュワンはローポストでユーイングを背中で押し込み、軽やかなスピンムーブから3ポイントエリアに立つサム・キャセールにボールをつないだ。ルーキーのキャセールがオラジュワンの視界に入るように左に動くと同時に、ニックスのベテラン、デレク・ハーパーがキャセールを見失い得点機となっていたのだ。

ニューヨークのビデオコーディネーター、ボブ・サルミはその瞬間をこう振り返る。「ハープがあんな失敗をしたり、集中力を欠いたりするようなことはまずないんだけど、あのプレイでは一瞬コート上で戦っていることを忘れたかのように見えたね。おそらくキャリア最大のボーンヘッドが、起きてはならないときに出てしまった」。

キャセールが絶好機を実質的な決勝点となる大きな3得点につなげ、ロケッツが89-88と逆転に成功すると、それまで勝利を信じて陶酔の境地にあったガーデンの大観衆は静まり返った。「分析するまでもないほどわかりやすい失敗だった。単純に自分がついている相手を見失ってしまっただけだったから、それ以上言うこともないじゃないか」。

ハーパーは21得点と活躍したが、このミスは認めざるを得ない。「やらかしました。ひどい判断ミスをしてしまった。ドリーム（アキーム・オラジュワンのニックネーム）がいいプレイをしたのは事実だけど、あのショットは完全に俺の責任だよ」。

ニューヨークで93-89の勝利を手にしたロケッツはシリーズを2-1でリードした。しかし第4戦はニックスが91-82でものにする。オークリー（16得点、20リバウンド）とハーパー（21得点）の活躍が光り、第4クオーターにはスタークスも二桁得点を挙げる奮闘を見せた。

このトリオの活躍は、フィールドゴール成功率が第1戦から39％、37％、31％、29％とシリーズが進むとともに急落しているユーイングのオフェンス面での乱調を補っている。ディフェンス面では力を発揮し、NBAファイナルのブロックショット記録を破るなど十分役割を果たしているが、オラジュワンに対してユーイングが攻めあぐねている以上、ニューヨークのガード陣が得点面の負荷をこれまでよりも多く背負わざるを得ない状態だ。

『Daily News』の記者カーティス・バンは、スタークスの力強い一言を記憶している。「周りを見回して、『誰も打たないんなら俺が行かせてもらうぜ』と言ったんだ。この大舞台で誰もが縮こまっていたところがあったと思うけど」。

王座をかけたシリーズは2-2のタイとなり、どちらに転ぶかわからない状況だ。どちらも相手に感づかれないように敵陣を強襲したいところだ。

1994年6月17日。第5戦の当日だ。ニックスにとってこの「第5戦」という言葉は、このときまでに何やら「ばかげたこと」を意味する言葉になっていた。1年前にはチャールズ・スミスのあの一連のプレイが起こっている。1か月前、スコッティ・ピッペンのヒューバート・デイビスに対する物議を醸すファウルコールのあと、ニックスがブルズを破ったのも第5戦だ。２週間半前のペイサーズとのシリーズ第5戦では、レジー・ミラーが第4クオーターに25得点を奪う大爆発を見せ、大のニックスファンで知られるスパイク・リーの目前でほぼ確実と思われたニックスの勝利をかすめ取った。しかしこの夜の第5戦は、マディソン・スクエア・ガーデンで行われた先述の3試合のどれよりも異様な展開と言えるのではなかろうか。おそらく、ニックスが過去21年間で最大のホームゲームを迎えようとしているこの状況で、本来いるべき人々がいるべき場所にいないことがこの試合の異様さを象徴している。コートサイドでトークショーの司会を務めるモーリー・ポビッチの隣席は空いたまま。ＣＢＳのニュースキャスターでもある妻コニー・チャンが別件にまわされたためだ。ＮＢＣスポーツのコートサイド・レポーターを務めるはずのアーマド・ラシャドもしばらく行方不明だった。同社のディック・エバーソル社長が、つい数日前にガーデンで公演したサーカス団が置きっぱなしにしていた干し草の俵に座っていたラシャドを見つけたとき、彼は涙を流していたという。試合の終盤には、何千人ものファンが試合そっちのけで席を立つという事態が発生した。このビッグゲームでそんなシナリオがありうると誰が考えただろうか。

いずれも同じ事件が引き金だ。第５戦の前に、元フットボールスターのＯＪ・シンプソンに対して刑事告発が提起されたのだ。シンプソンの容疑は、妻のニコール・ブラウン・シンプソンと数週間前に彼女と親密な関係となったロン・ゴールドマンというウェーターの殺人罪。ロサンゼルス警察はシンプソンに自首を勧め同意を得たが、彼は出頭せず白いフォード・ブロンコで逃走し、ロサンゼルス市街で警察とカーチェイスを展開していたのだ。

チャンはありのままの様子を報じるのに懸命だ。ラシャドはコスビーショーのスター、フィリシア・ラシャドとの結婚式で、シンプソンを大親友として招待したほど近しい関係だったが、泣いていたのは記者会見で弁護士が読み上げたシンプソンの遺書ともとれるような手紙の中で、自身の名前を直接言及されていたからだ。そして、ニックスファンが次々とガーデンの席を離れたのは、何とかしてカーチェイスを見ようとしたためだった。

プレイヤーの中にさえ、試合中に注意力散漫になっている者がいた。後半にトムジャノビッチが要求したタイムアウトの最中、トムジャノビッチはケニー・スミスがチームメイト数人と試合に関係ない会話をしていることに気づいた。気が散っているのはなぜかと尋ねられたスミスは、シンプソンの追跡が気になってと答えたという。トムジャノビッチは、このスミスの答えに激昂した。「何をやっているんだ？　俺たちはＮＢＡファイナルの試合の真っ最中だぞ！　集中できんのか！」。

しかしタイムアウトが終了するとすぐに、トムジャノビッチはテーブルオフィシャルのところに行って、コートサイドでテレビモニターに見入っている連中に情報を求め始めた。プレイヤーと同じく彼自身も追跡の最新情報が気になっていたのだ。「もちろん私もそうでした。プレイヤーに知らせるわけにはいかなかったけれどね」。トムジャノビッチは笑いながらこう話す。

ガーデンでのファイナルシリーズで、ＮＢＣの試合前後のレポートを担当したボブ・コスタスも、同じように追跡に気を取られた一人だ。ＮＢＣのフットボール中継の仕事でアナリストをしていたシンプソンとは親しい間柄になっていた。「私は彼のことをよく知っていると思っていましたけど、実際にはそれほど知らなかったということがわかりました」とコスタスは言う。

当然コスタスは、警察に追われているシンプソンがまさかブロンコの後部座席から自分に電話をかけようとしていることなど知る由もなかった。シンプソンはまず、セント・ルイスにあるコスタスの自宅に連絡を入れ、後次にＮＢＣスポーツの放送管理室にかけてきた。コスタスいわく「そこは技術的な応答しかない」のだが、後日聞かされたやりとりは以下のようなものだった。

シンプソン：コスタスさんはいますか？
技術担当　：いえ、おりません。
シンプソン：彼と話がしたいんです。
技術担当　：今はマディソン・スクエア・ガーデンに行っており、ここにはおりません。
シンプソン：とにかくすぐに話したいんです。
技術担当　：どなたですか？
シンプソン：ＯＪ・シンプソンです
技術担当　：はい、承知しました。（カチャリ）

数か月後の１９９４年11月、コスタスの下にロサンゼルス郡刑務所に監禁されているシンプソンから訪問の要請が届く。シンプソンの友人であり、逃走当日ブロンコの運転手だったＡＣ・カウリングスと、同じくシンプソンの友人で彼の弁護団の一人であるロバート・カーダシアンが同席。コスタスは元フットボールスターとガラス越しに対面した。

カウリングスに「あの日、シンプソンが逃走中に、ブロンコから電話をかけようとしたのを知っていますよね？」と聞かれたコスタスはがくぜんとした。

そして、彼が自分と話すことで、メディアの否定的な報道に対抗しようとしたのを知った。シンプソンは、テレビの生放送で近しい関係にあるコスタスと話すことができれば、状況を変えられる可能性があると考えたのだろう。

しかし、たとえあのとき話せたとしても、追跡の歴史的意義が大きくなるだけでシンプソンが望んだような効果はなかっただろうとコスタスは考えている。

第5戦のある時点でコスタスが背後を振り返ると、何百人ものファンが身を乗り出して、シンプソンの追跡を映している自席のモニターに視線を向けているのが見えた。ニックスかロケッツのどちらが勝ってもNBAの王座にあと1勝に迫るというビッグゲームにもかかわらず、もはやアリーナの中でも外でも人々の関心は世紀の大追跡に興味を奪われてしまっていたのだ。

『Newsday』でニックスを取材した記者ディヴィッド・スティールは、「編集担当から『誰もこのゲームを見ていないから、人生最高のゲームストーリーを頼むよ』と言われた」そうだ。「通路に人があふれて売店でテレビを見ているんです。バスケットボールはどうでもよくなってしまっていましたね」。

試合に対する社会の関心を持っていかれた関係者は苛立った。マイケル・ジョーダンがリーグを離れた結果として、テレビ視聴率の急降下という問題に直面していたデイヴィッド・スターンは間違いなくその一人。NBCのエバーソル社長も、ほかのどのチャンネルでも追跡を見ることができる中で、NBC系列局がわざわざ追跡を優先したり、分割画面を使用して二つの出来事を同時に放送することを喜ばしく思っていなかった（エバーソルは1980年代に、何度かシンプソンのルームメイトになったことがある。シンプソンがスタジオアナリストの仕事でニューヨークに飛んでくるたびホテル滞在を嫌がったため、エバーソルと友人が部屋を貸したのだ）。

しかし最も苛立たされたのはデイブ・チェケッツだろう。この日はNHLのニューヨーク・レンジャーズが54年ぶりのスタンレーカップ優勝を祝うパレードをミッドタウンで行う様子を見て上機嫌だった。しかし、ニックスが同じ目標を達成するためにファンの応援を最も必要としている今、すべての関心をシンプソンに持っていかれている。そこでチェケッツは、アリーナ内のモニターを完全閉鎖することを検討した。スタジアム内のテレビを、試合放映専用にするという考えだ。もしそうなったら、誰もが自分の席に戻らざるをえないだろう。「しかし、私はメディアから大反発を食らっていたでしょう」。結局チェケッツはテレビフィード閉鎖に踏み切らなかった。

観客はまばらになり、注意も試合に向いていない。それでも、「誰も見向きもしなかったビッグゲーム」で、ニックスはよく戦った。ユーイングもついに不振を抜け出しフィールドゴール21本中11本を成功させて25得点。12リバウンドと8ブロックを記録した。スタークスは19得点中11得点を最終ピリオドで奪っている。これで第4クオーターでの二桁得点が2試合連続となった。

91‐84で勝利したニックスは、3‐2とリーグ制覇に王手をかけてヒューストンに乗り込む。マンハッタンで紙吹雪舞うパレードをできるようになるまであと1勝だ。

数学の問題を解こうとしている生徒に教師が黒板の前で教えているかのように、パット・ライリーがジョン・スタークス相手にバウンドパスの練習につきあっている。最初のトライがうまくいかず、ライリーはもう一度やってみろと声をかけた。2回目、やはりうまくいかない。3回目、そして4回目。いい加減にしてくれと言いだしそうだったライリーの表情は、憤まんやるかたない教師のそれから、怒れる鬼軍曹の形相に変わっていった。

１９９3年のある練習中の光景だ。「ジョンがパトリックにびしっとパスを入れるまで終わらんからな！」。バックアップのボー・キンブルに4本連続でパスをはじかれたりスティールされたスタークスを見て、ライリーは叫び声を上げた。

キンブルにとって、練習はライリーにアピールするため輝かなければならない時間だ（その年は計55分しか出場機会がなかった）。スタークスをできるだけ激しく追い詰めて、ライリーに力を認めさせなければならない。チームメイトにとっては迷惑な話だ。「パトリックやメイソン、オークが僕の肩をたたいて、『なあ、あまりジョンをいじめるなよ。俺たちはここに一日中いるのはごめんだぜ』と言ってくるんだよ」。キンブルはそう振り返る。

スタークスは万能プレイヤーだ。シューティングレンジが広く、3ポイントエリアから時代を先取りするような頻度でゴールを射抜くことができた。当時のニックスでは最高の運動能力の持ち主（1992年にはダンクコンテストに出場している）で、ガードとして切れ味鋭いドライブやカットで相手ディフェンスに圧力をかけられる唯一の存在だ。ディフェンスも6フィート3インチ（約191cm）の身長からは想像できないほどタフだ（現役時代の登録は6フィート5インチ［約196cm］）。

しかしこのニックスの人気者は、狭いスペースを縫うようなパスだけは苦手なのだ。特にユーイングへのパスがうまくいかない。ユーイングは身長の割に手が小さく、エド・タプスコットによれば「パトリックは僕らが〝ダブルキャッチ〟と呼ぶ取り方をすることが多かった。キャッチしてはいるんだけど、ちょっと手の中で遊んでしまうんだよ」。

第6戦でこれが問題になるようなことはほとんどなかったが、ユーイングは第4戦までと同じように、オフェンスでよいリズムに乗るのに苦労した（オラジュワンが5ファウルになっていた第4クオーターに、バスケットに攻め込まずジャンプショットを打ち続けたのは重要な失敗だった。それもあってスタークスはいつも以上にユーイングへのパスを回避し、自分で何とかしようとしてしまったのだ）。

スタークスとして見れば、この夜のニックスを背負って戦うくらいの気持ちを持っている。第4クオーターには絶好調になり16得点を挙げニックスをけん引した。

84-82とニックスが2点を追う残り1分、スタークスは左サイドでスクリーンを使って切り込み、ユーイングにきわどいパスを通そうと試みた。うまくいけば同点に追いつくか1点先行できるプレイだったが、そのパスはオラジュワンの手に奪われてしまう。スタークスはそこまで自分が好調に得点を決めていたことや、パスコースが非常に狭かったことを思えば、ユーイングに渡さず自分で打てばよかったかもしれない。プレイが中断する間、スタークスは「もっと頭を使え」とでも言い聞かせるかのように自分の頭に指を立てていた。

このときのミスは、この試合の最後のプレイでスタークスの判断に影響を及ぼしたかもしれない。残り5・5秒、ヒューストンが86-84とリードしているが、ニューヨークがタイトルを勝ち取れる可能性を秘めたインバウンドプレイに向けて、オークリーがボールを持っている。スタークスにボールが入り、ユーイングが3ポイントラインの上まで来てロケッツのガード、バーノン・マクスウェルにスクリーンをかける。これでスタークスに対し、最優秀ディフェンシブ・プレイヤーに二度輝いたオラジュワンがつかなければならない状況になっていた。残り時間は2秒。ユーイングがフリースローラインに向かって走り出す。ワイドオープンだ。こんな時間帯にユーイングがゴールの近くでこんな状況になることはめったにない。

しかしスタークスは、ユーイングによいパスを通すアングルを見つけることができなかった。待っていたのはちょっと前のプレイと同じ、ライリーにチクチク言われた練習と同じ結果だ。

ユーイングはこのプレイのことで、いまだにスタークスにかみつき続けている。「俺はフリースローラインからレーンのど真ん中をワイドオープンの状態で走っていたんだぜ。なんでパスしてくれないんだよ」。２００３年にロケッツのアシスタントコーチになったとき、その就任初日にユーイングは、クラブがアリーナの通路にこのプレイの写真をどでかく引き伸ばして飾っていたことを知ったのであった。

逆転で王座を手に入れようとスタークスが3ポイントショットを放つ。入ると思った。そこまで6本連続で成功していたし、マックスウェルとのあいだに十分なスペースもある。オラジュワンもうまく引き離せていた。外すわけがない。

「左に二つドリブルして狙った。手を離れた瞬間は入ったと思ったよ」。スタークスはそう話す。

あらゆるものの運命を乗せたボールが空中を飛んでいく。ニックスのチャンピオンシップ・キャップとシャツで膨らんだバッグを持った、スターターブランドの重役ステュー・クリスタルが、コートにつながる通路に待機している。パレード担当者は、ニューヨークが勝った場合、ティファニーにチャンピオンシップ・トロフィーの氷の彫刻を作るよう依頼しなければならない。トレーナーのマイク・サンダースはこっそりシャンパンをスタジアムに持ち込もうとしてロケッツのセキュリティスタッフに没収され、しかたなく買い戻していた。何しろニックスが勝てば、ロッカールームでさっそく必要になるのだ。ニューヨークのトライステートエリア（ニューヨーク州、ニュージャージー州、コネティカット州）では何百万人もの人々が、リムに向かうボールの軌道を追いかけて20年分の陶酔感を込めた叫びを解き放とうと身構えていたにちがいない。

しかし、外れるはずのないスタークスのショットはゴールにまったく届かず、あっけなくミスに終わる。オラジュワンの指先、爪の先が触れたのか。その軌道は本来あるべき軌道にはならなかったのだ。

ロケッツのファンが叫び声を上げている。これでシリーズは3-3のタイ。ヒューストンは、相手の放った弾丸を何とかかわすことができた。息を整えるのには数日かかるかもしれない。しかし準備ができたら、生きるか死ぬかの第7戦だ。

第7戦の午後、ライリーと親交の深いディック・ブテラがニックスのホテルでエレベーターを待っていると、ライリーが「なあ、今夜は少なくとも俺とお前、あとジョンの3人は絶好調でいけるよな」と肩をつかんで声をかけてきた。

この時点まで、スタークスは大事な場面でニューヨークが最も頼れる存在だ。大叔父の急逝直後でフィールドゴール18本中3本しか決められなかった第1戦を除き、スタークスは3ポイントショットの45％成功を含め放った全ショットの49％を成功させ、平均21得点に7アシストとチームで最も安定している。何より、3試合連続で第4クオーターに二桁得点を奪っているのだ。その3試合中最初の2試合は勝ち試合だったし、3試合目はもう少しでチャンピオンシップをつかみ取るところだった。

そのスタークスが第7戦前夜に眠れぬ夜を過ごしていたことを、ライリーもブテラもまだ知らない。実際にはその前の2日間も含め、第6戦が行われた日曜日の夜から水曜日までその状態だ。いつもなら、出来の悪かった試合のことなど洗い流して忘れることができるのに、このときのスタークスは、第6戦のラストショットを頭の中で繰り返し思い出す悪夢から逃れることができなかった。

シリーズ最後の2試合がヒューストンで行われることと、第6戦から第7戦まで長い時間が空くことで、ニューヨークは何やらじっとしていられないような雰囲気にとらわれている。第6戦に勝ったロケッツが、自分たちのベッドで安堵感に包まれて体を休め、人生最大の対決に備えているのとは対照的に、ニックスはそわそわと浮ついているのだ。

バックアップセンターのハーブ・ウィリアムズが語ったそのときの心境は以下のようなものだ。

「第7戦が第6戦の3日後だったけど、その間テレビをつけるとどのチャンネルも『ヒューストン、ヒュース

トン、ヒューストン』ばかりなんだ。あれじゃテレビを見る気にもなりゃしない。狂ったようにチャンネルを変えるしかなかったよ」。

なるほどアウェイ感たっぷりだ。

「もういいから、明日プレイして終わらせようぜという気持ちだったね。そんな気持ちで3日間、ホテルの部屋でいろいろと考え込んじゃったりして。ライリーは第6戦のあと、いったんニューヨークに帰ることも考えたんじゃないかな。実際、なんでそうしなかったのかね」。

ニックスがその夜早めにスタジアム入りしたあと、スタークスとチームメイトのアンソニー・ボナーはチーム牧師のジョン・ラブと会い、試合前の祈りを捧げた。どの部屋もすべて使われていたため、3人が使ったのはウエイトルームだ。

牧師は目を閉じて、3人がその場に来られたことを神に感謝し、次いでニックスをヒューストンに無事導き、チャンピオンシップを手にする可能性があるところまで前進させてくれたことへの感謝を表した。ラブは勝負に関する特定の結果については触れない。プレイヤーそれぞれが安全に、能力を最大限に発揮できますように。そう祈る。

それが通じたかどうか、ラブはこう振り返る。「事の壮大な成り行きの中で、祈りの最後の部分はうまくいかなかった。そう言えるかもしれませんね」。

前半のスタークスはひどい出来だった。マッチアップ相手のマクスウェルにワイドオープンの3ポイントショットを許すなど集中を欠くプレイが目立ち、ハーフタイムまでに三つのファウルを犯しベンチに座る時間も長くなった。オフェンスも不振で5本のショットのうち決められたのは1本だけ。それでも前半を終えて45－43と2点のビハインドだけで食い下がっていたニックスは、ハーフタイムにスタークスが落ち着きを取り戻すことができれば後半に望みが十分ある状態だ。

しかしそうはならなかった。

後半最初の3ポイントアテンプトは、ボールがバックボードに跳ね返り、リムから大きくそれるミスショット。数分後、右サイドから狙った次の一撃も外してしまう。これで7本中1本のショットしか成功させていないことになる。

「スタークスはこの1年間、こんな夜を何度も経験しています。なかなか決められなくてもあきらめずに打ち続けて取り戻そうとするのです。今夜もそんな状態のようですね」。マーヴ・アルバートがＮＢＣの実況でそんな説明をしている。

「ライリーはジョン・スタークスを信頼しているんでしょう。14本中1本しか決まらなくてもね」とアルバートのパートナーであるマット・グォーカスはそんなふうに反応した。「第4クオーターにはやってくれる。そう期待しているに違いありません」。

このコメントの直後、スタークスはジャンプショットではなくドライブから右手でレイアップを試みたが、オラジュワンが待ってましたとばかりに空中でそのボールを弾き飛ばす。この8本目のトライも失敗に終わったあと、今度はディフェンスでもマクスウェルにタフなフォールアウェイ・ジャンパーを決められてしまう。

一連の流れはある法則に基づく小宇宙の中での出来事のようでもあった。スタークスが攻め気をあらわにしながら懸命にゴールを狙えば狙うほど、待っているのは望む形とは真逆の結果ばかり。一方のマクスウェルは、祈るような思いで放ったショットがずばりとネットの底を射抜くのだ。

両者はともに3ポイントショットに積極的で波が大きく、時折歯止めが利かなくなるという似たもの同士でもあった。１９８８年には、短いあいだだがスパーズのトレーニングキャンプでチームメイトだった時期もある。そのときスタークスは好条件とは言えないオファーを断り、サンアントニオは彼を手放している。そのシーズンにサンアントニオを指導したラリー・ブラウンは、フロントオフィスが「ジョンとバーノンをほとんど同じだと見ていました」と明かす。「二人を同時に登録する必要はないと判断したんです」。

しかしこのときは、スタークスが第7戦にいたるまでの数日間、考えすぎて神経をすり減らしていたのに対し、マクスウェルは迷いなく王座を狙う自分に誇りを持って試合に臨んでいたのだ。

ライリーの下、ニューヨークのトレーニングキャンプに何度か参加したことがあるグレッグ・バトラーが、自身と同年にドラフトされサマーリーグでチームメイトだった旧知のマックスウェルについて語っている。「ある日、僕らはお互いのサマーリーグのジャージを間違えてしまい、僕はバーノンに返そうと彼の部屋に入った。そうしたら部屋のいたるところにビールの空き缶が転がってるんだよ。2ケース分くらいかな。僕が入ってきたときにもまだ飲んでいたんだ。でも数時間後、そんな状態にもかかわらず30得点の活躍をするんだからびっくりだよ。あいつは違うね」。

第3クオーターを終えてわずか3点差で粘っていたニックスは、第4クオーターにスタークスがそれまでと違う姿を見せてくれることを期待していた。シリーズ中に何度もやったように、見る者を驚かせるクラッチパフォーマンスを見せてくれ。しかし調子は戻らない。左ウイングからの3ポイントショットをロバート・オーリーに弾かれ、これで試合を通じてショットの成功は9本中1本のみ。その1分後、同じサイドで味方のスクリーンを使って放った3ポイントショットもゴールに当たって外れた。

ここまで10本中1本しかショットを決められずにいるスタークスは、いつもの快活な少年のような表情から締まりがなくなり、自信なさげにベンチに視線を送ってくるようになっていた。彼自身、疑心暗鬼に駆られているようだ。ライリーはまだこのままスタークスを使って乗り越えようとしているのか？

ライリーを信じて疑わない人々でさえ、スタークスを使い続けることに疑問を抱き始めていた。「そろそろバックアップのローランド・ブラックマンを試してみてもいいんじゃないか」。かつてニックスをコーチとして率いたレッド・ホルツマンは試合の流れを見ながらそう言った（このときホルツマンの隣に座っていたタプスコットは「レッドがパットの判断に少しでも異論を唱えたのを聞いたのは、このときぐらいじゃないかな」と話している）。

ロケッツはスタークスがゴールを狙うたびに神の祝福に感謝している状態だ。「彼は今、うちにとっての最高のプレイヤーだね」とヒューストンのガード、スコット・ブルックスは、その日ベンチでそんなふうに考えていたという。「彼がショットを決められずに苦戦している様子は、まるでメディシンボールでも使ってるんじゃないかと思うほどだったよ。ベンチにいる僕らは、プレイヤーもコーチもパットがブラックマンを使うだろうと思って見ていたんだ。彼がマーベリックスにいた頃、僕らはどんなにがんばっても彼を止めることができずに何度もやられていたからね」。

ローランド・ブラックマンのジレンマと、それがこの試合にどんな影響を及ぼしたかを理解するには、ニックスがペイサーズに勝利した2週間半前の第7戦後までさかのぼって何があったかを知る必要がある。リングを勝ち取った経験があるメンバーが一人もいなかったにもかかわらず、ベテランたちはNBAファイナル進出を決めたとたんに人生最高の気分に浸っていた。ライリーは試合後のロッカールームで試合を振り返り、彼らを祝福したばかり。次は彼らがヒューストンに乗り込む段階だ。

さて、ここらで解散というところで、ブラックマンがライリーに質問を投げかける。彼らは妻を同行させてもいいだろうか？　ファイナルの遠征はそれまでの膨大な努力の集大成だ。思い起こせば、10月のトレーニングキャンプ初日は規定で許された最速の期日の午前0時にスタートしたんだから。それにニューヨークは、ここまで辿り着くために第7戦までもつれ込む大激戦のシリーズを二度も勝ち上がってきている。妻たちが来てくれたら素晴らしいんじゃないか。ブラックマンはそう言うのだ。

21年間で最大の勝利を手にした直後、ライリーはチームの全員を前にして即答した。「ノー」だ。ブラックマンにはその論理が理解できず、珍しくライリーに反論した。

「なぜですか？　妻も連れて行かせてくださいよ」。ブラックマンはそう口答えしたことを覚えている。「彼女たちだって苦労したんだし、シーズン中ずっと僕らと離ればなれだったんですよ。この機会を楽しんでもいいじゃないですか。僕らの背中を押してくれた支援者なんですよ」。

ライリーは理由を告げず、元の答えを繰り返した。妻たちは連れて行かない。

このやり取りを聞いてプレイヤーたちは驚いた。ライリーが彼らの前でそんなふうに食ってかかられるのを何年も見ていなかったし、相手が皆からも尊敬されているベテランだったにしてはそっけない答えだったからだ。

約1時間後、ライリーはチェケッツに電話を入れた。

「ペイサーズに勝った第7戦のあと、車で家に帰っているとパットから電話が入った。大雑把に言えば、プレイヤーたちが遠征に妻を連れて行くべきではないという彼の考えを私に伝えたかったんだ」とチェケッツは言う。「イースタン・カンファレンスを勝ち抜いて、いよいよファイナルだ。24時間くらいは楽しんだらいいだろう。彼は別に、私の答えを聞きたかったわけじゃない。とにかく考えを私に伝えて自分の指向を共有しようとしていたんだ」。

チェケッツは、ニックスが最後にファイナル進出を果たしてからの時の流れと、それがどれほど特別な偉業であるかを思うとライリーに同意できなかった。ただ、家族が一緒では気を散らすことになりかねないというコーチの懸念も理解している(「本来パットを雇った理由はただ一つ、勝つためですから。チャンピオンリングを四つ持っている男が『私はそう信じているんです』と言うなら、優勝経験ゼロの私が聞かないわけにはいかないですよ」。チェケッツはそんな思いだった)。そこで、シリーズがヒューストンに戻る第6・7戦になだれ込んだ場合には、プレイヤーを含む組織の誰もが妻を連れて行ってもいいという折衷案が提示されていた。

ブラックマンはロケッツに強く、キャリアで最高の平均得点を記録している。にもかかわらず第7戦でベンチに閉じ込められているのは、妻の遠征同行でライリーと衝突したことが影響しているのではないかと疑念を持った。チームメイトも皆、同じ疑念を持ったし、いまだに疑っている。「それがチーム内のどこかで反発を買っていたのか、あるいは(ライリーの)判断に影響を及ぼしたのかはわからんね」だいたい彼は第7戦までこのシリーズで一度もプレイしていなかったのだ。

傷口はスタークスがミスするたびに大きくなっていく。リムに弾かれてミスとなったジャンプショットは、ベースライン際に座っているカメラマンの腕に跳ねていった。かと思えば、トランジションでドリブルからの3ポイントショットは、今度はリングの奥に当たってミス。ヒューストンはすかさずファストブレイクでダンクを成功させた。左コーナーで完全なオープンの状態で放ったショットも入らない。これでスタークスは13本のフィールドゴールアテンプトで成功が1本のみだ。ニックスは第4クオーターで78-71とビハインドを背負っている。

そんなスタークスの低調なパフォーマンスが続く中、ほかのプレイヤーたちはいても立ってもいられなくなってきた。ACL損傷でプレイオフのロスターから外されていたドック・リバースは、カンファレンス・ファイナルまでに実質的なリハビリ過程を終えていた。こんなことならば、自分が第7戦に出ていた方が意味のある活躍をできたんじゃないかとさえ、思わずにはいられない。好プレイを続けていたハーパーは、ファイナルMVPを獲得した場合に備えてスピーチのアウトラインまで思い浮かべていたが、スタークスの寒々しいシューティングを考えると、もうパスしない方がいいんじゃないかと考えてしまうのだ。

スタークスがプットバックを成功させてロケッツのリードは78-73の5点差に縮まる。しかし彼が決めたのはこれが最後だった。

体勢が崩れた状態からのレイアップの試みを逃したところでアテンプト15本に対し成功2本。残り2分を切ってロケッツが80-75とリードした状況でボールを得たマクスウェルが、ショットクロックぎりぎりのタイミングでスタークスの激しいディフェンスをかわして3ポイントショットを放つ。ボールがスタークスの伸ばした腕の上を一瞬速く越えて飛んでいき、バスケットを射抜いたとたん、ファンのお祭り騒ぎが始まった。ロケッツのプレイヤーたちはコートに走り込んでマクスウェルをもみくちゃにしている。ロケッツはもう勝利の歓喜に浸り始めている。あとはシャンパンを味わうだけだ。

スタークスには慈悲のかけらもないようなエンディングだった。学校から家に帰ろうとして路頭に迷ったあの日と同じような困惑の中、第7戦の最後の3ポイントショットも外したスタークスは、フィールドゴール18本中成功が2本のみ。3ポイントエリアからは11本すべてを外していた。これはいまだに、王座をかけた第7戦における歴代最低のパフォーマンスの一つに数えられる大不振のエピソードだ。

ロケッツは最終的に90-84で勝利。ニックスは、我がものと思っていた王座を奪われてしまった。

ビジターのロッカールームに戻ったニックスの面々に、ロケッツが勝利の歓喜に包まれ騒ぐ声が壁の向こうから聞こえてきた。

敗北が重くのしかかる。ライリーもタバコを一服して気を紛らわせたいところだが、その前に消沈した男たちに何かを言わなければ。しかしそうはいっても、誰もが魂を抜かれたような状態であり、皆言われたことなど覚えていない。それはマンガ『ピーナッツ』に出てくる教師の言葉のように単なる音に過ぎない。「いろんなものが頭の中を駆け巡ってあふれ出てきそうだった。ダムが決壊するようにね。でももう流れ出した水を元通りにはできないんだ」とアシスタントコーチのジェフ・ニクスが回想する。「目の前で話している彼の声は彼らに届いていなかったと思う」。

ハーパーはユニホームを着たままシャワールームで泣き叫んでいる。ハーブ・ウィリアムズはその場を早く離れたいと思い、シャワーを早々に終わらせ一人歩いて帰路に就いた。ホテルに戻ったらライリーのスイートで「パーティー」のはずだった。その前にホテルに向かうバスでひと騒ぎしようとも話していた。勝っても負けても。

ブラックマンは30分間シャワーを浴び、スタークスに代わって戦う機会がなかった失望を水で洗い流そうとした。

「俺のNBAは終わったな、そう思ったよ」。

そのオフシーズンに彼は引退してしまった（ライリーは、ブラックマンを起用しなかったことを「人生最大の過ち」と呼び、その後何度もブラックマンに手書きの手紙を送ったが、ブラックマンはライリーに返信したことは一度もないそうだ）。

第7戦で最も大きな傷を負ったスタークスは、1時間以上もシャワーを浴び続けた。「あんまりいつまでもそこにいたので、最後には我々で引っぱり出さなければならなかった」。アシスタントのジェフ・ヴァン・ガンディが言う。

スタークスが服を着終える頃まで残っていた記者は二人だけ。締め切りはとうに過ぎてしまっていた。「自分を責めるしかないよ」。スタークスは彼らに言った。「俺がどんな人間か、皆知っている。俺が誰よりも悔しい思いをしているのを誰もがわかっているよ」。

ホテルの部屋に戻ったスタークスは、その夜も眠りにつくことなどできるわけがなかった。ニューヨークに戻っても同じことだった。第6戦のあとと同じように、彼の頭の中で第7戦の様子が何度も思い起こされてくる。この苦悩と不眠症のために、スタークスは自分の子どもたちのことにさえ焦点を合わせられなくなっていた。我が子が何かを聞いたり声をかけても、気が散っていてその声が耳に入ってこないのだ。

シーズンは終わったばかりだ。しかしある意味では、失意に沈んだその夜は、ニックスにとって休みない激動の1年の始まりだった。

BLOOD IN THE GARDEN

12 信頼関係の問題

アンソニー・メイソンは、ニックスの最重要人物の一人になるずっと以前から信頼関係作りに問題を持っていた。

最も近しい人々との関係すらなかなか信じられないのだ。

ある夜一緒に楽しもうと思った仲間が来られないと言い出せば、彼らの予定に自分以上に大事なものがあるのかを疑い、相手の気分を害してしまう。理髪師のフレディ・アビラが、あらゆる都合を飛び越えてメイソンを予約の一番目に入れなければ、忠誠心うんぬんと文句を言い出す。

「彼は独占欲が強くて、常に自分が大切にされていると思いたいんですよ」とアビラは言う。

そんなメイソンだが、若かりし頃は、自分がいかに忠誠をつくす男かを語る大胆なうそで女性たちに近づこうとしていたのだからおかしなものだ。

1989年、メイソンはラティファ・ウィットロック（大した考えもないまま友人に電話を介して紹介された女性だった）と近しい関係になろうとしていた。ひとしきり世間話をしたあと、ウィットロックがメイソンにどんな仕事をしているのかを尋ねると、「マクドナルドのフライドポテトの調理係だ」という答えが返ってきた。メイソンは足を骨折してその夏はあまり働いていなかった、レストランをモップがけしていたときに滑って転んでしまったんだ、ともつけ加えた。

詳細まで行き届いたこれらの説明はすべてうそ。メイソンはトルコでプロバスケットボール・プレイヤーとして働いていた最中に骨折したのであり、マクドナルドのフライコックなどしていない。実際にはエージェントがネッツのトレーニングキャンプ参加を決める契約を結ぶのを待っていた。

深い算段があったわけではないだろうが、当然意図して真実を曲げているし、当然つきあいたいからこんなことをしている。ただ、プロバスケットボール・プレイヤーのステイタスになびいてくる人間とは一緒にいたくないのだ。

メイソンがアスリートであることに気づいても、ウィットロックの態度に変化はなく、一緒に過ごした最初の5年間、どんなにメイソンが不機嫌になっても常にしっかり寄り添った。長男の存在についてなかなか言い出さなかったことにも寛容だったという。ウィットロックがメイソンに長男がいることを知ったのは、つきあい始めてから数か月後、メイソンの母親宅で居間の壁に貼りつけられた男の子の写真を見たときだ。それが誰かを尋ねると、「ああ、アンソニーは話していなかったんだね」と事の次第を聞かされたのだ。

メイソンはほかの女性ともめることもあったが、そんな経過を辿りながらまだ自分のそばにいて、子どもを一人生んでくれたウィットロックと結ばれる。

ヒューストンでのファイナルから戻ってからまだ8時間ほどしか経っていない午前3時頃、メイソンは真珠のような白いメルセデスベンツをウィットロックと息子のアントワン、ウィットロックの母親が住むクイーンズ99番街に転がした。到着したメイソンの車から聞こえてくる大音量のラップミュージックで、ウィットロックだけでなく近所一帯が驚いて目を覚ます。メイソンは携帯電話でウィットロックに外に出ておいでと伝えた。

彼女が出てくるとメイソンはCDプレイヤーから流れていたけたたましいラップトラックを、口短調のより柔らかくメロディックなトラックに変えた。ウィットロックが助手席に飛び乗ったときには、デバージがファルセットで歌い上げる『シェアマイワールド』の冒頭が流れはじめていた。

「愛してるよ」。メイソンはきらめく6カラットのダイヤモンドの指輪を手にそう言った。「俺の世界で一緒にいてくれ」。

メイソンは涙を流すウィットロックに結婚を申し込んだ。彼女が「イエス」と答えたあと、二人はウィットロックの母親にその報告をしようと家に入った。「遅かったけどやっぱり起こして伝えたくて」。


このオフシーズンに、ニックスで将来に向けて足場を固めたのはメイソンだけではなかった。NBAファイナルの敗北から数週間のうちに、デイブ・チェケッツはパット・ライリーに連絡を取り、組織としてこれまでよりはるかに好条件で契約延長を交渉し、コーチとしての成功に報いたいと伝えている。

しごく妥当な計算だろう。ライリーが率いるまでは、よく言っても平凡の域を出ないクラブだった——チケット販売に苦戦し、ファッションショーでモデルが衣装を変えるようにヘッドコーチと重役を次々交代させていた——のに、そんな組織の文化が急速に変わったのだから。1994年までの2シーズン、ライリー率いるニックスはイースタン・カンファレンス最高勝率かそれと並ぶ成績を残し、両シーズンともNBA最強のディフェンスを誇るチームだった。

過激なほど攻撃的なチームカラーを確立するだけでも、価値のある改善と言えたはずだ。しかしライリー就任後最初のシーズンから、ニューヨークはマイケル・ジョーダンを擁したディフェンディング・チャンピオンのブルズと第7戦までもつれ込む大激戦を演じた。2年目にはシカゴとのカンファレンス・ファイナルで2−0

のリードを奪い、チャールズ・スミスの悪夢のような流れさえなければという、あと一歩のところまで来ていた。そして3年目には、ジョーダンがいなくなったイーストを制覇。ＮＢＡの王座獲得まであと1勝に迫ったのだ。

このとき5年間契約の2年分を残していたライリーに、クラブはすでにインセンティブを含めリーグのどのコーチよりも高額な年間約１５０万ドル（当時のレートで約1・5億円）を彼に支払っていた。しかしそれだけの価値が証明されている。

ニックスは最終的に、ライリーのサラリーを倍にする契約延長を提示する。彼をニューヨークにとどめ組織を安定させられれば、キャリア晩年にさしかかっているユーイングにも最大限に華々しい活躍を期待できるだろう。

しかし、１９９４-95シーズン、ライリーとフロントオフィスの絆が揺らぐ事態となるのだ。新たな取引で数百万ドルがライリーの机上に置かれているにもかかわらず、それはまるで砂時計の砂が少しずつ落ちていくような、あるいはアルマーニの生地がゆっくりとほどけていく様子を見るような危うさを伴っていた。

机上の計算では、ニックスはもう一度ＮＢＡチャンピオンシップを狙える好位置にある。

１９９４-95シーズンが近づいても、数年間に渡って最大の障害であったジョーダンは、バスケットボールシューズではなくベースボールのスパイクを履いて、リーグを離れたままだ。タックルを繰り返すフットボールに近いようなニックスのディフェンスシステムはしっかりと確立されている。ロスターも大部分が残っているので、理論的には昨シーズンを終えた時点の戦力と変わらない。プレシーズンのオッズメーカーは、ニックスが頂点に立つ確率を2位タイとしていた。

しかし、早々に問題が持ち上がる。

チャールストンでのキャンプ初日、ＮＢＡの運営責任者であるロッド・ソーンがニックスとの面会に立ち寄った。フィジカルさを減じ得点を増やす目的で、そのシーズンから導入されるいくつかのルール変更を説明するために、リーグの全チームを行脚しているのだ。ただの偶然かもしれないが、ソーンはその最初にニックスを選んだ。

いかなる理由があっても、口論の最中にベンチを離れるプレイヤーは、1試合の出場停止。3ポイントラインは23フィート9インチ（約7ｍ24㎝）からほぼ2フィート（約61㎝）内側に移動して22フィート（約6ｍ71㎝）になる。ペイントの主のようにゴールを守るべきプレイヤーも、シューターがより近い距離から積極的にゴールを狙うようになれば、ゴールから離れて止めに出ていかなければならなくなる。また、ゴールに向かうスコアラーを止めるためにディフェンダーが長年培ってきたハンドチェックの技術も、大幅に制限される内容になっていた。

ソーンとリーグのオフィシャル管理を担当するダレル・ギャレットソンが変更に関する講義を終えた後、ＶＨＳビデオプレイヤーで、以後許可されなくなるプレイの例を見ていく。ハンドチェックの排除についての説明では、見慣れた顔が画面に登場した。デレク・ハーパーだ。

「あれは僕が誰かにハンドチェックを繰り返すハイライトだったよ」。最初はビデオに登場する自分の姿にほほ笑んでいたハーパーだったが、それが反則例の主役扱いだとわかれば面白いはずがない。「あれじゃ悪いやつの見本だよ」。

ハーパーと同じ感情をクラブ全体が共有していた。新しいルールは、次々と肉弾戦に強いプレイヤーに迫ってくるフィジカルなディフェンスとロースコアのオフェンスを特徴とするニックスを、直接的な標的としていると彼らは感じたのだ。この変更は、ジョーダン不在に加えて、どちらのチームも95得点に達しない展開で視聴率的に苦戦したNBAファイナルのわずか数週間後のことである。また、ハーパーがシカゴのジョジョ・イングリッシュにスープレックスを食らわせ、デイヴィッド・スターンの目の前で全員が参加しての大乱闘を引き起こしてからわずか数か月後のことだ。

ほかのどのチームよりも多くのファウルを吹かれながら泥臭くプレイしたニックスにとって、これらの変化による影響は大きい。

「要するにニックス殺しのルールさ。考えるまでもなく明らかだね」とガードのドック・リバースは言う。「まあ、(リーグとしては)よくやったといえるのかね。あのルール変更で、見栄えするゲームが出来るようになったんだから。だけど俺たちを狙い撃ちしたのは間違いない。だって禁止されたのは、俺たちがほかの誰よりもはるかに激しく、うまくやっていたことばかりなんだから」。

当時NBAの副コミッショナーだったラス・グラニックは、ニックスがそんな見方をすることも理解できるという。「ニックスのプレイスタイルやチーム作りを考えれば、ルールを変更しなければ、ほかのチームよりもニックスに大きな影響を及ぼしていたでしょうね」。グラニックは、ルールを変更しなければ、今後才能よりも身体的な強さが意味を持つようになるのではないかとリーグ関係者が懸念を抱いていることもつけ加えた。「(ルール変更は)彼らを標的にしたものでは決してありません。しかし、ニックスに最も影響を与えたという考えは否定しませんよ。おそらくほかのどのチームよりもニューヨークが影響を受けたでしょう」。

ルールの変更以外にも、ニックスは厳しい現実に直面していた。リーグ全体のレベルアップだ。ライバルのペイサーズは、プレイオフで戦った三つのラウンドすべてで下位シードだったにもかかわらず、大方の予想を覆してファイナル進出まであと一歩のところまで来ることができた。すでに飛躍の準備が十分できている。若手スターをそろえたシャーロット・ホーネッツ（アロンゾ・モーニングとラリー・ジョンソン）や、オーランド・マジック（シャキール・オニールとペニー・ハーダウェイ）のようなチームも真の優勝候補になりつつあった。

スピード感に満ちた若々しい新進気鋭のスターたちは、どのチームも経験したことのない最長のポストシーズンの消耗から回復を図っていたニックスとはまったく対照的だ。ユタ・ジャズに次いで2番目に平均年齢が高いクラブとして1994–95シーズンを迎えたニューヨークにとって、エリートレベルのプレイを維持するのは当たり前のことではなかったし、常に健康でいられるという考えもなかった。

32歳のユーイングは、オフシーズン中に右膝のクリーンアップを受けており、プレシーズンにはプレイをせず動きの悪くなった関節を休ませていた（まだ29歳のチャールズ・スミスも同じ問題を起こしがちで、スミスが子どもの誕生のためにキャンプ合流が遅れると伝えてきたとき、ライリーは彼に新生児の膝も氷で冷やしておけとジョークを飛ばした）。ほぼ4シーズン試合を欠場したことのない31歳のアイアンマン、チャールズ・オークリーは、シーズンの初めからひどいつま先の痛みを訴えている。ロスターの半分にあたる6人のプレイヤーが12か月以内に何らかの手術を受けていたというのはちょっとした驚きだ。その中には、前シーズンにACL断裂から復帰した33歳のリバースも含まれている。

ライリーとフロントオフィスもクラブの高齢化を忘れてはいない。キャンプ日程も前年とは違い、練習は1日に2回から1回に減らしている。また、百戦錬磨のベテランをそろえるのとは対照的な動きとして、ドラフトでポイントガードのチャーリー・ワードとフォワードのモンティ・ウィリアムズの二人のルーキーを獲得した。

ドラフト1巡目の24位、26位指名権を持っていたニックスはわかりやすい考え方を持っていた。若い即戦力は必要だが、その獲得により主要メンバーを手放すことは望まない。だからドラフトに目を向ける、というわけだ。しかし、指名順は後ろの方なので、スカウトを請け負ったエド・タプスコットは、ハイリスク・ハイリターンのアスリートを指名する賭けに出る必要があると考えた。

フロリダ州立大でパスよし、ランよしのダイナミックなクオーターバックとしてハイズマン賞を受賞したワードは、バスケットボール以上にフットボール・プレイヤーとしての活躍の方でよく知られ、〝グリッドアイアン〟と呼ばれるフットボールの世界で学生時代の多くの時間を費やしてきた若者だ。しかし、そのワードがバスケットボールに真剣に取り組むことを表明すると、タプスコットは迷わず機会を与えた。ワードが二つのスポーツをかけ持っていることに懸念を抱くチームもあったので、指名順が後ろのニックスにも獲得できる可能性がありそうだった。

一方でタプスコットのボスたちは慎重だ。「アーニー（グランフェルド）とデイブは、私が最初に彼を連れてきたとき、まるで三頭竜のハイドラでも見るかのような視線だった」とタプスコットは言う。

グランフェルドとチェケッツは最終的に同意し、ニックスはドラフト26位でワードを指名した。しかしリスクという意味ではその二つ前に指名したウィリアムズの方がより大きい。

ウィリアムズはノートルダム大のスターで、4年生時に平均22得点と8リバウンドを超えるアベレージを残したプレイヤーだ。しかし、1990年の定期検診で、心臓の筋肉の肥厚が明らかになり、2年間離脱することを余儀なくされていた。肥大型心筋症として知られる、命の危険が伴う可能性のある問題だ。

ウィリアムズがNBAドラフトの身体検査を終えたあと、ニックスのチームドクターを務めていたノーム・スコットは、コンディション面のリスクを考慮すると彼はプレイすべきではないと判断した。「たくさんの心臓専門医と話をしましたが、誰もが同じ結論だったんです。突然死につながる可能性のある類だということでね」。当時NBA医師協会の会長でもあったスコットはそう話す。

ドラフト前、ウィリアムズと代理人のデイヴィッド・フォークがニックスのオフィスを訪れた際、二人はこの指名はリスクが大きすぎるとはっきりと言われた。「彼に暴動法を読み上げたようなものだ」とスコットは言う。本来ならクライアントを支持するはずのフォークでさえスコットの側に立ち、それほど多くの専門家の医学的アドバイスに逆らうことは賢明とは思えないとの立場だ。

「そんな……。私はバスケットボール・プレイヤーなんですよ。僕はずっとこれをやってきたし、大好きなんです。これをやって死ぬんだったらそれでいいんです」。ウィリアムズは言った。

まるで映画のワンシーンのようなウィリアムズの情熱的な姿勢に、何かが起こった場合の道徳的責任を危惧するフロントオフィスのメンバーの心は揺らいだ。そしてドラフト当日、ウィリアムズがニックスの指名順まで残っている状況となると、彼らはまれな機会に恵まれたことを悟り、あらためて考え直す。「20位代半ばの指名順で。ユニークな才能の持ち主を指名できるかもしれなかったからね」とタプスコットはそう説明した。「このリスクを取る見返りとして十分な価値が得られるのか、と自問自答だよ。結局そう結論づけたわけさ」。

ドラフト1巡目24位でウィリアムズを指名したニックスは、彼のコンディション管理のために、すべての試合中にマディソン・スクエア・ガーデンのトンネルの一つに救急車を配車することになった。アウェイでプレイするときにも、同じことがほかのアリーナでも行われた。最終的には、ウィリアムズのニックス入りを契機に、すべてのアリーナでコートの近くに救急車と2台の除細動器を設置することが標準的なプロトコルになる。

ウィリアムズの指名には組織にとってのリスクが伴っていた。しかしライリーに対してギャンブルに出た決断の方が、結果的にはニックスにとってより大きなリスクだった。

夏から秋へ、葉の色も変わり始めた頃、ニックスの状況も変化していく。ちょうど1年前にニックスの所有権を取得したバイアコムはこの頃、レンジャーズ、ガーデン、マディソン・スクエア・ガーデンネットワークを含むパッケージでセールスを好転させる準備に取り組んでいた。

しかし、企業売却成立前から、ライリーはチェケッツに懸念を表明していた。ユーイングが最初の5シーズンで幾多の〝政権交代〟を経験したように、ニックスはライリー就任後の3年間で3番目のオーナー企業の下でプレイしようとしているのだ。これが公平な捉え方かどうかは別として、絶え間なく状況が変わることは彼を不安にさせていた。

チェケッツは「パットはあまりに多くのことについて妄想的だった」と話す。

例えばこんなことがあった。ライリーにとってニューヨークで2年目の1992-93シーズン中、チームを取材した記者の1人である『Newsday』のカーティス・バンが、前のオフシーズンにポール・サイラスが去ったあと、ニックスのコーチングスタッフに黒人がいないという記事を企画した。

黒人男性のバンは、ニックスの黒人スタッフとしてチームの最高位のタプスコットとオフレコで連絡を取る。記事公開前にこの企画に対する一般的な見解を得たかったのだ。タプスコットは親切心から、まずNBAのほかのチームの状況を確認して、ニックスがその点でほかのチームに比べておかしな存在なのかを調べるようにすすめた（実際ニックスはその意味で外れた存在ではなかった）。その後、タプスコットは上司のチェケッツとグランフェルドに、バンがこのテーマで記事を書く可能性があることを知らせたという。

このうわさを聞いたライリーは、タプスコットに激怒してしまうのだ。

＊＊＊

「彼は基本的にタプスコットが存在しないように扱った」とチェケッツは話す。ライリーは、タプスコットの方が記者の耳に何らかの情報を入れたに違いないと考えたのだ。

「私はライルズ（ライリーのニックネーム）に『あなたは何もわかっていない』と言いたかったよ」とタプスコットは言う。最終的にタプスコットの助言が、バンにこのアイデアをボツにするよう促すことになるのだ。「でもライルズはマネジメントに懐疑的だったし、僕はマネジメントに属していたからね」。

企業売却の話が進んでいる真っ最中に、チェケッツがバイアコムの上層部からライリーと5年間の契約延長交渉の開始について承認を得て、ニックスと彼との契約更新で財布のひもを緩めたときでさえ、ライリーは懸念を表明した。単なる高額サラリーでは不十分だというのだ。別の所有者がやってきて、地盤が揺るがされても立場を保証されるように望んでいた。彼がチェケッツに提示したのは、チーム所有権を持つ最初のコーチというステイタスと、チーム人事の最終決定権。でなければ、ライリーは1994-95シーズン終了とともに辞任する計画を発表することも考えなければならないだろうと言うのだった。

チェケッツは、そんな大それたニュースが流れたら企業売却の話が流れる可能性があると言って、ライリーにその一歩を踏み出さないように促した。

ライリーとチェケッツの物の見方がここで分かれる。ライリーは、コーチが売却を取り巻く不安について沈黙を守れば、チェケッツはシーズン後（1年早く）に契約を終了することを承認すると約束したと主張する。一方、チェケッツは、ニックスがしっかりプレイしていれば（それはライリーが安定しさえすれば普通に見込める）、チーム内での発言権もはるかに大きくなると伝えたと主張する（チェケッツは、ライリーに売却に関する不安について沈黙を守るように頼んだことを認めているが、それがほかの要求にひもづいていなかったと話している）。

売却は、8月下旬に実現。ＩＴＴコーポレーションとケーブルビジョンが、ニックスを含む一群の資産に対して11億ドル（当時のレートで約1100億円）のオファーを行っている。買収から数日のうちに、チームの新しい所有者としてあらゆる意思決定をつかさどるITTの最高経営責任者、ランド・アラスコグが取締役会を呼びかけた。セントレジスホテルの宴会場に集まった高位の幹部たちを前に自己紹介したアラスコグは、自分は原則を重んじる人物であり、意思決定もそこに帰することをひとしきり説明した上で、今回の買収がどのように機能するかについて何らかの質問があるかどうか尋ねた。

最初に手を挙げたのは、アラスコグの右側に座っていたライリーだ。「ニックスのコーチであるパット・ライリーです」。集まった全員が彼のことは知っている。しかし律儀に自己紹介から始めたライリーは、続けてこう言った。「私はまだ会社に1万ドル（当時のレートで約100万円）の貸しがあるんですがね」。

5、6秒の間、この発言が宙ぶらりんの状態になり、何人かはもぞもぞ身をよじり始めた。しかしライリーには、それ以上詳しく事情を説明する気がなさそうだ。それを感じ取ったアラスコグは慈悲深く対応し、不満の原因をよりよく理解するために追って個人的に話を聞くと約束したのだった。

室内のほとんど誰も、ライリーのコメントをどう受け取るべきか、その真意が何なのかわからない。しかし売却直後にガーデン社長に昇進したチェケッツには、それがリノの払い戻しの件だとすぐ認識できた。あれから約5か月、その精算はまだ済んでいなかったのだ。ライリーは、チームが直面する問題（この場合、ライリー自身だが）を迅速に対処する意思がアラスコグにあるかどうか試している。チェケッツはそう判断した。

あの1994‐95シーズンのニューヨークには、早い段階から数え切れないほどの問題があったが、どれもアラスコグが助けられるものではなかった。

ロスターが手薄な上にローテーションの中で故障者も多かったにもかかわらず、ライリーはACL断裂から完全復帰したリバースの生かし方を見いだせていない。スタークスは開幕時に3年間の1300万ドル（当時のレートで約12・8億円）の契約延長に同意していたが、まだあの第7戦のことが頭から抜けずにいる。12月中旬まで、キャリア最悪のスランプに苦しみ、11試合を通じてショットが30％しか決められない〝極寒〟状態だ。

この〝スタークスの寒波〟があまりにも悪化し、マイアミ戦で9本中1本のショットしか決められなかったことで、スタークスは悲惨だった第7戦のビデオをあえて見ることにした。悪夢のようなパフォーマンスを忘れようと自分自身に非常に大きなプレッシャーをかけていたので、逆に一度それを見れば物事が好転するかもしれないと考えたのだ。「いくら逃げてもつきまとってくるからね」とスタークスは話した。

つきまとうものはほかにもあった。ニックスのロッカールームでは、内紛が起こり始めていたのだ。

ライリーとリバースの関係がこじれたのは、12月初旬にオフィスで行われた会議の場だった。

ニューヨークでベテランガードが果たす役割について意見が分かれ、議論は大声でののしり合う状況に変わり、最後にはリバースからライリーに、自分をクラブから解放するようリクエストを出すというのがその経過だ。リバースの要求にしぶしぶ同意した後、ライリーは「君はいつかＮＢＡのヘッドコーチになるだろう。間違いない」と出て行く準備をしているリバースに一言伝えた。

リバースは大きな笑い声を上げ、「ええ、そうですよ」と返答した。

同じ12月にもう一つ、注目すべき出来事が起こっている。ライリーが持つ最高のプレイヤー二人の衝突だ。アトランタでの一戦で、ユーイングがオープンのスタークスにパスを出さなかったことで大声を張り上げての口論となった。

怒りが収まらないスタークスが共同キャプテンを務めるユーイングに怒鳴ったとき、ユーイングは珍しく言い返し、身のほどをわきまえろという趣旨の言葉を吐いたのだ。この爆発は長い時間をかけて起こっている。スタークスはスランプに陥っていたあいだに、チームメイトが彼をオフェンスから外そうとしていたと捉えていたからだ。一部のプレイヤーは、ライリーが調子の上がらないスタークスにあまりにも多くの機会を与えすぎていると感じていた（そのうち二人は、スタークスを「ライリーの息子」と呼んでいたほどだ）。

しかし、その夜ホークスに負けてからは誰もそのようには感じなくなった。ビジターのロッカールームに戻ったあと、ライリーがスタークスに「人のショットセレクションに疑問を呈するそっちは何様なんだ？」と叫んだからだ。スタークスの第7戦のプレイぶりに触れ、あれだけでもチームメイトの信用を損なう根拠になり得ると説いてこう言った。

「ここにいる誰かが（第7戦について）お前に文句を言ったことがあるか？」。

着替えながら涙をこらえていたスタークスは、翌日スターターから外される。

チームのフラストレーションの原因は謎ではない。シーズン開幕からの24試合で、12勝12敗。ライリーの下でクラブ最長となる5連敗を喫していた。勝敗以上に心配なのは、この24試合ですでに二桁の点差で負けた試合が7試合もあることだ。前シーズンは82試合で10試合だけだったことを考えると、これは気がかりな数字だ。20点差以上での黒星は3試合で、これはすでに1993-94シーズン全体（2試合）を上回っている。

マジックのガードのペニー・ハーダウェイは、12月初旬の対戦でニックスを25点差で粉砕したあと「ニックスは僕らより年長者が多くて、もう以前のように走れそうにないですね」と話した。

ストレスの多い年末年始、ニックスは珍しく長い休暇を楽しんだ。大晦日から1月3日まで試合がないことを利用して、ライリーはしばしプレイヤーを日々の鍛錬から解放して休暇を与えることにしたのだ。彼自身も時間を取り、大晦日にチャータージェットでコロラド州アスペンに飛んでいる。長年の友人で裕福な不動産開発業者のディック・ブテラに会うためだった。

この会合でライリーは重大な相談をするつもりだった。「これ（ニックスの状況）は、うまくいくかわからなくなってきました」とライリーはブテラの自宅に集まった友人一同に語り始めた。「もう堪忍袋の緒が切れそうですよ。何も知らせてもらえないので」。ライリーがこの爆弾を落とすと、ブテラも一つの話題を提供した。知人の裕福な資産家のグループが、売りに出されていたマイアミ・ヒートの購入に乗り出そうとしているという。

このネタは会話に拍車をかけた。「我々はパットと静かな取引をしたんです。チェケッツとの関係が不安定になっていたみたいだったので」と後日ブテラは明かしている。「彼はニューヨークでかなり不満を募らせていました。だから、もし我々がマイアミでチームを獲得できれば、彼はコーチになることを検討すると言ったんです」。

独身のブテラが町で夜を楽しもうと誘っても、ライリーの頭の中では新たな構想が駆け巡りっぱなしだ。夕食をとり、アスペンの豪華な会員専用バーとして知られるカリブークラブに繰り出したが、ライリーは気乗りしなかった。入り口の間際まで来ても足元まで覆う毛皮のコートを受付に渡す準備もせず、歩を止めてブテラの肩を軽くたたいた。

部屋をざっと見回しただけでどんな場所かはすぐわかる。何十人もの男性が、たぶんここに雇われているだろう女性と抱き合っている。自分が立ち寄るべき場所とは思えない。

「皆大変そうですね。僕らはやめておきましょう」と彼は言った。

ニックスからの契約延長オファーがすでにあり、ライリーは絶望的状況ではない。とはいえ、知人の一人がチーム購入に乗り出す可能性が非常に高いと知っていたことで、ニックスに対する要求が大胆になったということはあったかもしれない。アスペンから戻ったライリーは、1月のうちにチェケッツにカウンターオファーを送った。その中で、彼は正式にチームの所有権と社長への昇進を求めている（ニックスがすでに提示していた300万ドル「当時のレートで約3億円」のサラリーに加えての要求だ）。

チェケッツは、ライリーをバスケットボール運営担当の社長にするのは可能だと言ったが、所有権を渡すのは非現実的だとも伝えた。それでもライリーがこの点について上層部との直接交渉を望んだため、それを了承し、数か月前に事実上の所有者となったITTの最高経営責任者アラスコグとの話し合いの場を設ける。

チェケッツは両者の話し合いを取り持つにあたり、ライリーが契約延長の一項目としてクラブの所有権の10～20％を要求する可能性が高いとアラスコグに伝えた。アラスコグは「わかった、デイブ。それは難しそうだな」と言いつつ、「でも、パットが私に会いたいのなら、私は彼に会わないと言うつもりはないよ」と面会自体は受け入れた。

アラスコグの立場からは、チームの所有権がライリーの選択肢になるということはありえない。企業が所有するクラブであるニックスは、個人所有のクラブとは経営事情が違うのだ。ITTがその85％を、ケーブルビジョンが15％を所有しており、企業として四半期ごとに無数の株主との利害関係に対応しなければならない。いかにライリーが才能豊かでも、お役所仕事を切り抜けて株主たちに自らの取り分を減らすよう説得し、さらに機能させることは困難だったろう。

それよりも大きな問題は精細を欠くマディソン・スクエア・ガーデンの経営状況だ。1994年の貧血気味と言うべき利益には、ウエストポイントの陸軍士官学校を卒業したアラスコグもほとほと参らされていた。ニックスがファイナル第7戦まで戦い、レンジャーズがスタンレーカップを手にしたこの年は最大限の成功を収めてしかるべき年のはずだ。それでもチェケッツによると、ガーデンとその関連資産がその年に生み出した利益はわずか1200万ドル（同年7月のレートで約11・8億円）に過ぎない。これでは首切りや節制を余儀なくされてしまう。

チェケッツの仲介で二人が話し合いの席についたのは、1月下旬のことだ。ライリーはいつものようにスーツとネクタイをエレガントに着こなし、54番通りと6番通りの交差点にあったITT本部にあるアラスコグのオフィスにさっそうと姿を見せた。アラスコグと握手したあと、ライリーは幹部の机の前に置かれた二つの椅子のうちの一つに座り、もう一方の席に持ってきた革のブリーフケースを置いて世間話でなごませる。

20分間程度、家族、ニューヨークの町のことや、その時点までのニックスのシーズンについて語り合ったあと、ライリーはブリーフケースに手を伸ばして本題に入ろうとした。「折り入ってお話したいことがあります」。しかし、アラスコグは、ライリーが次の言葉を言う前に「パット、ブリーフケースを開けるのはやめておきなさい」と手を上げてそれを制した。

「君が話したい内容はデイブから聞いているが、それは到底不可能なことなんだよ。この契約を終えたあとのある時点で、君はどこかでその機会を得るかもしれない。そうなったときには君が判断をすればよいことだ。君がリーグで最も傑出した人物の一人だということはわかっているので、要求も理解できるんだよ。でも私はその要求に応えることはできないんだ」。

ライリーは唇をすぼめ、失望した様子で「残念です。でも、わかりました」と言った。その後、この問題を深く議論することはなく、面会はその後数分で終わったという。

アラスコグは話し合いの進み具合に違和感を抱き、その夜チェケッツに電話を入れた。ライリーが何かしらの反応を見せたか、あるいは何も会話がないかを知りたかったのだ。

チェケッツは「おかしな雰囲気ではありませんでしたよ」と答えた。「パットが話したのは、オフィスが素晴らしかったことくらいです」。アラスコグは「意味がわからないな」と当惑した。

単に善意の褒め言葉に過ぎないのか、本題を議論できなかった失望を隠したかったのか。あるいは、アラスコグが本気になればできるのに、やっかいな状況に首を突っ込んでライリーの要求に応えようとはしなかったと捉えての当てつけか。

いずれにせよ、ライリーは詳しい説明をしなかったし、シーズン中に契約延長に関して何かを言ってくることはなかった。「あのあと、彼はおとなしくなり、バスケットボールのことしか話さなくなった」とチェケッツは話す。

1990年にレイカーズのコーチを辞める直前、ライリーはフェニックスとのプレイオフシリーズでふがいない戦いぶりに終わったプレイヤーをホテルの宴会場でどやしつけたことがある。活気を呼び覚ますようなものではなく、互いの信頼を損なうようなスピーチで、怒ったライリーは最後に鏡を叩き、右手を切って白いドレスシャツの袖に血をしたたらせたという。

しかしニックスでの最後のシーズンには、ライリーはプレイオフを待たずに限界点に達してしまう。事が起こったのは、2月半ば。オールスターブレーク後の最初の試合で、ニックスは勝率5割を12試合も下回っているデトロイトに大苦戦を強いられた。ニックスは第1クオーターをシーズン最低の12得点で終えると、第2クオーターには相手にシーズンハイの38得点を許してしまう。ハーフタイム時点で25得点のビハインド。ニックスのふがいない出来にライリーは、顔を真っ赤にして怒り、たまった鬱憤(うっぷん)をプレイヤーにぶつけた。

まるでレイカーズでの一件の再現だ。今回は血まみれの手で立ち去ることはなかったが、代わりにビジターのロッカールームにあった黒板にパンチで穴を開けた。

ライリーを苛つかせたのは、その夜のプレイぶりだけではない。ヒートの購入に興味を持っていた友人のブテラから、チームを獲得できなかったことを知らされたばかりだったのだ。ヒートでコーチをすることを考えていたライリーには失望でしかない。「彼は『ヒートを買えるなら絶対一緒に行きます』と言い続けていましたからね」とブテラは回想する。

しかし、その計画が成就しなかったあと、別の機会が残っていた。カーニバル・クルーズ・ラインのミッキー・アリソン会長がヒートのマジョリティー・オーナーに就任したのと同じ月に、ブテラはアリソンと何度か電話で話している。記録に残るこの電話を通じた会話で、何が議論されたのかは明らかではない（ブテラはライリーが会話の話題であったことを否定している）。その後まもなく、アリソンはライリーに会おうと試みる。ニックスがヒートと対戦するためにマイアミを訪れたときだ。

2月16日の朝、ニックスファンとして育ったアリソンは、マイアミ・アリーナに早く到着してコートに続く通路でライリーとチームの面々が朝のシュートアラウンドにやってくるのを待った。到着したニックスにヒートの広報担当者の一人が近づき、アリソンがニックスのトレーニングを座って見ていてもいいかと問いかける。ライリーは闘争心が激しい。ほかのチームは言うまでもなく、自分のクラブのメンバーにセッションを見せることすら拒否することもある人間だ。答えはノー。アリソンはセッションにとどまることができなかった。

「興味を引かれたよ。評判も聞いていたから」アリソンは言う。「拒否されたこと？　立派じゃないか」。

アリソンはその場を立ち去ってはいない。近くのアリーナトンネルでシュートアラウンドが終わるのを待つ。ライリーがプレイヤーと一緒に出発の準備をしているときにも、この新しいマイアミのオーナーは出口に立っていた。

彼はライリーを脇に引っ張り、数分でも話せないかと尋ねた。アリソンの粘り強さにライリーは足を止めたが、ニックスの仕事を引き受けて以来、ライリーはチームに忠誠をつくしてきている。それこそ一途に。ほかのチームとは距離を置き、ほかのチームの誰かと親交を深めるのはよいことではないと。

そんなライリーが、チームのトレーニングのあと、試合のほんの数時間前に、アリソンと会うことに同意などするだろうか?

驚いたことに、答えはイエスだった。ライリーはうなずき、トンネルで会うという。ほんの数分間でよければ。

アリソンは長い時間を必要とはしていなかった。ライリーが会話に応じるかどうかがわかればいいのだ。話すことさえできれば、そこからつきあいを始めていけるに違いない。

BLOOD IN THE GARDEN

13 罪人たちの駆け引き

パット・ライリーとミッキー・アリソンの会話からまもなく、物事が崩れはじめる。

ニックスがホームでマイアミ・ヒートに対し快勝を収めようという状況で、マディソン・スクエア・ガーデンの観客は「チャーリーが見たい！」の大合唱を始めた。ライリーに、14試合出番のなかったルーキーガードのチャーリー・ワードを出すよう求めているのだ。ニックスが21点差をつけた状況で、デレク・ハーパーさえベンチでファンと一緒になって声を上げている。

ワードは機会を得て6分間プレイしたのだが、その間にニックスのリードは一時7点差まで縮まってしまう。ニックスが100-91の勝利を手にしたあと、ライリーはほんの短い時間で会見を切り上げた。

「一言だけ言わせてもらいましょう。15年間コーチをしてきて、こんなにプロらしくないチームの態度は見たことがありません」。

そう言って荒っぽく席を立ち、彼は部屋を出ていった。詳しい説明がなかったので、記者たちは何を指しているのかさえわからない状態だ。

プレイヤーはライリーにメディアから遮断されるのに慣れていたので、記者からライリーが数分前に残したコメントについて聞かれて不意打ちを食らったように感じた。特にハーパーは、終盤にワードを出場させろと盛り上がっていたので、自分が批判の対象かと気をもんでしまったようだ。

ほかのメンバーはライリーに辟易としていた。仮にハーパーがそのとき少しはめを外しすぎていたとしても、だから何だというんだ。結局勝てたんだし。ニックスのメンバーはおおむね誰もが、自分たちは非常にがんばっていると考えていた。取るに足らないことで、厳しく非難するのは、意味もなく人の気持ちをもてあそぶようなものじゃないか。

次の試合で前シーズンの覇者ヒューストン・ロケッツを倒したあとにも、ニックスはまだライリーの苛立たしいコメントを引きずっていた。

「勝てばすべて水に流せると言えばそうになるよ」とフォワードのアンソニー・メイソンは言った。「俺はもちろんプロだよ。彼が言うプロと俺の言うプロは違うのかもしれないね」。

その数週間後、ライリーと控えの一番手を務めるメイソンのプロの定義がどう違うのかが明確に示されることになる。デンバー戦第3クオーターのタイムアウトの最中に、両者は衝突してしまった。メイソンはハーフタイムにも一度吊るし上げられたあとで、サイドラインでも名指しで批判されたのだ。険悪な雰囲気の中、ライリーはメイソンをロッカールームに帰らせた。のちに2年連続でメイソンを出場停止にしている。

チームは、12勝12敗という頭を抱えるような成績で苦しんだシーズンの最初の2か月間のような様子ではない。ただ、後半戦の好調ぶりには、前シーズンまでのような確信を持てる要素もなかった。3月の11勝6敗という成績は、ほとんどのクラブにとって素晴らしいものだっただろうが、直近3シーズンの3月の成績が通算37勝6敗のニックスにとって取り立てて喜ぶようなものでもないのだ。

むしろ期待はずれであり、懸念事項だ。高齢化、故障、際どいミス、ライリーとの確執などにより、一つの目標に向かって一体化するのが難しくなっていた。「ライリーは皆に王座獲得に向けて犠牲を払うように導こうとしたが、毎年それが難しくなっていった。2年間懸命にがんばって取りそこねてしまったからね。それまでと同じ誘い文句ではもう効かなくなっていたんだよ」。その時期には元ニックスとなっていたドック・リバースはそう話す。

プレイヤーがそっぽを向くようになるとともに、ライリーはフロントオフィスとも切り離されていく。デンバー・ナゲッツとの対戦を前にした終盤戦のある日、アシスタントのジェフ・ヴァン・ガンディがホテルの一室でライリーとその日の戦い方を確認していると、ライリーの電話が鳴った。デイブ・チェケッツからだ。

「ちょっと外しましょうかと聞いたら、ノーというので、そのまま座っていたんだ」とヴァン・ガンディは言う。「丁寧な対応ではあったけど、意見の相違が明らかだった。何の話かはわからない。でも彼が何だかうれしくなさそうなことは、座っているだけでわかったよ」。

ポストシーズンの1回戦でクリーブランド・キャバリアーズと対戦し、4試合で片づけたあと、カンファレンス・セミファイナルはライバルのインディアナ・ペイサーズが相手となった。

しかし、ペイサーズが3−2でシリーズをリードしてNBAファイナルまであと一歩に迫ったのが驚きだった前年とは違い、今年のペイサーズは自分たちの方が上だと見ている。

それでも第1戦の残り18・7秒の時点ではニックスが明らかに優位。ユーイングがフィールドゴールを15本中4本しか決められず11得点というよろよろの出来で、メイソンとチャールズ・オークリーがラインから飛び出しそうなボールをセーブした際にタイムアウトを使い切ってしまってもいたが、ホームで105−99とリードして初戦を取りそうな状況だ。

ところが、試合はこのまま終わらなかった。

ペイサーズのジェネラルマネジャー、ドニー・ウォルシュは残り1分ちょっとの時点ですでに席を立ち、ロッカールームに戻ってタバコに火をつけていた。「悔しいが我々はいいプレイができていない」。そんな気持ちがこみ上げる。ロッカールームにテレビはない。ウォルシュはその後、何が起きたかを見ていなかった。

残り16・2秒、レジー・ミラーがスローインからボールを受け、振り向きざまに素早く放った3ポイントショットが決まってニックスのリードは105－102となる。

やや危うい形勢だが、ニックスは焦る必要はない。きっちりボールをスローインできればペイサーズはファウルせざるを得なくなる。そうすればフリースローで、ほぼ間違いなくリードを2ポゼッション差に戻せるからだ。

しかしそうはならなかった。ペイサーズが3ポイントショットを狙ってくるのがわかっているので、ライリーは万能ディフェンダーとして最もチームで頼れるメイソンを、オークリーの代わりにコートに出していた。そのためオークリーが出ていれば請け負っていたはずのこのときのスローインを、メイソンがやることに。ヴァン・ガンディによれば、「メイスはスローインがまったくダメ」なのだ。

その上スターティングガードのハーパーは、アントニオ・デイビスともつれて退場処分となっていた。バックアップのグレッグ・アンソニーがチーム一のボールハンドラーに代わってコートに立っている。

そんなわけで、メイソンがベースラインの外からコート内の状況をうかがっている。どこにボールを入れるか。左を見るとスタークスは空いていないのが見える。右側はどうか。

そこにはアンソニーがいて、ディフェンダーとのあいだも空いているように思えた。メイソンは右足を踏み出しそこにパスを出す体勢に入る。それとほぼ同時に、ミラーに背中から軽く押されたアンソニーが体勢を崩した。

メイソンは試合後、パスを出してしまったことを悔いていた。スローインの5秒オーバー（その制限時間内にコートにボールを入れなければ反則となる）を取られても、その方が安全なチョイスだったと考えたからだ。しかしいくら振り返ってもあとの祭り。ラインを踏んで反則を取られそうになりながら、メイソンはためらいつつもアンソニーにパスを出してしまう。出しどころがほかに見つからず、アンソニーの方もまだ体勢を整えられていない。パスを受けられるような状態ではなかった彼の代わりに待ち構えていたのは、アンソニーについていたミラーだった。ミラーはすかさず相手のミスにつけ込んだ。

ペイサーズのスターはアンソニーを背中から押してワイドオープンな状態になっていた（後に殿堂入りのスピーチで、彼はそのプレイはファウルだったと認めている）。メイソンのパスを左サイドのウイングで奪い取ると、ミラーは瞬時に3ポイントラインの外側に移動。ゴールに正対してもう一撃3ポイントショットを放った。

アンソニーは何とか立ち上がってそのショットを遮ろうとしたが、身長が7インチ（約18㎝）近く高いミラーは悠々と放つことができた。ミラーはこれを決めきり、両チームは105点でタイとなる。

ほとんどあり得ない一連の出来事にガーデンは騒然としている。すべてはたったの12秒間に起こったことなのだ。

その直後、まだ自チームが負けていると思ったペイサーズのフォワード、サム・ミッチェルがスタークスに故意的なファウルをした。このプレイでニックスは大いに救われたはずだったがスタークスは、非常に短い時間に畳みかけるように同点まで持ってきたミラーの衝撃的な活躍に混乱していた。

か。

「こいつはマジでこんなことをやったのか？　そう思っていたよ」と、のちに話す。レギュラーシーズン中にフリースローを74％成功させてきたスタークスは、ここでよい仕事をできるだろうか。

スタークスの最初の一投はリムに弾かれた。二投目は1フィート（約31㎝）短かかった。

それでもまだ、すべてが失われたわけではない。奇跡中の奇跡、ユーイングがスタークスの2本目のミスとなったボールを何とかつかみ取ることができた。しかしユーイングは、チームメイトにキックアウトして最後のショットを作る代わりに、混み入ったペイントでいきなり9フィート（約2・8ｍ）のフェイドアウェイ・ジャンパーを選択する。彼の手を離れたボールはリングの奥に弾かれミラーの手に。しかもここでミラーはファウルを受けるのだった。

ライリーとニックスには信じられない状況だ。同じ頃、ペイサーズのプレイヤー人事部長を務めるメル・ダニエルズは、ロッカールームに引き揚げたウォルシュを追いかけ、フロアを離れるのが早すぎたこと、ミラーの活躍で何とか同点にしたことを伝えていた。

「おちょくるのはよせって！」。ウォルシュは信じられずそう反応した。

ウォルシュがテレビ画面に辿り着いたとき、ミラーはフリースローラインに立っていた。それが成功してインディアナは107-105とリード。ミラーはショットクロック上9秒に満たないあいだに、独力で8得点を奪っていた。

最後のプレイでは、左利きのアンソニーが右手でドリブルしながらペイントに突っ込んでバランスを失い、転んだところで試合終了。ペイサーズのベンチは誰もが飛び出てきて、まるでシリーズを制したかのように大逆転勝利を祝っていた。アンソニーはコートに転がったまま立とうともしない。スタークスは両手を頭に当てて立ち去った。

ミラーがニックスから勝利を奪っていったのは間違いない。しかしこの第1戦はニックスが勝ち星をくれてやったようなものだった。

「大きなゲームを失い始めると鋭さが失われて、勝ち切ることができなくなるものだ」とライリーは数年後に言っている。「上昇しようとがんばる中でうまくできないことが続くと、鋭さは失われていくんだ」。

第2戦では、ニックスがインディアナに35回ターンオーバーを犯させるなどして取り返した。しかし第3戦と第4戦では、どちらも後半にオフェンスが停滞して連敗を喫してペイサーズに3-1とシリーズをリードされてしまった。

第5戦、あとがなくなったニックスは、ユーイングが残り2秒を切ってからゲームウィナーとなるフローターを流し込み、かろうじて3連敗を食い止めた。そしてインディアナポリスでの第6戦でも、ニックスは第4クオーター開始までミラーをフィールドゴールなしに封じて勝利。シリーズを両チーム3勝のタイに持ち込むことができた。

しかしガーデンでの第7戦は、それとは正反対にミラーが第3クオーターまでだけで29得点の荒稼ぎ。このアリーナ最強の悪役は健在だった。再びイースタン・カンファレンス・ファイナルに到達したいニックスは懸命に対抗し、最終クオーターにはミラーを無得点に抑える。しかし、代わって7フィート4インチ（約224cm）のビッグセンター、リック・スミッツが、ペイサーズの最後のフィールドゴール5本中4本を決める大活躍でチームをけん引した。

インディアナが97−95でリードした残り5秒、スローインでハーパーから3ポイントライン際のユーイングに素早いパスが渡ると、即座にペイサーズのダブルチームが大男に覆いかぶさる。オープンになったチームメイトを探して身動きがとれなくなったユーイングはリムに背を向けていたが、その状況から右に旋回。力強くドリブルを突いてレーンに向かうと、そこでジャンプショットにいくと読んで棒立ちになったインディアナのディフェンダーたちを分断するかのように、勢いよくゴールに突進していった。「まるで海が割れていくようだった」とハーパーは言う。

ユーイングとゴールのあいだに遮るものは何もない。唯一の問題は、ドリブル一つ分早く飛び上がったために、ダンクにいくには遠すぎて、ボールを浮かせて入れるには近すぎたことだけだ。だが勢いは十分ある。ユーイングはフィンガーロールで決めようとした。

しかし、その軌道は長すぎて、リングの奥に跳ね返されてしまった。

これまでに何度もチームを救ってきたスター。2試合前の第5戦でもチームを勝利に導いた。前年のペイサーズとの第7戦では、スタークスのミスをフォローしてNBAファイナルに到達した。この日の第7戦でも29得点、14リバウンド、5アシスト、4ブロックの素晴らしい活躍だった。しかしわずか数センチの誤差で第7戦を延長に持ち込めなかった。そのわずかな差は大きな差に感じられたに違いない。いずれにせよ、結果はもう動かない。負けたニックスはここでシーズンを終えることとなった。ペイサーズは第1戦のあとと同じように、ガーデンのフロアで勝利を祝していた。

苦い敗北のあと、フロントオフィスのチェケッツ、アーニ・グランフェルド、エド・タプスコットがアリーナ内のスイートから見守る中、ニックスの面々がコートを去っていく。タプスコットはテレビの画面で、ライリーがロッカールームに戻る前に、向きを変えてガーデンのフロアを見つめる姿に気づいた。

「さてこうなると、ニックスと4シーズン目のヘッドコーチであるこの人、パット・ライリーは多くの問題に直面しそうです。一つの時代が今、終わったのでしょうか?」。

アナウンサーのマーブ・アルバートは放送の終わり際にそう言った。

ライリーがコートを去る前に、どこか運命的な視線をしばらく送っていた理由はこれにほかならない。シーズン終了が決まった悲劇的な敗北からわずか数秒後だったが、ライリーはもうここには戻らないと決めていたのだった。

ニックスのシーズンが正式に終わってから1時間ほど経った頃、ディック・ブテラの電話が鳴った。ライリーからだ。

「ヒートのオーナーになった方とはまだ懇意にされていますか?」。ライリーは尋ねた。

「ああ、彼はいい男だから。なぜだい?」。

「ここを辞めるからです。そう決めました。今は、ニューヨークでの私は終わったということだけしか言えません」とライリーは告げた。

ブテラは友人の状況をもっと詳しく聞きたかった。ライリーの取り乱した口調の裏には、敗北自体とは別の何かがありそうだった。後ろから騒々しい物音も聞こえている。話題としても穏やかなものとは言えないものなのに……。ブテラはライリーにどこからかけているのか尋ねた。

「携帯でかけています。チームバスの中にいるんですよ」とライリーは答えた。

これにブテラは驚いた。ライリーは怒っており、周囲に聞こえるような状態も気にしていないのだ。

敗北以外に何かが起こったのかとの問いに、ライリーはノーと答えた。ただ、チェケッツにいくつも約束を破られ、もう我慢の限界だったのだという。

「彼はうそばかりつくので」。ライリーは前年秋の企業買収の渦中にチェケッツが口頭で約束したことに触れてそう言った。しかしもう辞める決断をしたので、その言った言わないもどうでもよく、もしブテラが話をまとめられるなら喜んで荷物をまとめてマイアミに移る。そう言うのだった。

会話を終える前に、ブテラは本当にそれでいいのかと念を押した。ニックスが最後の最後に惜しい負け方をした直後で、感情的になって苛立ちを発散しているだけではないのか。特に難しいシーズンでもあったのだし。

しかしライリーの考えははっきりしていた。「お願いします。もうここにはいたくありません」。

数日のうちに、ブテラとライリーはマイアミに行くにあたってライリーが望むことをゆっくり議論している。その上でブテラは、アリソンにその可能性を話し合うための会合を打診した。

ブテラとアリソンはカリフォルニア州のロングビーチで、アリソンがその年に運行開始させるために用意していた豪華なクルーザー、「イマジネーション」に乗って、対面しながら何度も話し合った。環境が整いさえすれば、ライリーがニックスを離れヒートに加わることについて前向きであることをブテラは明確にしている。

アリソンは率直に尋ねた。「彼の望みは何だい?」。ブテラはためらわず「10年間、5000万ドル（当時のレートで約42・5億円）だ」と答えた。

アリソンは笑った。ライリー自身を含め、NBAには年間300万ドル（同約2・6億円）のサラリーを得ているコーチさえどこにもいないのに、その条件は年間500万ドル（同約4・3億円）に上る。

「彼が本当にほしいものは何なんだろう?」。

41歳のアリソンが聞き返す。

「真剣に論じる額じゃないだろう」。

ブテラはアリソンを直視してもう一度しっかり説明した。年俸150万ドル（同約1・3億円）のライリーはその時点ですでにバスケットボール界で最も高給取りのコーチだ。10年間、5000万ドルでマイアミに移り、アリソンのためにショーを開演させようと本気で望んでいる。

アリソンはしばらく座ったままで考えた。これは生半可な額ではない。しかしそれでバスケットボール界最高のコーチが手に入り、活気のない組織を勝てるチームに変えられるなら、意味のある投資かもしれない。数分ああでもないこうでもないと考えを巡らせたあと、アリソンは空を突き抜けるようなライリーの年俸要求を飲み込んだ。「わかった。ほかの望みは何だい?」。

アリソンの答えはブテラにとっては勝利を意味していた。「彼があぁ言ったのを聞いた瞬間、これはいけるなと思ったよ。まだ確定ではないにせよ、ここまでくればコネティカットにいるパットに連絡を入れて、ほかの望みを考えさせても大丈夫だとね」。

ブテラとライリーは、4ページに及ぶ14項目の希望一覧をひねり出す。即座に10％のチーム所有権を獲得したいこと、その10％を買い取るための資金をアリソンから借りたいことなどが含まれていた。

チーム運営に関して全権を握るために社長に指名してほしいこともつづられている。そのほか、ロサンゼルスとニューヨークに所有していた広大な家屋の購入依頼、マイアミでの試合への行き来に使うリムジンサービス、クレジットカードと300ドル（約2万6000円）の日当などなど。

ライリーの要求一覧を手早くまとめたブテラは、コピーを取って翌6月5日にロサンゼルス国際空港に持参し、アリソンとの最後の会合に臨んだ。それを手渡されたアリソンは日当を見て顔をしかめたという。

「あの要求はミッキーを困惑させたみたいだった」。ブテラは振り返る。「何十億ドルものサラリーの要求と別に、そんな小銭をほしがる理由がわからなかったんだね。でもパットはそういう人間なんだ」。

それまでにも細部について話していたので、この話し合いはすぐに終わった。ただ、別れ際にアリソンは「これをもらっておいてもいいかい？」と声をかけ、ブテラからメモを預かることにした。

ブテラは要望書のたたき台を手の届かないところに置いていくことに少し引っかかりを感じたが、アリソンが紙の上で詳細をしっかり再考したいと考えるのも当然理解できる。何しろこれで、アリソンは大枚をはたいてライリーの環境を一変させ、段違いの富裕層に引き上げようとしているのだ。ブテラは了解し、アリソンにメモを持ち帰らせた。

ライリーはすでに足を一歩ドアの外に踏み出している。しかしその兆候に気づいていない者も多かった。

ヴァン・ガンディにとっては、ライリーが自分のオフィスにあるあらゆる物をできる限り運び出すよう頼まれたことが決定的だった。アシスタントのボブ・サルミの場合は、ライリーから自分仕様のゴルフクラブを作りたいと相談されたときがそれにあたる出来事だっただろう。

サルミには、ライリーがニックスにやってきた頃に、ときたまリラックスするためにゴルフをたしなむことを話してにらみつけられた思い出があった。ワーカホリックのライリーは、ゴルフをＮＢＡのアシスタントが堕落していく大きな要因の一つのように捉えていたので、その会話に全く乗ってこなかったのだ。

「君はゴルフをやるのか。知っていたら雇わなかったんだがな」。返ってきたのはそんな言葉だったという。

そのライリーから、シーズン終了直後に自分仕様のクラブセットがほしいと頼まれ、サルミはまさか冗談だろうと思った。ところがどっこい、ライリーは真剣そのものでゴルフクラブを買おうとしていたのだ。

「キャロウェイに知り合いがたくさんいたので、何人かに連絡をいれたらばっちり対応してもらえた。バッグに名前も入れてもらって、ウッドもアイアンも最新のやつさ」。そう話すサルミは、その時点では裏事情をまったく知らない。「ライリーからありがとうと言われたんだけど、その3日後に彼は出ていった。マイアミ入りとはね。あのとき何かあると知るべきだった」。

ブテラとライリーがアリソンとのあいだでひそかに話を進めていた6月初め、ロサンゼルスの弁護士でライリーの代理人を務めるエド・フックストラテンが、チェケッツとのあいだでライリーの去就をにおわせる会話をしている。6月7日にビバリーヒルズで会った際、フックストラテンは、「パットとはきっちりかたをつけないといけませんよ」とチェケッツに言い、ライリーと手を切って自由にさせるように諭したのだ。

その2日後、コネティカット州グリニッジにあるライリー邸で二人は会う。チェケッツによれば、ライリーはのらりくらりとした言葉しか言わなかったという。「負けたことが響いたんです。契約更改の意義が見いだせなくて。すべてが難しいです」。

もう関係者にもライリーは終わったとあきらめる声が出始めている。グランフェルドも、代理人に言われるまでもなくそう感じていた一人だ。そんな中チェケッツは、ライリーがまだ最終的に考えを整理できていないだけかもしれないと捉え、ライリーに決断の時間を与えることにした。

1日が過ぎ2日目、3日目。その頃ライリーはすでに、ヴァン・ガンディに自分の荷物をオフィスから運ぶよう依頼していた。ライリーがアシスタントを集め、ニックスを辞めることを伝えたのは翌13日。彼らにも心づもりがあるだろうとの気遣いだ。ただ、あと数日間は口外しないようにとも伝えていた。フロントオフィスとメディアに知らせるにはまだ早いというのだ。

準備が整ったのは6月15日。その日、ニックスのケン・ミュノズ相談役のオフィスに、ライリーの代理人フックストラテンが務めるオフィスからファックスが入る。それが、NBA史上最も偉大なコーチの一人であり、ニックスにおいてはレッド・ホルツマン以来最高の仕事をした男からの辞任通知だった。

文面の中でライリーは次のように記している。

「プレイヤーと最も親密な関係を築くべき立場のヘッドコーチが、チームとそのパフォーマンス、その将来に直接的かつ緊密に関係する事項について最終決定権を持たないようでは、その潜在能力のすべてを引き出すことができません……。球団の重要な側面に関わる最大限の責任を負いたいという私の意向と要求は、常々、何度も繰り返し示してきました。これらの問題について皆さんと同意にいたれるよう最大限の努力をしてきました。しかし残念ながら、私達のあいだには橋渡しができないほどの溝があったのです」。

39勝しかできなかったニックスを4年間を通じて51勝、60勝、57勝、55勝と勝てるチームに仕立て上げ、あと一歩でNBAチャンピオンというところまで連れて行った男が、正式にクラブを去っていった。

ファックスが受信され、ニュースが全米に行き渡る頃には、ライリーはギリシャに向かって4万フィート上空を飛んでいた。超音速衝撃波の大音響で、自分が巻き起こした騒ぎの大きさを感じることもなかったに違いない。

チェケッツとニックスはほどなく事の真相を理解することになる。

ライリーの辞任から数日後、アリソンとヒートの重役、デイブ・ウォーホルがライリー獲得に興味を持っている旨のコメントが報じられた。2000万ドル（当時のレートで約19・6億円）を超えるサラリーでも獲る価値があるという。しかしライリーはニックスとの契約を1年残しての辞任であり、実際はまだニックスの管理下だ。つまりほかチームがライリーと交渉するにはニックスの了承が必要となる。マイアミはその手順を踏んでいない。

ライリーが電撃移籍でマイアミ入りかという見方がメディアでも熱を帯びてきた。そんな状況になれば、どこからか重要な情報も漏れるものだ。ライリーのマイアミに対する要求をつづった例の14項目のメモも表沙汰となった（情報源についてチェケッツは「こう言っておきましょう。ニックスファンのニューヨーカーで、アリソンにマイアミを売却した前オーナーと近しい人たちです」ということ以外には明かしていない）。

ライリー辞任の10日前にあたる6月5日づけのメモは、ニックスがヒートに対して不正取引訴訟を起こす切り札となる。ヒートは明らかにライリーとニックスの関係性を侵害していたからだ。

両クラブが8月4日にデイヴィッド・スターンに対するそれぞれの捉え方を説明した際、一連の流れで軽んじられたチェケッツは、組織を支える9人の弁護士全員を呼んでいた。「悔しかったのは、我々がやっていたことを差し置いてマイアミがパットの気を引いたことだった」とチェケッツは言う。「今でも私は、あのときパットは集中力を失ってチームを放り出したと思っているよ」。

9月1日、スターンが不正取引に対する裁定を下す数時間前に、両チームは和解にいたる。ヒートがニックスに1996年のドラフト指名権を譲り、400万ドル（当時のレートで約4億円）を支払う。その金額の四分の一はニューヨークとライリーの契約を侵害したことに対する補償、残りは1991年にライリーがニックス入りする際にニックスが用意したコネティカットのライリー邸のローンにあてがわれる資金だ。

今思い返せば、ライリーの理屈に異論を唱える余地はないように思える。オムレツを作るのに卵を一箱分すべて割ってしまうような判断だったとしてもだ。彼の取引は規定に則っていなかったどころではないが、納得のいく規模のチーム所有権と5年間4000万ドルの契約は、所有権を渡さずサラリーも5年間で1500万ドルにとどまるニックスの提示条件と比べ物にならないほど価値が高い。

ライリーには、自著でぶちまけた「私の病気」が確かに宿っているのだろう。しかしこんな顚末（てんまつ）となった理由はそれだけではないかもしれない。

数か月後ライリーは、『Daily News』のマーク・クリーゲルに、このタブロイド紙のおかげで随分と自身の仕事は沈滞し、ニューヨークでやりづらくなったと話した。あんな状況だからどんなコーチも3、4年で辞めたくなるのだろう。そう責められたというのだ。

「ニューヨークでキャリアを終えるのも可能だったかもしれない。でも実際、そんなに長く務まるコーチがいるものかね」。ライリーはそう言った。「レッド・ホルツマン（ニックスを2度のNBA制覇に導いた名ヘッドコーチ）の功績は尊敬に値する……。ガーデンの天井に彼の名が掲げられて当然だよ。かつては、その隣にいつか自分の名前が並ぶことを目指していたんだ」。

そうならなかった代わりに、両チームが不正取引に関して和解した翌日の9月2日、ライリーがマイアミのコーチ兼社長となることが発表された。ブテラとアリソンがライリーの移籍について議論したあの豪華クルーザー、「イマジネーション」のラウンジ「ダイナスティ（王朝）」から、その一報は発信された。

マイアミは望みをかなえ、スターと呼べるコーチに勝利という文化の醸成を託す。そこまでの道筋はすべてが公明正大とは言えないが。

「潔白な関係者はいなかった。少なくとも皆ちょっとずつ悪かったんだよ」。それがブテラの捉え方だ。

BLOOD IN THE GARDEN

14

次々と生じる問題

小雪混じりの悪天候は、ニックスが本格的な嵐に巻き込まれる前触れだったのかもしれない。チャーター機に乗り込んだチームの面々がバンクーバーを離れようとしている。このときニックスは、7勝30敗の成績でリーグ最下位に低迷する新規参入チームのグリズリーズに、84‐80で黒星を喫するという、シーズン前半戦で最も恥ずべき結果を残したあとだった。

優勝候補の一角とうたわれるチームとして、負けたことだけでも腹立たしい。その上、新任コーチのドン・ネルソンから終了間際に出された指示がまったく理解できない。残り15秒の時点でニックスは3点差を追う状況だった。しかしネルソンは、同点を狙わず2点を取りに行く指示を出す。アンソニー・メイソンとパトリック・ユーイングのスクリーン&ロール。考え方としては、これがうまくいったら即座にファウルしてバンクーバーにフリースローを打たせ、次のオフェンスで同点か逆転を狙うということになる。

メイソンもユーイングも、ほかのメンバーもネルソンがそう考えていることはわかったものの、果たしてそれがよい戦術だろうか。グリズリーズが最後のオフェンスでニックスに簡単に得点させてくれるのなら別だ。しかし、仮にニックスが素早く得点したとしても、バンクーバーがフリースローをミスしてくれることに望みをかけ、さらに自分たちが次のオフェンスで得点すると期待するよりも、3ポイントショットを1本決めに行く方が単純明快だ。コート上には前シーズン3ポイントショットの成功数がリーグトップだったジョン・スタークスも、そのシーズンで最終的にリーグ全体4位にランクインするヒューバート・デイビスもいるのだ。

結局ニックスはネルソンがデザインしたプレイを実行。ユーイングが厳しいプレッシャーを受けながら放った17フィート（約5・2m）のベースライン・ジャンパーはミスに終わる。珍しくアリーナを埋め尽くしたバンクーバーのファンが喜びを爆発させる一方で、リーグ最悪のチームにろくでもない敗北を喫したニックスは、3点差を追う最終局面でなぜユーイングはわざわざ難しいショットで2得点を狙ったのかという記者からの質問を受け止めなければならない。

ニックスにとってはすべてがいまいましい。負けるだけでもいやなのに、とんでもなくひどいチームが相手で、さらにそのとんでもなくひどいチームに、自分たちさえ納得のいかないプレイコールに従って負けるとは。しかも、その選択に関する質問に答えるのが自分たちときてはたまらない。

ユーイングもほかのニックスのチームメイトも、東海岸に戻る機内では負けた悔しさで胃の痛い思いをしていたが、その中にあって唯一完全にリラックスしていたのがネルソンだ。バンクーバー上空に飛び立つ少し前、ネルソンは通路の向かいに座っていたアシスタントのジェフ・ニクスに、おそらくニューヨークに着くまで寝入ってしまうからと一声かけた。「税関員が来たときに私が寝ていたら、パスポートはシャツのポケットに入れてあるから、取り出して提示してやってくれ。よろしく頼むよ」。そういう指示だった。

彼らの搭乗機は二度着陸する旅程になっていたので、ニクスはそうならないとわかっていた。彼らは終着点のウェストチェスター・カウンティ空港に向かう途中で、ミネソタのダルース国際空港で税関員のパスポートチェックを受ける。ホームタウンに向かう前に、そこで30分程度の時間を費やすことになるのだ。

3時間ほど過ぎた午前3時頃、チャーター機はパスポートチェックのためにミネソタに着陸した。税関員がドアを開けて乗り込んでくると、凍るような冷たい外気がメインキャビンに吹き込んできた。何人かのプレイヤーは目を覚ましてうなり声を上げている。

ニクスは騒音か冷たい外気でネルソンも目を覚ますだろうと思っていたが、ぴくりともしない。税関員が行ったり来たりしてパスポートの確認を進めるあいだに、ネルソンのシャツのポケットに手を忍ばせてパスポートを取り出す。さすがに起きるだろうと思ったが、反応はなかった。税関員が降りるときにまた凍りつきそうになる冷風が吹き込んでも、ネルソンは起きない。

パイロットが離陸の遅れを告げている。燃料補給担当者がその場に来られないという。機内放送で最新の状況が折々報告されてきたが、最終的にようやく離陸できたのは午前5時頃だった。その時間になっても、ネルソンはバンクーバーを離れたときと同じ昏睡状態でずっと眠ったままだ。ニクスは次第に心配になってきた。「全然動かないいんだよ。最後には本当に、死んでしまったんじゃないかと思ったくらいさ」。

ウェストチェスターに到着したのは午前8時を少し回ったあたり。周囲が立ち上がって出口に向かう頃、ネルソンもまどろみから戻ってきた。眠り始めてから8時間も経っている。「何だ、もう着いたのか。ずいぶん早いなぁ！」。ネルソンは真顔でそう言った。いやいや、そうじゃないです、ものすごく時間がかかったんですよといくらニクスが説明しても、ネルソンはそれをまったく信じていない様子だった。「最初から最後まで何も気づかなかったんだね」。

このバンクーバーからのフライトは、ネルソンのニューヨークにおける在職期間の縮図だ。当時56歳の彼は、プレイヤーからの不満を含め周辺で起きていたことにまるで気づいていなかったか、無関心だった。そして現実を直視できるまでには、ニューヨークに戻るこのフライトと同様に、非常に長い時間を要してしまうのだ。

別れを経験した後、次に密接な関係を築く相手には、そのとき別れた相手と真逆の個性を選ぶのも人間の性というものだ。それはニックスにも当てはまる。

ドン・ネルソンの招へいは、パット・ライリーとの決別を強く印象づける人選と言える。沿岸のニューヨーク州に育ちロサンゼルスで名を揚げたのがライリーなら、ネルソンは内陸部のミシガン州、イリノイ州、アイオワ州で農家の子どもとして土台を築いた人物だ。ライリーはビジネスライクで、プレイヤーや上司と親しくなりすぎないように心がける。ネルソンは相手をぎゅうっと抱きしめて自室に招き入れ、ビールでもどうだとすすめる気質だ。スラリとした長身にアルマーニをまとって『GQ』の表紙を飾るライリーに対し、ネルソンは身長こそ6フィート5インチ（約196㎝）あったが、彼を見て「スラリ」という言葉を思いつく人はいないし、しばしばスーツに合わせて着用していた魚柄のネクタイも、センスを大いに疑わせるチョイスだった。

両者の練習時の身なりを比べて、エド・タプスコットはこんな描写をしている。

「ライリーの練習中の服装にはしわ一つない。対してネリー（ネルソンのあだ名）はTシャツとジーンズに、まるで芝刈りでもしたあとのような靴でやってくるんだ」。ネルソンが衣装に関してデザイナーのトミー・ヒルフィガーと契約でき、シーズン中の面倒を見てもらえたのは幸運だった。

ドレスアップの面でもコーチとしてのあり方でも、ライリーとネルソンは対極的だ。しかしニックスは、何も最初からそれを狙ったわけではなかった。実際、うまくいけば、鼻っ柱の強いデトロイト・ピストンズを二度王座に導いたチャック・デイリーを招き入れていた可能性もあったのだ。

しかもあと一歩の惜しいところまで話は進んでいた。ニューヨークのメディアが嗅ぎつけるとややこしいので、フロントは秘密裏にデイリーとの会合を設定。ミッドタウンのセントレジスホテルで面談を行った。面談時の情景は、まるで『ミッション：インポッシブル』の一場面を作り上げるかのような入念さだ。デイリーを車で拾ってホテルまで運び、人目を避けるために物品納入口から厨房を抜けて部屋まで連れて行った。アーニー・グランフェルドを含むニックスのフロントは、当時TNTのアナリストだったデイリーと、どうすればニックスを率いてもらえるかについてそこで3時間に渡って語り合った。

デイリー獲得は様々な意味で魅力的な選択だった。彼は勝者そのものであり、ピストンズだけでなく1992年にバルセロナ・オリンピックで独壇場の強さを見せたドリームチームのコーチとしての名声や、プレイヤーたちとの関係性もある。デイリーがピストンズを野蛮とも言えるプレイスタイルで勝たせた手法を、そのときのニックスは取り入れていた。どれをとってもニックスに必要なものばかりだ。

この会合後間もなく、グランフェルドは64歳の名将にコーチ就任のオファーを出した。

チームとの会話の中でデイリーは、この仕事を受ける場合の不安を明かしていたという。妻のテリーがしばらくコートから離れた方がいいと考えていたことに加え、ライリーが物議を醸す形で辞任した際の地元タブロイド紙の悪意さえ感じさせるような報道姿勢を嫌がっていた。もしコーチになったとして勝てなかったら、自分もそれと同じように串刺しの刑に処されやしないかと心配になったのだ。

オファーから2日後、デイリーはそれを却下した。「間違いなく、私の人生で最も難しい決断でした」。デイリーはそう言うとともに、それをスポーツ界で最高の仕事の一つとも言い表している。「アルコール中毒がどんなものか私にはわかりませんが、その目の前に最高に誘惑的な酒が用意されたようなものじゃないかと思います。ニックスは私のピストンズのレプリカでしたし、そうなろうとしていましたから」。あまりに惜しい仕事だったので、デイリーは後日グランフェルドにそのオファーを却下したことを、後悔したと明かしたそうだ。

ニックスのチームドクター、ノーム・スコットは、「彼は却下の翌日だか48時間後だかに連絡してきて、『まだそのポジションは空いていますか?』と聞いたそうだよ」と話す。「私はドリームチームのドクターでもあったので、デイリーと親しかったんです。でもそれを聞いたのはグランフェルドから。2、3か月経った頃に聞かされました」。

グランフェルドによれば、成り行きはそうではなかった。「ノームはいい男だけど、デイリーが受けておけばよかったと言ってきたのは、1年か1年半か、それくらい過ぎてからでした」。連絡はあったが時期がもっとあとだったということだ。「チャックが第1候補で、ぜひ来てほしいと思っていました。でもあのときは状況が整っていなかったと言われましたよ」。

翌日か1年後かはさておき、グランフェルドはあきらめをつけてネルソン狙いに切り替えた。今度はライリーの対極だ。

ネルソンはまったく異なる思考回路の持ち主だが、実はグランフェルドが1970年代にミルウォーキーでプロキャリアをスタートさせたときのコーチという縁がある。その関係性があった上、革新的なオフェンスの考案者として知られるネルソンが得点力に悩むニックスにプラスとなると踏んでいたことから、グランフェルドにとってこの話は決断しやすかった。ライリーのニューヨークでの仕事ぶりは、どんなコーチでもチームのスタイルに合わせて変わることができるという証でもある。ネルソンにもその可能性はあるのだ。

しかしネルソンはライリーの方針を踏襲せず、ほとんどすべてをオフェンスに費やした。

予想できなかったことではない。面談時の最初の質問で、ネルソンがグランフェルドに尋ねたのは「皆さんはメイソンを来シーズンも残す意思がありますか?」ということだった。単刀直入にそう聞くほど、ネルソンはメイソンをオフェンスの核と見ていたのだ。前シーズンに最優秀シックスマン賞（最も優秀なベンチプレイヤーに贈られる賞）を受賞したメイソンをネルソンは、チャールズ・スミスに代わるスターターのポイントフォワードとしてほしがった。変えたいのはそれだけではない。

ガードのハーパーにはボールを持たせず、スポットアップ・シューター（効果的な位置に立ってオープンショットを決める役割のシューター）にしたいと言い、スピードに欠けるパワーフォワードのチャールズ・オークリーにも、ときにはプレイメイカーをやらせようと考えた。33歳の7フッター（身長約213㎝のプレイヤー）であるユーイングにでさえ、ポイントセンターという役割をあてがい、ニックスのクオーターバックを務めさせるのだ。

初期の練習でネルソンは、ユーイングにボールを運んでオフェンスの起点になるためのドリブル練習をさせた。しかし、ユーイングのドリブルは、まるで子どもが初めてローラースケートに乗ったときのように遅く柔軟性に欠け、ぎこちないものだった。これはしかたがない。一方で、チームの中心となるベテランセンターにポイントガードをさせようという突拍子もないアイデアではあるが、それこそがネルソンらしいコーチングなのも事実だ。ゴールデンステイトを率いていた頃から、大胆にオフェンスを変えてポイントガードのティム・ハーダウェイにゴール付近でポストアップさせたり、7フィート7インチ（約231㎝）のマヌート・ボルに3ポイントショットを狙わせたりするのがネルソンの特徴だった。

型にこだわるライリーは、アシスタントからの指摘やゲームプランの提案も、青いカードに黒いペンで書き込んでドアとフロアの隙間から忍び入れるという手順を踏まなければ受けつけない。

あるとき、ライリーに何かの書面を手渡そうとしたチーム広報担当のクリス・ブリエンツァが、誤って部屋のドアをノックした。数分後にブリエンツァがその失敗を秘書に伝えようと連絡を入れると、彼女は「ああ、あなたでしたか。さっき、誰かがドアの下から入れないでノックしてきたと言われたところでした」と返答したというエピソードがある。

一方のネルソンは、ひらめきを重視するタイプで、ピンときたプレイを紙ナプキンに描いて創り上げることで有名だ。

「彼みたいに頭の中で試合全体を巻き戻して見ることができる人にはほとんど会ったことがないですよ。一つ一つのプレイや人の動きまで、しかも細かなところまで正確なんです。彼の話を聞いてからもう一度試合を見直して、その内容が正しいか確認してみると、やっぱり正しい。怖いくらいですね。狂気の科学者がシスティーナ礼拝堂の天井画を描くような感じかもしれません」と、アシスタントのボブ・サルミはそう話す。

ネルソンは、まさに狂気の科学者のように物事を体系立てることで有名だ。就任から間もない頃、ネルソンはニクスにゴールデンステイトで愛用した戦術ノートを手渡して、読み通してまとめてほしいと頼んだ。3穴のファイルにとじられたノートだ。

「乱雑なとじ方で抜け落ちていたりゆるゆるだったり順番が違っていたり。描かれているプレイもそんな感じなんですよ。生まれてこの方バスケットボールをやってきている僕にさえ、中国語を読んでいるように感じられました。まったく馴染みのないものでしたね」。ニクスはそんな感想を持った。

ニックスのメンバーは、ほとんどがネルソンのポジションレスに近いシステムの可能性を受け入れていたが、ユーイングだけは懐疑的だった。自身のコンディションを気遣い、出場時間を抑えようと配慮するネルソンの考えそのものはありがたいが、制限されるくらいなら出ていたいと感じた。何本か速攻を出すのも、メイソンにプレイを託すのもいいだろう。しかしユーイングの能力を軸に作られたすべてを切り替えられてしまうのは、1995-96シーズンに1900万ドル（1995年7月のレートで16・7億円）のサラリーを得ようというビッグマン、ユーイングにはあまりにも大きすぎる変化に感じられた。

「俺たちはもっと走らなきゃと相当言われたよ。パットも来たばかりのときにそう言っていたけど、走れる人材をそろえないで走れと言われてもね。うちは走るチームじゃないよ。俺たちはポストアップするチームだ。走るチャンスには走るべきだけど、一貫して走るチームとは思わない」とユーイングが言う。

ネルソンは就任後最初にユーイングと会ったとき、まだパッサーとしての伸びしろがあると話したがこれもよい取られ方をしなかった。ネルソンはユーイングのもたらす様々な素晴らしい能力を持ち上げた後、「ここからもう一段高めるにはどうすべきか」という文脈の中でこの点を持ち出したのだが、ユーイングは欠点を突かれたように感じてしまったようだ。

まだ二人は1試合もこなしていないが、雲行きはすでに怪しくなってきていた。

ネルソンはニックスに、歴代6位の勝利数を引っ提げてやってきた。勝利で彩られたキャリアを進んできた勝てるコーチであることは誰もが知っている。セルティックスのベンチから登場するクラッチシューターとして鳴らした1960年代から70年代には、プレイヤーの立場で五つのチャンピオンリングを獲得。カリーム・アブドゥル＝ジャバーが去ったあとのミルウォーキー・バックスでコーチに転身すると、50勝以上のシーズンを七度生み出し、年間最優秀コーチ賞に二度輝いた。11年間プレイオフから遠ざかり低迷にあえいでいたゴールデンステイト・ウォリアーズを一変させた経歴もある。ネルソンをコーチに迎えてからのウォリアーズは、最初の6年間で四度プレイオフ進出を果たしているのだ。

ただ、そのウォリアーズ時代の終わり方は、その後ニューヨークでプレイヤーたちとどんな関係を築くかを暗示していた。

ニックスに加わったばかりの頃のネルソンは、ウォリアーズのスタールーキー、クリス・ウェバーと対立したことよる傷口が癒えていない。ウェバーは50勝を挙げたチームで大きな力となり、新人王にも輝いたプレイヤーだ。しかし彼は、ネルソンとの関係が悪化したためにルーキー契約の破棄条項を使ってトレードを要求。

結局チームを出て行ってしまった。2年目のルーキーが破棄条項で移籍を強行したことも前代未聞だが、それ以前のウェバー獲得劇も忘れてはいけない。彼は元々、1993年のドラフト全体1位でオーランド・マジックが指名したプレイヤーだが、そのウェバーを獲得するためにウォリアーズは同じドラフトで3位指名したメンフィス州立大のスター、ペニー・ハーダウェイと将来の指名権を手放している。ウォリアーズは12か月前に、ウェバー獲得のために全財産を投げ出した状態だったのだ。

ウェバーは「ファンには申し訳ないですが、ドン・ネルソンは好きになれません」とネルソンの下でプレイすることを公然と拒絶。「彼のせいです。ほかでもない」。そんなコメントとともに、彼はワシントンに移籍していった。

ネルソンとウェバーがともにした1シーズンはまるでメロドラマだ。ウェバーはコーチに心をもてあそばれ、チームメイトと対立させられたと感じた（ネルソンはプレイヤーたちに、『君らが満足いく契約をできないと思っているなら、それはウェバーの大型契約に金をかけすぎているからだ』という趣旨の話をしたとされている）。一方ネルソンはウェバーについて、「コーチするのがこんなに難しいプレイヤーもいない」と話し、「まだルーキーで、勝利につながるバスケットボールをできるレベルにない」と真っ向から対立していた。

そして結局、短い期間に両者とも傷ついてしまったのだ。

ウェバーはブレッツで4年間を過ごしたが、コンディション維持に苦労してプレイオフに一度しか進むことができなかった。ネルソンも、ウェバーの移籍後、体調を崩している。1994-95シーズン中の12月半ばから1月上旬には、ウイルス性肺炎で18日間に渡りチームを離れた。5日間は入院、13日間は自宅療養だったが、このとき以降ウォリアーズは負のスパイラルにはまり、ネルソン復帰後も回復できずに終わるのだ。

開幕前のウォリアーズは希望に満ちていた。ウェバーのトレード希望表明前に作られたメディアガイドには、スターター候補の5人のプレイヤーがユニホームを着て笑顔でエレベーターに乗り、傍らでネルソンがベルボーイの格好で立つ姿が掲載されている。ネルソンがエレベーターの「上」のボタンを押し、ウェバー、ティム・ハーダウェイ、ラトレル・スプリーウェル、クリス・マリン、そしてビリー・オーウェンズの5人を次なる高み、つまりディビジョンのタイトル、プレイオフ、ウエスタン・カンファレンス・ファイナル、さらにはNBAファイナルへと導く事をイメージした構図だ。しかしそのエレベーターは底が抜けてしまったような状況となり、ネルソンは14勝31敗の残念な成績を残しシーズン半ばで辞めざるをえなかった。

何より大きな試練を迎えたのは、将来のドラフト指名権を投げ出して獲得した若きスターを失い、そのスターの離脱を早めたコーチとも決別したウォリアーズだ。ダメージは計り知れないほど大きかった。それまでの4年間で三度プレイオフに進出していたチームが、この出来事が尾を引き、次にプレイオフの舞台に立つまでに12年の年月を要している。ネルソンはウォリアーズとそんな破滅的な別れを経ていただけに、ニューヨークではいいところを見せたい。それにはコーチングの能力以上に、現代的なプレイヤーたちと良好な関係性を築いて引っ張る能力が問われるが、さてどうなることやら。

1995-96シーズン開幕から数週間、ネルソンとニックスは好調な戦いぶりを見せていた。12試合を終えて10勝2敗でNBA全体の2位。ライリーの率いたどの年よりもよい成績だった。『Houston Chronicle』は、「ライリー去るも、新生ニックス未だ強し（Riley Is Gone, but New-Look Knicks Still Tough.）」と見出しをつけた。ニューヨークではタブロイドの『Daily News』が、ディフェンス力への称賛を込め「ドンのニックス、ディフェンスも聡明（D-Lightful Are Don's Knicks.）」とうたう。

表面上は問題が持ち上がるようには思えないが、水面下では必要以上に刺々しい状況になってきていた。トレード話は人の心を傷つけるものだが、開幕初週に持ち上がった大型トレードのうわさの中でオークリー、メイソン、スタークスというチーム内の大物の名が挙げられるということがあった。屈強なセンターのアロンゾ・モーニングがシャーロット・ホーネッツとの長期契約更改をできなかったことを受け、その獲得にニックスを含むリーグ内の15チームが名乗りを上げていたのだ。

ニックスがこのトレードに興味を持った理由には、モーニングの有能さはもちろんのこと、彼とジョージタウン大の同窓で近しい友人であるユーイングの存在もあるのだが、加えてもう一つ頭に入れていたことがある。チェケッツは、「(ライリーに)アロンゾを持っていかれないように。向こうに獲らせたくなかったからね」と振り返る。「(ライリーとの)確執が影響していなかったと言えばうそになる。彼とマイアミがモーニング獲得にいたるとしても、その対価を少しでも高くつり上げてやろうと思いましたよ」。

ニックスはまず、オークリーとスミスを差し出し、それが蹴られるとスタークス、メイソンに将来のドラフト1巡目指名権一つを加えて再挑戦したが、それでも足りずシャーロットはヒートのオファーになびく結果となった。しかしヒートもこの獲得劇で精度の高いシューターのグレン・ライスのほか、マット・ガイガーとカーリッド・リーブス、さらに将来のドラフト1巡目指名権を一つ手放している。元ニックスのコーチは、フランチャイズの礎石をあきらめたわけだ。ホーネッツが後日明かしたところでは、ニックスのオファーはヒートに次ぐ2番目の好条件だったという。

シーズン初頭に自尊心を傷つけるようなトレード話があったほかに、ネルソンに対するプレイヤーの冷えた関係という問題もあった。例えば、ロードでウォリアーズに23点差をつけて勝利した11月16日などは、最高の雰囲気になってもいいはずだ。しかしそうはならない。

試合が終わって2時間も過ぎたあと、ニックスの面々はまだアリーナから離れずに、オークランド国際空港に向かうバスに座ってちらちら時計に目をやりながら出発のときを待っていた。ネルソンが来ないのだ。

9か月前に追い出された前所属先にしっぺ返しを食らわせたネルソンは、すっかり気をよくしてその喜びに浸っていた。珍しく祝杯のビールも5、6と杯を重ねた。

「この勝利がどれほどうれしいか力説していたよ」とあるプレイヤーが明かす。「でもそれで1時間も待たされたくないよね……」。

こういう感情の起伏を伴う里帰りのような状況で、プレイヤーがコーチの気持ちを慮って理解を示すこともある話だ。しかしネルソンとニックスのプレイヤーはまだ数週間一緒に過ごしただけで、友情もそこまで深まっていない。だいたい、それを深めるような要素すらそれまでになかった。

代理の教師に習っているような感覚が続いていた。ベテランを休ませるために、ネルソンは練習も減らしていた上、皆を集めたときにも内容的にはディフェンスへの意識を強調することもなく、ライリー時代に数年間続いたマゾヒスティックさとはほど遠いスタイルをとった。チームにはライリー色がまだまだ残っている。ネルソンが毎日映像を流すために使うリモコンにも、ライリーの名がテープで貼られたままだ。

「1時間半を過ぎたら練習はおしまいさ。(ライリーのときは)普通なら2時間半から3時間はやっていたけどね」。控えセンターのハーブ・ウィリアムズが言う。「でもネリーはそういうやり方なんだ。速いテンポで大量得点を獲ろうとするチームのやり方だと思うけど、それを俺たちにやらせようとしていた。点が獲れてディフェンスを同じ(リーグトップの)レベルに維持できたら、それまでよりずっと強いチームになれるとね」。

好調なスタートを切ったニックスだが、プレイヤーの中にはそれがネルソンによるオフェンスの改善によるものではなく、単純にタレントがいいからではないかと思っていた。ネルソンはプレイヤーが早いうちにシステムを覚えられるようにと、自身のオフェンスに関するクイズを書いて渡すことがあった。一つ間違うたび10ドルの罰金（開幕時点のレートで約千円）だ。ある日の練習でネルソンが特に難しい問題を出すと、罰金は600ドル（同6万円）に到達。ネルソンはそれをチャリティーに寄付している。

このときの問題はアシスタントにさえ難解な内容だった。

「（ライリーの下でプレイしてきた）全員が苦労していたよ。用語も違うし新しいプレイなんだから。皆やりづらかったに違いない。勝ってはいたけどね。私自身は頭の中で、彼の伝えたい意図がわかったつもりなんだけど、よく考えると何を話しているのかわかっていないことが何度もあったよ。プレイヤーも同じだったと思う」とニクスは話す。

ネルソンのローテーションの起用法に嫌気がさしているプレイヤーもいた。ルーキーイヤーにほとんど出場機会をもらえなかった2年目のガード、チャーリー・ワードは、開幕初戦でフィールドゴール成功率60％を記録して、短いキャリアにおける自己最高の15得点を奪った。しかしその試合で31分間プレイしたあと、彼の出場時間は平均6分に減少している。開幕月の翌月には、1分のみにとどまった試合が3試合あった。

それでも勝てているうちは不平も押さえられていたとスミスは指摘する。しかし、ニックスの骨組みが脆く、ちょっとした問題で崩壊する可能性もあることを、彼は感じていたようだ。

スミス自身は、「我々は10勝2敗だという事実を理解しなければいけない」と捉え、不安定な出場時間を笑ってやりすごしていた。「でも皆がそうしていられるかどうか。（犠牲を）受け入れるのは僕にはきついことだし、ほかの皆もそうだろう。そこを飲み込むのが一番大変だ。自分の出場機会やショットを気にしすぎずにどこまで維持できるものかな」とも考えていた。

様々な問題を抱えながらも、ネルソンとプレイヤーは心を一つにして12月19日を迎える。ニックスがライリーとヒートを初めてガーデンで迎え撃つ、誰もが楽しみにしていたビッグゲームの夜だ。

この日が近づくのに合わせて、マディソン・スクエア・ガーデン・ネットワークのマイケル・ケイはアリーナでファンの声を聞き、初の凱旋となるライリーがどのように捉えられているかを調べた。すると、コーチの選択に理解を示したり、それを支持する人もいるにはいたが、大方は激怒していることがわかった。

ある子どもは「牢屋に入ったらいいのに！　契約が残っていたのにニックスをやめたんだから！」とカメラの前でケイに向かって叫んだ。別の成人ファンは、もう少し丁寧ではあったが、「彼はニックスを捨てた裏切り者だ。それに、別に彼じゃなくていいよ。彼がいなくても好調だしね」と同じように非難の言葉を浴びせた。

どうやらスタンドでは裏切り者扱いがほとんどだ。中には「ＮＹＣの蛇（蛇は古来善悪の二重性やエゴのシンボルとして描かれることが多く、神に飼いならされる物語なども知られる）」「どこまでもがめついパット」と書かれたメッセージボードを掲げる者もいた。

ライリーはそんなひどい扱いを最初から覚悟している。そこで会場入りを普段より30分ほど遅らせ、プレイヤーにはロッカールームではなくホテルでユニホームに着替えておくように伝えていた。アリーナ内にいる時間が長くなればその分だけ集中をかき乱されることになるからだ。

同じ考えから、ヒートの広報は試合前の慣例であるロッカールームのインタビューを受けつけないことを記者たちに伝えていた。規定の取材を拒否すれば2万５０００ドル（当時のレートで約２５５万円）の罰金だが、気にかけてはいられない。

その日の夕方ニューヨーク一帯では、一夜にして14インチ（約36㎝）の積雪を記録する大雪の降り始めだったが、ライリーがドレッシングルームを出てガーデンのフロアに初めて姿を見せたときに、大観衆から降り注がれたブーイングの大合唱も、外の嵐に負けないほどの激しさだった。黒いスーツに黒いタイで登場したライリーは逃げも隠れもしない。超悪玉で上等と言わんばかり、その情景に身を任せている。

ライリーがコートの中央に歩み出て、賞金稼ぎのファイターが勝利宣言をするときのように両腕を高く掲げると、大観衆から憎しみを込めた大絶叫が返ってきた。嵐のような非難の声に、ライリーはハローと手を振ってあしらい、ファンからの愚弄と軽蔑を投げキッスでさらに挑発した。

ニックス時代に威厳と集中力で評判だったライリーとは思えない行動だ。大騒ぎして興奮状態になっているガーデンの大観衆は、ライリーにあらゆるフォーカスを向けている。ならば、毒を食らわば皿までだ。「まだまだ、さあ来い！」。ライリーは叫び、2万人近い大観衆と自分自身のあいだの熱を帯びた状況をさらにあおった。

ネルソンと握手するためにライリーはいったん悪乗りをやめたが、音響機器も吹っ飛びそうなブーイングはほぼ1分まるごと続き、さらに今度は場内全体に響き渡る「ライリー・サックス！（ライリーは最悪）」の大合唱が始まる。そしてライリーに対するやじのオンパレードは試合が終わるまで止むことがなかった。

しかし、盛り上がりが最高潮に達した両チームのメンバー紹介はこんなものではなかった。そうなった理由は二つある。まず、故障者続出のヒートはスターター4人が欠場していたので、ニックスが勝てると思った人が多かったからだ。実際に89-70で勝ったのはニックスだった。もう一つ、ライリーとネルソンへのファンの反応があまりにも大きく違っていた。ライリーには、賞金をかけて競っているかのような大音量のやじ。対してネルソンは、就任以来それまでになかったほど大きな、雷のような拍手喝采で迎えられたのだ。

ライリー指揮下のニックスは、ほかチームとの友好ということについて、対戦相手と親しくしないよう厳格な方針を打ち出していた。しかしこの夜は、ティップオフ直前にスタークスとハーパーがライリーと握手し、その後ろから近づいたユーイングが熱烈なハグで続くという場面があった。

試合の方は、明らかに浮ついた様子のニックスが試合開始から最初の5分以上を無得点で過ごす。しかし落ち着きを取り戻すとヒートは追いかけてこられず、ライリーは耳障りなニックスファンの大声援の中で声を枯らすほど絶叫しなければならない状況になった。ライリーが立っている場所の近くにいた記者が、オフィシャルのテーブルに置かれたのど飴でもなめたらどうかとすすめると、ライリーはそれもそうだなというそぶりを見せた。しかしそれは当然ニックスが用意したものだ。

「これは安全だと思うかい?」。ライリーがこの夜笑顔になったのは、このときが初めてではなかろうか。

毒を盛られる心配はさすがにいきすぎだったが、ファンが腹の底からライリーとその新たなチームに敵意をあらわにし、ライリーがそれを受け止めたこの夜は、NBAの1990年代を最高に熱くして締めくくるライバル関係の序章となる。

ネルソンにとっては飛躍のバネとなるはずの勝利だったが、ここがニックス時代のピークとなってしまうのだった。

***

木槌のないもぐらたたきのように、問題が次々と吹き出てくるのをネルソンは眺めることしかできなかった。ショットの数より口論の回数の方が多いほどだ。ユーイングは自分を軸としたオフェンスを望むが、オークリーとメイソンはより均等な機会を求める。出場時間の件も軋轢を生み続けている。運動能力が高く器用になんでもこなすガードのダグ・クリスティーはトレードの希望を表明し、スミスらベテランは放出される懸念を明らかにした。

チームは前シーズンから、スミスをトレードすることに躍起になっていた。

「なかなか納得のいく取引がなかったんだよ。よいコンディションを維持できていなかったから売りづらかったんだ」とチェケッツは言う。

とはいえ、チームを低迷させた最大にして明らかな要因はこれらとは別にある。マイアミに勝ったあと、パフォーマンスの質は下がり、続く5試合で4敗を喫したことが利いたのだ。負けが込み始めたとたん、これまで胸の内に留めていた批判をプレイヤーたちが外に向かって解き放ち、ベテランを苛立たせるようになってしまった。

「異論や問題があるなら、新聞じゃなく俺たちに言うべきだ。俺なら相手に直接言うよ。三つも四つも違うところからつべこべ言われたらこっちは押しつぶされてしまう」とセンターのハーブ・ウィリアムズは言った。

しかし、ウィリアムズがチームメイトに事をあおるのを止めるよう話した矢先、メイソンが火に油をバケツごとぶちまけるような行為に走る。ブレイザーズに101−92で敗れたあと、メイソンはチームの何がよくないかという質問を受け、言葉を選ばず「毎試合、毎試合、俺たちは何をやっているんだかさっぱりわからない。本当にいらつくよ」と言い放った。こんなコメントが誰に向けてのものかは、試合の終盤に彼がベンチの近くに座っていたファンと交わした会話からすぐにわかる。そのファンから不振の責任は審判の笛かと聞かれ、メイソンは首を横に振ってこう答えた。

「彼らじゃない。あそこにいるあいつだよ」。メイソンが指さした先にはネルソンが立っていた。

よりによってメイソンがそんな発言を公にしたことにネルソンは当惑した。オフェンスでの重要性を下げられたユーイングが言うのであれば、目を合わせて話し合うことがないとしても、わからなくもない。スタークスにしても、ライリーが自由にプレイさせたのとは正反対の、型にはめるような使い方で一触即発の状態だ。それに対し、メイソンはネルソンがポイントフォワードとして重要視する存在だ。不満があるとは意外でしかない。この日から、ネルソンはグランフェルドと仕事についての話し合いを始めた。メイソンにオフェンスを託す考えであったこと、それに沿ってメイソンはプレイしてきたこと、しかしそれが不満の原因になっていることなどを語った。

ネルソンはメイソンをスターターとして起用し、オフェンスを任せただけでなくほとんどベンチに下げなかった。7か月前、平均出場時間が22分のシックスマンだったメイソンは、今や44分プレイするスターターに変わったのだ。リーグ全体を見渡してもそこまで長く出場しているプレイヤーはいない。ユーイングでも、その少し前に復帰したマイケル・ジョーダンでもない。シャックでもない。ドン・ネルソンの下でプレイするメイソンがリーグナンバーワンだった。

メイソンのコメントにムッとしたネルソンだったが、1996年1月13日のサクラメント・キングスとのホームゲームに敗れたあとの出来事は、考えも及ばないものだった。

試合が終わった直後、会見に臨む前にコーチとプレイヤーはいったんロッカールームに戻り、反省会を行った。それを終えたネルソンが会見に出ると、続いてメイソンも部屋から飛び出した。こちらはネルソンのオフィスにまっしぐらだ。当然そこには誰もいないが、メイソンには関係ない。だいたい話をしに来たわけではないのだ。ドアを開けて部屋の中に入ると、ペンを執って乱暴に何かを書きなぐって出ていった。興奮冷めやらぬメイソンがたたきつけるようにドアを閉めた音は、隣のドレッシングルームにいたジェフ・ヴァン・ガンディまでびっくりするほどの大きさでとどろいた。

「いったい誰だい?」。ヴァン・ガンディに尋ねられたニクスが誰だかわからないまま通路に顔を出すと、筋骨隆々の男がロッカールームに戻ろうとしているのが見えた。「メイスみたいだよ。ネリーのドアをたたきつけたのは」。しかしなぜそんなことをしたのかはわからない。

数分後ネルソンが戻り、デスクに着こうとしてそこに書き置かれたメッセージに気づいた時点で謎は解けた。「次以降、俺を試合に出しっ放しにしたらぶっ殺すからな」。

ネルソンはドレッシングルームにいたアシスタントたちのところにメモを持って行った。信じられないといった様子だった。

「ネルソンはあの成り行きに怒っていたよ」。サルミが振り返る。「混乱もしていたし、これは本当に身の危険を感じるべきものなのかどうかと考えていた。『彼は本気で何かをしでかす気かな。ばかげたことをするほど頭にきているのか？　駐車場で車に乗る前に爆弾を仕かけられていないか確認しなければいかんのか？』とね」。

メイソンが次のサクラメント・キングス戦でマッチアップしたブライアン・グラントに25得点、9リバウンドの活躍を許したにもかかわらず48分中の38分プレイしたことが、いっそう状況をおかしくした。

ネルソンはメモについてフロントに報告しなかった。プレイヤーをコントロールできていないと思われたくもなかったし、勝つためにメイソンの能力を頼りにしていたことも事実なのだ。ただ、この一件が彼を揺さぶったのも間違いない。考えれば考えるほど、コーチングに戻らずマウイ島の別荘で楽しく過ごしていたほうがよかったと思えてくる。当時90歳だった母親からも、1年間休んだらどうだと言われていたのだ。「母は前の年に死にかけていたので、私のことであまり心配したくなかったんですよ」とネルソンは言った。

ニックスに来て以降、ネルソンの食生活にも変化があり、ずいぶんと腹回りも大きくなってきていた。開幕時に用意した衣装が12月にはもはや合わなくなってしまっている。やむなくヒルフィガーは、もう一度ネルソンのスーツを新調したのだった。

チームとのあいだの亀裂が大きくなるにつれ、ネルソンは事なかれの自由放任的アプローチを取るようになった。「ベテランがそろったチームでもあるし、ある程度任せてしまった方がいいのかなと受け身の姿勢で臨んでいたんだ」とネルソンは言う。「それはうまくいかなかったね」。

＊＊＊

ネルソンのニックスにおける運命を語るとき、決定的な要素を選ぶとすれば三つ挙げられる。

一つめは2月中旬のオークリーの故障離脱だ。この時期に、ニックスはハーブ・ウィリアムズも失っている。オークリーとウィリアムズは二人ともロッカールームのリーダー格で、ネルソンの問題を外に向かって騒ぎ立てる人間でもない。ニックスの全員を一致団結させられる者がいるとすればこの二人だった。そんなオークリーが親指を骨折し、オールスター・ブレーク後に離脱した段階で、ニックスはスターターのパワーフォワードであり最高のリバウンダーというタレント抜きで戦わざるを得なくなったのだ。

オークリーを失う数日前、ニックスはスミスとモンティ・ウィリアムズをサンアントニオにトレードし、1996年の夏に向けサラリーキャップに数百万ドルの余裕を生み出すことができた。しかし、この移籍に加えてハーブ・ウィリアムズとクリスティーをトロント・ラプターズにトレードしたことで、ビッグマンの層の厚みは損なわれていた。ニックスはオークリーの離脱後、10試合中8試合を落とす。しかもオークリーは6週間の欠場で、残された日程をほぼ全休という状況だった。

「オークリーはチームのまとめ役で、俺たちの成功の鍵を握る大きな存在だった」とアシスタントのドン・チェイニーは振り返る。「ネリーにとっては自分の考えを理解してチームに伝えてくれる重要な役目を負ってくれる存在でもあったと思う。オークを納得させられれば、残りの連中もついてくる。そんな存在がいなくなったことで、にっちもさっちもいかなくなってしまったんだ」。

二つめの問題は、3月までにはスタークスがネルソンを嫌うようになり、チーム全体の方向性をそっちに持って行ってしまったことだ。ある時点で、関係修復が不可能と判断したスタークスは、自分の考えを記者に向かって話すようになったのだ。「皆、彼はよいコーチだと思っていたよ。でも悪夢のようなこともあるもんだね」。そんな発言もあった。スタークスがゴールデンステイトに在籍した当時の、NBAにおける最初のコーチだったネルソンについて、ずいぶん大胆なことを言ったものだ。しかしスタークスは、エンジンのかかりの遅さや状況判断の悪さについてネルソンの厳しさを受け入れられなかった。ネルソンはスタークスがサンズ戦で3ポイントショットを成功させたあとでさえ、それがチームのリズムを崩しゲームプランに悪影響を及ぼしたと判断してベンチに下げたことがあるのだ。

奔放だったスタークスのプレイはすっかり影を潜め、コーチの視線を気にするようになった。1月下旬に両者はスタークスの出場時間減少について30分ほど話し合ったが、その後も減少傾向は変わらない。その翌月ネルソンがヒューバート・デイビスをスタークスに代えてスターターに起用した時点で、関係修復は不可能になった。デイビスはシューティングこそ素晴らしいもののほかに目を引く部分はなかったのだが、この起用によりスタークスはわずか12分間しかプレイできない試合もあったほど出場時間を削られてしまった。

「（スタークスを）できる限り大事にしてきたし、どんな問題があっても彼のやり方でプレイさせようとしてきた。どうかなと思っても機会を作ってきたよ。でもヒューバートの方がよいプレイヤーだよ」とネルソンはきっぱりと言ってのけた。

この時期、ニックスは西海岸への遠征を勝ち星なしの4連敗という、4試合の遠征としては過去10年間で最悪の成績で終えている。プレイヤーの信頼をすでに相当失っていたネルソンにとって、クラブで最も人気のあるプレイヤーの一人と衝突するタイミングとしては最悪だ。ファンもそんな結果を歓迎するわけはない。連敗のためか、スタークスに対する厳しい言葉への反応か、ニックスがホームにウォリアーズを迎えた3月3日の一戦では、スターティング・ラインナップの紹介中にファンからコーチに対する激しいブーイングが巻き起こった。

さて三つめだが、ネルソンに決定的な打撃を与えた出来事はこれだった。彼はフランチャイズ・プレイヤーのユーイングをトレードに出そうと言い出したのだ。しかもその話をユーイング自身に知られることなく進められると考えた。

シーズンとチーム自体の雲行きがすっかり怪しくなってきた1月、ネルソンはこの考えをフロントに伝えた。1994年の世界選手権でアメリカ代表のコーチだったネルソンは、若きスターのシャキール・オニールがオーランドから出て、より大きなマーケットでプレイしたいという思いを持っていることをつかんだ。オニールは6か月後にはフリーエージェントになる身だ。しかし、その時点でオニールとのトレードを実現できれば、オニールは街も気に入るだろうしニックスの状況を急転換できるだろう。ネルソンはそう仮定したのだ。

ネルソンにとっては単純な計算だ。33歳のユーイングは、これから全盛期に入るシャックよりほぼ丸10歳も年上だ。今やユーイング中心のチーム作りでチャンピオンになろうというアイデアが実現できる可能性は非常に狭まっていると言わざるを得ない。

「彼が先々まで長く戦えるとは思えなかったんだ」。ネルソンは数十年後にＨＢＯ（アメリカの有料ケーブルテレビ局）のブライアント・ガンベルとのインタビューでそう語っている。

ネルソンはチェケッツと夕食をともにする機会を作り、「（ユーイングは）私のスタイルとも合わないんです」

と持論を説明した。「ローポストに居座る彼のスタイルは現代的ではありません」とネルソンは主張する。しかしチェケッツは、数年前そのユーイングをニックスにとどめようと懸命に戦った人間だ。ユーイングほどの大物を手放すトレードのアイデアがどんなに魅惑的でも、やはりためらいを感じていた。

「私はあまり話したくなかったんだ。彼に少しでも望みがあると感じさせたら、いきなりそれについてメディアにすっぱ抜かれる可能性もあるわけだからね」とチェケッツは言う。「そのカードはないと言ったよ」。それでもネルソンはさらに一歩進んで、チームのオーナー企業の一つであるケーブルビジョンでCEOになったばかりだったジェームズ・ドーランに話を持ちかける。

ドーランもネルソンの話に耳を貸しはしたものの、ユーイング放出に乗り気ではなかった。こんな話が持ち上がれば、それが当事者の耳に入るのに長い時間はかからないものだ。

「（ユーイングに）伝わったんだね。そうなってしまったら私はおしまいさ」とネルソンは言う。

ビッグマンのユーイングはコーチを批判するようなことはなかったが、「違うんだなってことがわかったんだ。そうなったら物別れしかないじゃないか」とつけ加えた。

ネルソンは強いストレスを感じ、ウエストラインもどんどん大きくなっていく。2月にはヒルフィガーが衣装を新調するために三度目の身体計測に訪れたが、その頃には仕事にうんざりしていた。2月21日にデトロイトで行われた試合でのこと、ハーフタイムにロッカールームに戻ったヘッドコーチはミーティングの前に興奮した表情でこんな一言を発している。

「クソ野郎どもにつきあうのはもうたくさんだ」。

数日前にニックスにトレードされてきたばかりのフォワード、ウィリー・アンダーソンにも、ネルソンとプレイヤーの張り詰めた関係はすぐにわかる。

「彼はそう言いながらこっちを全然見ないんだ。でも明らかに俺たちに向かって言っていた」。しかも、チームはあまりにもネルソンを軽蔑していたために、コーチのそんな一言を気にする様子もなかったという。

混乱の真っただ中、ニックスと10日間契約を結んだフリーエージェントのセンター、マット・フィッシュも、この無関心さを感じとった。彼はユーイングが足首のケガとインフルエンザで数試合欠場した間、スターティング・ラインナップに投げ込まれたプレイヤーだ。

「覚えているのは、『さっきまで俺とやり合っていたのに、どこが痛いんだ?』ってことさ」。フィッシュは続けて言う。「(ユーイングは)ケガをしたふりをしているだけだし、ほかの全員がネリーを見捨てていたように感じた。俺がスターターだなんてあり得ないよ。皆、彼の下でやる気を失っていたんだ」。

まもなくグランフェルドはネルソンに関する決断を下した。34勝25敗の成績は立派なものだが、コーチとプレイヤーのあいだにはなんの関係性も築かれなかったからだ。

決別の会見のときがやってきた。「とてもありがたい機会でした。アーニーとデイブはずっと素晴らしい紳士です。ニューヨークの街も本当に気に入りました。嫌だったのはチームだけなんです」。ネルソンは最後に一言ちくりと加えることを忘れなかった。

このときから数十年を経た今、ネルソンのアイデアに異議を唱えることはほぼ不可能だ。メイソンのような大きくて何でもできるポイントフォワードを起用する概念は、現代のNBAでほぼすべてのチームがやろうとしていることだ。より軽い練習を行い年長のベテランをできるだけ休ませる考えも、リーグ全体で受け入れられている。ポストプレイに依存せず多様なオフェンスを指向する戦術も、33歳のパトリック・ユーイングを23

歳でフリーエージェントとなる立場のシャキール・オニールというスターとトレードしようというアイデアと同様に、今ならば間違いなく通じる話だ。

コーチの信条は的を射たものだったが、ライリー方式に染まったプレイヤーや幹部にはそれを受け入れる用意がなかった。しかし何より彼の運命を決定づけたのは、ネルソンが自身のビジョンを昔気質のプレイヤーと共有できなかったことだ。

「ネリーは、言って聞かせるタイプではなく、自分で感じ取るべきだと考えるタイプなんです。だから（助けの手をさしのべるようなことは）何も言わないんですよ」と話すのは、ネルソンの下で1試合あたり4得点とおとなしく飼い慣らされていたクリスティーだ。彼はトロントにトレードされたあとの3シーズンで、平均15得点を記録している。「僕はまだいろいろと勉強中です（コーチとして）。選手には、『それでいいんだ』の一言では足りない人、もう少し説明が必要な人もいるんですよね」。

とにもかくにも、ニックスは今や自由落下を始め空中分解の状態だ。早急にコーチの手当てをしなければならない。その人物は戦略的な説明はもちろん、ライリーの下で確立されたブルーカラーのルーツにチームを戻すことができなくてはならない。

幸いその人物はきわめて身近な場所にいた。ニックスのベンチに座っていたあの男だ。

BLOOD IN THE GARDEN

15

ライリーの申し子

ロードアイランドを秋特有の肌寒い空気が覆い、明け方の暗がりに太陽が上ろうとしていた頃、ステュー・ジャクソンは車を降りてオフィスに向かっていた。プロビデンス大のアシスタントコーチ兼筆頭リクルーターとしての就任初年度だったジャクソンにとって、日の出を拝むのはほとんど日課のようなものだ。毎日午前6時30分から午前7時までにはオフィスに到着する。リック・ピティーノヘッドコーチ（当時）のスタッフの中で、彼よりも早く出勤している者はまずいなかった。

しかし2年目の1986年になると、彼よりも早くタイムカードを打ち込む若手アシスタントが登場する。負けず嫌いのジャクソンは対抗心を燃やし、その若手よりも早く到着しようと毎日6時45分、6時30分、最後には6時15分にチームの練習施設に入るようになる。ところが、ジャクソンが何時に到着しても、その若手の車がすでに駐車場の風景に溶け込むように停められているのだった。

「最初の頃は『この熱心さには本当に負けるなぁ』と独りで感心していたよ」とジャクソンは言う。何しろ、毎晩オフィスに最後まで居残るのも同じ若手アシスタントなのだ。それがジェフ・ヴァン・ガンディだった。

2週目に入り、到着時間を午前6時に早めた日さえ何度かあったにもかかわらず2番目の座からのし上がることができなかったことで、ジャクソンは好奇心をそそられ、ちょっとした探偵気取りで調査を始めた。まず気づいたのは、ヴァン・ガンディの車が毎日まったく同じ場所に駐車されているということだ。さらに一歩突っ込んでヴァン・ガンディのトヨタカローラの内部を覗き込んでみる。すると、引っ越しに使った段ボール箱らしきものがいくつか見えた。

ジャクソンにはそれで、ヴァン・ガンディの車が毎日最初から最後までそこにある理由がなんとなく理解できた。

「彼は文字通りオフィスに住んでいたんだ。美しいオリエンタルラグの敷かれた受付にあるソファで寝て、練習施設のシャワーを使っていたんだね。彼はオフィスを家にしてしまったんだよ！　リックは彼に『頼むからアパートを見つけてくれよ。それが普通ってものだよ』と言っていたね」とジャクソンは当時をそう振り返る。

ヴァン・ガンディのバスケットボールへののめり込み方は、尋常ではない。食べる、眠る、呼吸するといった人間活動と同じくらい、自分の一部というレベルであり疲れ知らずだ。また、1日に6本もダイエットコークを飲んでいるだけに、十分すぎるほどカフェインを蓄えた彼はいつでも朝っぱらから頭がさえているのだ。1996年3月8日の午前8時にホテルの部屋のドアを誰かがノックしたときも、垂れ目のヴァン・ガンディはすっきりと目を覚ましていたどころか、その時点ですでに何時間も試合映像とにらめっこをしたあとだった。

フィラデルフィア・リッツカールトンの1814号室。のぞき穴から外をうかがうと、それはアーニー・グランフェルドだった。室内に迎え入れられたグランフェルドはヴァン・ガンディの肩に手を置いて祝福し、これから君が新コーチとしてチームを引き継ぐのだと伝えた。長年アシスタントを務めてきた苦労が報われた瞬間だ。

34歳の若手だったヴァン・ガンディは腰を抜かした。この瞬間、彼はリーグ最年少のヘッドコーチになったのだ。しかもそれまでの記録を7年もぶっちぎる若さだ。一気に感情の波が押し寄せる。34勝25敗でイーストの4位という好成績を維持していたにもかかわらず、数階下の部屋で辞任に伴う荷物の整理をしていたドン・ネルソンへの思いと、とてつもない絶好機を得た喜びと緊張、あまたのコーチ（彼自身の父親を含む）がいたらぬままに終わるヘッドコーチという頂に、こうして自分が立つことになってよいのだろうかなど。何十年にも渡り、家族ごと見知らぬ土地に何度も移り住むような苦労に向きあい、その報いも得られない同業者は数え切れないほどいる。

ヴァン・ガンディのヘッドコーチ経験といえば、１９８5年にニューヨーク州ロチェスターのマクエイド・イエズス会高校を率いた1年だけしかない。しかし、彼はこの大抜擢に値するだけの対価を払ってきた人物だ。

***

ヴァン・ガンディは、たとえ自分の立場がどん底にあったとしてもバスケットボールにすべてを捧げられる人間だ。その兆候は、彼が18歳だった１９８1年の決断に早くも現れている。

当時の彼は、世界で最も権威のある大学の一つであるイェール大でフレッシュマンとしての1年を過ごしたところだった。しかし年度の終わりにチームからカットされると、彼は両親に「僕は転校するから」と告げる。父親がどこに行くつもりか尋ねると、ヴァン・ガンディは「メンロー短大だよ」とまっすぐな視線で答えた。「イェール大からメンロー短大に？　本気なの？」と母親は何かの間違いかと思わず聞き返した。

若きヴァン・ガンディは名門大卒業というエンブレムを捨て、翌１９８2年には、カリフォルニア州のメンロー短大で、家族ぐるみのつきあいがあったコーチの下でプレイした。始まりは「出場機会が増えるから」と楽観的だったが、その後ヴァン・ガンディは籍を転々としている。翌年には再び、父親のビル・ヴァン・ガンディがコーチを務めていたニューヨーク州立大ブロックポート校に再度転入したが、父親が翌年解雇されるとともにその翌年にも転籍。今度はロチェスターのナザレ大に移る。最終的にはこのナザレ大時代にハッスル志向のポイントガードとして2年間活躍し、チームをディビジョン3のエリートエイト（全米ベスト8）に導くともに、マグナ・クム・ラウデ（学業成績が優秀な学生に贈られる栄誉の賞）を手にして学生時代を終えた。

5年間で四つの大学に籍を置いた学生時代と同じように、ヴァン・ガンディのコーチングキャリアもつむじかぜのような始まり方をしている。最初の1年はマクエイド・イエズス会高校のプログラムを請け負った。次はプロビデンス大で2年間、ラトガース大で1年間をアシスタントとして費やす。その次にやってきたのがニックスでの仕事だ。『The Washington Post』のコラムニスト、トニー・コーンハイザーの言葉を借りれば、当時のニックスは「ハギーズ（新生児向け製品ブランド）と協力して使い捨てコーチでも開発しているのか」と揶揄されるような状態で、6年半のあいだにコーチを4人も入れ替えていた。そこでヴァン・ガンディは様々な経験を積んでいく。上司が首を切られて途方に暮れた1991年5月には、グランフェルドの補佐として、コーチングとはまったく別分野となる運営面のサポートを担当させられ退屈な日々を送ったこともある。

チームのジュニアアシスタントだったヴァン・ガンディは年功序列上の存在感も薄く、クラブは彼のオフィスを新任マーケティング・ディレクターのパム・ハリスに使わせたほどだった。「部屋を譲られるまで彼のこと自体を知る機会がなくて、悪いことをしたなと思ったのを覚えています」とハリスは回想する。

それでも、人助けが好きなヴァン・ガンディは親切心を発揮していた。チームの秘書の一人にシングルマザーがいたのだが、ベビーシッターを見つけられず5歳の息子をオフィスに連れてこなければならなかったときには、彼女が仕事をしているあいだにその子とパズルやトランプで遊んでやっていたという。「彼は本当に親切な人でした」とその女性は数年後に話している。

当時のヴァン・ガンディは、興味のない事務作業には力が入らないし、ジョン・マクラウドの解雇後にもアシスタントとして残れる保証もなかったので、いくつかの大学のコーチング職について面接を受けていた。しかし、パット・ライリーがマクラウドの後任としてニックスのヘッドコーチ就任に正式同意したあと、デイブ・チェケッツはヴァン・ガンディをベンチに座らせるようライリーに強く推したという。

するとライリーは、すぐに29歳の若手に引かれるようになった。スチュー・ジャクソンと同じように、ライリーもヴァン・ガンディが毎朝誰よりも早くオフィスにやってくることに気づいたのだ。スカウティングレポートの視点も鋭く詳細だし、プロレベルの競技経験もなく身長5フィート9インチ（175㎝）と小柄なのにもかかわらず、プレイヤーに対して遠慮なくぶつかっていけるところもありがたい。日々の練習では開始2時間前にはコートに出て成長株の若手の球拾いにつきあい、練習メニューにも積極的に関わって、何をどのようにしてほしいのか一生懸命に説明した。

「私にできることは数少なかったんですが、とにかく毎日走り回って汗を流そうとは思っていました。私のような者が、パトリックほどのプレイヤーに向かってリリース角度やら何やら指南するなどおこがましいと思っていましたから」とヴァン・ガンディは振り返る。

ときには強気にプレイヤーを追い込みすぎるときもあったそうだ。ライリー就任初年のこと、ヴァン・ガンディが練習中にチャールズ・オークリーのプレイぶりをソフトだと繰り返し叫んだことがある。3回目の叫び声を聞いたオークリーはヴァン・ガンディめがけてボールを投げつけ、それが股間に命中。コーチはもんどりを打って痛がったという。

しかしそんなケースはごくまれで、不振にあえぐプレイヤーの横に座って気晴らしに映画を見たり、試合中に客観的かつ建設的な意見を提供した回数の方が圧倒的に多い。ニックスの面々は、チームのためならどれだけの時間を費やしても構わないというヴァン・ガンディの姿勢を直に見ていたので、彼を大いに尊敬していた。

1991-92シーズンを終えたライリーは、アシスタントたちと個別にシーズンを締めくくる面談を行った際に、ヴァン・ガンディに将来ヘッドコーチになりたいかどうかを尋ねた。ヴァン・ガンディはやや取り乱しながらも、「はい」と答えた。

「いいじゃないか」とライリーは言い、どんな言葉で締めくくるべきか一考してこう言った。「うむ、そうしたら今からもうちょっと服装に気を遣うようにしておけよ」。

そのほかにライリーは、彼がNBAプレイヤーではなかったからといって遠慮するなと伝え、さらにこんなことを話した。「彼らがコーチに求める大切な資質は四つだけなんだ。まずは勝てること、そして誠実さ、頼りにできること、信用がおけること。この四つがそろっている人間なら、このリーグで何でも成し遂げられる」。

この会話でヴァン・ガンディは大きな自信を得た。同時にライリーの方も、翌シーズン以降徐々にヴァン・ガンディの責任範疇を広げていく。具体的には、自分の声に対するプレイヤーの反応が希薄だと感じたときに、トップアシスタントのディック・ハーターではなくヴァン・ガンディに手綱を渡して、チームのワークアウトを進めるようにした。

ヴァン・ガンディに対するライリーの信頼は両者の絆を深め、ヴァン・ガンディが1995年に生まれた娘のマティーに「ライリー」というミドルネームをつけるほどの仲に発展していく（ヴァン・ガンディの妻のキムが流産を経験したあと、ライリーが家族の時間をとるようにと思いやりのある言葉をかけたことも、信頼を深める要因となった）。

ライリーはマイアミ・ヒート入りに際して、ニックスからヴァン・ガンディを連れて行こうと試みたが、ニューヨークのフロントオフィスからその許可を得ることができなかった。ヴァン・ガンディはチェケッツの決断について「当時は腹立たしかった」と話している。

ジェフを連れてこられなかった代わりに兄のスタンをアシスタントに迎えたライリーは、「少なくとも〝ヴァン・ガンディ〟がそばに一人いてほしかったんだ」とコメントしている。

それにしても、ライリーが去ったあと、これほど早い時期にそのライリーから伝授されたヘッドコーチに関する教えを役立てる日が来るとは。そして就任からわずか数分後、ジェフ・ヴァン・ガンディは、さっそくその教えの一つを活用し始める。

＊＊＊

ヘッドコーチとして初めて選手たちと会ったとき、ヴァン・ガンディは前ヘッドコーチのネルソンが着任する前の状態に戻すと彼らに言った。最重要事項はディフェンスであり、そこに絶え間なく、強く注力していく。それも、以前の状態よりも長く、激しくやっていくのだ。

要点を明確にできるように、朝のシュートアラウンドからそれを実践していく。ライリー時代と同じように、通常練習並みのシュートアラウンドにする。リーグワーストの11勝47敗という成績で、直近の12試合中11試合を落とし不振にあえぐフィラデルフィア・セブンティシクサーズとの対戦を控えたチームにそう伝えることで、ヴァン・ガンディはニックスの雰囲気を整え、焦点を研ぎ澄まそうとしていた。

しかし実際には正反対の事が起こる。ニックスはシクサーズに対して前半6点差のリードを奪ったが、後半はその日シュートアラウンドからハードに取り組んだ疲れが出てしまった。後半はわずか35得点。１か月前の32点差の撃破を含めそれまで7連勝と相性がよかったはずのシクサーズに、ニックスは屈辱的な敗北を喫してしまった。

シクサーズのフォワード、エド・ピンクニーは試合後、シクサーズの逆転勝利をまるでクリスマスの奇跡だと言って喜んだ。一方、子どもの頃から勝ち負けにこだわる質だったヴァン・ガンディは、この黒星で最悪の気分を味わっていた。バスに乗り込んだニックスの一行が出発する直前、旅程を組んだマイク・サンダースが全員にチーズステーキを配ったが、ヴァン・ガンディはとても食べる気にならず触れることさえなかったという。

ヴァン・ガンディにとっては、バスケットボールこそが最優先事項なのだ。そのコーチングキャリアは、赤信号を無視して突っ走ろうが、自宅のガレージに突っ込もうが、ほかの人の車に衝突しようが、とにかく試合にすべてを注ぐという精神状態で貫かれていた。

もちろんささやかなオフコートの楽しみも持っていた。オフシーズンにはときどき映画館に行って、山のようなポップコーンが盛られた大きなカップを抱えて昼下がりの時間をのんびり楽しんだ。野球ファンでもあり、ヘッドコーチに昇進したあともダフ屋からチケットを買ってアシスタントのブレンダン・マローンと一緒にシェイ・スタジアムにメッツ戦を見に出かけた。

ある蒸し暑い夏の日にマローンを連れ立って、ニューヨーク州ホーソーンにあるベーブ・ルースの墓地を訪れたこともある。大学で歴史を専攻した者らしい志向だ。「オフシーズンになってコートを離れれば、彼はまったくリラックスしているんですよ」というのが、マローンのヴァン・ガンディ評だ。

しかし最悪のチームに対する敗北のあと、オフシーズンのリラックスした表情は一片もない。次の対戦相手が、54勝6敗というNBAで最高成績を誇るマイケル・ジョーダン（1995年復帰）のブルズと来れば、プレッシャーはいっそう高くなる。フィリーからバスで帰還する間、安らぎなどあり得なかった。

ヴァン・ガンディが試合に向けるレーザーのようなフォーカスは、周囲から見れば苦笑いしてしまうような、あるいは自虐的なユーモアのセンスを感じる類いのものだった。とにかくプレイヤーの気を散らさないよう注意を払うのだが、あらゆることが気を散らす要因になると考えてしまうのだ。

ロッカールームでスタッフとプレイヤーが、メイク・ア・ウィッシュのボランティア企画で子どもと会うための詳細を話し合う？　それは試合が終わるまで待ってくれ。ティップオフまで1時間を切ってから牧師がプレイヤーと一緒に祈りを捧げる？　それでは絶対に気が散ってしまう（彼は礼拝自体を禁じたわけではない）。プレイヤー・オブ・ザ・ゲーム（各試合のMVP）を選ぶことさえ気を散らす原因になると考え、その必要性を巡ってマーケティング・スポンサー部門と衝突したこともある。たとえ勝利のあとであっても、様々な形で貢献をもたらした個々のプレイヤーから一人だけを祭り上げることは、不必要な頭痛の種であるし、嫉妬の要因にもなると感じてしまう。

ヴァン・ガンディは一度マーケティング・ディレクターのハリスに、ニックスが突然勝てなくなったら君はどんな影響を受けるかと尋ねたことがある。ハリスがその問いに、特に影響を受けないだろうと答えると、ヴァン・ガンディは「そこが違うんだ」と言った。「我々が負けても、君はおそらく仕事を続けられるだろう。プレイヤーは勝ちたいと思っているけど、勝っても負けても報酬は得られるし、ほとんどは来シーズンも戻ってくる。でもコーチはどうだい？　勝たないといけないんだ。周りのみんなも勝ちたくないわけじゃないのはわかってるさ。でも僕らは勝たなければならないんだ」と。

＊＊＊

オフシーズンに大物コーチが何人もマーケットに出ると予想していたヴァン・ガンディは、ニックスと契約更改にこぎつけられる可能性はそう高くないと思っていた。「確率は5000万分の1。来世まで待たなければ無理」と『Daily news』のコラムニスト、ミッチ・ローレンスはヴァン・ガンディの将来を辛辣に書き表した。

ただしヴァン・ガンディは、ニックスがネルソンの後任として、かつてNBAで年間最優秀コーチ賞を受賞したこともある同僚のアシスタント、ドン・チェイニーのヘッドコーチ昇進を熟考したことを知らない。

「ジェフを昇格させる決定が下されたとき私はそこにいた。いくつか物議を醸す議論もあったよ。デイブは、（黒人の）ドンを昇格させるなら、解雇はしづらくなるだろうという懸念をもっていたんだ」とエド・タプスコットは言う。

タプスコットはチェケッツとグランフェルドに、チェイニーとヴァン・ガンディを能力のみで評価するように促したという。最終的に幹部たちは、長期間プレイヤーとともに働いてきたヴァン・ガンディの方が、同調的なチェイニーよりもチームを遠慮なく追い込めると結論づけた。

ヴァン・ガンディにとってヘッドコーチとしての2試合目となるブルズ戦の最中に、NBCはブルズのコーチであるフィル・ジャクソンとのインタビューを放映した。その中でジャクソンは、ネルソンの解雇が彼自身のシカゴとの契約延長に影響を及ぼすかどうかを尋ねられ、自身の将来について答えている。

ここでジャクソンは穏便な回答（ノー）をせず、率直に「もちろん、物事は変わってきますね」と話した。

憶測が広がることに対するジャクソンの無関心さが、ヴァン・ガンディには煩わしかったし、NBAのコーチ同士の友愛関係の中で、ある意味倫理感を逸脱しているようにも感じた。しかしヴァン・ガンディが自身の立場について感じていたいかなる恐れも、ニューヨークがそれまでの14回の対戦で10回負けていたことからきていた不安も、3月10日のガーデン決戦でしばし霧散することとなる。

ニックスはこの試合でシーズン最高のパフォーマンスを披露。歴史的な快進撃でリーグを支配していたブルズの壁を104―72の圧倒的勝利で突き破った。ブルズにとってはこのシーズン最悪の大敗だ。

ニックスがブルズに対して築き上げた32点差のリードはそれ自体、その時点までにブルズが喫していた6敗の合計得点差（42）に迫るほどの大きさだ。ユーイングは若々しさを取り戻し躍動。シカゴのルーク・ロングリーに左手で強烈なダンクをお見舞いし、その一撃でネルソン指揮下の2か月半のあいだにすっかり鈍ってしまったニックスの闘争心を呼び覚ますかのように絶叫をとどろかせた。

勝利のあと、デレク・ハーパーは試合球をつかんでロッカールームに持ち帰り、ヴァン・ガンディに初勝利の証として手渡した。「この前、今年一番厳しい練習をした効果が今日出ましたね」。ハーパーにそう称えられたヴァン・ガンディは、このシーズンをヘッドコーチとして13勝10敗と勝ち越して終えている。

この勝利でニックスが、ジョーダンとシカゴの快進撃を止めたなどとは決して言えない。レギュラーシーズンで最終的に72勝という記録を打ち立てたブルズに、ニックスはプレイオフ第2回戦で挑んだが、5試合で敗退している。その後ブルズがリーグタイトルを奪還（1990年代に入って4回目）したのは広く知られているとおりだ。

それでもシカゴに対する爆発的な勝利は、プレイオフ1回戦でクリーブランド・キャバリアーズを3タテで片づけた事とともに特筆に値する。ヴァン・ガンディのリーダーシップの下、老犬たちは手慣れた手段でまだ戦えることを示したのだ。

ただし、原点回帰だけでは足りない。チームには全体に若返りが必要であり、それは急務であった。

16

エド・タプスコットはこの年のドラフトに向け、それまでと少し異なるアプローチを取る必要があると考えた。

ニックスのスカウトを統括する責任者として、6月は通常ならばリーグ入りを目指す大学の上級生向けにドラフト前のトレーニングを行うのが慣例だ。しかし、1996年の6月は、才能あふれる高校生のペアをチームの練習施設に迎え、3日間に渡って両者が（プロとして）どんなことができるかを見せる機会を与えることにしたのだ。

タプスコットはできる限り彼らの特徴をつかめるよう、ティーンエイジャーの二人が人生を左右するような機会に臨む前に、わざと彼らがおやっと思うようなステップも用意していた。

身長6フィート11インチ（約211cm）のパワーフォワード、ジャーメイン・オニールとの最初のセッションでは、すでにタプスコットはあらゆる関連情報を頭に入れていた。ニックスは単に彼がどんなことをできるか、NBAで使われる用語など何かに混乱することがあるかを見たかっただけなので、NBAレベルの用語やドリルのやり方などわからないところは喜んで助けの手を差し伸べてやるのだが、サウスカロライナ州の小さな町からやって来た17歳の若者が打ち解けてリラックスできるように、タプスコットはこんなやりとりを試していた。

「ちょっと聞いてもいいかい？　プロム（高校のダンスパーティー）に行ったことはあるよね？」

オニールは思わぬ質問に「すみません、何ですって？」と聞き返し、タプスコットは「卒業前のプロムに行ったただろうねって」と再び尋ねた。

「あ、はい。行きました」。

「そう、わかった。ありがとう」とタプスコットは言い、「我々はプロムに行ったことのない子のワークアウトはやっちゃいけないんだよ」と続けた。

タプスコットのジョークでオニールは笑顔を見せ、肩の力が抜けたようだった。その後のワークアウトは素晴らしく、あまりによい出来だったので、タプスコットとニックスはドラフト1巡目18位の指名権を彼に使いたいと考えたほどだ。

「できるものならば、その場で彼をうちに入れてしまいたかったよ」とタプスコットは言う。

その2日後、また別の高校生を迎えたときにも、タプスコットは同じアイスブレイクを試み、1か月前に高校のプロムに出席したかどうかを尋ねた。

コービー・ブライアントも、やはり少し混乱した様子を見せ、眉をつり上げて「ええ、ブランディを連れてプロムに行きましたけど」と答えた。ブランディはブライアントと同じティーンエイジャーの売れっ子R＆Bシンガーだ。

二人がプロムに出かけたことは一部のメディアで全米に報じられてもいたことから、ブライアントの反応には「そんなことも知らないんですか？」という雰囲気もあった。それはまた、若さに似合わぬ確固たる自信を物語る反応でもある。緊張をほぐす必要などまったくないほど、彼は平常心だったのだ。

「17歳だったジャーメインが精神年齢で18歳だとすると、コービーは同じ17歳でも30歳だったな」とタプスコットは振り返る。「コービーには気持ちを落ち着かせる必要がなかった。完全に自分の世界に入っていたからね。正直なところ、その後の彼のワークアウトは今までに見た中で最高のものの一つだよ。すべてを終えたあとスカウト同士で顔を見合わせて、『こりゃ俺たちの順番まで残ってないだろうな』と話したよ」。

その場にいたスカウトたちは、ブライアントの爪が透明な何かでコーティングされていたように見えたことを鮮明に覚えている。おそらくマニキュアを塗ってきたのだろうが、その日披露したワークアウトの内容と同様に、彼は17歳にして非常に洗練されていたことがわかる。

その夏のドラフトで、ニックスはそれなりに有力なカードを持っていた。チャールズ・スミスをサンアントニオに送った数か月前のトレードと、マイアミとのいざこざの和解の条件から、1巡目で18位、19位、21位と三つの指名権を持っていたのだ。NBAで最も平均年齢が高く、チームの三本柱がいずれも30歳を超えているクラブにとって、今回のドラフトは転機となり得ると考えて当然だ。

「あの高校生二人のうち少なくとも一方、できれば両方を獲得できたらと、その見解で一致していた」とスカウトのフィル・ハバードは言う。「ドラフトであの順位まで残っているプレイヤーが即戦力になるとは思わない。でも将来的なプラス材料と秀でた運動能力が手に入る。アーニー・グランフェルドもそれでいこうと言っていたし、あとは実際の指名がうちに有利な流れになるかどうかだった」。

しかし、チームの核を残して上位指名権を手に入れられなかったニックスは、ブライアントを13位で持っていかれ、オニールを17位でかすめ取られてしまう。将来のフランチャイズ・プレイヤー候補を獲りそこねたあと、ニューヨークがドラフトで獲得したのはシラキュース大のジョン・ウォレス、ケンタッキー大のウォルター・マッカーティ、ミシシッピ州立大のドンテ・ジョーンズというトリオになった。

ニックスが望んだようには事は運ばず、フリーエージェンシーが始まったあともニックスの最優先事項は引き続きロスターの若返りだ。もちろん、世界最高のプレイヤーが手に入るというのなら話は別だが。

その頃、ある都市伝説が存在していた——全ニューヨークの宿敵マイケル・ジョーダンが、どうやらブルズを離れてニックス入りしようと熟考に熟考を重ねているらしい。

市場価値に見合うだけの報酬を手にしたいと考えたジョーダンは、ブルズのオーナーであるジェリー・ラインスドルフに驚くべき最後通告を行ったという。来シーズンは、ニックスが自分に出せると提示しているのと同じ２５００万ドル（１９９６年７月のレートで約27・３億円）の金額を支払うことに同意してほしい、それを24時間以内にできなければ、相手と契約する。そんな内容だ。

やや劇的すぎるかもしれないが、そうなるだけの理由もあった。その時点でジョーダンは、直近シーズンを含む四度の王座獲得に成功し、８年間２５００万ドルの契約を終えたばかり。その功績には契約内容の数倍以上の価値がある。ラインスドルフとブルズには、ジョーダンに返すべき大いなる借りがあるはずだ。

ジョーダンの代理人であるデイヴィッド・フォークが、ジョーダンについてデイブ・チェケッツと話し合う用意を持っていたのは事実だったし、ニックスは彼と契約できるなら利用可能なサラリーキャップの残額１２００万ドル（同約13・１億円）を、最後のペニーまで全額ジョーダンにつぎ込んでも構わないと考えていた。しかし両者がそれ以上近づいた形跡はない。

「そういう話が現実にあったのだろうと皆言うけれど、実際にはなかったよ」とチェケッツは言い、ニューヨークが２５００万ドルの年俸を何とかして都合するための真剣な議論は行われなかったとつけ加えた。「彼がシカゴを離れるとは思ってもみなかったよ」。

それがジョーダン獲得を意味することならば、ニックスは喜んでフリーエージェント獲得計画をご破算にしただろう。実際、そうしないクラブがあるだろうか？　しかしチェケッツとすれば、こんな話題に名前を使われてもまったく構わないことだ。ジョーダンが対価をつり上げれば、ブルズはロスターを構築するのが難しくなるかもしれない（ラインスドルフはその年だけで、ジョーダンに記録的な3000万ドル（同32・8億円）を支払う結果となっている）。それを尻目にニューヨークは、パトリック・ユーイングとジョン・スタークスが担っていた得点面の負担を軽減させられる若手プレイヤーを狙い、当初の計画を着々と進めていったのである。

フロントオフィスのメンバーは、ワシントンDCでフリーエージェンシーの目玉の一人だったジュワン・ハワードと会い、実りなく交渉を終えたあと、ピストンズのアラン・ヒューストンを狙ってチャーター機でデトロイトに向かった。25歳のヒューストンは、ロングレンジからの高確率なショットを持ち味としている身長198㎝のオフガードだ。

ニックスはヒューストンに対して、この夏のフリーエージェンシーで初めてとことんまで全力を尽くした。ヒューストンと彼の家族、代理人をチーム飛行機でニューヨークに招いたのはもちろん、その前にいったんワシントンDCに戻って、それまでフリーエージェント勧誘に参加したことのないユーイングを駆り出してまで口説こうとしたのだ（ユーイングの妻リタも参加し、ヒューストンの婚約者と話したという）。テネシー大では父親の下でプレイしていたヒューストンは、プロ入りの経過でも父親の影響を受けていたので、それまで全面的な採用経過がどんなものかを経験したことがなかった。ニックスはそんなヒューストンを歓迎するために、彼がニックス入りした際に着用するユニホームをチャーター機の全席に着せ、ティファニー製のクリスタルアップルを二つ渡した。一つは婚約者用、もう一つは母親用だ。まだ『Photoshop』も黎明期だったが、チームの練習施設の脇にはすでにニューヨークのユニホームを着たヒューストンのポスターがでかでかと飾られ、著名なニックスファンからのニックス入りをすすめるメッセージをしたためたビデオも用意されていた。間もなく妻となるタマラと二人で、ミッドタウンにある豪華なセントレジスホテルのカルティエスイートに宿泊となれば、細工は流々仕上げをご覧じろというものだ。

これだけ説得力のある勧誘姿勢を見せられたあと、ヒューストンはデトロイトにカウンターオファーを出す機会さえ与えず、ニューヨークからの7年間5600万ドル（1996年7月のレートで約61・2億円）のオファーを受けることを決めた。グラント・ヒルを初めとしたピストンズのチームメイトは大いに怒り、翌月出席予定だったヒューストンの結婚式を欠席している。毎試合ほぼ20得点を期待できるシャープシューターを持って行かれたピストンズ側とすれば、そんな思いになっても当然だが、それだけニックスの喜びも大きかったというわけだ。

その後チームは、ニュージャージー・ネッツのフリーエージェントだったクリス・チャイルズと6年間2400万ドル（同約26・2億円）の契約を結んだ。前シーズンに初めてスターターとして起用され始めたばかりで、平均13得点、7アシストを記録した28歳のポイントガードだ。これは負け越しチームに在籍して重要な役割の経験も非常に限られていたプレイヤーに対する契約としてはかなり高額だ。しかしチャイルズ獲得により、ニックスのコート上に恐れ知らずの存在が誕生する。彼はニューヨークに在籍しているあいだに、コービー・ブライアントにパンチを浴びせ、ジョーダンともう少しで殴り合いになりそうになったプレイヤーだ。

チャイルズが恐れ知らずになったのは、コート上の出来事が原因ではない。

アルコール依存症に苦しむ家族が何人もいた家庭で希望の星のように育ったチャイルズだが、その人生は1989年のドラフトの夜を境に悪循環に陥り始める。仲間や親戚を招いてパーティーを催したその夜、チャイルズがどこでプロとしての門出を迎えるかを誰もが見守ろうとしていた。ところが結局どこからも指名されることなくドラフトは終わってしまう。以後5日間、チャイルズは自室に閉じこもって電話にも出なかった。

その後はCBA（コンチネンタル・バスケットボール・アソシエーション＝当時のマイナープロリーグ）で5シーズンを過ごしたが、その間四つのチームを転々とし、自身のバックアップがNBAにコールアップされる悔しい思いを味わう一方、自身は飲酒が原因で身を持ち崩し、出場停止を食らうという経験をしている。そんなチャイルズを見かねて、コーチの一人が、薬物乱用から立ち直った経験を持つ元ドラフト全体1位指名プレイヤーのジョン・ルーカスに助けを求めてはどうかとすすめたが、問題は解決にいたらない。

「あるときはハイネケンを24本も空けて、4軒はしごした挙げ句にコニャックを5、6杯飲んだりしてね」とチャイルズは言う。「家に帰ったら朝7時。プログラムは8時のミーティングから始まるんだ。寝ず、食わず、シャワーも浴びずに参加したけどさ」。問題を抱えたポイントガードを、かつてある記者は「バーテンダーにしか愛されないプレイヤー」と揶揄（やゆ）した。

彼の物語が好転し始めたのは、マイアミのリハビリ施設に入ってからだ。最後の飲酒は1993年6月26日。次のシーズンからは徐々にNBAでのチャンスを生かせるようになり、ついにニックスを走らせる絶好機に恵まれた。

こうしてフリーエージェント市場で活発に動いて成果を得たニックスだったが、この後さらに、この夏最大の獲得劇が待っていた。それはフリーエージェント市場の外で起こった獲得劇だった。

スター級のタレントに金をつぎ込む意欲を失い比較的新しい小さな市場のクラブに目をつけたニックスは、

シャーロット・ホーネッツとの取引に狙いを定める。ホーネッツは3年前、ほれぼれするような屈強な肉体の持ち主である元ドラ1のフォワード、ラリー・ジョンソンと、12シーズンにまたがる8400万ドル（契約当時の1993年10月のレートで約89・9億円）というスポーツ史上最高額の契約を結んでいた。一方でホーネッツのオーナーを務めるジョージ・シンは、25歳のアロンゾ・モーニングが1995年に要求した長期契約を拒否し、マイアミに放出。それから1年後、今度は27歳のジョンソンをトレードしようとしていたのだ。

ニックスはご存じのように資金も豊富な大市場のクラブであり、毎晩2万席のアリーナは完売、シーズンチケットの順番待ちも10年先まで空かない上にプレミアム価格でその売買が成立するような状態だ。チケット以外の副次的なものも含め、1試合あたりの収入が約百万ドル（1996年10月のレートで約1・1億円）。二度オールスターに選ばれたジョンソンのような高給取りも獲得できる。しつこい背中の故障と格闘している状態ではあるが、ジョンソンは前シーズンに平均20・5得点、8・4リバウンド、4・4アシストと好成績を収めたばかりでもある。

ジョンソンの契約が非常に高額だったため、チームは話を電話で済まさず、珍しくトレードについて会合を持って議論することにした。フロントのメンバーがニューヨークからオファーを持ってシャーロットに赴く。ジョンソンと引き換えにポイントフォワードのアンソニー・メイソン、控えパワーフォワードのブラッド・ローハスに現金をつけるという条件で、ホーネッツは検討すると答えている。

会合を終えたニックスがその場を去ろうと言う段階になり、迎車を手配しようと折り畳み式携帯電話を取り出したタプスコットは、当時まだ見慣れない様式だったその携帯電話にジョージ・シン（当時のホーネッツのオーナー）が何らかの興味を示していることに気づいた。

「それは君の電話かい？」。好奇心旺盛なシンは、南部特有のゆっくりした話し方でそう尋ねた。タプスコットがそうだと返答すると、シンはどんなテクノロジーがあるかを確かめたいと思ったようだ。「変な形だね。ちょっと見せてよ」。

ホーネッツがニックスのオファーを検討するにあたり、話をこじらせる可能性のある重要な疑問点が一つ存在していた。シンはホーネッツのヘッドコーチ、デイブ・コーウェンズと話したあと、このトレード話を進めてよいものやら迷いが生じたというのだ。理由はメイソンだった。コーウェンズは、一時ニックスをコーチとして率いたドン・ネルソンと長年の友人で、メイソンがいかにやっかいで対処しづらいかを聞いていたのだ。

ネルソンがコーウェンズに強調したのはメイソンが突然暴発することで、確固たる証拠もないがステロイドかなにかを使っているのではないかと聞いたという。

「(ネルソンからそれを聞いて)少し心配になりました」とコーウェンズは言う。「結局私とメイス(メイソンのあだ名)はうまくいったんですけど、話を決める前にはきちんと調べてどんな状況になるかを想定したいじゃないですか」。

クイーンズ出身のメイソンは、自身の故郷を拠点とするNBAチームで何でもこなせるプレイヤーとして開花していただけに、この移籍で傷ついた。6年間の契約を結んでからまだ1年しか経っていないのだからなおさらだ。

しかし、ニックスはメイソンを手放したことで平均20得点を期待できるプレイヤーを3人そろえることができた。しかもそのうち二人はまだ若手といえるのだ。デレク・ハーパーをチャイルズに置き換えることで、オフェンスの起点も若返っている。さらにニックスは、堅実で経験豊富な36歳のパワーフォワード、バック・ウィリアムズを獲得。前年ロッカールームで重要な声を発していた控えセンターのハーブ・ウィリアムズとも再契約した。

皮算用としては、王座を狙える戦力に見える。「これは大当たりかもしれないぞ」。グランフェルドは言った。

エレベーターに乗り込んだピート・ファバットは、心臓が胸から飛び出すかと思うほどどきどきしていた。1991年当時の彼はまだ25歳で、敏腕クリエイティブ・ディレクターとして広告業界で名を知られるようになり始めた頃だ。このときは、まだ長くないキャリアの中では最大のプロジェクトを手渡された。新人スターのラリー・ジョンソンを起用してコンバースのシューズを売り出す企画をまとめる。ナイキがジョーダンとともに別世界のような成功を収めている中で、確固たる地位を築きたいというコンバースの立場を考慮せずとも、この企画をファバットに託す選択は、彼に対する相当レベルの信頼度の証しだと言える。

ファバットはその信頼を受けて、筋肉の鎧に覆われたようなジョンソンに、これから自分の考えた企画を説明しようとしている。花柄のドレスを着た年配の女性に扮してくれないか。眼鏡と流れるようなかつらを着けて、筒型のピルボックスハットをかぶってほしいんだ……。

言語道断の突拍子もないアイデアだ。しかしファバットとしては、コンバースが人目を引きたいならこれくらいのことも必要だと思っていた。ドラフト全体1位で指名されたばかりのジョンソンがどう感じるかなどわからない。「めっちゃ怖かったですね」とファバットは言う。「席に着く前に、もし彼がこのアイデアを気に入らなかったら殺される前に出て行かなきゃいけない、ソファから立ち上がってエレベーターに走るのに何秒かかるかと頭の中で計算していましたよ」。

ジョンソンがどれほど見逃せない存在だったかを言い尽くすことはできない。おそらくは当時の大学バスケットボール史上最高のチームにおける最高の選手だ。彼が所属していたUNLVランニング・レベルズ（ネバダ大ラスベガス校）は、派手に大暴れした上にスキャンダラスなチームだった。１９９０年の全米の王座を決めるＮＣＡＡトーナメント決勝戦では、デューク大から１０３得点を奪い30点差で勝利。続く１９９１年もレギュラーシーズンを無敗で乗り切り、ファイナルフォーに進出して34勝１敗の成績を残した。

ジェリー・ターカニアンがコーチを務めるチーム自体も恐るべき存在だったが、一人のプレイヤーとしてのジョンソンはさらに威圧感があった。体格はボディビルダー級。足にバネでも入っているかのようなジャンプ力もある。身長は６フィート６インチ（約１９８㎝）で、アウトサイドからシュートさせてよし、ポストでもよしで、信じられない素早さで相手にダメージを与えられるのだ。

その日、ジョンソンのダラスのペントハウスを訪れたファバットは、用意してきた二つの企画のうちより普通な方の企画から説明を始めた。ブランドが最も強く押し出している二人のスター、ラリー・バードとマジック・ジョンソンをフィーチャーしたアイデアだ。この企画では、バードとジョンソンが狂気の科学者に扮し、研究室で誰にも止められないプレイヤーを作ろうと試みる。両者の特徴を併せ持ち、それぞれの名前の一部を授けられた化け物のようなアスリートとして出来上がってくるのが、担架の上でフランケンシュタインのような外見で横たわる「ラリー・ジョンソン」という仕上がりだった。

ジョンソンは、最初のアイデアは問題ない、いいねという反応を示した。しかし、二つめも見せてほしいという。そこでファバットは、次の提案をまとめた資料に移り、アニー・リーボヴィッツが71歳のエラ・フィッツジェラルドを撮影した『Vanity Fair（アメリカの大衆文化・ファッションなどを扱う月刊誌）』の写真を使った提案書を見せた。レトロな眼鏡、老婦人の帽子、ドレスを着たフィッツジェラルドの外観。ファバットがジョンソンを起用するコマーシャルに向け思い描いたイメージだ。意図としては、ジョンソンが履くコンバースのシューズの軽量性を打ち出したい。これを履けば、おばあちゃんでも支配的なプレイができるんだよということを伝えるために、ゼウスのようなジョンソンにおばあちゃんのような格好をさせる。

ジョンソンに対する説明を終えると、しばしの沈黙が訪れた。

ファバットの心臓の鼓動が再び強くなる。こんな変わったアイデアをジョンソンは気に入るだろうか。しかし、沈黙を破ったのはジョンソンらしい明るい笑顔だった。彼は金歯をきらめかせてうれしそうにしていた。「これは絶対こっちですよ!」。ジョンソンは、フィッツジェラルドの写真が貼り込まれたプレゼンシートを繰り返したたきながらそう言った。「これをやらなきゃ。これは最高です」。

ファバットはジョンソンに、この企画で彼におばあちゃんの強いイメージが着いてしまう可能性があり、それはリスクにもなり得るのだという説明もしているのだが、それでもジョンソンはこのアイデアにぞっこんの様子だった。

1990年代初頭に売上面でもポップカルチャーにおける存在感としても大ヒットとなったこのマーケティング戦略から数年後、ファバットの心に強く印象づけられているのは、ジョンソンがいかに一緒に仕事をしやすい人間かということだ。

「最初は彼のことを『UNLVで大暴れした彼だよね』ということだけを知っていて、人柄を知らなかったから。『いや、プレイヤーとしてのキャリアを始めるところだというのに、女装はないでしょう』と断ろうと思ったら簡単だったはずさ。僕はマジックやバード、ケビン・ジョンソン、レインビアなんかと一緒に仕事をしたけれど、最も陽気なのがラリー・ジョンソンだよ。彼はとにかく楽しい、本当に楽しい男さ」とファバットは言う。

ニックスに入る前のジョンソンの商業的成功は、ニューヨークで彼がチームメイトとすぐに仲よくできるだろうことを示す兆しと言えるものだ(ネルソンの下で役割が増えたメイソンがユーイングとの関係を悪化させたのとも対照的だ)。再編されたロスターに名を連ねたプレイヤーは、お互いを本当に気に入っていたように見えたが、おそらくその要因には、多くが新戦力だったこともあっただろう。それまでとは異なる運営方針の下、ニックスはより大きなグループとして動くことが多くなった。

例えばアウェイで夕食に出かけようとなれば、だいたいは8、9人のプレイヤーが集まった。バンクーバーで滞在しているときに、マイク・タイソンとイベンダー・ホリフィールドのヘビー級世界タイトル戦が行われれば、皆がホテルの宴会場に集まって観戦した。シーズンが後半に入ってからの西海岸遠征で、レイカーズをダブルオーバータイムの末に下したあとは、皆でロサンゼルスの街にくり出した。このときは、普段めったにチームメイトとつきあわないユーイングさえ、センチュリークラブに足を運んでいる。チャーリー・ワードが音頭をとって頻繁に行っていた聖書研究会には6、7人のメンバーが参加し、一緒になって祈ることも多かったという。そして、賭け事さえ一緒にやることが前シーズン以上に増えたのだった。

誰よりもギャンブル好きで、ほとんどの遠征に最低でも5万ドル(1996年10月のレートで約560万円)の現金が入った茶色のダッフルバッグを持ち歩いていたオークリーは、飛行機で移動中に6桁の金額を賭けるカードゲームをやることとさえあった。サラリーが低い若手は、十分な現金を持っていないことを言い訳にゲームになかなか乗ってこなかった。業を煮やしたオークリーはクレジットカードのインプリンタとカーボンペーパーを購入して現金なしでゲームをできるようにしてまで賭けに興じたという。

「クリックリッてやる旧来の機械だよ。よく見るやつさ」とチャイルズはカードスキャナーを説明した。「彼に2000ドルを借りるとするだろ。すると機械の使用料も乗せて2300ドルの請求が来るんだよ。あれじゃ高利貸しだ。オーク銀行だね」。

ニックスには、ロスターを揺るがすあらゆるリスクが存在していた。メイソンのような重要な存在は放出され、かつてオールスターにも選出されたスタークスは今や控えに回っている。新たに連れてきたジョンソンは、34歳のユーイングに対し主役の座をかけて挑戦することもできただろう。しかしおかしなドラマはほとんどなかった。彼らはお互いの存在を楽しみ、物事はスムーズに進んでいった。

高校・短大時代にはパスが多すぎることでコーチを悩ませたほど自己犠牲心が強いジョンソンは、前シーズンに1試合あたり15本シュートしていたが、ニックスでは10本弱に減っている。スタークスはヒューストンの加入でスターターを外れることもまったく問題とせず、最優秀シックスマン賞を受賞するほど効率のよい活躍を披露したのだ。

新戦力がフィットして、よりバランスのとれた予測しにくいオフェンスと厳しいディフェンスを遂行できるようになったニックスは、2月と3月の両月に7連勝を記録した。レギュラーシーズンは57勝。ディフェンディング・チャンピオンのブルズとは四度の対戦でタイの戦績。敗れた2試合の点差は合計3点だった。

「本当によいときに最高の状態に持ってくることができて、ここからが勝負というところだった。あそこまでの経過を見てきて、今年こそ王座獲得の最高のチャンスだと思っていたんだよ」とグランフェルドは言った。

シャーロットのアリーナを埋めた満員の大観衆が総立ちとなり、ホームチームの逆転勝利を願いながら試合終了間際の攻防に見入る中、ジョンソンが勝負を決める3ポイントショットをねじ込む。以前ならホーネッツのファンベースが歓喜に酔いしれる場面だが、今やそれは場内を屈辱の底に沈めるとどめの一撃なのだ。

かつての所属チームとのプレイオフシリーズを3タテのスウィープで勝ち抜けることを決定づけ、フロアの反対側にあるニックスのベンチにあとずさりながら戻っていくジョンソンは、シャーロットのサイドラインをにらみつけた。レギュラーシーズンを通じて、メイソンの方が活躍できている、両者のトレードの勝者はホーネッツだという論調を聞かされ続けてきた。ジョンソンが22得点を記録したシリーズ最終戦は、リベンジというには十分すぎる意義があったはずだ。

「この世界には過保護に育てられたやつも多いけど」とオークリーは言う。「ラリーはどうかって？ ラリーは苦労や工夫を重ねて生きてきたに違いないよ」。必要とあらば何でもやるという姿勢のジョンソンは、かつての支配的な存在感こそないとしても、ニューヨークに堅実な貢献をもたらす戦力となっていたのだ。

1回戦での勝利に続き、ジョンソンとニックスはカンファレンス・セミファイナルでもリベンジツアーに臨む。相手はマイアミ・ヒート。ニックスを飛び出していった元コーチのパット・ライリーが率いるヒートは、61勝を挙げ第2シードの位置を獲得していた。

両チームの対戦には、ライリーの一件以外にも数え切れないほどの裏話や特別な関係性が存在している。ユーイングはジョージタウン大の同窓生であるアロンゾ・モーニングと親しい間柄だが、シャーロット時代にはジョンソンと衝突した過去がある。ジェフ・ヴァン・ガンディの兄スタンが、ライリーのアシスタントを務めていたというのもそうだ。かつ、両チームには不気味なほどの類似点があった。マイアミとニューヨークは、ディフェンスがそれぞれリーグ1位と2位。どちらも身体的な強さを生かしたフィジカルなプレイスタイルであり、コーチがコールする戦術までほぼ同じという、まるで互いにカーボンコピーを取ったようなチームなのだ。

このカンファレンス・セミファイナルは、ライバル関係にある兄弟チームの対決だ。ライリーが前シーズンのトレードで獲得したオールスター・ポイントガードのティム・ハーダウェイも、「あいつらは心底憎たらしいね。憎めるだけ、憎んでやるよ」と闘志を燃やす。「これ以上に憎めるかって？ そうしろと言うのなら、もっと憎みきってやる」。

互いの手の内を知り尽くしたファイター同士がパンチの応酬を繰り広げるかのような最初の4試合は、マイアミもニューヨークも90得点に到達しない重苦しい展開が続いた。流れとしては、初戦と第2戦は両者が星を分けたが、ニックスは第3戦を獲って勢いを得ると次の第4戦でも快勝を収め、シリーズを3-1とリード。イースタン・カンファレンス・ファイナルでブルズに戦いを挑むまであと1勝に迫った。

これでまたブルズとの激突だと思うとスタークスはもう夢見心地だ。

「どんなものかわかるかい？　まるで小さい頃から欲しくてたまらなかったおもちゃみたいなものだよ」。頭の中ではすでにNBAの王座に就くのが決まっているかのような気になっている。「ほかに言いようがない。ここまで近づいてくると、もう味まで感じられそうだよ」。

対照的にマイアミは絶望の淵だ。第5戦当日の朝、ライリーはシュートアラウンドでヒートの面々にこの1戦の意味合いを語った。このままおとなしく終わるわけにはいかない。「目にもの見せてやろうじゃないか！　戦うぞ！」。

そう諭すライリーの言葉に特に熱心に耳を傾けていたのが、パワーフォワードのPJブラウンだ。控えのセンターでブラウンと仲のよいアイザック・オースティンは言う。

「パットが話し終えてその場を離れたら、PJが〝よう、今夜俺にかかってくるやつがいたら、俺はただじゃおかねえ〟と言ったんだ。そのあと何が起こったか知ってるだろ」。

誰に聞いてもブラウンは人間の鏡のような存在だ。子どもたちに本を読み聞かせるために年に何度も図書館を訪れ、ホームレスのために自費を使って食事を用意しては自ら振る舞う。地元での試合には3回に1回、何十人もの恵まれない子どもたちを、これも自費をはたいて会場に招待するのだ。ブラウンを追いかけ、またこのスポーツで20年近くの取材実績を持つ記者のスティーブ・ポッパーは「私が扱ったことのあるアスリートの中であんなにすてきな男はいなかった」と話す。

そのシーズンにＮＢＡシティズンシップ賞（社会的貢献が大きかったプレイヤーに贈られる賞）を受賞したブラウンは、敬虔(けいけん)なクリスチャンでもある。チャーリー・ワードもそうだ。キリストの下、兄弟愛で通じ合う友人同士の二人は、第5戦当日も試合前のひとときを共にし、礼拝堂で祈りを捧げていた。

残り時間1分53秒、89－74とリードしたヒートのハーダウェイがフリースローの機会を得た時点で、すでに勝負はほぼ決まっていた状況だ。ＴＮＴのカメラはファウルショットの合間にニックスのベンチを映し出していた。

「ニックスは皆、落胆した表情で怒っていますね。今日勝てばシリーズをものにできるのがわかっていましたから」と元ニックスのアナリスト、ドック・リバースが解説を入れる。「シリーズはまだ続きそうです」。リバースがこの一言を言い終えるかどうかというそのとき、ＮＢＡ史上最も重大な乱闘劇が勃発する。

ハーダウェイが2本目のフリースローを成功させて16点差。このショットがネットを通過するのと同時に元ハイズマントロフィー受賞者のワードが身長6フィート11インチ（約２１１㎝）のブラウンをボックスアウトしようとその膝元にぐいと体を押し込むと、ブラウンは9インチ（約23㎝）小柄で50ポンド（約23㎏）軽いワードを両腕でひっくり返して投げ飛ばしたのだ。ブラウンに言わせればワードのボックスアウトに問題がある。

「あれはリバウンドではなく俺の膝を狙った動きだよ」。

ブラウンの反応にカッときたワードは即座に立ち上がり、わずか3時間半前に一緒に祈りを捧げていたブラウンにつかみかかった。

暴発的に起こった出来事だった。二人の体格があまりにも違っていたため、そこからわずか20フィート（約

6・1m）しか離れていないニックスのベンチから、ワードの味方になろうとチームメイトが飛び出した。何事も一緒に乗り越えてきたニックスの絆は深いのだ。こんなときに我らがチームリーダーを助けずにいつ助けろというのか？

「でけえやつが迫ってきて半分位の身長のやつを投げ飛ばしたんだぜ」。このとき出場していて、事を収めようと最初にブラウンを制しにかかったニックスのジョン・ウォレスはそう回想する。「俺はただ自分の仲間を守ろうとしただけだ。はっきり言って俺たちの誰もがそうだったと思うよ」。

ヒートのベンチがフロアの反対側で、乱闘が起こった位置と離れていたことが、ヒートのプレイヤーが多く巻き込まれずにすんだ要因かもしれない。

この第5戦の乱闘劇の結末には、それまでにいたる数年間、リーグが乱闘に参加するためにベンチを離れるプレイヤーへの罰則を強化していた流れが影響している。そんな流れを生み出したのは誰かと言えば、間違いなくニックスなのだ。1993年に私服姿のグレッグ・アンソニーがベンチから飛び出していきなりパンチを繰り出した一件や、1994年に起こったハーパーとジョジョ・イングリッシュの乱闘などがその発端だった。

この第5戦ではスタークス、ヒューストン、ジョンソンの3人がニックスのベンチから走り出て口論に加わった。ヴァン・ガンディもその背中を追ってしまったが、今ではベンチでプレイヤーを制止できなかったことを悔いているという。いざこざ自体はわずか35秒程度で収束した。しかしひっくり返されたのはワードだけではなかった。ニックスのシーズンそのものまで、この瞬間にがらりと変貌してしまうのだった。

ニックスが3-2でシリーズをリードしている状況で、翌日注目を集めたことと言えば、この一件で何人のプレイヤーが出場停止になるかということだった。

事が起こった直後にベンチを飛び出して口論に加わったのはスタークス、ヒューストン、ジョンソンの3人だ。しかし第5戦が終わったその夜のうちに、どうやらほかにも問題になる者が出そうだと言うことが記者たちのあいだで話題となった。別角度のリプレイを見ると、ユーイングも一時的にベンチを離れていたのだ。『New York Post』のコラムニスト、ジョージ・ウィリスは「皆で『う〜む、これはまずい。まじかよ?』と言っていた。まだ新しいルールで、ベンチを離れるだけで制裁を受けたり出場停止になったプレイヤーはいなかったんだけどね」と振り返る。「パトリックの場合は何が起こっているのかを見ようとしただけでふらっとコートに出ただけだ。状況をあおったわけではなかったし、誰かと誰かを引き離すようなことさえなかった。ちょっとうろついただけだったんだよ」。

翌日ニックスの練習は、第6戦で誰がプレイできるかを把握してからにしようということで夕方に延期された。リーグの裁定が明らかになる午後5時過ぎ、彼らは集まってそれを確認した——出場停止処分は6人で、そのうち5人がニューヨークという結論だった。

さらに悪いことに、その5人のいずれもがニックスの最重要プレイヤーときている。ワード、スタークス、ジョンソン、ヒューストンに加え、口論に近づいてさえいないユーイングまでもが1試合の出場停止を宣告された。

ポストシーズン史上最も厳しいペナルティが及ぼすニックスへの影響はあまりにも大きく、試合を成立させることさえ困難にさせていた。そのため、リーグは出場停止対象の5人をアルファベット順に2分割して、3人は第6戦に出場を停止し、残る二人には第7戦に出場を停止する措置をとっている。

第6戦まで約26時間という段階で、ニックスはマンハッタンの法廷に弁護士団とNBPA（NBAの選手会）

の法律専門家を集め、出場停止処分の執行を何とか遅らせることができないかと話し合った。

大いに注目を集めたこの一件で、選手会の法務主任を務めていたジェフリー・ケスラー（たまたまニックスの大ファン）も脚光を浴びた。数年後、彼はこんなことを言っている。「私のビジョンは、まずは何とかして暫定的差し止め命令を受けてプレイヤーが出場できるようにすること。その結果ニックスが勝ち、プレイヤーの思いを果たさせてやれること。そうすることで、ある意味勝利に貢献したとも言えるだろうからね」。

ケスラーと彼の弁護団は夜を徹して取り組み、ベンチを離れた際に適用されるリーグのルールがあまりにも厳しく、ニックスに取り返しのつかない害を及ぼすような形で施行されているという論法を組み立てる。地方裁判所の判事を務めるジェド・ラコフ（彼と同じくニックスファン）の前でその主張を展開したあと、ケスラーはできる限りのことをやりきったと感じていた。2時間後、ラコフが裁定を持って数十人の記者の前に登壇。そこから約25分かけて、ラコフは裁定について、ポイントを示しながら説明した。

ケスラーがその過程を振り返る。「差し止め命令を受けるには、基本的に五つのハードルを乗り越えなければなりません。まずは最初の基準は満たされていると彼は言いました。二つめ、三つめ、四つめも大丈夫。ところが最後の争点をクリアできていないと言うんだ。完全に打ち砕かれたよ。パトリックに電話したら彼も同じように打ち砕かれてしまっていた」。

結局ラコフは、ニックスが明らかにベンチを飛び出したという判断に則った裁定を下している。それは選手会側も認めていることだ。また、NBAのルールブックにはそのような場合に適用される罰則が明確に記されている。その条件下では、たとえそれが過剰に見えたとしても、規則は規則として重んじなければならないというわけだ。「デイヴィッド・スターンが彼の裁量範疇を法的に逸脱しているかと言えば、そうではない。出場停止を発行させる権限を彼は持っているんだ」とラコフは説明した。

その夜ラコフは妻から帰宅しないように言われたという。娘のボーイフレンドが彼の判断に腹を立てたからだ。

「自分としても望んだ判断ではなかったんだよ。でも明らかに正しいものは曲げようがないじゃないか」。

ユーイング、ヒューストン、ワードの３人を出場停止処分で欠いた第6戦、ニューヨークはそれでも序盤に流れをつかみ、第３クオーターを終えた時点で66-64とリードしていた。しかし、出場登録が７人のみと手数が足りない状況で第４クオーターには息切れし、シリーズを３勝ずつのタイに持ち込まれてしまう。

続いてスタークスとジョンソンを欠いた第7戦では、ユーイングが37得点、17リバウンドと爆発したが、馬力不足のニューヨークは第6戦ほど競った展開に持ち込むことができず１０１-90で敗れた。

フルメンバーで戦っていたあいだは61勝を挙げたヒートを上回り、レギュラーシーズン中にはディフェンディング・チャンピオンのブルズとの直接対決でイーブンの成績を残していたニックスだったが、最後はチームごと大炎上の挙げ句、終焉を迎えることとなった。年を重ねた主力メンバーでいいところまで近づきながら、またしてもポストシーズンであと一歩が届かなかった。

第7戦を終えたあと、ビジターのロッカールームではヒューストンがタオルを顔にかぶせて公然と泣いていた。呆然としたユーイングはぼんやり視線をさまよわせ、出場停止さえなければと思いを巡らせながら「コミッショナーは俺と仲間たちから絶好の機会を奪いやがった」と言った。

ヴァン・ガンディはシーズン終了を告げる敗北にどう向き合えばよいかわからず、ほとんどのプレイヤーよりも早くバスに戻ったが、いつものように最前列の席に座らずに車の後ろの縁石にしゃがみ込んだ。コーチの様子がおかしいと思ったルーキーフォワードのジョン・ウォレスがその様子をのぞきこんだ。

「彼は縁石に小石を並べていた。何をしていたかというと、オフェンスの戦術を考えていたみたいだった」とウォレスは言う。「シーズンが1時間前に終わったばかりなのに、彼は何か別の方法で勝てたんじゃないかと考えを巡らせていたんだ。ジェフはそんなコーチだよ」。

チームが十分に将来的な期待を示したことで、ヴァン・ガンディは2年間の契約延長を手にした。しかし生活の保証を得られたことで垂れ目のコーチがよく眠れるようになったかといえば、そんなことはまったくない。ヒートとのシリーズに敗れてから数週間後、「楽になどなれません」とヴァン・ガンディは言った。「(この喪失感を)時間が癒やしてくれるものなんでしょうかね」。

とはいえ、ニックスの核にはまだまだ相当な力が残っているようだ。12年間主力を張ってきた共同キャプテンのユーイングを筆頭に、翌シーズンにも快進撃を期待できるだけの戦力はそろっている。

BLOOD IN THE GARDEN

17 打ち砕かれて

パトリック・ユーイングのショットは、メトロノーム並の安定感を誇っていた。

ニックスのルーキーは、練習が始まる1時間前にはシューティングを始めるようにコーチから言われており、若手は皆、我先にと毎朝到着時間を競う。

「でも、到着するともうパトリックがいるんだよ。フロアの片隅には、汗で濡れたシャツがすでに2枚も置かれていてね。あんなに真面目に取り組む人はそれまで見たことがなかった」とフォワードのジョン・ウォレスが言う。

ユーイングがジムに一番乗りでやってくるのは、調子がいいときだけのことではない。１９９3年に、チャールズ・スミスの悲劇で敗れた試合の翌朝もそうしてきた。

元チームメイトのドック・リバースが言うには、「周りの連中に落ち込んでいる暇はないぞとメッセージを送るため」であり、率先して模範を示しているのだ。「彼はその大切さを知っていたんだよ」。

ユーイングが主導した意義は大きい。実際、そうしなければならなかったのだ。

あの頃活躍したスターの中で、ユーイングほどオフェンス力の高いチームメイトに恵まれなかった例も少ない。はるかに一次元的プレイヤーで、オールスター選出回数でもユーイングの11回に対し5回というレジー・

ミラーはどうだろう。確かにインディアナ・ペイサーズでのキャリアの早期には爆発的なチームメイトはいなかったが、7フィート4インチ（223cm）のリック・スミッツはどんな相手にとってもミスマッチで、いつでもボールを預けられた。

ヒューストン・ロケッツのアキーム・オラジュワンは、かつてトレードを要求したこともあったが、それは1994年にロケッツがロールプレイヤーをほぼ完璧にそろえてファイナルでニックスを破る前のことだ（翌年には大学時代のチームメイトだった殿堂入りプレイヤー、クライド・ドレクスラーまで獲得して連覇を達成している）。

サンアントニオ・スパーズのデイヴィッド・ロビンソンにも頼れるチームメイトはほとんどおらず、1996年に彼自身が足の骨折で離脱したことでスパーズが最下位となった。しかし、1997年のドラフトロッタリーで大当たりを手にし、結果的にその年スパーズは、ロビンソンとペアを組んで一時代の礎を築くウェイクフォレスト大のティム・ダンカンを獲得する幸運を得ている。

そんな状況を見れば、1990年代のNBAで最も大きな負担を背負ったスタープレイヤーがユーイングだったと言っても過言ではないことがわかる。数字的にも、その時点までのフィールドゴール成功率は50％で、平均24得点を記録していた。

パット・ライリーのコーチ就任とともにユーイングがフランチャイズとの関係を確立し直してから、1997年の秋で6年が経っている。その間にクラブがオフェンスでリーグ平均以上のパフォーマンスを見せたのは、ライリー指揮下の最初のシーズンだけ。『Sports Illustrated』のジャック・マッカラムに「ギャングの銃口定まらず（The Gang That Couldn't Shoot Straight）」とコケにされたニックスのオフェンスは、NBAで最も変化に乏しいと評され、『New York Magazine』の記者クリス・スミスは「車のワイパーの方がまだ変化がある」と嘆いていた。

何年間も彼らのパターンは同じだった。ガードがウイングにドリブルし、ポストアップしたユーイングにパスを入れる。ツイスターゲームをやっているときのようにマッチアップ相手と密着することを余儀なくされるユーイングは、向きを変えてバスケットに向かい、2番手、3番手のディフェンダーがカバーに群がる前に自分で決めに行くかどうかを瞬時に判断。厳しければいったん外にボールを戻してやり直すか、シューターに3ポイントショットを狙わせるが、後者はあまり期待できない。『New York Post』のピーター・ベクシーは、このパターンを「フットボールに例えれば、（チームメイトに打たせるのは）クオーターバックがサックされる前に成功の見込みがないパスを放るようなものだ」と描写した。

何回かに1回はピック&ロールを絡めたり、クロススクリーンで揺さぶりをかけたし、流れのよいときにはユーイングのキックアウトからガードの誰かがジャンパーを成功させもする。しかしそれが入らなければ、やはりユーイングがリバウンドを拾ってプットバックして得点するのだ。チームメイトが不調なら、彼は7フィート大のバウンティ製ペーパータオルと化してミスショットの尻ぬぐいをしなければならなかった。

そうともなれば、ニックスが開幕から11勝9敗と苦戦を強いられた1997‐98シーズンの序盤戦に、ユーイングが一人でチームを背負おうと心を決めたとしても、何ら不思議はない。12月11日にホームで行われたミネソタ・ティンバーウルブズとの試合では、空咳やら鼻水やらのインフルエンザのような症状を払いのけて出場し、最高傑作のようなパフォーマンスを披露している。第3クオーターは彼のレインボージャンパーが次々と決まるシューティングショー。そのクオーターだけでも10フィート（約3・1m）以上の距離からのジャンプショットを8本中7本成功させた35歳のベテランは、最終的に34得点、12リバウンド、3ブロックを記録してニューヨークを107‐103の勝利に導いた。ニックスはこの試合以降5試合で4勝を挙げている。

この試合でも生きた柔らかなシューティングタッチは、NBA史上最もジャンプショットがうまい7フッターの一人と称えられる彼の最大の武器だろう。ピューリッツァー賞を受賞した作家のデイヴィッド・ハルバースタムのように、ユーイングはアウトサイド・シューティングに頼りすぎて総合的には伸び悩んだと主張する人がいたのも事実だ。「プロバスケットボール・プレイヤーの多くが、自分が得意なことにはかなり時間をかけているが、ユーイングも同じでシューティングばかりしている。でも本来なら、彼にはパス練習の方が明らかに必要だろう」とハルバースタムは記している。

しかしパスに秀でていないとしても、ユーイングが稀有なタレントだということに変わりはない。ユーイングは直近15年間のドラフト全体1位指名プレイヤーの中でも最大の期待を背負ってＮＢＡにやってきたプレイヤーの一人だが、その魅力は何より、目を見張るようなディフェンス能力だった。それがオフェンスでこれほどまでに活躍できるとは。

ジョージタウン大からプロ入りするまで、シューターとしての評判があったわけではない。しかしルーキー時代のユーイングは、練習中にニックスのスカウトだったディック・マクガイアを仰天させるほど、ジャンプショットを決めまくったという。殿堂入りプレイヤーで、かつてニックスのコーチも務めたマクガイアは感銘のあまり、「そのジャンプショットはどこで身につけたんだい？」と尋ねたほどだ。「ブロックショットやリバウンド、ダンクしかできないと思っていたよ」。

マクガイアがこんな捉え方をしていたのも無理はない。ユーイングが１９８１年にジョージタウン大に加わったとき、コーチのジョン・トンプソンは彼にできるだけゴールの近くにいるように指示していたからだ。

ユーイングのジョージタウン大時代のチームメイトで、同大史上最高のスコアラーとして知られるエリック〝スリーピー〟フロイドは、「コーチは俺をコーナーに走らせて、そこから意図的にミスショットを放らせるプレイを考案していた。パトリックにゴール正面で拾わせてダンクさせる作戦さ」と明かす。「俺はコーナーから、わざと外す練習を何時間もやった。今でもパトリックをそのネタでからかってやるんだよ」。

ジョージタウン大でのユーイングは、ペイントの外からシュートしないよう言われていたが、舞台裏でストロークに磨きをかけ、ＮＢＡに入ってからもそれを続けた。チーム練習が始まる前の数百時間を、ユーイングはジャンプショットを完成させるために費やしたのだ。右足の親指は内側に向け、腰はほとんど曲げない。利き手の右手に柔らかく乗ったバスケットボールは、高いアーチを描き、打ち上げられるように彼の指先を離れていく。

最後に右手首を一瞬ひょいっと軽く利かせたら、美しい一連の流れの完成だ。

ミルウォーキーとの対戦が近づくと、ユーイングはしばしば奇妙な出来事に遭遇した。

ある夜ガーデンでバックスと戦ったときには、チャールズ・オークリーがルーズボールを追ってコートの外に猛スピードで飛び出した。いつもどおりのオークリーの全力プレイだったが、コートサイドの観客の海に飛び込んだ6フィート9インチ、２４５ポンド（２０６cm、１１１kg）の巨体が不時着したのは、3列目に座っていたユーイングの妻リタの上だった。ニックスの医師が飛んできて、すぐに彼女をロッカールームに連れて行かなければならなかった。ベンチに座っていたパトリックももちろんつき添った（彼女は首を痛めたが、大事にはいたらずに済んだ）。

ミルウォーキーへの遠征では決まって寝つきが悪くなる。特に高級ホテルのフィスターをユーイングは好きになれなかった。築１００年の歴史を持つこのホテルは、ロマネスク様式の建造物と世界的に有名なビクトリア朝の芸術品を所蔵していることでも有名なのだが、ユーイングにとっては、この場所がリーグ関係者のあいだで心霊スポットだと言われていたことの方が重要だった。

ジェフ・ヴァン・ガンディの兄スタンによれば、その怖がりようも相当なものだと言う。

「パトリックはあそこを死ぬほど怖がっていました。現役時代に、あそこは幽霊が出るとか何とか聞かされたらしいですね」。

スタンとユーイングは、スタンが数年後にオーランド・マジックを率いた際、アシスタントとしてユーイングを雇ったというあいだ柄だ。

「毎回あそこに行くたびに不平を言っていました。実際ある年のミルウォーキー遠征は、彼の意向で別の場所に変えたくらいで…、笑っちゃいますよね。あの大男が、あんなに大人で真面目なのに。あのホテルに幽霊が出ると完全に信じ込んでいましたから」。

ただし、ユーイングのバックス関連の記憶では、1997年12月20日の夜ほど恐ろしかったことはなかっただろう。

ブラッドリーセンターで行われた試合の前半がまもなく終わろうというとき、ガードのチャーリー・ワードがゴールの近くでワイドオープンになったユーイングを見つけ、珍しくアリウープを狙ったパスを試みた。しかしユーイングは、ダンクしようとジャンプした直後に一歩遅れてディフェンスしようとしたバックスのフォワード、アンドリュー・ラングに空中で体を押され、リムの下でバランスを崩して大きな音とともにフロアにたたきつけられてしまう。ユーイングは、不自然な体勢で落下しながら右手で体を支えようとした。荒っぽくフロアにたたきつけられるその瞬間、その右手に強烈な衝撃が走る。

激痛に吠え身もだえするユーイングにトレーナーが駆け寄る。右手首は動かず、ユーイングは4分近く立ち上がることもできなかった。しかし何とかフリースローを打とうとラインに向かう。左手で試みたショットは

2本とも大きく的を外れ、ニックスはユーイングをベンチに戻すため意図的にファウルしなければならなかった。

ハーフタイムにショックで混乱したニックスがロッカールームに足を踏み入れたときには、ユーイングはトレーナーのサイード・ハムダンとともにミルウォーキーの病院で精密検査を受けるためにアリーナを離れていた。ユーイングとともにバンの後部座席に乗り込んだハムダンは、手首を白いタオルで包んだユーイングが顔をしかめて尋常ではない汗をかいているのを見て、相当ひどい痛みがあることを察知した。このケガでキャリアが終わってしまうのではないかという恐れもあるのだろう。

後半開始直前というタイミングは不幸中の幸いで、ニックスはミルウォーキーから帰るよりも数時間早くニューヨークのチームドクターにX線画像をファックスし、重要な判断の検討に入ることができた。送られてきた画像を基に、即刻手術計画を組み立てるのだ。しかし、X線写真に示された損傷は医師を唖然とさせるものだった。

X線は、チーム史上ほかのどのプレイヤーよりも多くの得点を稼いできたユーイングの右手首が絶望的な状態になったことを示していたのだ。損傷はあまりにも大きく、痛めた部位はフットボールでのアクシデントや自動車事故、あるいはまるで3階の窓から落ちたかのような状態に見えたと医師団が言ったほどだった。状態のひどさからすると、右月状骨脱臼と診断されたこのダメージはできるだけ早く手術する必要がありそうだ。

ユーイングの手首周辺は組織の破損により十分な血液が行き渡りづらい状態で、瘢痕化や骨死につながる可能性があるため一刻を争う状況だ。

「手首を支える構造が完全に破壊され、引き裂かれていました」と担当医の一人だったスーザン・スコット博士は振り返る。完全修復は間違いなく至難の業で、関節の小さな骨はもちろん、神経組織や腱、靭帯も綿密に調べる必要がある。これら3種類の組織のうち一つでも根本的に損傷してしまえば、たとえユーイングが回復できたとしても、それまでと同じようにボールを扱うことが難しくなってしまうかもしれなかった。

午前4時頃、ユーイングはニューヨークにあるベス・イスラエル・メディカルセンターの北棟2階に運び込まれ、麻酔医とスコット博士、チャールズ・メローネ博士の監視下で手首に麻酔を打って手術に臨んだ。ニックスのフランチャイズ・プレイヤーは無菌の不織布で覆われ、手術台の明るい照明の下で横たわっている。医師団は、手の周りに血液が流れ込んで凝固するのを防ぐ止血帯をユーイングの上腕につけ、手首の両側に切開する位置を示す印を書き込んだ。

2時間を超える大手術により、医師団は靭帯を修復し、ユーイングの手首をつなぎ合わせることに成功した。この日からおおよそ3か月は、ケガがしっかり治癒するようギプスを着用することになる。麻酔による眠りから目覚めたユーイングは、手術が成功したことと、ただし関節が以前と同じ可動域を取り戻せるかどうかはわからないという説明を受けた。正確な復帰見込みを示すにも時期尚早で、1997-98シーズンの残りの日程をすべて欠場することも覚悟してほしいとのことだった。

ユーイング本人を除いて最も混乱したのはジェフ・ヴァン・ガンディだろう。彼はチームが飛行機から降りたあと、その足で病院に直行した。何しろユーイングはバスケットボールに真摯に取り組む男だったし、パット・ライリーのような評判もないほとんど無名のヴァン・ガンディに、ジュニアアシスタントの頃からコーチングの機会を提供してくれた仲間として深い愛情を抱いていたのだ。

ユーイングの復帰見通しに関する医師団の見解は、ヴァン・ガンディの耳に心地よく響くはずもない。しかも前夜のバックス戦で、このビッグマンを欠いたら物事がどんな流れになるかも見えている。スターセンターを欠いたハーフタイム後のニックスはすっかり闘争心を失い、勝率5割未満のバックスに20点差で敗れたのだ。ヴァン・ガンディは後半いくつか戦術面の工夫をし、3ガード、ときには4ガードのラインナップで対抗を試みたが、どちらも明らかに大きな望みをかけられそうにない。

手術を終えたユーイングと病室でしばらく話したあと、ヴァン・ガンディはアシスタントが待つベス・イスラエル病院の待合室に戻り、このケガでユーイングのキャリアがどうなってしまうのかと静かに考えた。どのくらいの時間を要するのだろうか？　スキル面では、困難なリハビリを終えたあとにもこれまでどおりのレベルに戻せるのだろうか？　考えても今すぐには明確にはできないことが次々と浮かんでくる。そうしながらヴァン・ガンディは、残るシーズンを乗り切るために即刻考えなければならない最も差し迫った問題と向き合っているのだ。

「さて、これからどうしたら勝っていけるものかね？」。

ヴァン・ガンディは睡眠不足のアシスタントに視線を送りながら、そう自問するしかなかった。

1991年のある日、ジョン・ラブ牧師は長年の努力が実りついにある障壁を突破したと思った。ニューヨークでチームつき牧師を務めていた数年間、ラブはほぼすべてのプレイヤーと良好な関係を築き、毎試合前の祈りの時間となれば大概は室内がいっぱいになるほど盛況だった。

「チャペルに来なかったのはパトリックだけだったんじゃないかな」とラブは回想する。とはいえユーイングもよい友人と見なす相手だ。

この日、ラブが喜んだのは、大勢集まったプレイヤーと試合前の祈りを始めようとしたときにユーイングがドアを開けて飛び込んできたからだ。しかし、ラブがその喜びを伝えるよりも早く、ビッグマン本人は右手にダブルチーズバーガーを持ったまま、そこに来た理由が祈ることでもその場につきあうことでもないことを話し始めた。彼はトレーナーから隠れて、あまり健康的とは言えない食べ物を試合前にむさぼり食おうとしていただけで、祈りが始まる時間を知らずたまたまその時間に飛び込んでしまったのだ。

このエピソードは、パトリック・ユーイングがいかに鉢の中の金魚のような生活を送っていたかを示している。彼には、気兼ねなくチーズバーガーを食べることさえ一苦労だったということだ。

1985年に、チームメイトでドラフトの同期だったフレッド・コフィールドと一緒に「スタジオ54」というナイトクラブに繰り出したときには、ニューヨークの夜を満喫したものだ。コフィールドが「彼は数日経ってからも、あの日は楽しかったなと話していたよ」と言うほど、ビッグアップルにはユーイングがそれまで体験したことのない力がみなぎっていた。

しかしその夜以降、ユーイングが再び同じような陶酔感を味わったことはほとんどない。代わりに待っていたのは、数分に1回は握手や記念写真、サインを求められる〝有名税〟に悩まされる生活だった。最初の頃は微笑んで対応していたが、徐々に嫌気が差してきた。ニックスの救世主として期待されたドラ1ルーキーのユーイングは、あまりにも有名になってしまい公の場で楽しく過ごせないんだな……コフィールドはそう感じた。

そばにやってきたファンにサインしなかったことで、チームメイトからとやかく言われたこともある。ライリーの時代になってニックスがチーム専用機を手に入れる直前のこと、ニューアーク国際空港のターミナルで幼い子どもがペンと紙を持ってユーイングにサインを求めた。ユーイングは微笑みながら丁寧にノーと言うと、チームメイトから子どもにくらい、いいじゃないかと声が飛ぶ。

その声に負けてユーイングが珍しく少年の求めに応じると、まだ書き終わりもしないうちに近くにいた子どもたちが20～30人も集まってきてしまった。

「こうなるのがわかっているからサインしないんだよ」とユーイングはぶつくさチームメイトに言い返したと

いう。チームメイトに彼と同じような注目度のプレイヤーはいない。ユーイングの気持ちがわかるわけがないのだ。

ユーイングは控えめな性格と言われることも多い。確かに若い頃はそうだったかもしれない。１９８０年の秋、全米のどの大学も欲しがる有望株だったユーイングは、ノースキャロライナ大の勧誘を受けチームとキャンパスの見学に出かけた（同じ週末にマイケル・ジョーダンも同大キャンパスを訪問していたが、これは偶然ではない）。当時ターヒールズ（同大のニックネーム）のアシスタントだったロイ・ウィリアムズとキャンパスホテルで朝食をとったとき、ユーイングはカフェテリアの列に並んでオレンジジュースの小さなグラスを二つ手にした。

「おいおい、でかいんだからもっと持ってきたらどうだい。好きなだけもっておいで」。

非常に物静かで礼儀正しいユーイングの様子を見て、ウィリアムズはこれは遠慮しているなと思ってそう声をかけた。

「本当ですか？　好きなだけもらっていいんですか？」。ユーイングは笑顔でそう聞き返したあと、オレンジジュースのグラス18杯分を載せたトレーを持ってテーブルに戻ってきた。ウィリアムズは笑いながら「彼はもちろん一つ残らず飲んでしまったよ。あの朝はよほど喉が渇いていたんだね」と振り返る。

ユーイングが物静かな性質になった理由が何かあるとすれば、ジャマイカからの移民として育った幼少期の体験が挙げられる。パトリック・ユーイングは、１９６２年にジャマイカのキングストンで生まれた。カールとドロシーのユーイング夫妻がもうけた7人の子どもたちの5番目だ。12歳のときにマサチューセッツ州ケンブリッジに引っ越してきた当時は英語に苦労した。強いジャマイカ訛りをからかわれ、直そうとしたそうだ。会話についていけるように、夏休みには補習にも参加した。

１９７０年代のボストンは、黒人の若者にとって決して暮らしやすい場所ではなかった。１９７６年にピューリッツァー賞を受賞した写真「栄光を汚す愚行（The Soiling of Old Glory）」は、白人男性がアメリカ国旗をつけた先の鋭いポールで黒人男性を突き刺そうとしている様子を捉えている。その光景を見れば、当時街を包んでいた空気感がわかるというものだ。

「（ユーイングが暮らしていた頃のボストンは）ボストンの学校から人種差別を撤廃するための強制バス通学が行われていた激動の時期です」とESPNのイアン・オコナーは記している。「（ユーイングの高校時代のチームは）アフリカ系アメリカ人のコーチが率いるアフリカ系アメリカ人の子どもたちのチームで、主に白人が住む郊外に出かけて対戦していました」。コーチだったマイク・ジャービスは、「彼らはボストンを去っていったホワイト・フライト（人種や民族的な多様性を嫌って特定地域に大量移住した白人）だ。彼らにはボストンは黒過ぎたんだろう。当時は非常に差別的だった」と話す。

ユーイングはケンブリッジ・リンジ&ラテン高での4年間に77勝1敗という支配的な通算成績を残し、州タイトルを三度獲得している。しかし、彼はチームメイトとともに、チームバスのタイヤを切り裂かれたり、バスの窓からレンガを投げ込まれるなど、憎しみと向き合わなければならなかった。まだアメリカ暮らしに慣れていなかった10代の頃のユーイングは、心ないNワード（ニガー［nigger］＝黒人を蔑視する言葉）が何を意味しているかも仲間から教わった。そんな体験の積み重ねを経て、ユーイングが最終的に黒人男性として強い信念を持つジョン・トンプソンが率いたジョージタウン大への進学を決めたことは当然と言えば当然だ。

トンプソンは、6フィート9インチ（約206cm）と長身だったが、大きかったのは体格だけではなく社会的意識も壮大だった。ボストン・セルティックスでプレイしていたこともあり、ユーイングがキャンパスにやってくる前にどんな状況にさらされていたかを感じていたし、入学後には間違いなく偏見に満ちた体験が待っていることをわかっていた。最もひどかった例の一つはプロビデンス大での試合で、あるファンが「Ewing Can't

Read 'Dis'（This とすべきところを Dis に変えて［ユーイングはこの違いも見分けられない］とからかっている）.」と書いた紙を掲げた。ビラノバ大との試合ではベッドシーツに「ユーイングは類人猿（Ewing Is an Ape）」と書いた者がいた。その試合ではスターティングラインナップの紹介時に、ファンがユーイングの足元にバナナの皮を投げ入れるという出来事さえあった。

セルティックスのレジェンドとして知られるビル・ラッセルの娘であるカレン・ラッセルは、「父が初めてセルティックスでプレイしたとき、ファンは父をチョコレートボーイとかクーン（coon=アライグマの意味だが黒人を蔑視する表現としても使われる）、ニガーなんて呼んでいたんです」と振り返る。彼女とユーイングはジョージタウン大の同級生だ。「父はほかにもいろんな呼び方をされていましたけど、ほぼ30年も経ってからパトリック・ユーイングも同じような扱いをされていたんです。私はその様子を見て、何だか父の経験を追体験したように感じたものです」。父と頻繁に比較される対象となったユーイングについて、彼女はそう話している。

明らかな人種差別や、彼の知性を小馬鹿にするファンの扱いなど、若き日の体験のすべてが、ユーイングの心を閉ざし、警戒心の強いどこか得体の知れない人物像を生み出した背景だ。ジョージタウン大でトンプソンがメディアをすぐに手の届く距離に置いていたことも、もしかしたら影響しているかもしれない。ニックスでのユーイングはライターと距離を置き、囲み取材でも「じゃ、今日はこれで」といきなり会話を終えてしまうことも多かった。自分がどう思っているかを答えるよりも、狭いロッカールームの通路でつま先立ちして待っているカメラクルーに向かって邪魔だ、通せと大声で叫ぶ方が多かったくらいだ。『The New York Times』のコラムニスト、ジョージ・ベクシーは一度誤って彼の足を踏んでしまい、「俺はもう死んだも同然だ」と怯えた思い出があるという。「でも彼は微笑んで、いいんだよと言ってくれたんだ。あんなに優しい人とは思っていなかったよ」というのがそのときの結末だ。

そんな関係性なので、ユーイングが若手だった頃に自腹でチームメイトを母国ジャマイカへのオフシーズンツアーに連れて行ったことなど、記者たちは知らなかった。アトランタへの遠征で、やはり自腹を切って年下のチームメイトにフリードマンズ・シューズで何でも好きなものを買ってこいと言うことも何度もあったのだ。１９９６年にわずか3か月間チームメイトとなったクリス・ジェントの妻が脳腫瘍を患ったことを知ると、翌週ヴァン・ガンディと一緒になって、彼女の化学療法と放射線治療全体をすべてまかなえるだけの小切手を贈ったというエピソードもある。

ユーイングは大概のチームメイトに好かれる存在だった。ただ、彼の優しさは常に舞台裏で発揮されていたため、彼の人間味がおぼろげにでもメディアに登場することはほとんどなかったのだ。その結果、ファンの立場からはとっつきにくい存在となってしまう。この点では気持ちを表に出すタイプのオークリーやジョン・スタークス、アンソニー・メイソンら、プレイではユーイングにかなわないチームメイトたちとは対照的だった。ニックスのビートライターであるセレーナ・ロバーツは「プレイヤーとしてのパトリックの最も大きな特質は目に見えないもの、忠誠心でした。やっぱり目に見えないからファンが理解するのも難しかったんでしょうね」と話す。

善行をひけらかさず、プライバシーを大切にするユーイングのスタイルは、自身のよくないニュースが明るみに出たときに不利な状況を招く原因になっていたかもしれない。

１９９７年の初め、ユーイングはオークリーとともに、チームの飛行機で二人の客室乗務員にセクハラをしたとして告発されてしまう。両者は疑惑を否定したが、ニックスは10万ドル単位の和解金を支払い、さらにこの一件を元にリーグが全チームに感受性セミナーを義務づけることにもなった。

さらに数年後、ユーイングはゆすりの事件で連邦裁判所に立ち証言を強いられる。このときは、１９９６年以来アトランタのゴールドクラブというストリップ劇場でオーラルセックスを含む性的サービスを複数回受けたとの嫌疑だ。

ユーイングはアトランタに行くと、こんな男の盛り場を楽しむことがあった。アシスタントコーチのボブ・サルミは、偶然「チーター」という店でユーイングと居合わせたことがあるという。そのときいたずら心を起こしたサルミは、踊り子の一人に金を渡し、ユーイングのテーブルで踊って「ヘッドコーチのジョン・マクラウドが支払っているから」と伝えるように頼んだ。ヘッドコーチに見られていたのかと焦ってクラブの中を渡すと、見つけたのはマクラウドよりはるかに自分と年齢が近いサルミのにやけ顔。

「ファック・ユー、ボブ！　ふざけんな！」。

ユーイングの叫び声がとどろいたという。

しかし最大のダメージといえば、手首の負傷から約1か月後の1998年1月に、ニックスのチームダンサーとの不倫をタブロイド紙のエサにされたことだろう。

ダンサーとプレイヤーが関係を持つことは組織の規則で禁止されていたが、実際にはさほど珍しいものでもない。プレイヤーがボールボーイを使って、気に入ったダンサーに電話番号を渡すこともよくあったのだ。そしてユーイングの場合、長年のあいだに複数のダンサーと関係を持っていた。

8年間連れ添った妻リタにとってこれは初めてのことではなく、このときはすぐに別居手続きに入っている。3週間後には離婚訴訟に強い弁護士を雇い、その年のうちに、当時グレッグ・アンソニーの妻だったクリスタル・マクラリーとの共著で、NBAプレイヤーの配偶者としての苦労をつづった小説も出版した（その内容が、服選びに夢中なコーチの下で強力な代理人に管理されながらプレイするスーパースターの周りに渦巻く誘惑を題材にしていたのは単なる偶然だ）。

妻に逃げられた痛手はユーイングに重くのしかかった。別れたあとで彼が出会ったある女性は、ユーイングが女友だちと一緒に主寝室に入ることはなかったという。リタと共有したその部屋は、まるで博物館か何かのように侵すべからざる場所と見なしていたからだ。

壊滅的な手首のケガから、プレイオフでの復帰を目指して1日4時間の孤独なリハビリに耐える日々が続き、さらには結婚生活の話題が白日の下にさらされたこの年は、ユーイングのキャリアの中で群を抜いて難しい年だった。

「非常にプライバシーを重んじるパトリックを見ていると、そのすべてが彼から大切な何かを奪っていたように感じられたよ」とロバーツは言う。「傷ついていたと思う。孤独だったんだろうな」。

ニックスを何年にも渡ってけん引してきたユーイングだが、こうなると立場逆転だ。

シーズン直前には選手組合の会長にも選出されていたので、彼は問題を起こしたウォリアーズのスター、ラトレル・スプリーウェルの状況を見守る必要もあった。スプリーウェルはコーチのＰＪカーリシモに攻撃したことにより、当初その年いっぱいの出場停止処分を受けたが、のちにそのシーズンの残り68試合の出場停止処分に減じられた。ある意味ユーイングにとって、目に見える成果が必要だったのはその一件の方で、ニックスに対してはとにかくケガを癒やすことが先決という状態だ。１９９８年2月半ばまで右腕は大きなギプスの中。そのためユーイングは、10年に渡って彼の用心棒的な存在だったオークリーに、試合前のロッカールームでチームをまとめる役割を任せた。

ユーイング不在による内面的な緩みを拭い去ることは、ニックスにとって簡単ではなかった。頼れるスターが離脱したあと、チーム内にしばらく喪に服したような期間があったことをヴァン・ガンディは認めている。世間から忘れ去られたとまでは言わずともまったく平凡なチームでしかなく、ある時点では15試合連続で勝ち負けを交互に繰り返した。32歳のスタークスも、このとき、ニックス入り以来最悪のシーズンを過ごしている。幼少期の彼が育つのを大いに助けた祖母が乳がんの最終段階に入ったことで、重い感情を乗り越えるのに苦労していたのだ。また、ユーイングの後任センターとなったクリス・ダドリーは2月に足を骨折していた。ニックスは非常に層が薄く、練習ではヴァン・ガンディ自身も10人目のプレイヤーとして汗を流すことさえあったのだ。

明るい要素があるとすれば、必要に応じて特定のプレイヤーからより多くの力を引き出せることを知ったことだろう。例えばアラン・ヒューストンとラリー・ジョンソンは、ユーイングの離脱前に二人合わせて平均25・1得点だったが、彼の不在中は平均37・5得点とほぼ50％増加した。この貢献はニックスがレギュラーシーズンの最後に1試合を残してプレイオフ進出を決める原動力となったのだ。43勝39敗の成績で第7シードとなったニックスは、オープニング・ラウンドでライバルのマイアミ・ヒートと再戦という機会を手にしていた。ヒートの戦い方はよく知っている。おそらく低シードとしての彼らにとっては、最高のマッチアップだ。

その頃、ユーイングはようやく練習で身体的な接触のあるメニューに参加し始めたばかりで、ヴァン・ガンディがポストシーズンのロスターに彼を登録したといっても、マイアミとのシリーズでプレイできる見込みは乏しかった。しかし3勝先取のシリーズでヒートに先勝を許し、第3戦を終えて2－1のリードを奪われた状況では、ヴァン・ガンディが彼をコートに入れてみたい誘惑に駆られるのも自然なことだ。

そして第4戦、とんでもない出来事が起こる。

シリーズ敗退の危機に直面していたニックスは、ユーイング不在のほかにスタークスが母親の緊急手術への立ち会いで試合開始直前の合流となる逆風の中にあった。しかもアロンゾ・モーニングとティム・ハーダウェイは、乗りに乗っている。それでも、厳しいディフェンスが奏効し、29得点のモーニングと33得点のハーダウェイ以外には二桁得点を許さず、最後の数秒を残し、ニックスは勝利を確実なものとしていた。

残り6秒でニックスが5点リード。ハーダウェイが祈るような思いで放った3ポイントショットも大きく的を外す。事が起こったのはスタークスがそのリバウンドをつかんだ瞬間だった。ガーデンの大観衆が騒ぎ始め、レフェリーが激しく笛を鳴らしまくる。

モーニングがジョンソンに仕かけられたボックスアウトにカッときて、ジョンソンの頭を狙い右のパンチを繰り出したのだ。このパンチは空を切ったが、今度はジョンソンが右フックで応酬。これもヒットはしなかったものの、両者はさらに2発ずつパンチを浴びせ合う。モーニングの右とジョンソンの左——これも同じく空を切った。ホーネッツでスターチームメイトだった頃から馬が合わず、何年間も恨めしく思っていた者同士の激突だったが、身長で6インチ（約15㎝）上回るモーニングも、子どもの頃ダラスの警察アスレチックリーグで5年間ボクシングをしたというジョンソンも決定打を欠くむなしいファイトだった。

決して誇らしくない主役の座を持っていったのは、ヴァン・ガンディだったかもしれない。

試合はまだ終わっておらず、残り時間が1・4秒残っている。小柄なコーチはモーニングとジョンソンの現場に駆け込み、両者を引き離そうとした。しかしその努力は信じられないほど短命に終わる。サイドラインから走り込んだヴァン・ガンディは、もう少しでジョンソンの2発目を受けてしまいそうになりながら全力でモーニングにつかみかかろうとするも失敗。何とか脚にしがみつき、ほかのメンバーに踏みつけられないようやりすごすのが精いっぱいだった。

NBAでおそらく最もタフなプレイヤーであるオークリーが二人を引き離し、ヴァン・ガンディに手を差し伸べたことでこの騒動は終わりを見たが、このことでヴァン・ガンディには、自分のプレイヤーを救うためならどんなことでもやる男だという印象が図らずしてついた。

「今になると、人々が一時我を忘れて狂いだすこともあるんだというのがわかります。あのとき私は、自分が何を考えていたかもわからない状態だったんですから」とヴァン・ガンディは数年後にその出来事を振り返っている。

今回も、前年両チームのシリーズで起こった乱闘と同じく、現場はニューヨークのベンチ前だ。あのときはニックスのベンチからユーイング、ジョンソン、スタークス、アラン・ヒューストンが飛び出し1試合の出場停止処分を受けたことが原因で、ニックスはシリーズを犠牲にしてしまった。しかし今回ニックスのプレイヤーはほぼベンチにとどまっていた（ベンチエリアを離れて出場停止となったのはバックアップのクリス・ミルズだけだ）。

ジョンソンは2シーズン連続で出場停止を食らい、マイアミでの大事な一戦に出られない。しかしよりダメージが大きかったのは、モーニングが出場停止となったヒートの方だっただろう。得点力が低いマイアミのようなチームにとって、これは埋めるには大きすぎる穴だ。その理由からハーダウェイは第5戦では交代なしで48分間プレイしっ放しとなったが、20本中8本しかショットを成功させられず21得点にとどまっている。一方ニックスでは、一番手のスコアラーのように使われたヒューストンが30得点。スタークスとオークリーもそれぞれ22得点、18得点とバランスよく得点を記録した。

最終スコアは98‐81。ニックスは、ユーイングを欠いた状態でこの第5戦に勝利を収めたことで、レギュラーシーズンで55勝を挙げたライリー率いるヒートに対し、少なからず借りを返すことができたと言えるだろう。ヒートを破ったニックスとしては、インディアナ・ペイサーズとのセミファイナル・シリーズの半ばあたりにユーイングを戦列に戻したい。ニックスがシリーズをリードした状態であれば、なおさら助かる。ニックスはペイサーズと過去4年間のポストシーズンで3回対戦していた上、似たようなプレイスタイルのライバルでもある。今回のマッチアップも、ニックスに有利に働くかもしれない要素はあるのだ。

しかしペイサーズの方は、もはやかつてのペイサーズではない。1997-98シーズンにはペイサーズのオフェンス効率は大幅に改善され、前年のリーグ15位から4位へと上昇していたのだ。レジー・ミラー、リック・スミッツ、アントニオ・デイビス、デール・デイビスなどのおなじみの〝危険人物〟のほかに、ベテランのシャープシューター、クリス・マリンや、ミシガン大の〝ファブファイブ〟のメンバーだった鼻っ柱の強いボールハンドラーで、スラッシャー（ドライブやカットで相手ディフェンスを切り裂くのを得意とするプレイヤー）として知られるジェイレン・ローズも加わっていた。しかも、彼らが大量得点を記録せずとも、ペイサーズには誰もが得点に絡めるような層の厚みがかつてなかったほど備わっていた。

ペイサーズが第1戦に10点差で勝利したことを受け、ユーイングは第2戦で復帰することにした――のちに彼は、ニックスがシリーズで出遅れてしまったからとはいえ、少し急ぎすぎたかもしれないと認めている。

138日間実戦を離れていたユーイングのプレイぶりは、すっかり錆びついていた。ゲームの勘を取り戻すステップとして、58勝を挙げたクラブとのポストシーズンの対戦はやはりあまりにも無謀だったのだ。特に難しかったのはディフェンスで、ユーイングは最初の3分強でファウルを二つ犯して早々にベンチに引っ込んでしまう。第2クオーターにも出場機会があったが、コートに入った直後に三つめのファウルを宣告され、ハーフタイム時点ではフィールドゴール4本すべてをミスして無得点という状態だった。

後半、ユーイングのプレイはわずかによくなったが、やはりだめな部分はだめだった。ゴールの目の前でブロックショットの餌食になったり、流氷のように動きの遅いスミッツにボールをかすめ取られ、そのまま逆襲を食らってイージーレイアップを許したり。結局ユーイングは11本のショットのうち3本しか決められず10得点のみ。ニックスはチームとしても棒立ちで動きが悪いまま試合を終えてしまう。ペイサーズは再び85−77で勝利し、シリーズ成績を2−0とした。

勝利を収めたガーデンでの第3戦ではユーイングもかなりの改善を見せることができ、16本のショットで19得点を記録している。4か月半前の手首のケガがどれほど深刻であったかを考えると、これは称賛されるべきがんばりだ。ただ、残念なことにシリーズ第4戦・第5戦は第2戦と同様の展開になってしまった。

最終的にペイサーズがニックスを5試合で倒してシーズンが幕を閉じたあと、ニューヨークでは様々な話題がクリスマスツリーの飾りのようにそこここから浮き上がり、議論が展開された。シリーズ最終戦で33得点を記録したヒューストンは、オフェンスでもっと大きな役割を果たせるのではないかというのがその一つ。『Daily News』は、ニックスが3−1と追い込まれた状態で第5戦の舞台となるインディアナポリスに向かう際、スタークスがゴルフクラブを持ち込んだことにチームメイト数人が激怒したと報じた。ユーイングに関しては、ペイサーズとのシリーズでのフィールドゴール成功率35％という数字がはたして単に長期離脱によるブランクの結果なのか、あるいは手首のケガの影響でこのベテランがその後つきあっていかざるを得ない類いの新たな現実なのかという点も、目を背けてはいられない問題だった。

「彼がいるのといないのとどちらがよいのか。決してそんな問題ではありませんでした。彼がいた方が強いに決まっています」。

ヴァン・ガンディは数十年後、当時のユーイングについての見方をこんな言葉にしている。「あのケガは、パトリックのキャリアを終わらせるようなものではありませんでしたが、その後のキャリアを変えるものではありました。身体的には十分健康でも、あれ以降彼の手首が元に戻ることはなかったんです」。

18 心臓移植

4年連続でプレイオフ2回戦敗退。これは何かを変える必要があるということを意味しているだろう。イースタン・カンファレンス・セミファイナルでの5試合で、インディアナ・ペイサーズに簡単に切り刻まれたことからもそれは明らかだ。運動能力の高いペイサーズは、シリーズを通してニックスよりもほぼ60%も多くフリースローを得ていた。若返りを図り、より速いチームになろうと2年間を費やしてきたニックスとしては残念なデータだ。

1998年夏の時点で、ニックスはリーグ全体で5番目に平均年齢が高いチームであり、彼らより上位のヒューストン・ロケッツ、シカゴ・ブルズ、シアトル・スーパーソニックス、オーランド・マジックの4チームはいずれもニックスがファイナル進出を果たした1994年よりあとにファイナルに到達していた。

1998年にマイケル・ジョーダンが引退した後、2000万ドル（1998年7月のレートで約28・2億円）のサラリーでNBAの最高給取りとなっていた36歳のパトリック・ユーイングは、外科的に修復された手首にまだ慣れきっていないとはいえトレードに出される可能性はないが、アーニー・グランフェルドの頭の中では、平均年齢の高いそのほかのロスターメンバーはすべて取引材料だ。

1998年のNBAドラフトが行われた6月24日の午後、グランフェルドは電話を手に取り、トロント・ラプターズのジェネラルマネージャーを務めるグレン・グランウォルドに連絡を入れた。ラプターズは創立4年目のフランチャイズで、前シーズンはわずか16勝しかできず、イーストではぶっちぎりの最下位となっていた(次に勝ち数が少なかったシクサーズよりも15勝も少ない)。１９９４年に大ヒットした映画『ジュラシック・パーク』の影響を受けたファン投票でマスコットを決めクラブが誕生してからまだ間もないこの組織で、チーム運営がうまくいっていないのは明らかだ。苦しい戦いを強いられている一つの原因は、オーランド・マジックが１９９３年、１９９４年のＮＢＡドラフトロッタリーで１位指名権を2年続けて勝ち取ったことを受け、リーグは新規参入したカナダの2チーム(トロント・ラプターズとバンクーバー・グリズリーズ)に１９９６〜９８年のあいだ、１位指名権を得る資格を認めないと決めたことだ。

そのため、ラプターズは１９９６年にロッタリーで１位指名権を勝ち取ったにもかかわらずその指名権が2位に下げられ、フィラデルフィア・セブンティシクサーズ入りしたトップピックのアレン・アイバーソンではなく、マーカス・キャンビーを獲得せざるを得なかった。新規にチームを構築するためにほかチームのプレイヤーを引き抜くエクスパンション・ドラフトでもトロントは三度ＮＢＡを制した経験を持つＢＪアームストロングを１位で指名したが、キャンプ参加を拒絶されてしまうなど、うまくいかない。できたばかりのチームでプレイするためにカナダに引っ越そうと望むプレイヤーはそういなかったというのが実情なのだ。

前年ニックスからラプターズにトレードされたジョン・ウォレスは、「まるでＮＢＡからジュニア・バーシティーチーム(高校や大学におけるいわゆる2軍チーム)に移るような感覚だった。あるいは最高級の組織からまだ何をすべきか思案中の組織に移るとか、そんな感じかな」とトロント行きの実感を言い表した。「俺は練習がしたくてコーチのダレル・ウォーカーにつきあってくれるように頼んだこともあった。俺たちはよいチームではなかったので練習が必要だったけど、また休みかみたいな……。よいタレントがそろっていたけど若かったし、あまり練習しなかったから、そりゃあんな成績にもなるよね」。

ラプターズは勝利の文化を確立する力になれるベテランを切実に望んでいた。グランフェルドはグランウォルドのそんなニーズに応える売り込みをした。具体的にはニックスで10年間を過ごした頼れるベテランのオークリーと24歳のキャンビーのトレードなどがそれだろう。キャンビーはブロックでリーグ1位に輝いたばかりの非常に動きのよいビッグマンだが、オークリーの方も勇敢なレッスルマニア的なディフェンスの要となり、その点ではチームの顔だったプレイヤーだ。

ニューヨークの申し出を聞いたグランウォルドは、思わず「イエス！」と叫び出しそうになった。オークリーのタフさ、丈夫さ、統率力、成されるべきことをしっかり遂行する力は、まさにトロントの飛躍に必要なものばかりだ。それでもラプターズのジェネラルマネージャーは、念のためヘッドコーチのバッチ・カーターをグランフェルドとの電話会議に参加させることを選ぶ。するとこのとき、カーターはおかしなことをし始めた。キャンビーの長所を話すべきところで、逆に短所を話したのだ。ニックスからより多くを引き出す手法には思えない。

確かにキャンビーの才能は明らかで、全盛期を迎えればより高いレベルに達するだろう。しかしカーターに言わせれば、ニックスのように競争心の強いチームでプレイするには成熟度や規律が追いついていないのだ。「彼はトロントで才能を無駄にしていた男だ」とカーターは言い出した。「私の上階のコンドミニアムに住んでいたけど、訳もなく練習に来ないこともあったし、ケガをしがちでもあった。どう考えてもニューヨークのチーム文化には合わないぞ」。

それ以上多くを語らず、カーターはグランフェルドに、貢献度の高いプレイヤーの一人を本当にキャンビーと交換していいのかと尋ねた。

「アーニーはかつてのチームメイトで、今でもよき友だ。人生について多くを教わった」とカーターは言う。1955年にルーマニアで生まれたグランフェルドはホロコースト生存者の息子なのだ。カーターはその彼から1800年代後半から1900年代初頭にかけて東ヨーロッパからアメリカに移住したユダヤ人についての本をもらったそうだ。

「私は本気で彼がマーカスを持っていく過ちを犯さないようにと思っていた」。

しかしグランフェルドはこの取引を捨てるつもりはなく、カーターの話を払いのけ、グランウォルドにジェネラルマネージャー同士で交渉を完遂させる気があるかと確認した。話は即決。キャンビーがニックスに移籍するトレードが正式に成立した。ラプターズはオークリーのほかにニックスがその年のドラフト44位で指名したショーン・マークス、さらにオークリーの年俸1000万ドル（当時のレートで約14億円）の一部を賄える現金も得られるという条件だった。

話し合いを終え電話が切れた数秒後、カーターは上司のグランウォルドを見つめながら単刀直入にこう言った。

「グレン、言っておきますけど、この取引はアーニーをクビに追いやるものですよ」。

チャールズ・オークリーはそのニュースをうまく受け入れることができなかった。というよりも受け入れたくなかった。

34歳のフォワードは確かにトレードの話を耳にしていたが、ニューヨークを離れるという事実はそう簡単に受け止められるものではない。かといって選択肢がそれほどあるわけでもないのだが、取引完了を公式に知らせようとグランフェルドが何度電話をかけても、オークリーは無視し続けたという。

オークリーはラプターズ側の対応にも素直に従わなかった。その週の後半、チームはオークリーにトロントへの便を手配したが、ピアソン国際空港に出迎えに向かったグランウォルドとカーターがいくら待ってもオークリーは出てこなかった。

姿が見えないからといって慌てる必要もないかもしれないが、このときは事情が違う。オークリーが今やラプターズの一員になるという事実に満足していないことは、グランウォルドの目にも明らかだ。しかも、トロントが24時間以内にオークリーの検診を終えられなければ、リーグがトレードを無効にしてしまう。一分一秒たりとも無駄にはできない。

一夜明ければロックアウト（労使協定交渉の不調によりオーナー側がチーム活動を禁ずる戦術）が始まり、NBAの各チームからプレイヤーへの連絡が禁じられてしまうという事情もある。差し迫った状況で、グランウォルドとカーターはオークリーに会うため自分たちの方からアトランタに飛ぶことにした。

ハーツフィールド・ジャクソン国際空港に到着したものの、彼らにはオークリー直通の連絡手段がない。しかしその所在を知るオークリーの仲間の一人に連絡することができた。そこからは時間との競争だ。二人は大急ぎでアトランタ・リッツカールトンのフィットネスセンターに向かう。オークリーはそこでベンチプレスをしていた。

ウエイトルームに入ったグランウォルドとカーターは、ぜひ一緒にトロントに来てほしいとオークリーの説得を始める。

「彼はニックスを離れたくなかったんだ。だからこのトレードを気に入らない理由も十分に理解できる。それでもこちらとして本当に彼を必要としているんだと伝えたよ」。グランウォルドはそのときを振り返る。

ハルクと腕相撲をするような議論を交わすこと30分、グランウォルドとカーターはこの勝負に勝った。空港に向かう帰路は3人だ。そしてこの時点で、ニックスで長年ロッカールームのまとめ役を務めてきた陰の立役者は、正式にトロント・ラプターズの一員となったのであった。

ニックスがオークリーとの歴史の1ページをつづり終えた直後、NBAのオーナーは正式にロックアウトを始めたが、この出来事はほとんどのクラブよりもニューヨークに大きな影響を及ぼしたと考えられる。まず、リーグ最高齢を争うチームの平均年齢は、待てば待つほど高くなる。個別には、ユーイングが選手会会長として交渉の席で長い時間を費やす役目を負っていたので、痛めた手首の調子を取り戻す十分な時間がとれない。

ロックアウトは要するに金の話だ。特に重要な争点は、契約の高額化が青天井で進む中で、オーナー側とプレイヤー側とのあいだで売上が公平に分配されているかどうか。例えばシャキール・オニールの7年間1億2000万ドル、ケビン・ガーネットの6年間1億2600万ドルのような巨額契約は、スターだとしても行き過ぎではないか？　デイヴィッド・スターンとオーナーがもう少し力を保ったほうがよいのではないか。そんなことになる。

その問いかけは、前年の不快な出来事で表面化していた。1997年12月に行われたゴールデンステイト・ウォリアーズの練習中に、オールスター選出三度のラトレル・スプリーウェルがコーチのPJカーリシモの首を絞めた一件だ。このときスプリーウェルは、シューティングの練習中にカーリシモからチームメイトのマグジー・ボーグスにもっと切れのいいパスを出すように言われて襲いかかったとされている。スプリーウェルはカーリシモの批判的な言葉にうんざりし、それを挑発と受け止めるようになっていた。そんなスプリーウェルの態度を見てカーリシモが練習から外れるように伝えると、スプリーウェルは「殺してやる」と言って反抗し、カーリシモの首をつかんで引っかき傷や生々しいすり傷を負わせてしまったのだ。

スプリーウェルは一度はコートを出てロッカールームに戻ったが、数分後に戻ってきてカーリシモをもう一度追いかけ始めたという。この行為に対し、コミッショナーのスターンは1年間の出場停止処分を下す。これは違法薬物関連を除く例としては、NBA史上最長の処罰となる。

ロックアウトは1999年1月20日まで史上最長となる204日間も続き、その後、ゴールデンステイトとスプリーウェルには、トレードで双方とも新たなスタートを切る以外に残された道がなさそうな状況だった。これに対してニックスのフロントオフィスは、ニューヨークがスプリーウェルにとっての新天地になってもよいのではないかと考えた。

髪型をコーンロウにまとめたスプリーウェルは28歳のスウィングマンだ。身長は6フィート5インチ（約196㎝）あり、筋骨隆々の体格で攻守両面で紛れもない才能を持っていた。NBAのオールディフェンシブ・チーム選出も一度あり、キャリア全体のアベレージで平均20得点を超えている彼なら、試合を託すこともできる。1994年には、ニックスのトップクラスのディフェンスに対して41得点を挙げた試合もあった。このときはあまりにも支配的なパフォーマンスだったので、パット・ライリーが試合後のコメントでマイケル・ジョーダンと比較したほどだ。彼のようなタレントを手に入れられれば、このところなかなか乗り越えられずにいたプレイオフ2回戦の壁を突破する助けにならないわけがない。

しかし問題は能力以外のところにある。グランフェルドもジェフ・ヴァン・ガンディも、欲しいことに違いはない。しかし何しろ、相手は当時全米で最も悪者扱いされたアスリートだ。スプリーウェルをニューヨークに連れてくるという考えには、それ相応のリスクも伴ってくる。そこまでの異常な経過からして、デイブ・チェケッツはまずスプリーウェルと直接会わずしてこの考えを前向きに捉えることはできないと言った。

その後1月中旬に、ニックスとウォリアーズはスプリーウェルのトレードパッケージの可能性を話し合い、大筋で合意に達する。しかし最終的に詰める前に、チェケッツはスターンに対してあまり例のない要求を打診することにした。正式に取引を完了する前にスプリーウェルと直接会って話したいというのだ。

ゴールデンステイトとしては、それが取引成立に必要ならば構わない話だ。しかしスターンは、ニックスからの直接面談の要望に対する許可を留保した。チェケッツにしてみれば、コミッショナーはリーグ最大のメディア市場にスプリーウェルのような世論の分かれる存在を連れてくる考えに反対しているように思えた。

しかし要望を知らせた翌日、スターンはニックスとスプリーウェルの直接面談を許可すると伝えてきた。

「確かに私がチームを運営する立場だったら、やっておきたい面談でしょうね」。スターンはチェケッツにそう言った。

スプリーウェルはミルウォーキーに、寝室が三つある落ち着いた雰囲気の住居を構えていた。1999年の1月17日、エド・タプスコット、グランフェルド、ヴァン・ガンディ、チェケッツはその家屋のリビングでスウィングマンと握手を交わして面談の席に着いた。

ヴァン・ガンディはダイエットコークをもらってから、戦術の観点でスプリーウェルがほかのメンバーといかにフィットするかという期待を快活に語った。グランフェルドからは、ニックスがプレイヤーの居心地をよくするために、ホームや遠征先で組織として取り組んできたことの説明だ。タプスコットがスプリーウェルに話したのは、この移籍で巨大な市場と、その中でも特にガーデンをキャンバスとして新しい人生を描き、カーリシモとの衝突から一歩踏み出すことができるだろうということだった。

チェケッツはそれまでほとんど何も話していない。しかし同行のチーム代表3人がひととおり話し終えると、席を外して車で待っていてもらえないかと静かに促し、スプリーウェルとサシの面談に入った。チェケッツは何かを売り込むわけではない。ただ、スプリーウェルが本当に自分の過ちを反省しているという確証をほかの誰よりも強く求めていたのだ。

チェケッツは、カーリシモを追いかけまわしたことに対する後悔だけではなく、数年前の別の出来事についてどう思っているかも気にしていた。それは、当時4歳だったスプリーウェルの娘が、飼っていたピットブル（ブルドッグに似た攻撃的な犬）に襲われて右耳を失うという痛ましい出来事だった。チェケッツは、１９９４年にスプリーウェルがその件について記者から尋ねられたときの「しょうがないよね（Shit happens.）」という回答がどうにもしっくりきていなかったのだ。

「私には6人の子どもがいる。父親として何より大切にしているんだよ」。チェケッツはスプリーウェルにそう話したあと、例の記者とのやりとりが無感情に思えたことを伝えた。「独り言で『（スプリーウェルは）まったく責任に対する自覚がない』と言っていたんだ」。

するとスプリーウェルは立ち上がって別の部屋に出ていき、娘をリビングに連れてきた。彼女はこのとき8歳。長く流れるような三つ編みにドレスを着ている。スプリーウェルが見守る中で10分ほど学校や興味のあることについて話してみると、チェケッツには彼女が幸せでしっかり育てられていることがよくわかった。

娘が部屋に戻ったあと、スプリーウェルはチェケッツの目を見ながら話し始めた。

「僕があの出来事を悔やんでいない。あの出来事で僕らの家族が打ちのめされなかった。もしそう思うなら僕のことは絶対に理解できないと思いますよ」。

スプリーウェルは、肉体的にも精神的にも傷ついた少女をそのときまでどのように支えてきたかについても詳しく説明した。

例の「しょうがないよね」という回答は、メディアにあまり詳細を知らせたくなかったからだという。傷を負った娘のプライバシーを適度に保ちたかったのだ。

スプリーウェルは、できることならカーリシモと衝突した日に戻ってやり直したいと言い、あの日以来何度もコーチと話して、常軌を逸した行為を深く反省していることを伝えたとつけ加えた。

二人は45分ほどで話を締めくくった。席を立ったチェケッツが帰り際に見つけたある物の存在は、いまだに彼の心に強く残っている。スプリーウェル家の入り口近くに額装されて飾られていた、「砂上の足跡」というタイトルの詩だ。宗教的な芸術作品で、神と信者の2組の足跡が描かれ、それが今こそ救済を必要としているときに限って1組になっているという逸話を通じて、神と信者の関係性を問いかけている。

なぜ神は彼女についていかなかったのか?

絶望の縁に追いやられた彼女は泣き始めた。

そのとき神の内なる声がそっとささやいた。

「私はあなたのそばを離れてはいない。1組しかないその足跡は（あなたの運んでいた）私のものだよ」。

モルモン教を深く信仰するチェケッツは、スプリーウェルとこの詩について話した。最も困難な瞬間を乗り越えようとするとき、神は信ずる者を救うのだというこの詩の要点は、まるで激流に呑まれたスプリーウェル自身が、神に救われることを暗示しているかのようだ。スプリーウェルと握手して別れたチェケッツの心に、もはや不安はほとんどなかった。ラトレル・スプリーウェルはニックスの一員になるのだ。

しかしこの移籍は痛みを伴う動きでもある。テリー・カミングスとクリス・ミルズに加えて、ガードのジョン・スタークスを手放すのだ。それは、8シーズンに渡ってファンと心を通じ合わせてきたこのチームの魂が失われることを意味している。

トレードが正式に決まる数日前にそのうわさを耳にしたスタークスの幼い息子、ジョン・ジュニアに、自分も転校しなければならないのかと聞かれたスタークスは、「ああ、もしかしたらね。まだわからないけど」と答えるしかなかった。

「でもお父さん、僕たちもうゴールデンステイトに出されちゃったみたいだよ」と少年が言い返す。

ウォリアーズでルーキー時代を過ごしたあと、スタークスは多くの変化を経験してきた。ニックスではよいとき（1993年にマイケル・ジョーダンとホーレス・グラントの頭越しにぶち込んだダンク）、悪いとき（フィールドゴールを18本中2本しか成功させられなかった1994年のファイナル第7戦）、さらに最低なとき（1993年のプレイオフでレジー・ミラーに頭突き）のそれぞれの象徴のような存在だ。メンバー入りできるかどうかのところからオールスターに上り詰め、優勝候補のチームで2番目に重要なプレイヤーの座を手に入れた時期もある。信頼してくれたコーチもいたし、欠点を忌み嫌うようなコーチの下でもプレイした。

しかし、どんなに浮き沈みがあっても、この男の魂を疑うことはできない。取引の決定を知ったスタークスは「あとになって涙が出てくるかもしれないね」と記者団に語っている。

たとえスタークスが涙を流していなくても、多くのニックスファンが泣いたのは間違いない。わずか数か月のあいだに、約10年間主力を務めた3名のうち2名が別の街に放出されてしまったのだ。大幅に再編されたロスターで、ジョーダンのいない、ロックアウトにより短縮されたシーズンを戦っていく。次はいったい何が起こるのだろうか。

＊＊＊

ライリー時代のニックスは、NBAで最もコンディショニングのよいチームになることを心がけていた。毎シーズン成功した要因はいくつかある。シーズン開幕前から、容赦なく走りまくる練習を1日2回行うトレーニングキャンプはその一つだ。それを6、7時間かけてこなしたあとには、ウエイトトレーニングも待っていた。それができなければ罰金500ドル（1991年7月のレートで約6万9千円）が課されるという寸法だ。

当時はこのキャンプトレーニング以前に、オフにきっちり体を作っておくことがベテランだらけのメンバーに課されている。ストレングス&コンディショニングコーチのグレッグ・ブリッテナムには、各プレイヤーがオフシーズンをどこで過ごそうとも、夏場に4回ワークアウトにつきあって状況を監視するのも仕事のうちだ。ユーイングの場合、それは週1回実施していた。

しかし1999年は、オークリーやスタークスら歴年の戦士がチームを去り、ロックアウト中はチーム関係者とプレイヤーの連絡も禁止という状況だ。メンバーのコンディションをチームが望むレベルに保つのがはるかに難しい。しかも、ロックアウト終了からレギュラーシーズン開幕戦まではわずか18日間しかないのだ。

これを想定済みのヴァン・ガンディは、何とかしようと工夫した。自らのプレイヤーをやる気にさせる目的で、ライバルのインディアナがロックアウトのあいだにもチームとして集まって体調を維持して結束を確立していたことを、メディアを通じて称賛したのだ。

その効果もあってか、何人かのメンバーは準備万端でチームに合流してきた。アラン・ヒューストンは熱心にトレーニングしてきた様子だったし、ラリー・ジョンソンも、健康志向とラマダンの二つの理由で体重を25ポンド（約11kg）落としていた。

ただし全体的には、キャンプ初日に集まったメンバーは本来あるべき体格よりはるかに太っていた。ユーイングにいたっては少なくとも20ポンド（約9kg）ほど重い。6か月のロックアウトで選手会の交渉に時間を費やした結果だ。そのシーズンにアシスタント・トレーナーを務めたサイード・ハムダンによれば、ユーイングについて「体重が増えやすい体質で管理が難しい」と言う。「パトリックに関してはどうしても目標範囲内に体重を維持したかったので、本当に一生懸命だった。足首や膝、ふくらはぎ、アキレス腱に余分な負担（体重）をかけたくなかったからね」。

スプリーウェルの体重は増えていない。しかし14か月間組織的なバスケットボールから離れていたため、最初のうちはすぐに息切れしていた。ステアマスター（室内用のランニングマシンなどのブランド）を1時間やり続けても汗一つかかないと大学時代のチームメイトを驚かせた本来のスタミナもどこへやらだ。

新戦力として注目を集めるもう一人のスターであるキャンビーは、トレード後に筋力をつけるためにパーソナルトレーナーを雇い、身体的には良好に見えた。しかしキャンプ初週の取り組みは、ヴァン・ガンディが期待するレベルにはほど遠いものだった。率先してもっと練習しようとコーチに頼んでくることも多かったオークリーに代わって加入したタレントだけに、ある時点でヴァン・ガンディは「今日までの様子を見て、あれだけしかできないというのは受け入れられない」と述べている。

しかし、キャンプを最悪の状態で過ごしたのが誰かといえば、フリーエージェントとして新たにニックス入りしたデニス・スコットだろう。オーランドでオニールとペニー・ハーダウェイに並んで活躍した3ポイントショットのスペシャリストで、キャリア通算で40％の高確率を記録していたプレイヤーだ。

スコットは、大学時代から体重管理に苦労し続けてきた履歴がある。高校の最終学年で210ポンド（約95kg）だったのが、ジョージア工科大の2年時には260ポンド（約118kg）に膨らんだ。そして重くなるにつれてジャンパーに依存するようになっていったのだ。深い位置からもよく入ったので活躍はできていたが、大学のコーチだったボビー・クレミンズは、スリムにならなければベンチだぞとスコットを脅かしたという。

体重を落として爆発力とプレイの幅広さを取り戻したスコットは、ニックスに加わるまでの8年間のプロキャリアで1試合平均14得点のアベレージを残していた。しかしニューヨークで最初のワークアウトに参加したときの様子は、プロデビュー時の230ポンド（約104kg）のスコットよりも260ポンドバージョンの彼に近かったし、おそらくそれよりも重かっただろう。それを見れば、彼が何らかの有意義な貢献をもたらせるようになるまでにはしばらく時間がかかるだろうと誰の目にも明らかだ。「これはプレイ以前にコンディションをもっとよくしないとだめだな」。練習の最初から最後までずっと息を切らしている30歳のスコットを見て、ヴァン・ガンディは苛ついた様子でそう言った。

＊＊＊

準備もコンディショニングも欠如している状況で、誰もが予想したとおり体の方がすぐに悲鳴を上げた。それはNBA全体に当てはまることだったが、特にニックスはそうだった。開幕からわずか2試合で、まずはスプリーウェルが右かかとの疲労骨折のため離脱。4週間の欠場となる。9試合目を終えた時点では、ジョンソンも左膝のMRIスキャンを撮らなければならないような状態で、いっそ離脱してしまった方がよいのではないかと本人が考えてしまうほど、思うようなプレイができていなかった。ユーイングはどうかというとやはり非常に苦しんでおり、18試合目の開始29秒に左アキレス腱の痛みを訴えて自ら足を引きずってベンチに下がると、その後1週間半近く欠場することとなった。

ニューヨークにとって、こんな形で時間が失われてしまうのは非常に痛かった。ロックアウトでシーズン日程が短縮され、各チームは85日間でそれぞれ50試合を戦うことになっているのだ。これほど過酷な日程はいまだかつてない。ニックスの日程には、6日間で5試合を、4都市を飛び回って戦う期間もあった。

チームのディフェンスは効果的に機能していた。最初の20試合まで対戦相手のフィールドゴール成功率は38%で、これは例年と同じくNBA全体でも上位に入る数字だ。しかしオフェンスはうまくいっていない。スプリーウェルに続いてユーイングが抜けたあとは、まるで赤の他人同士がプレイしているように思えるほどひどかった。ジョーダン、スコッティ・ピッペン、デニス・ロッドマンが抜け低迷していたブルズとの3月12日の試合では、第2クオーターの得点がわずか5という寂しい数字。第4クオーター開始までに奪った得点も33にとどまった。最終的に76-63のスコアで敗れたこの試合で、ニックスはフィールドゴールを19本しか成功させられなかったが、これはNBAにショットクロックが導入されて以降の最少記録だ。

この当惑すべき敗北で、ニックスは勢いに欠ける11勝9敗という成績。これを受けチームは、試合後ビジターのロッカールームで30分間プレイヤーだけで集まって話し合った。共同キャプテンのジョンソンはこの憂鬱な〝首脳会議〟で、5本のショットのうち1本しか決められず、ディフェンスでもトニー・クーコッチに25得点を奪われた自身の仕事ぶりを責めた。

ニューヨークに帰る飛行機の中では、この試合で10分間プレイして無得点に終わったスコットが、ジョークを飛ばしてムードを明るくしようとしていた。最初の15試合で平均2・9得点、フィールドゴール成功率30%のスコットは、過度に緊張した状況を笑いでほぐそうとする楽観的な人物なのだ。

ヴァン・ガンディはそうではない。コーチは対照的に普段から悲観的な態度だし、負けたときはそれ以上に不幸な顔をしている。ホームで黒星を喫したあとにガーデンの廊下を歩けば、ヴァン・ガンディが叫ぶ声が聞こえたり、机をひっくり返したりオフィスの壁を殴るところを見てしまうかもしれない。アウェイの場合は勝っても負けても、ヴァン・ガンディはだいたい飛行機の中で苛々を募らせているのだ。

アシスタント・トレーナーのハムダンは、そんなヴァン・ガンディの反感を買ってしまったことがある。「プレシーズンゲーム（勝ち試合）から戻ってくる飛行機で、メッツが（2000年の）ワールドシリーズ出場を決めたことを知って『やったぜ！　がんばれメッツ！』と叫んだだけなんだけどね」。

ハムダンは振り返る。「翌日彼のオフィスに呼び出されて、勝ち負けの神聖さをもっと尊重するようにと言われた。それで『ジェフ、勝ち負けを大事にしているからこそがんばれメッツと叫ぶんじゃないですか、彼らはワールドシリーズ行きを決めたばかりですよ！』と言い返したら、彼はこっちをじっと見て『とっとと出てけ』だってさ」。

ヴァン・ガンディは、ハムダンのときにはそう言っただけで大目に見たが、スコットに対してはフライトの翌朝、見せしめとしてチームからカットした。グランフェルドを通しもせず、大胆で一方的な選択をしたものだが、それは勝率が5割そこそこのニックスに、何かを変えなければならないという緊張感を呼び起こしたのは間違いない。

そしてまもなく変化は訪れる。

BLOOD IN THE GARDEN

19

長すぎたつきあい

1999年4月9日の時点で、ジェフ・ヴァン・ガンディは職を失っても不思議ではない状況に立たされていた。

その夜アトランタで行われる試合を前に、ニックスは直近10試合で7敗と苦しんでいた。直前の試合も13勝20敗のシャーロット・ホーネッツに24点差の黒星。2シーズン前にニューヨークが圧倒していた相手に対する完敗だった。

第1クオーターのオフェンスはたったの12得点しか奪えず、ホーネッツに17点差のリードをつけられた。第2クオーターにはディフェンスがスイスチーズのようにソフトになり、オフェンスで19本のショットのうち11本を決めたにもかかわらず、さらにリードを広げられた。第3クオーターになると、あまりの無気力さにヴァン・ガンディが口汚くののしる言葉を叫ぶような展開となる。ホーネッツのエディー・ジョーンズがトランジションで得点を狙おうという場面で、アラン・ヒューストンが追いかけるのをあきらめて楽々レイアップを許したからだ。そんな流れで第4クオーターまでには勝負あり。ヴァン・ガンディはもはや、その試合で最も活躍していたパトリック・ユーイングをコートに戻すことすらしなかった。そうしたからといって何かが変わるとは思えなかったのだ。

これは5連敗中のシャーロットに喫した恥ずべき敗北だったが、厳しい立場のヴァン・ガンディの悔しさはそれ以上だ。何しろ試合前にプレイヤーを集めて、コートに立ったら全力を尽くして戦おうと話し合ったばかりのことなのだ。情熱的なプレイがまったく見られない。「(我々の)プレイは見ていられないほど危機的です……」。とヴァン・ガンディはそう言った。

精神的にグラグラ、感情的にもグラグラ、そして成績もグラグラだ。NBAで最高年俸のチームなのに、残り15試合で18勝17敗のイースタン・カンファレンス10位。プレイオフ進出が危ぶまれる状況だ。

そんな背景から、22勝14敗のアトランタ・ホークスとアウェイで戦う金曜夜の決戦に敗れるようなら、アーニー・グランフェルドがヴァン・ガンディをクビにしたいと言い出すのではないか、それもあり得るだろうと考えられたのだ。

仮に物事がそこまで進んでグランフェルドが引き金を引いていたら、合わせて語られる裏話にも事欠かなかっただろう。

短縮されたシーズンは、開幕当初から悩ましい始まり方をしていた。ラトレル・スプリーウェルとともに注目の的となったオフシーズンの新戦力の一人であるマーカス・キャンビーが、最初の2試合でいずれも6分未満しか出場できなかったのだ(ニックスがその両方で負けたことも事を悪い方向に押しやった)。

ヴァン・ガンディは、ニューヨークに来たばかりだった頃のキャンビーがコンディションを整えていなかったことに批判的だった。コラムニストのイアン・オコナーは当時24歳のキャンビーについて、「室温でのドリルをモハベ(アメリカ西部の砂漠地帯)でスイサイド・スプリンツ(コートを繰り返し全力疾走で行き来するトレーニング)でもするかのようにやっていた」と書いている。数日後、キャンビーはプレシーズンゲームを休む。理由は足の水ぶくれだ。ささいなケガで休みたがるのは、ヴァン・ガンディに好かれる行為ではない。

そんな様子にヴァン・ガンディは、「彼はまだこれからですが、悪い習慣を3、4日で変えることはできません。今シーズンまるごとかかるでしょう」とレギュラーシーズン開幕直前に語っている。

その後、ニックスでのホームデビュー戦では、キャンビーはコートに入ってわずか5分後の第2クオーターでサイドラインに向かいながら倒れそうになり、もう疲れ果ててプレイできないと言いだした。早々に息を切らすキャンビーに腹を立てたヴァン・ガンディは、後半彼を使おうとはしなかった。

水ぶくれやら、早々に息が上がるやら、わずか1週間で休む理由をいくつも作ってきたキャンビーは、明らかに鉄人チャールズ・オークリーとは違う。オークリーはかつて、つま先を脱臼しても手術を押してプレイしたし、左手を骨折しても試合にとどまった男だ。

公平な見方かどうかは別にして、ヴァン・ガンディはこれに不満を持っていた。リーダーシップや相手を跳ね返すディフェンス、きっちり仕事をやり切る姿勢などを備えたオークリーは特別な存在で、コーチとしてはたとえ35歳でキャリアの黄昏にあるとしても決して手放したくなかったのだ。

ヴァン・ガンディはトレード前から、オークリー確保を望んでいると表明していた。しかし批判的な色を強めたのはトレード後だったというのが、組織の一部の捉え方だ。

デイブ・チェケッツは、当時のヴァン・ガンディの様子を語る。

「ジェフはキャンプの早い段階で、オークリーがもたらしていた目に見えない価値がいくつも失われたことが物事を難しくしていると気づいた。でもオークリーのトレードを話し合ったときは、線路に横たわって『どうしてもというなら私を殺してからにしてくれ』というほどの抵抗を見せなかった。もし彼が強く拒否したら、たぶんトレードしなかっただろう。でも、そこまでの反対ではなかったんだ」。

キャンビーは信じられないほどの運動能力とどこまでも伸びるかのような腕を持っていたが、ヴァン・ガンディの信頼が得られず最初の2か月間は控えとして1試合平均18分しかプレイしていなかった。これが元となりヴァン・ガンディとグランフェルドは対立してしまう。コーチはオークリーという頼れる存在を失ったことをひそかに恨めしく思い、ジェネラル・マネージャーの方は自身がトレードで獲得したプレイヤーが夜な夜な活躍の機会を得られないことに苛立ちを募らせたのだ。結果としてチームが混乱に陥ったままシーズンを過ごしていることで、フラストレーションは徐々に膨らんでいくばかりだった。

何十年も経ってから、ヴァン・ガンディは「私の方もコミュニケーションをもっとうまくやることができたかもしれない」と述懐している。「その点でオークリーに大きな借りを作ってしまいました。でもマーカスについてはいまだに、どんなものかなと思っていますよ」。

この衝突は4月に大きな話題となり、情報筋の話として両者の立場が危うくなったとする報道がタブロイド紙を賑わした。そして迎えたアトランタでの試合の夜、チェケッツはどちらの肩も持たず「状況からしてどちらもきちんと精査しなければ」と言い、あらゆる可能性を否定しなかった。

皮肉なことに、ヴァン・ガンディが必勝を期したアトランタでの試合は、偶然にもキャンビーが3試合ぶりにケガによる離脱から復帰するタイミングだった。しかもキャンビーは19分間で9得点と5リバウンドを記録し、力強くゴールに鍵をかけたディフェンスなど、ニックスを勢いづける活躍を見せる。彼がコートにいた時間帯のニックスはホークスを9点上回っており、最終的にロードで8点差をつけて勝った事実からも、重要な貢献だったことが明らかだ。ヴァン・ガンディのコーチとしての首をつなぐ助けとなったのは間違いない。

ロードーランナーが常にワイリー・コヨーテに追いかけられながらも最後には必ず出し抜く有名なアニメと同じように、ヴァン・ガンディは死神が迫りくるたびに命拾いを繰り返した。命運尽き果てたかのように見えるたび、小さな連勝で息を吹き返すのだ。アトランタでの勝利も3連勝の始まりだった。

毎朝6時45分頃、チーム広報担当者のサミー・スタインライトがオフィスに到着し、ニックスの記事を載せた7つの地元紙に目を通し始める。

「毎日、すべての記事、すべての談話（コメント）です」と彼は言う。それを済ませると、スタインライトは同僚とともに紙面のコピーをとり始め、その日のニックス関連報道をまとめた読み応えのある記事集を作成し、配布するのだ。いくつかはニックスを毎試合取材する地元記者向けであり、ほかの街からやってくる記者の分もある。コーチにも渡されるし、見たいと言われればグランフェルドとチェケッツにも配られる。メディアのささやきを最も気にかけているチームオーナーにももちろん行き渡る。

約2年前の1997年3月以来、クラブ所有権に関する状況はそれまでと大きく変わっていた。ITTはマディソン・スクエア・ガーデンの持ち株の50％を手放していたのだ。譲渡の相手は、ロングアイランドを拠点に大規模なケーブルシステムを運営・展開している企業パートナーのケーブルビジョンだ。そのときから、ケーブルビジョンと同社を経営するドーラン家がニックスを完全所有している。

ヴァン・ガンディは、ケーブルビジョン傘下で物事がどのように進むかについて、ほどなく知ることになった。

1997年のプレイオフでチャーリー・ワードとPJブラウンが乱闘騒ぎを起こしてから数か月後、トレーニングキャンプのためにチャールストンにいたヴァン・ガンディが、ケーブルビジョンのマーク・ルストガルテン会長、ジェームズ・ドーラン副会長らと昼食をともにする機会があった。ほかのコーチングスタッフとフロントオフィスのメンバーも一緒だ。

ヴァン・ガンディやほかのコーチはそれまでオーナー側の二人と長々と話をしたことがなかったので、挨拶程度の気楽な昼食だろうと予想していた。しかし食事を終えてひととおり世間話をしたあと、ドーランは驚くほどずけずけと物を言い出したのだ。

「一つ言っておく。あのマイアミでの一件みたいなことがまた起こってチームが制御不能になったら、その責任はとってもらうからね」。ドーランはそう言いながらヴァン・ガンディを見ていたという。

ヴァン・ガンディは、甘んじて批判を受け止め、「もっとうまく対処できたかもしれませんね」と話してその場をやわらげた。しかしチェケッツの目には、ドーランの発言にその場の全員がびっくりしたように見えたし、特にヴァン・ガンディはそうだった。コーチにそんな形で直接関与するチームオーナーも珍しい。普通はそうならないために管理職を置き、一種の緩衝役を務めさせるのだが、ドーランは別の類のオーナーのようだ。

ジム（ジェームズ・ドーラン）は、HBOを設立しマンハッタンにケーブルテレビを通して大富豪になったチャールズ・ドーランの息子だが、自分の生きる道を見つけるまで苦しい思いをしている。14歳で飲酒を始め、38歳だった1993年にミネソタのクリニックで治療を受けるまでは、アルコール依存症と薬物乱用のために家族経営の仕事でも役割を切られそうになった。

ドーランの父親が彼をケーブルビジョンの最高経営責任者に任名したのはわずか2年前だ。チャック（チャールズ・ドーラン）は、ジムにその仕事を任せた理由を「（6人の子どもの中で）ほかの誰もあの仕事を望まなかったから」と『New York Magazine』に語った。

ジムはスポーツ好きで、かつてクリーブランドで父親のスポーツラジオ局の一つを経営した時期がある。メディアへの関心も、スポーツほどの執着ではないとしても高い方だ。そのためドーランは、グランフェルドとヴァン・ガンディの小競り合いの話題が取沙汰されるようになるにつれ、それがチーム全体に悪影響を及ぼしてしまうのではないかと心配し始めた。

チェケッツは事を穏便に済ませようと努力した。「(グランフェルドとヴァン・ガンディに) 直接会ってこう言った。『二人とも、ちゃんと話さないといけない。もしできなければ大問題になるぞ』とね」。

しかし、その努力は不発に終わる。実はキャンビーとオークリーを取り巻く一件より以前から、ヴァン・ガンディとグランフェルドの間にはひそかなすれ違いがあったのだ。彼らは10年前からニックスで一緒にアシスタントコーチを務めてきた仲だ。フランク・イソラとマイク・ワイズがニックスの1999シーズンを題材にその激動を記録した『ジャスト・ボーリン (Just Ballin')』には、彼らのあいだに漂う緊迫感が詳細に描かれている。

「そっちが信頼しないなら、こっちも信頼しない。彼らの相互理解はそんな感じだった」。同書にはそんな記述がある。「ヴァン・ガンディは普段から家族思いのグランフェルドを尊敬していたが、ガーデンでの生き残りをかけた政治に夢中になりすぎて、ジェネラル・マネージャーとしての優れた仕事ができていないと信じていた」とも書かれている。

そうなった発端は、ステュー・ジャクソンがヘッドコーチをクビになった1990年にさかのぼる。アシスタントだったヴァン・ガンディは、ジャクソン解雇の前段階で、グランフェルドが個人的にジャクソンをおとしめようとしたように感じたのだ (ヴァン・ガンディはプロビデンス大でジャクソンと一緒に働いた頃から、ジャクソンと友だち同士だ)。1999年にニックスが苦戦するにつれて、グランフェルドがチームの練習に立ち寄る回数が多くなると、ヴァン・ガンディは後ろから切られないように用心が必要だと考えるようになっていった。

ヴァン・ガンディの疑心暗鬼は、当時NFLのジェッツのコーチだったビル・パーセルズとの会話で一層強まった。あるとき二人が電話をしていると、パーセルズがこの回線は安全かと尋ねたという。何のことかと聞き返すヴァン・ガンディに、パーセルズは「(経営陣が)君の会話を聞いていないと思っているとしたら、おめでたい人間だな」と答え、携帯電話でかけ直すように言ったのだ。

ヴァン・ガンディとグランフェルドが舞台裏でメディアと何をしたかということとは別に、二人いたチームのPRスタッフがこの状況で意見が分かれていたという問題もあった。一方の広報担当者はひそかにコーチの側に立ち、もう一方は重役の方を支持しているので、その結果二人は立場に応じて異なる番記者に異なる情報を提供してしまうのだ。

今でもヴァン・ガンディとグランフェルドは互いにうまく共存していたと主張し、グランフェルドは「ジェフと私は仲よくしていたよ」と言っている。「キャンビーとの一件ではぶつかったかもしれないけど、大概はうまくやっていた」と。

しかし、そのキャンビーをめぐる意見の不一致が大問題だったのだ。事はタブロイドの紙面を騒がせる大混乱に発展し、騒ぎを好まないオーナーの機嫌を、日を追うごとに損ねていった。4月17日には、チェケッツが事情説明のためにルストガルテン（オーナー役員）と会わなければならない状況となる。「私は彼に、『ご意向を確認したいのですが』と言い、『(グランフェルドとヴァン・ガンディが)お互いを傷つけ合うのをすぐに止めなければ二人ともここにはいられなくなるよということなんですよね』と尋ねた」。チェケッツはこれで時間を稼ごうとしたつもりだった。そうでもしなければ、シーズンが崩れ落ちていってしまいそうだったからだ。

ルストガルテンはチェケッツに同意し、オーナー側も状況が改善することを期待して様子を見ようということになった。しかし、それから1時間も経たないうちに、ルストガルテンはチェケッツに電話をかけてその言葉を撤回した。

ドーランと話し終えたばかりのルストガルテンは「実は、わかってほしいんだが」と切り出しこう言った。

「私たちとしては、彼らのどちらかに、すぐにでも出ていってもらいたいと思っている」。

チェケッツは唖然とした。それは行き過ぎだし、まだそんなところまで行っていないと思っている。シカゴ・ブルズでフィル・ジャクソンとジェネラル・マネージャーのジェリー・クラウスの馬が合わなかったことを引き合いに、それでもシカゴに六つのチャンピオンシップを獲得したじゃないですかと反論した。

しかしそんな議論も実らず、年の初めに権力を握ったドーランの決定は動かない。

「(その時点までのいがみ合いに)何もしてこなかったほうがおかしいだろう」。ルストガルテンがチェケッツに伝えたドーランからのメッセージはそんな内容だ。

チェケッツはどちらかとの契約を切らなければならない。しかし、それは考えることさえできない仕事だ。一方は、前夜の試合映像を何度も見た翌朝5時には再びデスクに向かっているコーチ。もう一方は、堅実なチーム作りができるジェネラル・マネージャーで、17年間クラブの一員であっただけでなく、長年親しく家族ぐるみのつきあいをしてきた友人でもある。そのどちらかを選べるものだろうか?

チェケッツはどうすべきか、妙案を思いつくことができなかったが、数日のうちに周囲からそのヒントがもたらされた。ユーイングの一言が最初だったかもしれない。

ユーイングはメディアで話題になっていることの真偽を聞くためにチェケッツに電話してきて、ヴァン・ガンディの側に立って熱心に推したのだ。そうすべき理由もいくつも挙げられた。

まずユーイングは、ロッカールームには問題はなかったと言った。プレイヤーはお互いを気に入っている、結果が伴っていないと認識されるクラブでは珍しいことだと主張するのだ。次に、多くのチームで聞かれる「一丸になれる機会がなかった」という言い訳が、ニックスではキープレイヤーが次々とケガで出られなくなる状況となり、言い訳でなく実態としてそうなっているのだという(ヴァン・ガンディはときどきチームの故障者リストに載せられた故障の数々を、2歳の娘マティーの暗記の練習を兼ねて、たどるということをしていた。最後には彼女は、各プレイヤーが痛めた部位を暗唱できたという)。ユーイングは最後に、ヴァン・ガンディがそれまでプレイした中で最高のコーチの一人であり、尊敬するライリーよりも優れているかもしれないとさえ言った。個人的には、ライリーは時折チームに厳し過ぎだったと感じていたと明かしたのだ。

「もし選ばなければいけないなら、知っておいてほしいです。俺たちはジェフ側ですよ。俺たちは彼を推しますから」。

ユーイングが自身の見解を知らせてくれたことに感謝したあと、チェケッツはヒューストンとチャーリー・ワードの二人からも電話を受け、同じ考えを聞いた。チームはヴァン・ガンディの留任を望んでいる。

これらの会話でチェケッツはなんとなく方向性が見えてきたことを感じたし、チームが直前に3連勝していたこともあり、ドーランとルストガルテンがチームへの要求を撤回してくれないかと期待した。しかしその3連勝のあと、4月中旬の4連敗でドーランに少しでも心変わりが起きる余地はなくなった。

4月20日、チェケッツの電話が再び鳴る。ルストガルテンだ。

「ジミーはアーニーにしてほしいと思っている」。ルストガルテンは、『ソプラノス（HBOで放送されたマフィアの生き様を描くドラマで邦題「ザ・ソプラノズ 哀愁のマフィア」）』の殺し屋が直接仕事を依頼するときのような一言を言い放った。

チェケッツは説明を求めた。なぜグランフェルドが選ばれたのかだけでなく、なぜオーナー側がこの動きを彼に強いているのかも知りたかった。

「ここに来て以来、決定権が私の手から奪われたのはこれが初めてです」とチェケッツは切り出した。「ランド・アラスコグのときにも、スタンリー・ジャフィーのときもなかったことです。これは本当に世界が変わるということです。重要なことですよ。なぜ皆さんが私にこんなことをするように言っているのか、きちんと理解する必要があります」。

ルストガルテンは、まずグランフェルドについての質問に答えた。どうやらドーランも、チェケッツのようにヴァン・ガンディをコーチとして残してほしいというプレイヤーの声を聞いたようだ。加えて、グランフェルドの妻ナンシーがアリーナのセレブラウンジ、スイート200で過ごしているときの様子が、ドーランには非常に気障りなのだという。

「彼女は部屋で威張りすぎていて、ニューヨークの女王気取りだとドーランは思っているんだよ。彼女の振舞いが気に入らないんだ」とルストガルテンは言った。

グランフェルドの妻がこのような重要な決定に何らかの影響を及ぼすとは……。チェケッツは言葉を失うほど驚いた。

「私が気にかけていたのは、『勝てる可能性を最大にするにはどうしたらよいか?』ということだけなのに」。もう一つの質問への答えはどうなのか?　なぜオーナー側は今引き金を引くことを選択したのか、チェケッツが自分で決めるのではだめなのかという点だ。

「私たちは今、100%の所有者だ。ジミーはおそらく以前の方々よりも関与することが増えるだろうね」。

それがチェケッツとそれまで2年間一緒に働いてきたルストガルテンの返答だった。

チェケッツはいまだにルストガルテンとの会話を思い出すことがあるという。

「あれは、ドーランがチームを引き継ぐことで人生が急速に変化することの前触れだった。彼はますます自分自身を主張し始めるだろうと感じていた。そうなったら、（ニックスの成功は）終わりを迎えるのではないかと心配したよ」。

その後チェケッツは、4月20日にグランフェルドを夕食に誘う。以前に何度か食事をしたことのあるホワイトプレインズのグレゴリーズ・レストランで会おうと言われたジェネラル・マネージャーは、何が起ころうとしていたか知る由もなかった。

想像すらできただろうか？　彼とチェケッツは8年間緊密に協力し、家族同士でもつきあい、お互いを知る仲だ。チェケッツも「親友の一人だ」とグランフェルドについて言っている。

「翌朝まで待って、彼のオフィスで『さあ、荷物をまとめてくれ。君は今日でおしまいだ』と言うこともできただろう。でもお互いをとてもよく知っていて、親密につきあっていたんだ。そんなことをできるわけはないよ」。

1940年代に建てられた2階建ての家を改装したイタリアンレストランは、ビル・ロサピオが営む名店だ。フランク・シナトラやディーン・マーティン、サミー・デイビス・ジュニア、ライザ・ミネリなどの著名人が常連として使っていたことでも知られている。チェケッツとグランフェルドはいつもの場所に座った、別のポーチにあり、ほかの客から離れた位置にある21番テーブルだ。

ペンネ・アラ・ウォッカを分け合い、メインディッシュのステーキカットを味わいながら、二人は21勝21敗のニックスの立ち位置や残り8試合でプレイオフに到達するための課題について話し合う。1時間、1時間半と時間が過ぎていった。

チェケッツが本題を持ち出したのは、ビスコッティと新鮮な果物の盛り合わせが出てきた頃だ。

「アーニー、こんなことを言わなければならないのは申し訳ないんだが、私は君を手放さなければならないんだ」。

デザートの酸味が不快に感じられた。

グランフェルドはそれを聞いて、チェケッツが冗談を言っていると思って笑った。90分も話したあと、そんな締めもないだろう。しかしチェケッツの表情は真剣そのものだった。グランフェルドは動転した。

チェケッツがルストガルテンに「なぜ」を求めたように、グランフェルドもチェケッツに説明を求めた。チェケッツはドーランが解雇を命じたことを伝え、「シーズンが終わったら、コーチングの体制も変えるつもりだ」とグランフェルドに言った。

表面上、グランフェルドは特別コンサルタントという役割に再割り当てされる。最終的には数百万ドルの退職金も受け取れるだろう。それでもこのニュースは、長年ニックスを職場として知りつくした44歳の重役をがくぜんとさせた。

ニックスのプレイヤーとして1986年まで5年間活躍したグランフェルドは、その後クラブの放送アナリストを3年間務め、ステュー・ジャクソンのスタッフを経てジェネラル・マネージャーとしてフロントオフィス入りした。愛犬をニッキーと名づけたことからも、いかにニックスとの関係が深かったかがわかる。

翌朝7時頃、ツーペンプラザで広報担当者のスタインライトがその日の記事をまとめていると、グランフェルドが珍しく早い時間からオフィスにいることに気づいた。

「『彼がこんなに早く来るなんてあまりないことだよな』と思いましたよ」とスタインライトは言う。「彼はハローと言って忙しそうにしていました。いつも僕には本当によくしてくれましたが、そのときはつっけんどんでどこかおかしいなと思ったんです。でもあの時点では、前の晩に何が起こったのか知らなかったので。まだ誰も知らないことでしたからね」。

オフィスの片づけに取りかかっていたグランフェルドにしてみれば、堅実に積み上げた17年間のキャリアを、メディアが組織の亀裂を食い物にしたことで投げ捨てられたように感じていた。より正確には、メディア伝いに聞く内容に対する新しいオーナーグループの反応によってそうなってしまった。

しかし、大都会ニューヨークの剃刀のように鋭いメディアは、グランフェルドのクビが飛んでも回り続ける。載せきれないほどのドラマを秘めたレギュラーシーズンはまだ8試合も残っているのだ。

BLOOD IN THE GARDEN

20 逆境を乗り越えて

１９９９年のニックスのロッカールームを覗いたら、話題の豊富さにリッキー・レイク（アメリカの人気ワイドショーホスト）の番組さながらだと思った人もいたに違いない。4連敗を喫したジェフ・ヴァン・ガンディ自身、頭上から誰かが自分を目がけて鉄の塊でも落としはしないかと案じていたような状態だったが、勝率5割のクラブにはほかにもろくでもないことが浮き上がっていたのだ。

ガードのチャーリー・ワードは、『The Wall Street Journal』に掲載されたオピニオン記事のコピーをチームメイトに配って物議を醸していた。その記事は元ＮＦＬスターのレジー・ホワイトによるもので、ロッカールームから女性レポーターを締め出すべきだと呼びかける内容だった。ラリー・ジョンソンはセクハラ案件でリーグの調査対象だ。この事案でジョンソンは、チームの広報部長だったロリ・ハマモトにロッカールームで迫ったとされていた（彼自身はその行為を否定したが、ハマモトの方はよい関係だったので、嫌疑の行為は問題ではなかったと言っている）。折しも『Sports Illustrated』に、ＮＢＡプレイヤーが婚外の女性とのあいだに複数の子どもをもうけている事実に焦点を当てた特集が掲載されていた。その中でジョンソンの行動が中心的に取り沙汰されていた状況での出来事だ。問題児だったラトレル・スプリーウェルは、自ら紙面を賑わしてはいない。しかし代理人のロバート・ギストが騒がしかった。彼は自分のクライアントがスターターになれずシックスマンに甘んじていることを不服に思っていたのだ。ヴァン・ガンディかチームのマネジメントの放出を望む彼のコメントも伝えられていた。

チームはニューヨークの新聞の全スポーツ面を独占できるほど、片づけなければならない問題だらけだ。しかし、デイブ・チェケッツが珍しく練習に姿を見せたときから、注意散漫だったニックスの様子が急激に変わっていった。

練習場に入ったチェケッツは、前夜よき友グランフェルドを解雇したことをプレイヤーに告げ、チームがその時点まで残念な状況を招いてきた結果だと説明した。この動きで誰かがいい思いをできるようになるとでも思ったら大間違いだ。組織内の全員、チェケッツ自身を含めヴァン・ガンディも、そして一人一人のプレイヤーまで、残り8試合で状況を変えられなければどうなるかはわからない。そういう話も加えた。

少し話は変わるが、1994年にNHLのスタンレーカップを勝ち取ったニューヨーク・レンジャーズが1990年代の終わりにかけて難局をくぐっていた。グランフェルドの降格は、レンジャーズが2年連続でプレイオフ進出を逃した時期と重なっている。それだけでもマディソン・スクエア・ガーデンには痛手だ。例年なら自動的に見込むことができていた1試合あたり100万ドルの入場券収入を逃しているわけで、もしニックスまでが同じ運命を辿ったら、そのダメージが2倍にも3倍にも膨らんでしまうだろう。ロスターを構築するために6900万ドルというNBAでも最高額の資金を投じたにもかかわらず、そんなことは受け入れられるわけがない。新たにオーナーとなったジム・ドーランの立場なら特にそうだ。

そんな認識からチェケッツは、シーズンの最後の2週間半、チームに帯同すると決めた。練習の様子やプレイヤー同士のやり取りなど、その目で直接確認する必要がある。次のシーズンに向けて何か変えるべきことがあるかどうか、またそれは何かを検討するためだ。

そんな状況で、プレイヤーは残り8試合の重要性を即座に感じ取った。ジョンソンは、プレイオフを逃したらトレードに出されると思ったことを記者に明かしている。最大の擁護者だったグランフェルドを失ったマーカス・キャンビーは、ヴァン・ガンディに力量を見せつけようと奮起した。

1日の休養を挟んだあと、ニックスはシャーロット・ホーネッツに勝利し、マイアミ・ヒートもユーイング抜きで押しのけた。さらにシャーロット相手にもう一つ白星を重ね、アトランタ・ホークスに1敗を喫したあと4戦3勝する。その結果ニックスはイースタン・カンファレンスの8位、最も低いシードでプレイオフ進出を果たす。

ポストシーズンの舞台で最下位というのは、ニックスとしてはあまりなじみのある立ち位置ではない。ただし1回戦の相手はどこよりも手の内を知る好敵手であった。

約1年前、ニックスとヒートがポストシーズンの戦いを終えた直後、コミッショナーのデイヴィッド・スターンは加熱しすぎた両チームの関係を落ち着かせるために、あまり例のない手を打った。パット・ライリーとヴァン・ガンディをリーグ本部の彼のオフィスに召喚し、お互いの闘争心をやたらにあおらないように求めたのだ。

コミッショナーはまずライリーに1時間問題点を指摘し、続いてヴァン・ガンディとも同様に話した。言いたいことは非常に明確だ——両者と両チームの立ち振る舞いは、リーグのイメージを傷つけている。

1997年に両者が初めてプレイオフで対戦したときは、PJブラウンとチャーリー・ワードの絡み合いからニックスベンチが総出となる乱闘騒ぎに発展し、優勢だったニューヨークが一連の出場停止処分によりシリーズを勝ち上がる可能性を沈めてしまった。そして1998年はジョンソンとアロンゾ・モーニングが第4戦の最後の数秒にパンチの応酬を始め、勝負を決める第5戦に二人そろって出場停止を食らった。事が起こったあと、ライリーはモーニングのパンチが一発ぐらい当たればよかったのにという趣旨の発言をして、状況をさらにエスカレートさせた。リーグのイメージ作りに敏感なスターンが激怒するのも無理はない。

ライリーはスターンとの会談後に発言を謝罪したが、元の声明が本音であることは否定のしようがない。両チームはお互いを忌み嫌っていたのだ。「私にとっては、(ニックスとヒートは)二つのチームが憎しみあっているという典型的なライバル関係です。ライバル同士というのはあれくらい憎み合っていなくちゃ面白くありません。あれ以来、同じようなものはないんじゃないでしょうか」と両者の対決を毎年取材した記者、JAアダンデは言う。

両クラブ間の乱闘を面白おかしく見るファンもいたが、一方では肝心のバスケットボールが忘れ去られてしまっていると感じる人も多かった。カンファレンスの王座がかかっていたわけでもなく、どの試合もなかなか得点が入らない重苦しい展開だったのも、そう見られた要因だったのだろう。それでも、1997年と1998年のシリーズはどちらも最終戦までなだれ込んでおり、両チームが互角の力を持っていることは確かに示されていた。

『Sports Illustrated』で両チームのシリーズを取材したフィル・テイラーは「まるでNHLのバスケットボール版のような対戦だったので、気に入らなかったファンもいたかもしれませんね」と話す。「でも、おそらくニックスとブルズのライバル関係よりも面白みのある部分もあったんじゃないでしょうか。ブルズは明らかにニックスよりも優れたチームで、ニックスは一歩足りない状態でしたから。ニックスとヒートは合わせ鏡のようなチーム同士でした。いつ対戦しても、本当にどちらが勝ってもおかしくありませんでしたからね」。

しかし、三度目の対決となった1999年のシリーズは、それまでと違うものになる可能性があった。長年高い壁だったジョーダンもブルズもいない中で、ヒートは第1シードとしてプレイオフを迎えていたからだ。ニューヨークへの期待はさほど高くはなかった。ヴァン・ガンディはまな板の鯉の心境で1回戦に臨んでおり、番狂わせをやってのける意欲に満ちた状態だ。

シリーズは三度互角の力を発揮しあう展開となり、最初の4試合は2-2のタイ。これで3年連続して、すべてをかけた第5戦になだれ込む運びとなった。

第5戦の舞台となったマイアミ・アリーナは、ニックスにとって敵対的などという言葉では表しきれないほどものすごい状況だった。場内は刺々しく興奮して盛り上がり、ファンの声援があまりにも大きかったために、コートサイドに座っていたライリーの友人は耳栓をしたほどだ。

その力を背にヒートは序盤に13点差のリードを奪う。しかしその後の40分間は拮抗したシーソーゲーム。リードが入れ替わった回数が8回、同点の場面が10回という激闘だ。ユーイングは、アキレス腱と肋骨に痛みを抱えながらプレイし続けた。残り40秒弱には、重要なオフェンスリバウンドをつかんでプットバックに行く際にファウルを受けフリースローを獲得。この2本をしっかり決めた時点で、ニックスは77-76の1点差に追いすがった。次のマイアミのオフェンスでは、スプリーウェルがドライブしてきたハーダウェイからボールを奪取。残り時間は約20秒。このターンオーバーでニューヨークに逆転のチャンスが訪れた。

残り5秒、スプリーウェルがボールをコート外にこぼしたときには命運尽きたかとも思われたが、オフィシャルはマイアミのテリー・ポーターが最後に、ボールに触れていたと判断。ニューヨークは最後に逆転の望みをつなぎボールを保持することができた。

ニックスはワードがスローインの役割を担い、スプリーウェル、ユーイング、ジョンソン、アラン・ヒューストンの4人がペイントエリアの四角に立つボックス・フォーメーションで勝負。「トライアングル・ダウン」と呼ばれるプレイコールだ。オフィシャルがワードにボールを渡すと、ジョンソンがフリースローラインからコーナーに向かって走り、トップ周辺の高い位置を空けた。そこにユーイングのスクリーンを使ってヒューストンが駆け上がる。

バランスを失いながらも3ポイントラインの一歩内側でボールを受けたヒューストンは、一瞬オープンになっていた。ヒューストンはそこからドリブルを一つ突いてゴールに向かい、15フィート（約4・5m）の距離から素早くフローターを放つ。マッチアップしていたダン・マーリーはユーイングのスクリーンで半歩遅れ、ヒューストンを止められるアングルには届きそうにない。

あのプレイは読めていた、マイアミのプレイブックにも載せられていたセットプレイとほぼ同じだったから――のちにマーリーはそう語っている。しかし、ブロックショットを狙ってヒューストンの後ろから懸命に伸ばされたマーリーの右腕は、ヒューストンの後頭部をかすめるだけに終わった。

前方に体を預けるようにしてヒューストンがボールをリリースしたとき、ショットクロックは2秒、ゲームクロックは約3秒を残していた。ボールは約1秒間空中を飛んでいき、リング手前で弾んでからバックボードにもう一度跳ね返る。第5戦では最初の7本のショットのうち1本だけしか決められていなかったヒューストンは、この瞬間を「2秒ではなく、2分間浮かんでいたように感じたよ」と振り返る。

運命のフローターが飛んでいくあいだ、フランチャイズの将来も、ヴァン・ガンディと多くの高給取りプレイヤーの将来も宙に浮いていた。しかしボールはついに落ちてきてリングを通過、ネットを揺らす。残り時間はわずか0・8秒。ニックスは78-77と逆転に成功。同時にマイアミの大観衆は教会のような静けさに飲み込まれ、逆にニックスは宿敵相手に歴史的などんでん返しを成し遂げる瞬間を目前に捉え、喜びに包まれた。

ライリーはタイムアウトを要求して最後の反撃をプレイヤーに託したが、インバウンドパスを受けたポーターがドリブルを一つ突いて40フィート（約12・2m）の距離から放ったロングショットは不発に終わる。同時にニックスベンチではお祭り騒ぎが始まった。

ただしヴァン・ガンディだけは別だ。コーチはオフィシャルのエド・F・ラッシュのそばにすっ飛んでいき、最後の対応はおかしいと疑問を投げかけていた。わずか0・8秒でパスをキャッチしてドリブルしてシューティングモーションまでやり切ってジャンプショットなど打てるわけがない、最後のポーターのショットはアテンプト自体無効だというわけだ。

第8シードが第1シードを倒したのはNBAプレイオフ史上2回目の快挙だ。にもかかわらず、勝利の瞬間から数分が過ぎてもコーチはニックスのロッカールームに戻ってこず、チームは手持ち無沙汰で待たされていた。チェケッツがヴァン・ガンディを探しに出ると、彼はまだコートにいてポーターのミスショットが記録に残るのはおかしいとレフェリーに噛みついていた。

チェケッツがヴァン・ガンディに、もう勝利を手にしたのになぜそんなにしつこく食ってかかるんだと尋ねると、ヴァン・ガンディは現場の長らしく、こう答えた。「次のラウンドのためですよ、デイブ。これは（レフェリーに）わかってもらわなければいけないことなんです」。

ヴァン・ガンディはあの日、自分の立場を救ったのかもしれない。しかし、気を緩められるような状況では決してない。そう捉えて然るべきと言えるほど、彼らに向けられた期待は大きいのだ。

第5戦の勝利から数日後、2回戦を戦うアトランタのホテルに着いたヴァン・ガンディは、一通の電報を受け取った。マイアミからライリーが送ったものだった。

この手紙はヴァン・ガンディにとって深い意味を持っていた。第一の理由は、それが冷え切った関係を温め直し、修復しようとする試みだったからだ。1年前にジョンソンとモーニングの格闘が起きたときに、ライリーはそれを止めに入ったヴァン・ガンディをたたくような発言を残しており、それ以来二人は会話をしていなかったのだ。もう一つの理由は、ライリーが電報の宛名に「コーチ・ヴァン・ガンディ」と記していたからだ。「コーチ」という言葉には下線もつけられていた。これは、それまでずっとヴァン・ガンディを「ジェフ」と呼んでいたライリーが、一人前になったヴァン・ガンディの立場を認めて明確に敬意を示したということだ。ただし、ライリーがヴァン・ガンディを有能なコーチとして認めたからといって、ニックスでのコーチとしての将来が保証されるわけでも何でもない。ポストシーズンでマイアミとのシリーズを3回戦って、そのうち2回敗退に追いやったとしても、十分ではないのだ。

チェケッツは、ヴァン・ガンディがニックスをプレイオフに導けなかった場合、あるいは1回戦でライリーのヒートに敗れた場合にはコーチ交代の可能性があることを想定して、新たなコーチとなり得る人材を検討し始めていた。レギュラーシーズン終盤の4月には、前年ブルズを離れて当時フリーエージェントの立場だったフィル・ジャクソンと代理人のトッド・マスバーガーを自宅に迎え、ニックスでのコーチングにどのくらい関心を持っているか打診している。

この会話は、秘書がチェケッツのカレンダーにジャクソンではなく偽名を書き入れたほどの極秘扱いだった。面会時も、絵に描いたように晴れ渡る晴天だったにもかかわらず、ポーチではなく屋内のリビングルームを使った。誰かにジャクソンとの密談を嗅ぎつけられて、ヴァン・ガンディががんばっているのに冷たいじゃないかと見られるのもよくないからだ。

チェケッツ個人は、ニックスと激しいライバル関係にあったブルズを率いたジャクソンにそれほど引かれていたわけではなかったという。それでも、ジャクソンが、バスケットボールに向き合う姿勢が素晴らしい上にニックスと深い縁を持つ人物であることもわかっていた。それならば少なくとも、ジャクソンに自身のNBAキャリアの出発点であるニックスに戻る気があるか確かめるくらいはしておかなければと考えた。隣州のニュージャージー・ネッツ（現ブルックリン・ネッツ）がジャクソンと話しているといううわさもある中で、捨て置くわけにはいかなかったのだ。

しかしチェケッツはオファーにはいたらなかったと言っている。「彼は我々のチームについて多くのことを知っていたが、自分の身の振りようを決めかねていた。1時間ほど話してみて思ったのは、うちに入りたいかどうかではなく別のどこかとの交渉で有利な条件を引き出す材料にしようとしているのではないかということだったんだ」。

ジャクソンは最終的にその夏にロサンゼルス・レイカーズに加わったが、あるEメールの文面で、ニュージャージーに本気で加わろうと考えたことは一度もないと記している。ネッツとは気を持たせてじゃれついただけで、チェケッツと面会したのも代理人から誘われたからというだけのことだ。

この密談が実を結ばずに終わったことで、ニックスが2回戦で第4シードのアトランタ・ホークスとのシリーズに快勝を収めたときにおかしな状況を招くことになった。ここにきて勢いづいてきたニックスの様子を見れば、ヴァン・ガンディが次のシーズンにもコーチとしてとどまるべきことが明らかであるにもかかわらず、シリーズの途中でチェケッツとジャクソンの4月の密会が、『The New York Times』の番記者マイク・ワイズにすっぱ抜かれてしまったのだ。

ワイズからその件について尋ねられたチェケッツは、当初両者の面会はなかったと否定した。「あのときうそをついたのは広報上の間違いだった」とチケッツは言う。しかし、ヴァン・ガンディの首が危ういと目されていた状況下で、ジャクソンが人の仕事を横取りしようとしているかのように見えるのを避けたい思いがあったので、そんなことになってしまった。

生真面目なチェケッツはいまだに後悔しているくらいで、第4戦の前に記者会見でうそをついたことを謝罪し、けじめをつけるためにヴァン・ガンディとも話し合った。しかしコーチの方は気に留めていなかったようで、チェケッツの立場に立てばジャクソンと話すのも当然だっただろうとのちに語っている。

ニックスがホークスを無傷の4連勝で片づけたシリーズ最終戦の最後の数分間は、ガーデンのファンが「ジェフ・ヴァン・ガンディ！」とコーチの名前の大合唱を始めた。立場が危ういといううわさが、4年間ほとんど絶えない苦況を根性で耐え抜いたコーチに、地元ファンの声援は熱烈だった。

鳴り止まぬ大合唱に包まれて、スタンドにいたヴァン・ガンディ夫人のキムは涙を抑えることができなかった。コーチ自身も涙があふれないようまばたきしながら、サイドラインでダイエットコークを一口含んで感情を落ち着かせようとしていた。試合終了のブザーが鳴ったあと、ニックスのロッカールームでもファンの思いを引き継いだ大合唱が沸き起こる。背後に迫った死神の手を逃れたヴァン・ガンディは、またしても実力を示したのだ。

あの日ファンから浴びせられた大合唱は、今でもヴァン・ガンディの心の中で響き続けている。

「時間が経つにつれて多くの瞬間が訪れ、消えていきます。でも、あの瞬間は心に焼きつけられています。今でも忘れられません。本当に大切な瞬間でした」。

1年前、ニックスがインディアナ・ペイサーズとのシリーズをわずか5試合で終えたとき、パトリック・ユーイングは意気消沈していた。

そのシリーズまでユーイングは、手術で再建した右手首をフォート・ノックス（米国連邦金塊貯蔵庫があるケンタッキー州ルイビルの陸軍基地）のように厳重な管理の下で4か月間保護しながらの生活を送っていた。プレイオフ2回戦で戦列に復帰し、リーグ5位にランクされた強烈にフィジカルなペイサーズのディフェンスと対峙したが、それはいきなり大火事の現場に投げ込まれたようなものだった。体調はよかったが実戦感覚は戻らず、チームメイトの方も彼とうまく連係する方法を忘れてしまっていた。ヴァン・ガンディはシリーズ期間中に、「彼の存在が我々の助けになったかどうかはわかりません」と話した。「注目度の高さに我を見失ったようなところもあったかもしれませんね」。

1999年のNBAファイナルの出場権をかけて、ユーイングとニックスは再びペイサーズと対決することとなったが、このときの状況は少し異なっていた。

ペイサーズが強いということは変わらない。彼らは直近4年間のプレイオフで、ホームで負けなしの11連勝という状態で、依然として情け容赦のないプレイぶりを続けていた。

1998年のポストシーズンの対戦と違うのはユーイングの方だ。今シーズンの戦いでは、消耗が激しく、何か月も続く左アキレス腱の重い痛みに悩まされ歩くことさえ難しいときがあったのだ。

それでもユーイングは、第1戦の終盤残り2分に逆転のフリースローを沈めると、チームが挙げた最後の9得点中6得点を獲得し、決定的な存在感を発揮する。足を引きずりながらも試合全体で16得点とゲームハイの10リバウンドを稼いだユーイングの活躍で、チームは93-90の勝利を手にした。

コート上でのインタビューで、NBCのコートサイドレポーターだったジム・グレイは「（足を痛めた状況で）

よくあれだけのプレイができましたね？」とユーイングに尋ねた。「今日はときどき、ジャンプすることすら難しそうに見えましたよ」。

この試合でほぼ40分間プレイしたユーイングは、「アキレス腱の痛みがひどいんですが、とにかくファイナルに進んで、何とか勝ちたいんです。そう思ってがんばっています。スプリーやアラン、ほかの連中に助けられながら、チャンピオンシップを勝ち取りたいですからね」と話し、微笑みを浮かべた。

2日後、第2戦に向けチームがコートに出てウォーミングアップを開始したときに、ユーイングの左下腿部に何かが弾けるような感覚が走った。ユーイングはロッカールームに戻ってテーピングをやり直し、この違和感を胸にしまって試合に臨む。試合が始まってプレイしていくにつれ、ひどく足を引きずるようになったが、チームドクターのノーム・スコットに痛みを伝えた時点ではプレイ続行の判断だった。

ニックスにとっての悪役レジー・ミラーがフリースローを2本決めた残り2秒で、試合はペイサーズが88-86と2点差をつけている展開。そして、過去13シーズンに何度となくそうであったように、ユーイングがボールを手にして最後のショットを狙う。フリースローラインでワイドオープンとなったユーイングをめがけ、ハイズマン・トロフィーを受賞したクオーターバックのワードが、反対側のエンドラインからフルコートのロケットパスを投げた。ビッグマンはそれをキャッチしてターンし、シュート。リムに向かって飛んでいくボールを、ユーイング本人だけでなくマーケット・スクエア・アリーナに集まった1万6600人の大観衆が見つめていた。

ユーイングのショットは方向的には正確にゴールを捉えていたが、4年前のインディアナとのシリーズ最終戦の幕切れとなったフィンガーロールと同じように、リム後方に当たって跳ね返されてしまった。

敗北自体も痛い。しかしニューヨークに戻ったニックスは、この試合でそれ以上のものを失ったことを知らされる。MRIを受けたユーイングのアキレス腱が部分断裂していると判明したのだ。

ある意味、キャリアを終わらせるような完全な断裂でなかったのは喜ぶべきことだ。しかし、手術をしなくて済むとはいえ、回復には6週間を要し、そのあいだはウォーキングブーツを履かなければならない。ポストシーズンの残りは欠場せざるを得なかった。

年齢的にもあと2か月で37歳。「長年夢見てきたものにあと一歩で手が届きそうなところまで来たのに、本当に悔しい」とユーイングは話した。この負傷により、グレイに語った一言が笑顔で振り返えられない現実と化してしまった。今や彼がチャンピオンリングを手にするには、スプリーウェル、ヒューストン、そしてほかのチームメイトに頼るしかないのだ。

ユーイングの離脱後、その穴を埋める役割を期待できる一番手のプレイヤーが誰かといえばラリー・ジョンソンだった。そしてジョンソンは、大きな劣勢を背負う展開となったガーデンでの第3戦で、レギュラーシーズンのアベレージの倍に上るシーズンハイの26得点を獲得。その活躍によりニューヨークは、試合の終盤に逆転を狙える位置にとどまることができた。残り12秒弱でペイサーズが91-88とリード。ヴァン・ガンディがタイムアウトをコールしてプレイを指示する。

インディアナのヘッドコーチを務めるラリー・バードは、ニックスに2ポイントショットを強いるようプレイヤーに指示した。「スリーはだめだ！　絶対に打たせるなよ！」。ハドルでそう叫ぶ。ヴァン・ガンディは間違いなく同点に持ち込もうとするはずだからだ。

ヴァン・ガンディがプレイヤーに指示したのは、ヒューストンのランニング・フローターでヒートを打ち負かしたのと同じトライアングル・ダウンだった。ワードはスローインでヒューストンにボールを渡そうと試みる。しかしペイサーズが二人のディフェンダーをヒューストンにつけてきたため、ワードはほかの誰かに狙いを変えざるを得なくなった。視野に捉えたのは、ヒート戦でユーイングが担った役割を受け持ち、素早い動きでオープンになっていたジョンソンだ。ワードからのパスはペイサーズのジェイレン・ローズに危うく奪われそうになったが、左サイドのウイングに動いてきたジョンソンの手に渡る。ボールを受けたジョンソンはアントニオ・デイビスに対峙して、3回ジャブステップし、さらにポンプフェイクで相手のバランスを崩した。

「あれは完全にこっちの勝ちだよ」とジョンソンは言う。「バスケットから遠く離れた位置で俺につくのは、彼の得意分野じゃないからね」。

ジョンソンは左に一度ドリブルし、デイビスからの軽い接触を受け止めながら、24フィート（約7・3m）の3ポイントショットを打ち上げた。

ジョンソンのショットがゴールに向かって放たれたとき、ガーデンを埋め尽くした1万9763人の観衆に期待のざわめきが膨らみ始めていた。そこに主審のジェス・カーシーが鳴らした鋭い笛の音が突き刺さる。ジョンソンのショットはネットの底を射抜き、スコアは両チーム91得点の同点。しかもデイビスのファウルにより、ニックスに一撃で4得点を狙える逆転のチャンスが与えられた。

ガーデンは一気に歓喜の大声援に包まれた。あれほど爆発的な歓声は、1993年のシカゴ戦でジョン・スタークスがぶちかましたダンク以来だっただろう。

あのファウルの判定には疑念が残る。デイビスはジョンソンにほとんど触れていなかったし、たとえ軽く触れたとしても、それはジョンソンがショットに向かう動作に入るよりずっと前だ。ならば3ポイントショットは無効とされなければならない。そのゲームをカーシーのパートナーの一人として担当した審判のスティーブ・ジャービーは「ショットは入ったけど、『これは無効だな』と思いましたよ。ジェスがカウントだと判定したので、『まさかそれはないだろう』となりましたね」と振り返る。「私も悪かったと思っています。もっと積極的に彼に対して声を上げればよかったとね。あの夜はクルーチーフではなかったので、少し遠慮していたと思います……。映像を見直してみると、ジェスはファウルを犯したプレイヤーの背番号の報告もしていませんでした。スコアラーテーブルの連中はこっちを見ていました。ジェスがその瞬間に確信が持てなかったからです」。

カーシー自身も間違いを認めている。彼のオフィスにそのプレイの立派な写真が置かれているのは、そのときの自身に対する戒めだ。

カーシーは2000年に「あのプレイを台無しにしたんだと、すぐに気づきました」と『ESPN The Magazine』に語った。「私は何も奪われるべきではなかったチームから、大切なものを奪ってしまったんです」。

ジョンソンの同点3ポイントショットでガーデンがまだ揺れている中で、クリス・チャイルズはフリースローラインに向かうジョンソンの肩をつかんで、落ち着くように声をかけた。深呼吸したジョンソンはフリースローを沈め、これでニックスが92−91と1点リード。バードが同点3ポイントショットを避けるために2点ならばいいと言っていたプレイで、ニックスはどういうわけか4得点を奪うことができたのだ。

次のプレイでは、ペイサーズの司令塔を務めるマーク・ジャクソンが放った試合終了間際のジャンパーがミスに終わる。その瞬間ニューヨークの勝利が決まり、同時にニックスはシリーズを2−1でリードすることとなった。

ペイサーズは第4戦で2−2のタイに持ち込んだ。しかし第5戦ではグランフェルドの才覚に救われるかのようにスプリーウェルが29得点、キャンビーが21得点に13リバウンド、6ブロックの活躍でニックスを勝利に導く。この勝利でニックスは、第8シードとして史上初のファイナル進出を成し遂げるまであと1勝に迫った。

第6戦にかかったあらゆるものの大きさを考えると、ニックスはプレイに影響を及ぼすような緊張感に包まれていたに違いない。しかし、そんな想像がまったく当てはまらないプレイヤーが一人いた。

「あの試合には気楽に入っていけた。おかしな話だけど本当に気楽にできたんだよ」というのはヒューストンだ。「妻が妊娠していて、翌日赤ちゃんが生まれる予定だったんだ。そのおかげで試合中もずっとリラックスできて、緊張を感じることがなかったんだ」。

第6戦のヒューストンは大活躍で、特にジョンソンが前半終了数分前に膝をひねってコートを離れなければならなくなったあとは勝利に欠かせない存在となった。シリーズの最初の5試合ではフィールドゴール成功率が35％にとどまっていたが、第6戦では70％。後半は9本中8本成功の高確率で、試合を通じて32得点を記録した。18本中3本しか決められず8得点に終わったミラーとはまったく対照的だった。

ペイサーズとのシリーズで、ニックスは大舞台に強い精神的支柱たるフランチャイズ・プレイヤーを失った。しかし、そんなことはおいおい考えればいいことだ。ニックスはそれまでにもあらゆる逆境を克服してきている。そもそもポストシーズンに進出できる可能性さえほとんどなかったところから、彼らはＮＢＡファイナルの舞台に立つ権利を勝ち取ったのだ。

BLOOD IN THE GARDEN

21

終止符

1999年のNBAファイナル進出にいたるほとんどあり得ない進撃の旅路で、ニックスはいくつかの特徴を示した。彼らは魂と決意を示し、愛すべきコーチが窮地に立たされた状況で周囲に惑わされることなくプレイオフに滑り込んだ。高い能力も明らかだ。特にパトリック・ユーイングがカンファレンス・ファイナル序盤でアキレス腱のケガをしてしまったあと、チームのタレントは一層明るく輝いた。

ただし、ニューヨークの歴史的な快進撃には、対戦相手との親和性の高さがあったことを見過ごすことはできない。ニックスはポストシーズンでマイアミ・ヒートと2年連続で対戦し、インディアナ・ペイサーズとは過去6年間で4回対戦している。大穴の立場ではあったが、コーチングスタッフは何に備えるべきかを感覚的に理解しており、一般的な格下と呼ばれる存在よりは多少なりとも優位性を持っていたのだ。

ファイナルはそうではない。ヒートとペイサーズは、ロスターとゲームプランの観点からもニックスと多くの共通点を持っていたが、サンアントニオ・スパーズはその対極のようなチームだったからだ。

ウエスタン・カンファレンスのチャンピオンとなったスパーズは、37勝13敗でリーグ最高勝率を残しトップシードとなった。ホームタウンはNBA最小のメディアマーケットだ。対してニックスはシード順が最も低い第8位。ニューヨークが明らかにNBA最大のマーケットなのは言うまでもない。ラトレル・スプリーウェル獲得劇からガーデンのロッカールームのお騒がせネタまで、周囲に気づかれず何かをやり遂げるなどニックスには無理なのだ。対して、常に襟を正した運営体制のスパーズは、軍人的な規律の下で静けさを保っている。それは、おそらくリーグで最も基本に忠実で、かつ最も地味なスターとして活躍していた2年目のパワーフォワード、ティム・ダンカンを引き合いに出すまでもないだろう。細部にこだわる点も、空軍士官学校卒のグレッグ・ポポビッチがコーチを務めているチームらしい。そしてコート上でチームをけん引していたのは、海軍兵学校に所属していたことから「提督」のニックネームを授かった将来の殿堂入りプレイヤー、デイヴィッド・ロビンソンだ。

プレイスタイルの違いも明確に存在していた。決して万全とは言えない状態のニックスは、特にユーイングを欠いた中で、過去数年と比べてもはるかにウィングのスコアラーに依存する戦い方だ。対照的にスパーズは、ロビンソンとダンカンという二人のエリートビッグマンを軸とした、古きよきとでも形容したくなるようなスタイルで勝ち上がってきた。両ビッグマンの支配的なコンビネーションで、サンアントニオはポストシーズンに入ってから11勝1敗の好成績でファイナルに到達しているのだ。シャキール・オニールとコービー・ブライアントを擁するロサンゼルス・レイカーズとの2回戦を制し、短縮シーズンで勝率7割を記録したトレイルブレイザーズとの3回戦もスイープ（無敗の4連勝）と圧倒した。タイトルラウンドで戦う両チームに共通点があったとすればせいぜい二つだ。両チームともディフェンス力に優れていることと、コーチを務めるポポビッチとジェフ・ヴァン・ガンディがともに危うい立場をしのいできたこと。それくらいだろう。

シーズン開幕当初、スパーズは6勝8敗と苦戦した状況で、ポポビッチは3月の休日に、デイヴィッド・ロビンソンとポイントガードのエイブリー・ジョンソンを自宅での食事に誘った。前の試合でユタ・ジャズに101-87で敗れたあとだったが、どちらも嫌がるわけでもなく、重要なミーティングとも思わずやってきた。

ロビンソンなどポパイズチキン（フライドチキンなどを提供するアメリカのファストフードチェーン）を食べながら現れたくらいだ。「二人とも聞いてくれ。次のヒューストンでの試合は絶対に勝たなければならないんだ」とポポビッチは言った。「さもないと、どうやらコーチ交代の可能性が高そうだ」。

翌朝、ヒューストンでのシュートアラウンドに向かうチームバスの中で、ジョンソンは各プレイヤーに声をかけ、到着したらコーチやほかのスタッフが降りるまで後ろで待つように伝えた。ポポビッチの家で聞いた内容を知らせるためだ。彼はその会合自体には言及せず、コーチから受け取ったのと同じメッセージを伝えた。『サンアントニオがその夜ヒューストンに勝てなかった場合、コーチが交代となる公算が強い。ポポビッチの後任はおそらく、かつてニックスからスパーズに移籍してプレイしたガードのドック・リバースだろう。ほぼ確実だ』というそんな内容だ。

ジョンソンのメッセージはチームメイトの胸に響いた。スパーズは、その夜アウェイでロケッツを17点差で下すと、その後ほぼ3週間負け無しの快進撃に転じる。三者会談以降のスパーズは、ファイナルに進出するまで機械のように勝ちまくり、48試合で42勝を手にしたのだった。

ニックスがタイトルを獲得するには、高い障壁がいくつか克服される必要があった。

オールスターのビッグマン二人を擁するスパーズのディフェンスはリーグのトップランクで、1999年にはリーグのどのチームよりもブロックショットが多い。これはニックスが万全だったとしても気が重くなるデータだが、故障者を抱えた状態ではさらに重くのしかかってくる。特にユーイングを欠く事実は、このマッチアップでは非常に痛い。ファイナル進出を決めたペイサーズとの第6戦中に病院に担ぎ込まれたラリー・ジョンソンは戻ってきたが、膝と背中の故障であえいでいる。ポストのダンカンと比べて4、5インチ（10～13㎝程度）小柄なので、高さで対抗するのは難しい。

ユーイングの穴を埋めるバックアップセンターのクリス・ダドリーは、ロビンソンを守る任務を負うことになる。ところがそのダドリーが、第1戦開始からわずか数分で右腕の過伸展により出場できなくなり、ニックスは非常事態に陥ってしまった。シリーズは始まったばかりだというのに、ニックスは相手の高さに対抗する駒をすでに欠いている状態だ。

対戦から数年後、ガードのアラン・ヒューストンは「ゴリアテに立ち向かうダビデのような心境だった」と語っている。「俺たちはどのシリーズでも強い自信を持っていた。相手がこいつらは手強いぞと感じていることがわかったよ。（ニックスは）勝利に飢えた危険なチームだとね。そしてアウェイでのシリーズ初戦に勝って流れをつかんできていたんだ」。

スパーズがファイナルの開幕までにニックスの倍の長さにあたる10日間休んでいたことは、スパーズに何らかの悪影響になるかもしれないと、ニューヨークにとっての小さな希望になっていた。

迎えた第1戦、確かにスパーズの出足は悪く、いくつかディフェンスのローテーションをミスしてくれたおかげでニックスは第1クオーターに27得点を奪うことができた。しかしその後ニューヨークの得点力は影を潜めてしまう。

奥行きの深いアラモドームの構造にジャンプショットの感覚を失ったのか、来場した約4万人（ガーデンの観客の2倍）のファンからの大歓声に手元をぶらされたのか。あるいは、スパーズが誇るエリートレベルのショットブロッカーたちが引き締まったプレイを見せる中で、短い距離からのショットを簡単に決めさせてもらえなかったのが利いたのかもしれない。いずれにしても、ニックスのオフェンスは残りの三つのクオーターを通じて50得点に封じられ、89-77の最終スコアで敗れた。

第2戦でニックスの状況はさらに悪化。スプリーウェルが26得点、ヒューストンが19得点を獲得したが、ほかは誰も6得点に届かない主力頼みの戦いぶりで、スパーズが80-67の勝利を手にした。シリーズ序盤に勝って自信をつけてきたチームにとって大きな打撃だ。

ほぼ4か月間連敗がなかったスパーズが、これでシリーズを2-0と先行した。

『The New York Times』の記者セレーナ・ロバーツは「シリーズが進むにつれて、勝つためには毎晩誰かが人生最高のパフォーマンスを見せなければだめだなと感じるようになりました」と振り返る。「スパーズは気持ちや勢いだけで勝てる相手ではなかったんです」。

スパーズも、自分たちの方が相手より強いと認識していたが、気を抜かないようにと指示を受けていた。

スパーズでロビンソンのバックアップを務めたウィル・パデューは言う。「うちも馬鹿ではないから。もちろんデータ的に見ても、彼らはうちに対抗できなかったけどね。彼らは第8シードからあらゆる苦境を跳ね返してファイナルに進出してきたチームだ。だからポップ（グレッグ・ポポビッチ）は、僕たちが（ニックスを）軽視したと感じたら怒るぞと言っていたよ」。

ニックスはガーデンでの第3戦で意地を見せ、89-81の勝利でシリーズ成績を2-1とした。34得点を記録したヒューストンの活躍と20ターンオーバーを誘発する好ディフェンスが光る試合だった。

しかし勢いは続かない。スパーズは第4戦に勝ってニックスを瀬戸際に追い込んだ。

ニックスをファイナルの舞台に連れてきた夢の馬車がかぼちゃに変わってしまうのか。

スパーズはシンデレラストーリーに終わりを告げようとしていた。

第5戦当日の午後遅く、ティップオフが数時間後に迫ったガーデンで、ヴァン・ガンディはコートから何やら騒々しい物音を聞いてオフィスを飛び出した。

通路からコートに辿り着くまでに、何の音かはわかった。NBAのスタッフが、仮にスパーズがその夜タイトルを獲得することを想定して、チャンピオンシップ・トロフィーの授与式のリハーサルをしていたのだ（輝く16ポンド〔約7・3kg〕のトロフィー自体もその場に置かれていた）。

ヴァン・ガンディはアリーナの隅に立って、30分近く、やりきれない思いで目の前の光景を見つめていた。勝つためのゲームプランは描けている。プレイヤーは持てる力のすべてを振り絞って、最後まで戦ってくれるだろう。ただ、ユーイングを欠く中ではサイズでも能力でもあまりに大きなギャップがあるのは否めない。それを埋めるためには計り知れない努力が必要と思われた。

「あのファイナルは本当に辛かった。（1994年よりも）辛かったよ」とユーイングは言った。「何しろプレイできなかったから。その場にいながらプレイできないとはね」。

＊＊＊

ウィリス・リードの再現（1970年のファイナル第7戦で、2試合前に足を痛め離脱したリードが復帰してチームを初の王座獲得に導く活躍を見せた史実を指している）ができればどれほど助かったか。しかし、あのときのように、負傷したスターが予想だにしない戦列復帰を果たし、チームに勝機をもたらすことは期待できない。ニックスはフランチャイズ・プレイヤー抜きで第5戦に臨まなければならなかった。

ニックスはスパーズに13連続得点を許しながらもあきらめず戦った。スプリーウェルとダンカンが6分間に及ぶ点の取り合いを演じ、両チームが記録した29得点中28得点を二人だけで積み上げた流れもあった。同点の場面が12回、リードの入れ替わりも12回、第4クオーターはどちらがリードしても3点差までという大激戦だ。ニューヨークは77-76と1点リード、第4クオーターは50秒と少しを残すのみ。ニックスはポストのダンカンに群がるようにダブルチームを仕かけた。

ダンカンがアウトサイドのショーン・エリオットにパスを飛ばすと、エリオットはクリス・チャイルズをポンプフェイクで揺さぶってからドリブルを一つ突いてアタック。すると左コーナーの3ポイントラインの内側でエイブリー・ジョンソンが完全なオープンになっていた。エリオットからのパスを受けたジョンソンは、ゴールに正対して18フィート（約5・5m）のジャンプショットを放つ。これが見事に成功してスパーズが78-77と逆転。それまで大騒ぎしていたガーデンの大観衆を沈黙させた。

ヴァン・ガンディがタイムアウトを取ると、エイブリー・ジョンソンとスパーズは、タイトル獲得にあと一歩まで近づいた興奮の中で走ってサイドラインに集まった。一方のニックスは、ジョンソンのオープン・ジャンパーを阻止する大事な任務を吹き飛ばしたチャイルズを筆頭に、肩を落として足取り重くベンチに戻ってきた。

続くプレイでスプリーウェルはジャンパーをミスしたが、ニックスはディフェンスをがんばってボールを取り戻す。シリーズを引き延ばせるかどうか、まだ最後の逆襲は可能だ。ニックスはその機会を再びスプリーウェルに託した。18か月前にバスケットボールファンを二極化させた才能溢れるスイングマンに、ガーデンを埋めたニックス一筋のニューヨーカーから最後の望みを込めた全身全霊の大声援が注がれる。

残り時間は2・1秒。チャーリー・ワードがスローインから、バスケットの真下に切れ込んだスプリーウェルにほぼ完璧な40フィート（約12・2m）のパスを通した。しかし、この試合でゲームハイの35得点を稼いでいたスプリーウェルがボールを受けた瞬間に、ダンカンとエリオットがベースライン際でダブルチームを仕かけてきた。時間はない。彼は左にドリブルを一つ突いて、バスケットの逆サイドに移動すると、左のローポスト付近から跳び上がり、フェイドアウェイ・ジャンパーで逆転を狙った。ロビンソンとダンカンがそのショットを止めようとそろって襲いかかり、もう少しでブロックされそうだった。そこでブザーが鳴り、ボールはリングに届くことはなかった。スパーズ78。ニックス77。終わった。その時刻がやってきてしまった。夢のような、うきうきするようなニューヨークのシーズンが終わりを告げ、NBAチャンピオンはスパーズが勝ち取った。根性のニックスはまたしても、主役の座を譲り、花嫁介添人のような立場でシーズンを終えることになった。

普通のフットボールファンの中には、スーパーボウルの敗者も指輪を受け取るということを知らない人もいるだろう。チャンピオンが受け取るものほど派手でも高価でもなく、受け取った側も身に着けることはめったにない。しかしそれは確かに存在し、しかもNFLだけでなくメジャーリーグにも同様の伝統があるのだ。ワールドシリーズの敗者も、長い間準優勝のリングを作ってチームの労をねぎらってきた。

ニックスがスパーズに敗れたあと、デイブ・チェケッツも似たようなことを考えた。

1994年のファイナルを終えたあとは、シリーズの展開にパット・ライリーも揺れていたため、そのシーズンのチームの努力を称える何かをするという考えに断固として反対していた。

「彼は、食事会をして楽しく語らい、肩を組んでなどとする気にはまったくなれないと言った」とチェケッツは振り返る。「私は『パット、君はすでにリングを持っているけど、ほかの皆はそうではないんだ。これは特別なことなんだよ』と伝えた」。

それでも、ライリーがどのように感じたかもわかっていたので、チェケッツはそれ以上自分の考えに固執せず、何かでその年を記念する考えを捨てたのだった。そんな背景から、チェケッツは1999年のファイナルランを記念することをすでに決めていた。彼らは第8シードから、あらゆる苦難を乗り越えてここまでやってきたのだ。36歳のユーイングにもう一度若返れと言うわけにもいかない。そこで彼は、何人かの関係者と話し合い、どんな記念品なら気持ちよく受け取れるかを探った。イースタン・カンファレンスのタイトルを称えるリングもアイデアの一つだ。

ヴァン・ガンディと話したとき、コーチとしての要望はこうだった。

「何かをするというなら、それは構いません。でもリングだけはやめておきましょう」。ヴァン・ガンディはチェケッツに、「チャンピオンリングはチャンピオンリング。それは勝ち取るものであるべきですから」。

そこでチェケッツは一歩引いて、代わりに組織のメンバー全員にモバードの時計を贈ることにした。シルバーバンドに青い文字盤で、「ニューヨーク・ニックス：1999年NBAイースタン・カンファレンス・チャンピオン」と刻まれた時計だ。

ヴァン・ガンディの考え方は理解できた。負けたあとでリングを受け取ったら、一歩届かなかったことに満足しているという解釈もできてしまうからだ。5年前のファイナルランを含め、ニューヨークは様々な「あと一歩」に慣れていたという側面もある。それにユーイングが万全に戻り、ロスターも十分絆を深めて迎える翌シーズンは、ニューヨークが最後まで勝ち切ることに向けて好位置につけていると考えることができた。

当時チームの広報部門で働いていたサミー・スタインライトは「私はあのとき、『(2000年に) またこの場所に帰ってくるんだ』と思っていました」と話す。「そしてその年が過ぎ、翌年も終わり、さらにまた次の年……。今ではプレイオフに進出できるだけでもよくがんばってくれたと感じるようになりました。あのシーズンに時計ではなくリングを手に入れられていたら、本当に素晴らしかっただろうなとよく考えますよ」。

ニックス自身もファンも、タイトルの心地よさに包まれることを心から願い、しかもその陶酔まで間近に迫りながらまたしても届かずに終わった。しかし１９９９年のファイナルでの敗北は、その思いにふさわしい大きな意義を持っていたことを最後に記しておきたい。

この敗北は、１９９０年代のニューヨークにとって、最終的なチャンピオンに打ち負かされた6回目のプレイオフだった。そして、１９９１年のシカゴ・ブルズに対するプレイオフの敗北がシカゴ王朝の始まりとなったように、スパーズへの敗北はサンアントニオの魅惑的な成功に道を開くこととなった。１９９９年に初タイトルを手にしたスパーズは、ダンカンが史上最高のパワーフォワードに成長していく過程で8年間で四度の王座獲得を実現するのだ。

言うまでもなくニックスはその10年間で2回ファイナルに進出したが、それはどちらもマイケル・ジョーダンがバスケットボール界を去った直後でもあった。ブルズ王朝からスパーズ王朝へ時代が流れていく中で、ニックスは勝者の輪から遠ざかりチャンピオンシップを勝ち取ることができなかった。その現実に恥ずべきことは一つもない。

これはジャズ、ペイサーズ、ソニックス、サンズ、ブレイザーズのいずれもが共感できるだろう。しかしニックスのように、山頂に登り詰める寸前で道を絶たれながら、そのたび闘志を蓄え直して何度も盛り返してきたチームはほかにない。あえて自らの体を痛めつけただけではなく、あれほど近くまで迫ったことでその魂にまで生き地獄を味わわせていた。その過程を通じて、彼らは不屈という概念を体現していたのだ。

歴史上の地位を認証すべきリングがない以上、ニックスをＮＢＡの黄金時代の中心と見なすことはできない。それでも、彼らは脚光を浴びるべき存在だ。肩書きなどいらないだろう。血を流しながら、常にバンデージを巻きながら戦った彼らが目指したのは、見てくれのよさではなく、生き様を見せつけることだったのだから。

BLOOD IN THE GARDEN

「あと一歩」の不屈の精神
——エピローグ

バスケットボール記者として殿堂入りを果たしたハーベイ・アラトンが、1990年代のニックスを思うときに頭に浮かべるのは別のスポーツだ。

「ニックスはボクサーですね。腹のど真ん中にパンチを食らったような感覚になります」とアラトンは言う。「マイケルには勝てませんでしたが、毎度苦しめていましたよね。どの対戦も、左フックをあと一発撃ち込めていたら勝てたのにと感じるような戦いでした」。

1992年、ニックスはジョーダンと最強時代のシカゴ・ブルズと戦って第7戦までもつれ込んだ最初のクラブになった。続く1993年は、十分勝てた試合をチャールズ・スミスの悲劇により落とす。1994年のファイナル第7戦では、ジョン・スタークスのショットが18本中2本しか決まらないというようなことさえなければ、リーグ制覇ができていただろう。翌1995年も、インディアナ・ペイサーズとのカンファレンス・セミファイナル第7戦で、終了間際のパトリック・ユーイングのフィンガーロールが決まっていたらどうなったことか。1997年は、マイアミ・ヒート戦でのベンチ総出の乱闘騒ぎによりシカゴ・ブルズへの挑戦権を逃してしまった。そして、タイトルをかけたビッグマン同士の対決を演じるはずだったサンアントニオ・スパーズとの1999年のファイナルも、ユーイングのアキレス腱故障による離脱に泣いた。

一生かけても経験できそうにないほど多くの「あと一歩」。プレイヤーもファンも辛い思いを積み重ねなければならなかった。しかし、こんなニアミスの積み重ねは、組織の強さと一貫性の証しでもある。これほど惜しいところまで何度も近づくのが簡単なわけはない。

正しく行われていたことが、彼らの中にはあったのだ。

しかし、誰もがそのように感じたわけではない。1999年のロックアウトシーズンの終盤、オーナーのジェームズ・ドーランはジェネラル・マネージャーを務めていたアーニー・グランフェルドの解任を命じた。ニックスのオーナーがそんな指示を出したのは1990年代に入ってから初めてのことだ。そして、ニックスはその直後から走り出し（必ずしもその指令が原因ではない）、最後の8試合中6試合に勝ってイーストの第8シードとしてポストシーズンに到達している。

「非常に残念なことに、マーク（ルストガルテン）とジム（ドーラン）はアーニーを解雇したから我々が走り始めたと思っていた」とデイブ・チェケッツは言う。本質的には、単にニックスの身体的コンディションが短縮されたシーズンを通じて高まり、一体感も増してきたことが快進撃の理由だったと彼は主張する。

「（あのランは）ジムをつけあがらせる要素になったと思うよ」。

多くの点で1999年は一つの時代の終わりだった。この年、ニックスはフリーエージェントとなったチャーリー・ワード（1994年にドラフト1巡目で指名したプレイヤー）と、5年間2800万ドル（1999年7月のレートで約3・3億円）の契約更改をしている。信じられないことに、ニックスはこのワードとのケース以降、自ら指名した1巡目指名プレイヤーの誰とも複数年の契約更改をしていない。これはその後、組織内での人の出入りの多さを浮き彫りにする事実だ。

1999年のドラフトで、ニックスは全体15位でフランス人のフレデリック・ワイスを指名した。クラブの将来の中心と考えられた身長7フィート2インチ（約218㎝）のビッグマンだ。しかし現実はそのように運ばなかった。この指名はドラフト史上に残る大きな誤ちの一つに数えられている。ワイスは結局、サマーリーグ以外にNBAの試合には1分も出場記録を残していない。実は後日談もある。数年後にコート外で困難に遭遇したワイスは、2008年1月にフランスでパーキングエリアに車を停めて、睡眠薬を一箱丸ごと服用して自ら命を絶とうとしたのだ。しかし10時間後に目を覚まし、それを契機に飲酒ぐせを捨てて妻とも寄りを戻し命拾いした。

とはいえ、ニックスが不安定の連鎖を起こした最大の要因は、間違いなくユーイングへの対応を見誤ったことだろう。15年間戦ってきた挙げ句に軽視されていると感じたユーイングは、1999-2000シーズンのカンファレンス・ファイナルでニックスがペイサーズに跳ね返されたあと、トレードを要求したのだ。ニューヨークは、37歳のベテラン（契約最終年で残額も1700万ドル［2000年7月のレートで約18・4億円］だけだった）に残された時間を生かすことよりも、彼に代えてさして優れておらず必要でもない駒を増やす選択をした。しかもその獲得により長期的にほぼ9000万ドル（同約97・4億円）を使っている。その後の頭をかしげたくなるようなつまずきの連鎖はここから始まっている。2002年のアントニオ・マクダイス、2004年のステフォン・マーブリー、2005年のエディ・カリー、2013年のアンドレア・バルニャーニなどなど。クラブの助けとなり長くつきあえるタレントを加えられないまま、出入りの記録ばかりが膨らんでいった。そして、バルニャーニの取引やカーメロ・アンソニーを獲得した2011年の取引など、フランチャイズを揺るがす動きのいくつかに、ドーランは個人的に絡んでいたと言われている。

2000年に4チーム絡みの大型トレードでユーイングをシアトル・スーパーソニックに送ったあと、そのほかの主だった顔ぶれもほどなく動き始めた。ドーランがオーナーとしての力を行使しようとしていることに気づいたチェケッツは、2001年5月にガーデンの社長を辞任している。

チェケッツのドーランに対する我慢が限界に達したのは、のちに潰れることになるザ・ウィズというニューヨークを拠点とする家電チェーンと地域のシネマチェーン事業に3億3000万ドル（2001年5月のレートで401・5億円）以上を費やし、それをチェケッツに押しつけたときだったという。「私は彼に言ってやった。『これじゃ出ていかざるを得ません。（こんな資産を）私に押しつけるんですか？　私はいやですよ、こんな乱心につきあうのは』とね」とチェケッツは振り返る。「ドーランは『まあそうだろうな』と返答したよ」。

その6か月後に、ジェフ・ヴァン・ガンディが突如コーチの座を退いてチームを去ったことで、1990年代のいかついニックスのルーツを真に受け継ぐ系統は完全に途絶えた。彼の退団以降、ニックスは20年間どのNBAフランチャイズよりも多くの黒星を喫し、勝てるチームを作ろうと試みるたび、失敗を繰り返した。

ニックスがアンソニー・メイソンの扱いにくさに気づくまでに、そう長くはかかっていない。

メイソンがチームメイトのゼイヴィア・マクダニエルを殴りつけたのは、パット・ライリーのコーチとしての初練習開始からわずか数分後。ニューヨーク在職1年を経る頃には、ユーイングもあきれるほどわがままになっていた。

1992年にニックスが若者たちを集めて開催した恒例のサマーキャンプでのこと、クラブはほかの多くのキャンプと同じように所属プレイヤーの誰かを1日参加させたいと考えた。忙殺されているユーイングのようなスターではなく、そうかと言ってベンチの端に座るのでもない誰かということで、（基本的にまだNBAでは新顔の）メイソンに1500ドル（1992年7月のレートで約18・9万円）の出演料で手伝ってくれないかと依頼した。メイソンはその話に乗り、チームはキャンプ当日彼にリムジンを用意。会場に到着したメイソンが窓を開けると、その姿を近くで見ようと子どもたちがパパラッチのように群がった。ところがメイソンは車の中から出てこない。まず2分が過ぎ、5分が過ぎ、15分近く待ってもまだ車の中だ。ついにはクラブの管理ディレクターだったエド・タプスコットがやってきた。彼はその日のキャンプでメイソンを手配した担当者だが、メイソンがジムに入ろうとしない理由がさっぱりわからない。するとメイソンは「2000ドル（1992年7月のレートで約25・2万円）にしてくれなけりゃ、俺は車から降りませんから。現金にしてくださいよ」と言いだしたのだ。最初は冗談だと思ったタプスコットだが、メイソンは本気だった。1500ドルの金額で同意していたはずなのに、メイソンの来場をジムで楽しみに待っている子どもたちを盾に、強気な交渉をぶつけてきたわけだ。タプスコットは、急にそう言われてもそんな現金をすぐに持ってこられるかわからないと言ったものの、結局スタッフの一人にATMカードを渡したとのことで、「あの状況ではほかに選択肢がなかったからね」と振り返っている。

出演料の値上げで気をよくして車から出てきたメイソンは、子どもたちとのスクリメージでプレイした。すると今度は、おなじみのメイソン流真剣勝負が一騒動を巻き起こす。プレイ中にうっかり子どもに肘鉄を食らわせてノックアウトし、鼻を骨折させてしまったのだ。コートには血しぶきが飛んだ。それでも意識を取り戻した少年は、心配そうにしているメイソンを見つけて起き上がり、微笑んで血まみれのTシャツにサインをねだった。タプスコットとキャンプ運営側の関係者は、子どもの家族から訴えられずに済みそうだと胸をなでおろしたという。

1日が終わって帰路に就こうというとき、メイソンはリムジンに向かいながらタプスコットに最後の一言を浴びせた。

「ところで、家についたら母さんと買い物に行くから、この車を使わせてもらうよ」。

ギャラの値上げ要求は、その買い物のためだったとメイソンは説明し、その場をあとにした。

彼は普段からつきあいやすい性格ではなかった。しかし1996年にニックスを去るまでに、大体の人と堅実な関係を築き、あるいはこじれた相手とも関係を修復している。それは、2015年にメイソンが心臓発作のために48歳で非業の死を遂げたとき、ユーイング、スタークス、チャールズ・オークリーらがクイーンズのグレイター・アレンAME大聖堂での葬儀に参列したことからもわかる。

その場にはライリーもいた。あれほど激しく衝突したにもかかわらず、コーチはその式典でメイソンを称賛した人々の一人だったのだ。

葬儀の朝は極寒の吹雪に見舞われた。棺を安置した教会の祭壇前に、車椅子に乗せられたメイソンの母親メアリーを見つけたライリーは、片膝をついて彼女の肩に手を置き、言葉を交わした。ニックスを率いていた頃には、ホームゲームのたびにほぼ毎回顔を合わせていたあいだ柄だ。彼女と数分話したあと、立ち上がったライリーの顔は涙で濡れていた。

ライリーはニックスとひどい終わり方をし、ヒートに移ってからの直接対決ではニックスを倒すのに苦労した(ヴァン・ガンディのニックスは、1997年から2000年までの4年間にプレイオフで三度ヒートとのシリーズを制している)。しかしその後成功を収めたのはヒートの方だ。ライリーは2006年にヒートを初のタイトルに導き、その後はフロントの重役として、2010年にフリーエージェント市場でレブロン・ジェームズとクリス・ボッシュの獲得に成功し、ドウェイン・ウェイドと一緒にプレイさせるという離れ業をやってのける。この出来事はリーグの力関係を変え、勢いを新たにしたスター軍団に四度のファイナルランと二度のチャンピオンシップをもたらすこととなった。

それでも、メイソンを送る式典でのライリーの様子を見れば、その心の中にニックス時代につながりを持ったプレイヤーたちの居場所があることは明らかだ。

チャールズ・スミスという人物は、本当に終わってしまったのだろうか。

彼は1996年に、選手会を通じてニックスに対して苦情申し立てを行っている。在籍時のチームドクターが、膝の故障の重みに関する医学的情報を開示しなかったという訴えだった（苦情は後に取り下げられた）。スパーズにトレードされたあと、スミスは31歳の若さでNBAにおける最後の試合をプレイすることとなってしまったのだ。

スミスは引退後の人生で奇妙なつまずきをしている。2014年、彼はデニス・ロッドマン率いるグループの一員として北朝鮮を訪れ、独裁者金正恩の誕生日に本人の目の前でプレイした。これはロッドマンいわく「バスケットボール外交」を生み出すための取り組みだった。しかし、NBAや米国国務省の支援もなかったこの遠征は、意図に反して酷評にしかつながらず、スミスは参加したことを後悔しているようだ。

あの運命的な第5戦のあらゆる〝たられば〟を、スミスが完全に乗り越えられたかどうかは、彼自身にしかわからない。あるいは乗り越えられたのかもしれないが、いまだに世間があの出来事で彼という存在を記憶しているという事実に、スミスは時折苦しめられているようだ。

ガーデンのコートサイドの顔のような存在で、プレイヤーやコーチ、記者と親密になったニックスファンのミシェル・マスラーが亡くなったことを受け、ハーベイ・アラトンがスミスにインタビューを申し込んだとき、彼の言葉は温かく思慮深いものだった。アラトンは、マスラーのスミスに対する称賛がいかに深かったか、そして第5戦の悲痛な役回りを擁護してどれほど心を痛めていたかを伝えた。

「彼は（第5戦に）触れたとたんに動転した様子になりました」とアラトンは言う。後々落ち着きを取り戻してから過剰反応をわびたものの、そのときスミスは怒ってアラトンを非難し、自分の言葉を本の中で使うなと言った。「チャールズはとても頭がよいし、とても話すのが上手です。でも第5戦の体験に関してはあらゆる意味で壁を作っていて敏感になってしまう。あの出来事が人々の自分に対する見方を決めてしまったと思っているからでしょうね」。

それとまったく正反対に、最悪の瞬間とともに凍結されずに済んだ例を挙げるとすれば、それはスタークスになる。1994年のNBAファイナル第7戦で史上まれに見る絶不調に見舞われ、ひどいパフォーマンスで終わったにもかかわらず、彼に対するファンの感情は温かなものばかりであり、彼はいまだにフランチャイズ史上最も愛されているプレイヤーの一人なのだ。

「今でも毎日のように（街中で）あれについて聞かれるんだよ」というスタークスの「あれ」とは、もう30年近くも前のシカゴとの一戦で成功させた有名なダンクのことで、ミスショットを連発させたファイナル第7戦のことではない。スタークスには短所を上書きする〝情熱〟という長所がある。たとえ最悪の出来を最大の舞台で見せられても、彼の情熱的な姿の方がファンの目に焼きついていたのだ。

殿堂入りしたニックスのアナウンサー、マイク・ブリーンは、「いつも思っていたのは、スタークスは見れば見るほど血の通った人間だということでした。それがプレイにも表れていましたよね」と評している。そんなスタークスは今、ニックスでOB会関連の部門に籍を置いている。

ヴァン・ガンディは、2003年から2007年までロケッツのコーチとして再び表舞台に立ち、それ以降も、1990年代のニックスに関わった主要人物の中では間違いなく誰よりも日々目に触れる存在となった。

直近15年間はＥＳＰＮのＮＢＡ中継におけるリーディングチームで、ブリーンと元ニックスのポイントガード、マーク・ジャクソンとともにアナリストとして活躍中だ。

近年最も不快なのはオークリーとニックスの関係性だ。

２０１７年2月、ガーデンのコートサイドに姿を見せたオークリーに警備員が退去を求めるという出来事が起きている。第1クオーターの半ばに理由も知らされず警備員に取り囲まれるという状況で、怒ったオークリーは席にとどまろうとしたが、左腕をつかんだ警備員の胸を2回押し返したあと、6人以上の男にアリーナの奥に引き連れられていってしまった。

かつて共同キャプテンを務めたオークリーは、チームの状態について折に触れて率直な思いを発言し、ドーランとの考えの違いも明かしていたが、近くに座っていた多くのファンによればその場で何ら問題を起こしたわけでもない。しかしオークリーは、この出来事での行為によりその夜のうちに逮捕されている。

その後ニックスは火に油を注ぐかのように声明を発表。オークリーが「非常に不適切で虐待的な行動をとった」と述べ、「早急に救われるよう願っています」と記した。この最後の一行には、オークリーがあたかもアルコール依存症かのような含みがある。しかしオークリーは、あの試合の前に数杯飲んだもののアルコール依存症ではないとその見方を否定している。

逆にニックスのオーナーを務めるドーランは、アルコール依存症から社会復帰したことが知られている。彼はラジオのインタビューで、オークリーが怒りを抑制できないのはおそらくアルコールの問題を抱えているからだと述べたこともあった。ただしその主張の根拠は明かしていない。

オークリーに対する軽犯罪の告発はのちに取り下げられたが、両者間の軋轢は残されたままだ。あのとき以来彼はガーデンへの出入りを禁じられており、一度も足を踏み入れていない。そして２０２０年12月には、オークリー側がガーデンを相手取って訴訟を起こし、被告にドーランを加えようとした。あの夜オークリーに退去を命じたのはドーランだと主張しているのだ。

こんな楽しくもない出来事が、過去20年間にこのクラブでは何度も起こってきた。オークリーはこの一件でニックスを追放されたと感じている。元チームメイトから公の支持を得たかったオークリーには、最も意義深い同志だったはずのユーイングから何ら声も支援もなかったことも深い傷となった。あれ以来彼は、1990年代にニックスにおけるユーイングのリーダーシップに対する批判的な姿勢を強めている。

当時のニックスで最も華のあるスターだったそのユーイングはどうなっただろうか。彼は、日の当たる場所で自身が輝く瞬間を待つことの意味を誰よりもよく知る男だが、ニューヨークでの時間を終えたあとも、相当な時間を待つことに費やした。現役時代の晩年を過ごしたシアトル・スーパーソニックでもオーランド・マジックでも、王座には届いていない。2002年にはアシスタントコーチとしてワシントン・ウィザーズに1シーズン籍を置く。長年の友人であるジョーダンがこのチームでプレイした時期だ。

彼はそこから、ヒューストン・ロケッツに移ってヴァン・ガンディの下で4年間、さらにヴァン・ガンディの兄スタンがヘッドコーチを務めたマジックで5年間、アシスタントとしてキャリアを積む。その次のシャーロット・ボブキャッツでは、アソシエイト・ヘッドコーチの称号を得た。このときは、オーナーを引き継いだジョーダンとのコンビ再結成という形になっている。

アシスタントとして14年間下積みを経験したユーイングが、ついにヘッドの地位に就いたのは、母校のジョージタウン大を任された2017年だ。そして就任4シーズン目の2021年に、ビッグイーストのカンファレンス・トーナメントを制してNCAAトーナメントへの出場権を獲得した。このときは9勝12敗と負け越してレギュラーシーズンを終えたあと、カンファレンス・トーナメントの4日間でホヤス（ジョージタウン大のニックネーム）を4連勝に導く劇的な戦いを見せている。

この勝利は、ライリーが１９９１年にユーイングと語り合ったチャンピオンシップとは違う。それでもユーイングは、確かにガーデンの舞台で降り注ぐチャンピオンシップの紙吹雪に包まれることができたのだ。それはニックスでの伝説的なキャリアに華を添える輝かしい功績であり、自身が同大に在学した当時の恩師であるジョン・トンプソンの逝去から数か月後の、特別な意義を持つ出来事だった。

さて、ユーイングはこうしてある意味で勝者の輪に加わることを実現した。それでは、ニックスにはいつその日がやってくるのだろうか。

彼らは、アイザイア・トーマスやラリー・ブラウンのような実績豊富な大物を招へいしては脱線を繰り返してきた。１９７０年代にタイトルを獲得したニックスの一員であり、シカゴ・ブルズとロサンゼルス・レイカーズでコーチとして成功し、殿堂入りしたフィル・ジャクソンでさえ、２０１４年から２０１７年までチームの社長を引き受けたときには墜落炎上というべき結果に終わった。

それでも、十年単位の長期的機能不全と敗北の連鎖を経たあとの２０２１年後半以降、ようやく好転の兆しを示し始めている。

２０２０-21シーズンは、かつてヴァン・ガンディの下でニックスのアシスタントを務めたトム・ティボドーがヘッドコーチに就任した最初のシーズンだ。ニックスはこのシーズンに41勝31敗の成績を残して8年ぶりのプレイオフ進出を果たし、リーグに衝撃を与えた。21勝45敗に終わった前年からの大躍進は見事というほかない。ヴァン・ガンディと同じようにディフェンス重視のティボドーの下、ニックスはディフェンスのランキングでもＮＢＡ全体の23位から4位に浮上している。

勝てない状況を打破することは、日々誰よりも努力した者だけが勝てるということを知っているティボドーにとって、それ自体喜びだった。

ヴァン・ガンディは、ティボドーとともに働いた2000年当時のエピソードを語っている。彼が夏場のトレーニングで、ティボドーに午前10時から正午と午後4時から6時の2回のワークアウトを任せたときのことだ。二つのセッションのあいだには昼食の時間が取られていたが、「ティブス（ティボドーのニックネーム）が最初の練習から彼らを解放したのは3時15分だったんだ」とヴァン・ガンディは振り返る。「彼は皆に、『座って少し休もう。何か食べてこいよ』と言ったんだけど、私は『トム、もう3時15分だぜ。45分しか休ませないつもりかい』みたいに思ったものですよ」。

当時のティボドーは練習魔だった。コンディショニングに対する異常なほどの考え方は、プレイヤーに休息と身体的な回復の時間を与える現代のＮＢＡの潮流には合わないかもしれない。

その意味で１９９０年代のニックスは、ほとんど先史時代のごつい恐竜のようなものだろう。ガーデンをのし歩き、相手の血をフロアにしたたらせ、自らの体もぎりぎりまで酷使しながら日々の戦いに立ち向かっていた。粉々に歯を砕かれても、つま先が潰れても、手がへし折れても、魂を打ち砕かれても、彼らはすべてをかけて王座獲得を目指した。

彼らの物語はハッピーエンドにはならなかった。それでも、プレイヤーの立場ならほぼ間違いなく、こんな戦いをしてみたいと憧れるようなことを成し遂げた。何百万人ものファンも、それと同じ思いを抱いている。そんなチームは、あのニックス以来登場していない。

BLOOD IN THE GARDEN
THE FLAGRANT HISTORY OF THE 1990s NEW YORK KNICKS

謝辞

本というものは、数え切れないほど多くの他者からの助けと支援があって初めて生み出されるものです。私の場合、それは二人の人物から始まっており、彼らの提案と働きかけに事を発しています。そうでなければ決して、『BLOOD IN THE GARDEN』を書くことはなかったでしょう。

文学エージェントのダニエル・グリーンバーグは、ニックスの計り知れない大きなファン層の中に、色彩豊かな1990年代のチームについて詳しく知りたいという願望があることを知っていました。彼はその語り部となるべき物語の著者を探していたのです。

そこで彼は、2018年にかつて一緒に仕事をしたとある人物に電話をかけ、この作品の著者候補について助言を求めました。NBAを長年取材してきた『The New York Times』の売れっ子作家、ジョナサン・エイブラムスです。私はジョナサンに会ったことが1、2回しかなかったと思いますが、彼は私の名前をダニエルに渡してくれました。そして、パット・ライリーがニックス入りした頃にまだ4歳だった私について、当時のチームの魅力を描かせたら素晴らしい仕事をするに違いないと推してくれたのです。

ダニエルから連絡をもらったときの私は、よそよそしいなどというような生やさしい言葉ではすまないくらい距離を置こうとしていたと思います。何しろ、父を半年前に亡くしたばかりでしたから……。父は小さな私をスポーツの世界にいざなった存在でした。その頃の私は、話を聞いてくれるあらゆる人に、今の私には休憩が必要だと言っていたのです。

しかし考えてみれば、父は何年ものあいだ、私が手がけるべき本のアイデアをたびたび話してくれていました。ぜひ素晴らしい作品を読ませてほしいとも。それに、本を書ける機会など、特にまだ独り身のうちにはもう二度とないかもしれないとも考えました。それで私はダニエルに、もしこの本を手がけなかったら私は愚か者ですねと伝えたのです。

アマー・ディオルという非常に有能な編集者が一緒に作業を進めてくれたおかげで、出来事を正しくつまびらかにし、物語の最も難しい側面を適切な表現で打ち出せたのではないかと思っています。アマーに第1稿から第27稿までを読んでもらい、その後何度も微調整を重ねて、現在の形で校了にいたることができました。彼の忍耐強さは並外れています。そして、原稿の可能性も私自身も信じてくれた彼のような人に恵まれたことは、幸運以外の何物でもありません。

私には執筆業界で活躍するタイ・ウェンガーとミリン・フェーダーという素晴らしい友人がいて、荒原稿のたたきのような段階で読んでもらった上で貴重な忠告をしてもらうことができました。方向性を見失うことなく作業を進められたのは、彼らの言葉に大いに助けられたからです。

資料収集を手伝ってもらったアンドリュー・ドンランは、この本にかかわる作業をどうやら著者の私以上に楽しんでいたようです。彼は、私がこの企画に携わることが公になってからまもなく連絡してきて、何でもいいから手伝わせてくれないかと申し出てくれました（当時は彼が修士号を取得するタイミングでした）。彼が新しい資料を持って来るときは毎度、かつてのニックスがいかに現実離れした面白いチームだったかを2時間くらいは、語り合ったものです。それでニックスが本当に魅力的なクラブだということが検証できました。

この企画のために私と話してくれた２０４人の皆さん、さほどのつきあいもなかった私を信用して、ご自身の物語や回想を話してくれてありがとうございました。秘書やシーズンチケットホルダー、警備員からプレイヤー、コーチ、フロントの幹部まで、皆さんに感謝しています。何人かの方々はインタビューに同意する前に、元ニックスのスタッフ同士でフェイスブック・グループを作って、私についての下調べをしていたと聞きました。私は公正な質問をしていたでしょうか？　触れたくない部分ばかりを根掘り葉掘りつついていたでしょうか？　私は信用に足りる者と認めてもらえたのでしょうか？　そのような懸念を持たれたとしても当然ですし、私としては、非常に多くの人々がそれらを脇に置いて、クラブに関わった当時のことを明かしてくれたことに、これ以上ないほど感謝しています。それによりこの本は、本当によい内容になりました。

本当に想像を大きく上回るような形で私を助けてくれた人も何人もいます。デイブ・チェケッツ、アーニー・グランフェルド、エド・タプスコット、ジェフ・ヴァン・ガンディ、ボブ・サルミ、ジェフ・ニクス、マイク・サンダース、ドック・リバース、デリック・ハーパー。彼らは皆、私と話すために何度も時間を取り、会うたびに何時間もかけて適切な文脈と出来事の詳細を語ってくれました。

それとは別に、アンソニー・メイソンの親しい友人や家族に特別な感謝の思いを表さなければ、私は義務を怠っていることになります。これまでに数え切れないほどの回数を話してきたのですが、私はおそらく何よりも、彼の物語とそれに伴うあらゆる事象の複雑さを正確に捉える責任があると感じていました。そのように注意して筆を進めたことが、仕上がりに反映されていることを願っています。

『The Wall Street Journal』で、成功とは縁遠かったニックスの番記者を務めた2012年から2016年までの私を、温かく受け入れてくれたニックスファンの皆さんに、この場を借りてありがとうと言わせてください。この本が皆さんの望みにかなう作品であることを願っています。記者として自分の声に自信を持てていなかった当時の私を支えてくれた皆さんへの感謝を、私は決して忘れません。

過去数年間、私の上司となった方々には、この本のために記事執筆や取材の動きがままならなかったことで迷惑をおかけいたしました。本当にありがとうございました。皆さんのおかげで思っていたより早く校了できましたし、落ち着いた状態で取り組むことができました。

私がこの世界で最も気にかけている家族と友人たちへ。私はこの作品を終えるためにあなたがた全員から2年以上離れることになりました。辛抱してくれてありがとう。もう嫌われてしまってもしかたがないくらい待たせてしまったね。もしもまたいつか本を作る機会に恵まれたら、最初のときのように皆さんの輪から外れることなく進められると思います。

そして私の両親へ。あなた方はもうここにはいませんが、私は毎日1時間に一度はあなた方のことを思っています。もしこの作品で、あなた方が私を一瞬でも誇りに思ってくれるなら、私はここにいたるすべてを正しくやってきたということなのだと思います。愛しているよ。会いたいな。あなた方がしてくれたすべてにありがとうと言わせてください。

284 **$90 million in long-term deals in return for Ewing:** Kenny Ducey, "Five Worst Trades in Knicks History," *Sports Illustrated*, June 22, 2016.

285 **Dolan reportedly getting personally involved in the Bargnani trade:** Howard Beck, "Phil Jackson Could Be Perfect Mentor for Ailing Knicks," *Bleacher Report*, March 12, 2014.

285 **Dolan getting involved in the deal for Anthony:** Frank Isola, "James Dolan Tries to Close Deal for Carmelo Anthony by Negotiating with Nuggets Owner Directly," New York *Daily News*, Feb. 8, 2011.

285 **Cablevision spending $330 million on the Wiz:** Richard Katz, "Cablevision Buys the Wiz," *Variety*, Jan. 27, 1998.

285 **Cablevision buying dozens of theaters in August 1998 for $240 million:** David W. Chen, "Cablevision to Buy 20 More Movie Theaters in Region From Loews Cineplex," *New York Times*, Aug. 28, 1998.

285 **Details on how difficult Mason was at the beginning of his tenure with the Knicks:** came from multiple interviews with Ed Tapscott.

287 **Mason's funeral held in Queens:** Nick Forrester and Corky Siemaszko, "Mason's Private Funeral Attended by Ex-Knicks Coach Pat Riley, Teammates Patrick Ewing, John Starks," New York *Daily News*, March 6, 2015.

287 **Charles Smith filed a grievance against the Knicks:** Clifton Brown, "Smith and Knicks: Bad Blood Still Flows," *New York Times*, Dec. 28, 1996.

288 **Charles Smith acknowledging his regrets with making trip to North Korea:** No byline, "Ex-Knick Regretting North Korea Participation," Associated Press, Jan. 7, 2014.

288 **"[People] still ask me about it every single day":** "Twenty-three years later, John Starks asked about epic dunk 'every day, '" KJRH-TV news segment, pulled from YouTube clip, Jan. 22, 2016.

288 **"If you looked at Starks closely enough, you could almost see his heart beating":** Mike Breen, "John Starks' Dunk Over Michael Jordan in 1993 Playoffs," MSG Network, YouTube clip, May 14, 2020. https://youtu.be/g8jY8fHuXnQ?t=210.

289 **Oakley's arrest at the Garden:** Mike Vorkunov, "Former Knick Charles Oakley Arrested After Altercation at Madison Square Garden," *New York Times*, Feb. 8, 2017.

289 **The Knicks' statement on Oakley:** Emily Shapiro, "Charles Oakley Calls Knicks'Statement 'a Slap in the Face, '" ABC News, Feb. 9, 2017.

289 **Oakley's effort to add Dolan as a defendant in his lawsuit:** Tim Daniels, "Charles Oakley Wants Knicks'James Dolan Named in Assault and Battery Lawsuit," *Bleacher Report*, Dec. 17, 2020.

290 **Ewing, Georgetown winning the Big East Tournament:** Joseph Salvador, "Patrick Ewing-led Georgetown Completes Big East Run to Steal NCAA Tournament Bid," *Sports Illustrated*, March 13, 2021.

290 **Coach John Thompson's passing:** Richard Goldstein, "John Thompson, Hall of Fame Basketball Coach, Dies at 78," *New York Times*, August 31, 2020.

290 **The Knicks having the most losses from 2001 to 2020:** Data from Basket ball-Reference. com's Stathead query system.

291 **Thibodeau's intense summer league workout:** Ian O'Connor, "Is New York's Tom Thibodeau Too Tough for the Toughest Job in Sports?" ESPN. com, Dec. 21, 2020.

Relevant interviews in this section: Harvey Araton, Dave Checketts, Ed Tapscott Patrick Eddie, Latifa Whitlock, and Don Cronson.

273 **"I had a peace about me that game":** Dennis D'Agostino, *Garden Glory: An Oral History of the New York Knicks*, p. 275, 2003. Triumph Books.

274 **The Houston-Miller dynamic:** Frank Isola and Mike Wise, *Just Ballin': The Chaotic Rise of the New York Knicks*, pp. 222-23, 1999. Simon & Schuster.

Relevant interviews in this chapter: Dave Checketts, J. A. Adande, Phil Taylor, Maggie McEvoy, Clare Gluck, Phil Jackson, Mike Wise, Jeff Van Gundy, Chris Childs, Charlie Ward, Kurt Thomas, Steve Adamek, and Steve Javie.

21 終止符

276 **Popovich being an Air Force alum:** No byline, "Spurs & NBA—97-98 Spurs Staff; Special Section," *San Antonio Express-News*, Oct. 30, 1997.

276 **The Spurs going 11-1 in the postseason run-up to the Finals:** Kelley Shannon

"City Goes Wild over Spurs' NBA Finals Berth," Associated Press, June 6, 1999.

276 **Beginning with a 6-8 record:** Jonathan Feigen, "Awaiting Finals, Spurs Feel They Haven't Done Anything Yet," *Houston Chronicle*, June 9, 1999.

276 **Robinson bringing Popeyes Chicken to Popovich's home:** Jackie Mac-Mullan, "Bubble Asterisk? The Champion '99 Spurs Say It Shouldn't Exist," ESPN. com, July 22, 2020.

276 **Popovich warning of his possible dismissal:** Jackie MacMullan, "Bubble Asterisk? The Champion '99 Spurs Say It Shouldn't Exist," ESPN. com, July 22, 2020.

276 **Avery Johnson relaying the message:** Chris Broussard, "Victories, Not Vindication, for Spurs'Popovich," *New York Times*, June 15, 1999.

277 **Doc Rivers looked likely to replace Popovich:** Marc Stein, "Timmy and Pop: NBA Power Couple," ESPN. com, July 11, 2016.

277 **Spurs winning 42 of 48 games at one point:** Chris Broussard, "Victories, Not Vindication, for Spurs'Popovich," *New York Times*, June 15, 1999.

277 **Larry Johnson getting an MRI in the hospital during Game 6:** Michael Wilbon, "Knicks Rush In, Pacers Roll Out," *Washington Post*, June 12, 1999.

277 **Dudley's elbow overextended:** Paul Schwartz, "Dudley Injury Pains Knicks," *New York Post*, June 19, 1999.

277 **"It was a feeling of David against Goliath":** Dennis D'Agostino, *Garden Glory: An Oral History of the New York Knicks*, p. 276, 2003. Triumph Books.

279 **Van Gundy coming out to the Garden floor to find a noise:** Frank Isola and Mike Wise, *Just Ballin': The Chaotic Rise of the New York Knicks*, p. 262, 1999. Simon & Schuster.

279 **Ewing's despair in not being able to play during the Finals:** Dennis D'Agostino, *Garden Glory: An Oral History of the New York Knicks*, p. 276, 2003. Triumph Books.

279 **Play-by-play showing 12 lead changes and 12 ties:** Jackie MacMullan, "Bubble Asterisk? The Champion '99 Spurs Say It Shouldn't Exist," ESPN. com, July 22, 2020.

280 **Knick fans being solidly behind Sprewell:** Michael Hunt and Tom Enlund, "Sprewell's at Home in Garden: Knicks Forward Is No Longer an Outcast As He Becomes a Favorite Among the Fans," *Milwaukee Journal Sentinel*, June 15, 1999.

Relevant interviews in this chapter: Selena Roberts, Will Perdue, Antonio Daniels, Charlie Ward, Kurt Thomas, Dave Checketts, Jeff Van Gundy, and Sammy Steinlight.

「あと一歩」の不屈の精神―エピローグ

284 **Ward re-signs in 1999:** No byline, "Dudley and Ward Stay Knicks," *New York Times*, Jan. 21, 1999.

284 **Knicks draft Frederic Weis:** Kevin Kernan, "Knicks Take Big Gamble, Shock Draft by Choosing Weis, 7-2 French Center," *New York Post*, July 1, 1999.

284 **Weis's struggles after being drafted:** Sam Borden, "For Frederic Weis, Knicks'Infamous Pick, Boos Began a Greater Struggle," *New York Times*, July 14, 2015.

284 **Ewing asking for trade out of New York:** Marc Berman, "Why Ewing Wanted Out of New York," *New York Post*, Dec. 9, 2001.

or GM: Kevin Kernan, "Free Spree—Or Else! Agent Blasts VG, Ernie over Latrell's Role," *New York Post*, April 21, 1999.

264 **Checketts announcing the move at practice:** No byline, "Knicks President, GM Reassigned," Associated Press, April 21, 1999.

264 **Rangers miss postseason for second straight season:** Joe LaPointe, "After Flopping Twice, What Will Rangers Do? ," *New York Times*, April 9, 1999.

265 **Stern meets with Van Gundy and Riley:** Selena Roberts, "Van Gundy, Riley Get Lecture from Stern," *New York Times*, May 20, 1998.

265 **Riley saying he wished Mourning's punches landed:** Charlie Nobles, "Seething Riley Says Van Gundy Lost Control," *New York Times*, May 3, 1998.

266 **Eight lead changes and 10 ties:** Play-by-play log on Basketball-Reference. com.

266 **Ewing's rib and Achilles injuries:** Kevin Kernan, "Ewing Hurts His Ribcage" *New York Post*, May 17, 1999.

266 **Knicks running Triangle Down play:** Dennis D'Agostino, *Garden Glory: An Oral History of the New York Knicks*, p. 271, 2003. Triumph Books.

267 **Dan Majerle knowing the play call beforehand:** Brian Biggane, "The Frantic Final Seconds: Heat Were Ready for 'Triangle Down, '" *Palm Beach Post*, May 17, 1999.

268 **Van Gundy's telegram from Riley:** Dennis D'Agostino, *Garden Glory: An Oral History of the New York Knicks*, p. 272, 2003. Triumph Books.

268 **Details on the steps Checketts took to keep the meeting with Jackson secret** came from separate interviews with Checketts: Maggie McEvoy (8/19/19)and Clare Gluck (9/10/19).

268 **Checketts meets with Jackson and Musburger:** Mike Wise, "Amid Turmoil, Knicks Talked with Jackson," *New York Times*, May 23, 1999.

269 **The meeting being reported on:** Mike Wise, "Amid Turmoil, Knicks Talked with Jackson," *New York Times*, May 23, 1999.

269 **The meeting being reported on:** Dennis D'Agostino, *Garden Glory: An Oral History of the New York Knicks*, p. 273, 2003. Triumph Books.

269 **The Garden chanting Van Gundy's name:** William C. Rhoden, "For Knicks, It's Turmoil and Success," *New York Times*, May 26, 1999.

270 **Van Gundy's wife moved to tears:** Chris Sheridan, "Knicks'Future Uncertain," Associated Press, June 6, 1999.

270 **Ewing's Achilles being a problem for months:** Kevin Kernan, "Ewing Asks Out—Sore Achilles Sends Patrick to Hospital," *New York Post*, March 10, 1999.

271 **"Let Spree, Allan and the guys go get me a championship":** EmanuelKnicks, "NBA 1999 Eastern Conf. Finals: Knicks at Pacers gm 1, part 18," YouTube, uploaded Feb. 21, 2008. https://www.youtube.com/watch? v=MRRUzStx-55U&t=168s.

271 **Ewing feeling a pop in his lower leg:** Frank Isola and Mike Wise, *Just Ballin': The Chaotic Rise of the New York Knicks*, pp. 225-28, 1999. Simon & Schuster.

271 **Dr. Scott allowing him to keep playing:** Frank Isola and Mike Wise, *Just Ballin': The Chaotic Rise of the New York Knicks*, pp. 225-28, 1999. Simon & Schuster.

271 **The diagnosis after the game:** Frank Isola and Mike Wise, *Just Ballin': The Chaotic Rise of the New York Knicks*, pp. 225-28, 1999. Simon & Schuster.

271 **"It's frustrating to be so close to something I've dreamed about for so many years":** Selena Roberts, "Ewing to Miss Rest of Playoffs with Torn Achilles'Tendon," *New York Times*, June 3, 1999.

272 **Detail about Larry Bird imploring his players to let the Knicks have a two-pointer, rather than giving up a three:** came from a courtside observation by reporter Steve Adamek (2/16/21).

272 **The Knicks running the Triangle Down play again:** Dennis D'Agostino, *Garden Glory: An Oral History of the New York Knicks*, p. 273, 2003. Triumph Books.

272 **Larry Johnson filling Ewing's place in the play call:** Dennis D'Agostino, *Garden Glory: An Oral History of the New York Knicks*, p. 273, 2003. Triumph Books.

273 **"I knew right away I screwed that play up":** David Teel, "Peninsula Icon, Former NBA Referee Jess Kersey Remembered for 'Magnetic Personality, '" *Daily Press* (Virginia), April 22, 2017.

254 **"He was treating drills at room temperature as if they were suicide sprints in the Mojave":** Ian O'Connor, "Van Gundy, Camby Patch Things Up and Get te Last Laugh," *Journal News*, June 7, 1999.

254 **Camby sitting out due to a blister on his foot:** Frank Isola, "Van Gundy Gives Camby a Blistering," New York *Daily News*, Jan. 30, 1999.

254 **"He's going to be a work in progress the entire year":** Mark Kriegel, "Oak a Tough Act to Follow for Camby," New York *Daily News*, Feb. 2, 1999.

254 **Oakley playing through a dislocated toe as a Knick:** Mike Wise, "Oakley Edges Closer to Having Toe Surgery," *New York Post*, Dec. 26, 1994.

254 **Oakley playing three more quarters in a game after breaking his hand:** Curtis Bunn, "Breaks Go Against the Knicks," *Newsday*, March 24, 1990.

255 **"I don't think there's anyone who escapes scrutiny as we look at the situation around us":** Selena Roberts, "Garden's Checketts Losing Patience with Losing Knicks," *New York Times*, April 10, 1999.

255 **Camby, of all people, standing out in a game that likely would have cost Van Gundy his job:** Ian O'Connor, "Van Gundy, Camby Patch Things Up and Get the Last Laugh," *Journal News*, June 7, 1999.

256 **ITT selling its half of the Garden properties to Cablevision:** Richard Sandomir, "ITT Sells Cablevision Control Over Madison Square Garden," *New York Times*, March 7, 1997.

257 **Dolan warning Van Gundy and the team's other assistants that they'd be held responsible if anything like the 1997 Miami incident transpired again:** Harvey Araton, "Dave Checketts Reflects on Tenure with Knicks and Spots Similarities," *New York Times*, Dec. 14, 2015.

257 **Jim Dolan's struggle with alcoholism and timeline leading up to his becoming Cablevision CEO:** Ian O'Connor, "James Dolan, Unplugged," ESPN. com, Dec. 17, 2018.

257 **"Mostly, it was because no one else wanted it":** Joel Siegel, "Oedipus at the Garden," *New York*, March 18, 2005.

258 **The men"had a mutual understanding: I don't *trust you, you don't trust me*":** Frank Isola and Mike Wise, *Just Ballin': The Chaotic Rise of the New York Knicks*, p. 59, 1999. Simon & Schuster.

258 **Where Jeff Van Gundy's paranoia came from:** Paul Knepper, *The Knicks of the Nineties*, p. 186, 2020. McFarland.

258 **Van Gundy's call with Bill Parcells:** Adrian Wojnarowski, podcast with Jeff Van Gundy, Feb. 10, 2016.

259 **Ewing going to management to say Van Gundy needed to stay on as coach:** William C. Rhoden, "Checketts Stays Afloat Over Mess He Created," *New York Times*, April 12, 1999.

259 **Van Gundy's two-year-old daughter memorizing the Knicks' injury report:** Mike Wise, "Van Gundy Produces Patchwork Surprise," *New York Times*, March 2, 1998.

261 **Gregory's Restaurant being Checketts and Grunfeld's place:** Frank Isola and Mike Wise, *Just Ballin': The Chaotic Rise of the New York Knicks*, p. 160, 1999. Simon & Schuster.

261 **The history behind table 21, the restaurant's secluded area where Checketts and Grunfeld had dinner:** Frank Isola and Mike Wise, *Just Ballin': The Chaotic Rise of the New York Knicks*, p. 161, 1999. Simon & Schuster.

262 **Grunfeld's rise through the Knicks'organization:** No byline, "Knicks Promote Grunfeld," United Press International, July 21, 1993.

262 **Grunfeld's dog being named Nicky:** Paul Schwartz, "Ernie's Plan Lookin'Good; Knicks Proving Grunfeld Right," *New York Post*, May 20, 1999.

Relevant interviews in this chapter: Dave Checketts, Ernie Grunfeld, Jeff Van Gundy, Ian O'Connor, Steve Popper, and Sammy Steinlight.

20 逆境を乗り越えて

263 **Charlie Ward backing Reggie White's opinion on women reporters being in the locker room:** Mike Wise, "Getting the Word Out," *New York Times*, May 1, 1999.

263 **Larry Johnson denying allegation:** Mark Cannizzaro, "Furious Johnson Fires Back," *New York Post*, April 22, 1999.

263 **Sprewell's agent calling for a change in coach**

ing: Clifton Brown, "Camp Riley's Regimen Is More Like a Boot Camp," *New York Times*, Oct. 13, 1993.

249 **Van Gundy mentioning Indiana's teamwide conditioning plan during the lockout as a way to motivate the Knick players:** Frank Isola, "Van Gundy to Team: Work It Out; Wants Knicks Together," New York *Daily News*, Nov. 19, 1988.

249 **Larry Johnson dropping twenty-five pounds during the lockout:** Alan Greenberg, "Is One Ball Enough on Ewing's Knicks? " *Hartford Courant*, Feb. 5, 1999.

249 **Ewing's weight gain:** Kevin Kernan, "Out-of-Shape Ewing Worries Checketts," *New York Post*, Jan. 8, 1999.

250 **Detail about Sprewell being able to keep up on StairMaster at highest level for a considerable amount of time during college** came from an interview with Gary Waites (8/2/19).

250 **Camby hiring a personal trainer following the Oakley trade, in an effort to put on muscle:** Frank Isola, "Camby Pumped Up for Season," New York *Daily News*, July 29, 1998.

250 **"His work capacity, previous to today, was not acceptable":** Kevin Kernan, "He's Jeff Van Grumpy: Coach Already Worried About Knick Effort," *New York Post*, Jan. 27, 1999.

250 **Dennis Scott being out of shape for camp:** Brian Lewis, "Scott's Debut Breathtaking," *New York Post*, Jan. 25, 1999.

250 **Scott's struggles with his weight before turning pro:** Anthony Cotton, "A Light Scott Now Carries More Weight," *Washington Post*, March 3, 1990.

250 Scott's college coach threatening to bench him if he didn't lose weight: John Romano, "For Ga. Tech's Scott, Results Were Worth the Weight Loss," Tampa Bay Times, March 23, 1990.

250 **"Obviously he needs to get in a lot better condition before he can play":** Selena Roberts, "Sprewell & Co. Ponder Roar of Garden Crowd," *New York Times*, Jan. 27, 1999.

251 **Sprewell having stress fracture in heel:** Brian Lewis, "Sprewell Setback: He'll Miss 3-6 Weeks with Fractured Heel," *New York Post*, Feb. 10, 1999.

251 **Larry Johnson needing MRI on knee during first month of season:** Selena Roberts, "Knicks'Johnson Hoping to Play with the Pain," *New York Times*, Feb. 23, 1999.

251 **Ewing limping off the court after twenty-nine seconds with Achilles pain:** Selena Roberts, "Fright Night: Ewing Hurt in Loss," *New York Times*, March 10, 1999.

251 **Knicks having five games in six nights, in four different cities:** Chris Sheridan, "Bucks 87, Knicks 86," Associated Press, March 9, 1999.

251 **Johnson taking blame in Knicks' awful offensive showing in Chicago:** Selena Roberts, "Knicks Offer Apologies, but No Explanations," *New York Times*, March 14, 1999.

251 **Scott being cut by Van Gundy after making jokes on the team plane following bad Chicago loss:** Selena Roberts, "As Boat Rocks, Grunfeld Is Pushed Overboard," *New York Times*, April 22, 1999.

252 **Van Gundy reportedly not consulting Grunfeld about the move beforehand:** Selena Roberts, "As Boat Rocks, Grunfeld Is Pushed Overboard," *New York Times*, April 22, 1999.

Relevant interviews in this chapter: Ernie Grunfeld, Glen Grunwald, Butch Carter, John Wallace, Charlie Ward, Kurt Thomas, Chris Childs, Dave Checketts, Jeff Van Gundy, Said Hamdan, Gary Waites, and Selena Roberts.

19 長すぎたつきあい

253 **The blowout nature of the Knicks' April 7 loss in Charlotte:** Selena Robert, "Knicks Are All Out of Answers," *New York Times*, April 8, 1999.

253 **Van Gundy shouting profanities at Allan Houston for his lack of effort:** Frank Isola and Mike Wise, *Just Ballin': The Chaotic Rise of the New York Knicks*, p. 136, 1999. Simon & Schuster.

254 **"I would say... that we are teetering":** Kevin Kernan, "Back Up the Van Gundy; Jeff 's Knicks Fall to 10th Place After Embarrassing Loss to Hornets," *New York Post*, April 8, 1999.

254 **Grunfeld reportedly being prepared to fire Van Gundy if the Knicks lost to Atlanta that night:** Ian O'Connor, "Van Gundy, Camby Patch Things Up and Get the Last Laugh," *Journal News*, June 7, 1999.

241 **Ewing's $20 million salary, and it becoming the NBA's highest salary after Jordan's departure:** L. C. Johnson, "Owners Willing to Try a Tax; Proposal Would Affect More Player Contracts, However if It Doesn't Hold Down Salary Growth, It Calls for a Hard Cap," *Orlando Sentinel*, Oct. 17, 1998.

242 **The Raptors essentially getting their name from *Jurassic Park*, and through a fan contest:** Doug Smith, *We the North: 25 Years of the Toronto Raptors*, p. 30 (Kindle version), 2019. Viking.

242 **Orlando Magic winning the lottery for a second-straight season:** Tim Povtak, "It's Magic! Orlando Wins Lottery Again; An Astonishing Upset, the Magic Beat Long Odds to Choose the Cream of the College Crop. Will It Be Webber? Bradley? ," *Orlando Sentinel*, May 24, 1993.

242 **The Raptors and Grizzlies not being eligible to win the lottery in 1996, 1997, or 1998:** Phil Jasner, "Lotto Luck: Sixers Emerge from Draft Lottery with No. 1 Pick," *Philadelphia Daily News*, May 20, 1996.

242 **The Raptors' lotto ball coming up first in 1996, but them being given the second pick:** Phil Jasner, "Lotto Luck: Sixers Emerge from Draft Lottery with No. 1 Pick," *Philadelphia Daily News*, May 20, 1996.

242 **The Raptors picking B. J. Armstrong first in the expansion draft:** Sam Smith, "Toronto Picks Armstrong; May Not Trade Him," *Chicago Tribune*, June 25, 1995.

242 **Toronto trading Armstrong after he refused to report to the team:** Blake Murphy, "Why the 15th Anniversary of the Vince Carter Trade Is the Perfect Time to Put It into Its New and Complete Perspective," *Athletic*, Dec. 17, 2019.

242 **Camby leading the league in blocks per game in 1996-97:** Barbara Barker, "Oak Leaves Knicks; Toronto Gets Him in Deal for Camby," *Newsday*, June 26, 1998.

243 **The Knicks sending cash to Toronto in the deal for Camby:** Selena Roberts, "Knicks Part Ways with Oakley to Get Toronto's Camby," *New York Times*, June 25, 1998.

244 **Specific details on Oakley's decision not to report to Toronto right away** came from an interview with Glen Grunwald (12/13/20).

244 **Oakley pushing things close to the lockout deadline by not reporting to Toronto in the aftermath of the trade:** Selena Roberts, "Knicks Near Deadline in Trade Bid," *New York Times*, June 30, 1998.

245 **Sprewell attacking Carlesimo:** Mike Wise, "Sprewell Attack Stuns League," *New York Times*, Dec. 3, 1997.

245 **Sprewell receiving the longest non-drug-related suspension in NBA history at the time:** Don Markus, "NBA Star Benched for Rest of Season," *Baltimore Sun*, Nov. 22, 2004.

245 **NBA lockout lasting 204 days:** Chris Sheridan, "NBA Lockout Officially Ends," Associated Press, Jan. 20, 1999.

245 **Sprewell being named to the All-NBA team for defense:** Nathan Tidwell Jr. , "Sprewell: A Diamond in the Rough Before Heading to New York," *Daily Press*, May 28, 2000.

245 **Riley drawing a comparison between Sprewell and Jordan back in 1994, after coaching against him:** Clifton Brown, "Sprewell's 41 Points Sting Knicks," *New York Times*, Feb. 11, 1994.

246 **The Knicks getting permission from David Stern to meet Sprewell before finalizing a trade for him:** Mike Wise, "How the Heat Missed Landing Sprewell," *New York Times*, May 7, 2000.

246 **Van Gundy asking for a Diet Coke before going through X's and O's for Sprewell at the swingman's home:** Frank Isola and Mike Wise, *Just Ballin': The Chaotic Rise of the New York Knicks*, p. 16, 1999.

247 **Checketts requesting an explanation for Sprewell's "Shit happens" comment:** Frank Isola and Mike Wise, *Just Ballin': The Chaotic Rise of the New York Knicks*, p.23, 1999. Simon & Schuster.

248 **"But Dad, we've already been out to Golden State":** Mike Wise, "A Piece of New York Is Leaving the Knicks," *New York Times*, Jan. 20, 1999.

249 **Riley's mantra during the early 1990s about wanting the Knicks to be the hardest-working, best-conditioned team:** Jan Hubbard, "Knicks Try Tough Way," *Newsday*, Oct. 8, 1991.

249 **Greg Brittenham visiting Knick players regularly during offseason to track their condition-**

234 Parallels between Ewing and Bill Russell: Karen Russell, "Opinion: Growing Up with Pride and Prejudice," *New York Times*, June 14, 1987.

235 Details about Ewing covering young teammates' purchases at Friedman's came from Greg Butler (8/13/19), and **the detail about him paying for a sizable chunk of Chris Jent's wife's brain-tumor treatment** came from Jent himself (10/31/20).

235 Ewing's sexual harassment allegation: No byline, "Ewing Denies Allegations," Associated Press, April 17, 1997.

235 The detail about the six-figure settlement the Knicks paid in response to those allegations came from multiple interviews with Dave Checketts.

235 Ewing testifying in a racketeering case: David Firestone, "In Testimony, Patrick Ewing Tells of Favors at Strip Club," *New York Times*, July 24, 2001.

236 Ewing's extramarital affair: Kevin Merida, "NBA Wives'Tale," *Washington Post*, Oct. 27, 1998.

236 The detail about Ewing having slept with more than one team dancer, and dancers getting the numbers of players from ball boys came from an interview with a team dancer, who agreed to be interviewed for the book on background.

236 Ewing's wife starting divorce proceedings: Joanna Molloy, Michele McPhee, and Virginia Breen, "End of a Romance? Ewing and His Wife Head for Splitsville," New York *Daily News*, Feb. 13, 1998.

236 The number of coincidences between the novel and real life: Kevin Merida, "NBA Wives'Tale," *Washington Post*, Oct. 27, 1998.

236 Ewing's spending four hours a day on wrist rehab: Dave D'Alessandro, "Ewing's Prognosis: Playoffs," *Newark Star-Ledger*, March 18, 1998.

237 Oakley tying Ewing's ties for him: Mike Lupica, "Ewing Connects," New York *Daily News*, Jan. 18, 1998.

237 Brief period of mourning: Joe Schad, "Ewing Won't Accept Bad News," *Newsday*, Dec. 22, 1997.

237 Starks having multiple family members dealing with cancer: Mike Wise, "For Starks No Gloves; Just Heart Amid Mother's Fight with Cancer," *New York Times*, May 1, 1998.

237 Dudley breaking his foot: Mike Wise, "Dudley Is Injured in Dismal Knick Loss," *New York Times*, Feb. 25, 1998.

237 Van Gundy filling in as team's tenth man at practice: Ohm Youngmisuk, "Knicks Ailing, Van Gets the Point," New York *Daily News*, March 14, 1998.

238 Starks's mother needing surgery: Mike Wise, "For Starks No Gloves; Just Heart Amid Mother's Fight with Cancer," *New York Times*, May 1, 1998.

238 Larry Johnson's childhood background in boxing: Tom Withers, "Boxing Led to Hoops for Rebels' Johnson," United Press International, April 1, 1990.

239 Chris Mills being the lone Knick suspended: Lisa Dillman, "TKO in Fight Night at Garden," *Los Angeles Times*, May 2, 1998.

240 Two fouls in three minutes: Mike Wise, "Lost in the Return: The Motion Offense," *New York Times*, May 8, 1998.

240 Starks bringing golf clubs to Indiana: Frank Isola, "Starks Bringing Golf Clubs to Indy Has... Knicks Teed Off," *New York Daily News*, May 15, 1998.

Relevant interviews in this chapter: John Wallace, Eric "Sleepy" Floyd, Andrew Lang, Said Hamdan, Dr. Susan Scott, Dr. Norm Scott, Jeff Van Gundy, Pastor John Love, Fred Cofield, Brian Quinnett, Roy Williams, Karl Hobbs, Craig Esherick, Bill Stein, George Vecsey, Filip Bondy, Curtis Bunn, Greg Butler, Chris Jent, Selena Roberts, Dave Checketts, Bob Salmi, and unnamed team dancer.

18 心臓移植

241 The Pacers getting to the free-throw line almost 60 percent more than the Knicks in 1998 playoff series: Basketball-Reference.com page; 1998 NBA Eastern Conference Semifinals Knicks vs. Pacers page.

241 New York being the fifth-oldest team: Basketball-Reference.com page;1997-98 NBA Season Summary page, under the Miscellaneous Stats section.

226 David Robinson's broken foot: No byline, "Spurs' Robinson Breaks His Foot," Associated Press, Dec. 24, 1996.

226 Spurs winning the lottery to get Duncan: Tarik El-Bashir, "Spurs Win the Tim Duncan Sweepstakes," *New York Times*, May 19, 1997.

226 The Knicks' lone season with a league-average offense: Basketball-Reference.com's Knicks'page for the 1991-92 season has the team offensive rating ranked 12th out of 27 teams.

226 "The Gang That Couldn't Shoot Straight": Jack McCallum, "Rough. . . but Ready? ," *Sports Illustrated*, Feb. 1, 1993.

226 "Windshield wipers offer more variety than the Knicks'offense": Chris Smith, "Hoop Genius: Don Nelson Looks Like a Jovial, Beer-Drinking Sports Fan. Until He Gets Mad. Can He Succeed Where Pat Riley Failed? " *New York*, November 27, 1995.

226 "They'd be accused of intentional grounding": Peter Vecsey, "Clippers Will Gain a Coach, Lose a Shot at Luring Barkley," *USA Today*, Feb. 5, 1992.

227 Ewing playing through flu-like symptoms: Sandy Keenan, "Ewing of Old: 34 points, 12 Rebounds for Knicks Leader," *Newsday,* Dec. 12, 1997.

227 Ewing hitting seven of eight jumpers in one quarter: Steve Adamek, "Ewing's 34 Cage Timberwolves," *Bergen Record*, Dec. 12, 1997.

227 "He chose to practice what he was already good at": David Halberstam, "Changing NBA Game, Greatness Passes Ewing," ESPN.com, March 2001.

227 "Where the hell did you get that jump shot from? ": Russ Bengtson, "King of New York: Patrick Ewing Ruled New York. Ew Heard? ," *Slam Magazine*, Dec. 14, 2010.

228 Oakley crashing into Ewing's wife: Sandy Keenan, "Squanderers: Knicks Again Blow Late Lead, Lose in OT," *Newsday,* Jan. 30, 1998.

228 Historic nature of the Pfister Hotel: No byline, "Roster of Historic American Hotels Expands," *Chicago Sun-Times*, Feb. 21, 1993.

228 "He'd heard ghosts there and stuff ": LeBatard Show, "Ewing Is Scared of Haunted Milwaukee Hotel," YouTube clip, Feb. 7, 2014. https://www.youtube.com/watch? v=S_RV0dzBMg4&t=2s.

229 Left-handed free throws: Selena Roberts, "Horror Show for Knicks as Ewing Injures Wrist," *New York Times*, Dec. 21, 1997.

230 Ewing injury resembling one seen in car accidents: Susan Ferraro and Frank Isola, "How Well He'll Recover Is Hard Call for Docs," New York *Daily News*, Dec. 23, 1997.

230 Right lunate dislocation: Susan Ferraro and Frank Isola, "How Well He'll Recover Is Hard Call for Docs," New York *Daily News*, Dec. 23, 1997.

230 The detailed description of what took place at the hospital during Ewing's surgery came from an interview with Dr. Susan Scott (12/2/20), who operated on him.

231 Three- and four-guard lineups: Selena Roberts, "Horror Show for Knicks as Ewing Injures Wrist," *New York Times*, Dec. 21, 1997.

231 Van Gundy's "How are we supposed to win now? " question was relayed in interviews with Brendan Malone and Jeff Nix.

232 Details on Ewing being frustrated having to sign autographs for several children at Newark Airport came from an interview with Brian Quinnett (2/15/19). **The detail about Ewing putting all his teammates up in Jamaica** also came from Quinnett.

233 Ewing and Michael Jordan being on the same recruiting trip at UNC: Jimmy Black and Scott Fowler, *Jimmy Black's Tales from the Tar Heels*, p. 99, 2006. Sports Publishing LLC.

233 Ewing being one of seven children: Ralph Wiley, "The Master of the Key: After Years of Relying on Others to Unlock Doors for Him, Georgetown's Center Patrick Ewing Will Soon Go Off on His Own," *Sports Illustrated*, Jan. 7, 1985.

233 The turbulence around Boston's desegregation: Ian O'Connor, "Patrick Ewing Has the Floor," ESPN. com, Nov. 1, 2017.

234 Ewing's high school going 77-1: Chip Malafronte, "The Day Wilbur Cross Beat Patrick Ewing," *New Haven Register*, June 29, 2013.

234 The overt racism Ewing faced: Noah Perkins, "Ewing, Jarvis Rewind the Time," *Milford Daily News*, June 25, 2020.

234 Racist signs at Big East games, and the banana peel: Gary Pomerantz, "Ewing Under Siege," *Washington Post*, Feb. 9, 1983.

214 **Details on Charlotte's concern over Mason's purported steroid use:** came from an interview with Dave Checketts. A separate interview with Dave Cowens confirmed the Hornets'initial concerns, with Cowens saying Nelson first raised the question in a conversation with him.

215 **New York signs veteran big men Buck and Herb Williams:** Selena Roberts, "Knicks Seal Up Buck Williams," *New York Times*, July 27, 1996.

215 **"We feel like we hit the jackpot":** Clifton Brown, "Quick as 1-2-3, the Knicks Grab a Shot at a Third Championship," *New York Times*, July 15, 1996.

215 **Details on Pete Favat's initial meeting with Larry Johnson in which he introduced the concept of Grandmama to him** came from an interview with Favat himself (11/6/20).

217 **Details on the relationships between teammates that season** came from interviews with Charlie Ward, Chris Childs, Eric Leckner, and John Wallace.

218 **Starks winning the Sixth Man award:** No byline, "Sixth Man Award for Starks," *New York Times*, April 23, 1997.

218 **Johnson's revenge dagger in Charlotte:** Steve Adamek, "Buzz Off! Knicks Swat Hornets; Miami Next? " Bergen Record, April 29, 1997.

219 **"A lot of guys in this business have been spoon-fed. But Larry?... Somewhere down the line, Larry had to learn to eat soup with a fork":** Barbara Barker, "Johnson Has Come a Long Way Since Tough Background," *Newsday*, Oct. 27, 1996.

219 **"I hate them with all the hate you can hate with":** Selena Roberts, "Haranguing Above the Rim Begins," *New York Times*, May 2, 2000.

219 **"It's like that toy you wanted your whole life":** Mal Florence, "It's So Close, Yet So Far Away for the Knicks," *Los Angeles Times*, May 20, 1997.

220 **P. J. Brown cooking and serving for the homeless, paying for underprivileged children to attend games, and reading to kids at libraries:** Ira Winderman, "Brown to Receive Citizenship Award for Community Work," *South Florida Sun-Sentinel*, April 25, 1997.

220 **Detail about P. J. Brown having been in chapel with Charlie Ward shortly before that fateful Game 5** came from multiple interviews with Ward himself.

221 **"He was going for my knees instead of trying to go for the rebound":** Barbara Barker, "Tempers and Heat Rising; Knicks Brawl, Fall in Miami," *Newsday*, May 15, 1997.

222 **The Knicks having five players suspended to Miami's one for the altercation:** Frank Hughes, "NBA Punches Out Game 5 Battlers; Heat, Player, Five Knicks," *Washington Times*, May 16, 1997.

222 **New York having so many players suspended that they had to split the penalty over two games, and use alphabetical order to determine who would sit out first:** Chris Sheridan, "NBA Sets Down Five Knicks; Heat's Brown," Associated Press, May 16, 1997.

224 **"I don't feel like the best team won":** Barbara Barker, "Emptiness Crushing Disappointed Knicks," *Newsday*, May 20, 1997.

224 **"The commissioner took away a golden opportunity from me and my teammates":** Frank Isola, "Into a Long, Hot Bummer; Ewing Offers Stern Parting Words," New York *Daily News*, May 20, 1997.

224 **Van Gundy arranging pebbles in the sand to diagram the offense right after the Knicks got bounced:** Katie Baker, "It Was Like True, True Disdain for Each Other," *Ringer*, May 15, 2017.

224 **"Even with time, I don't know if this is something that totally goes away":** Frank Isola, "Van's the Man with a Finals Plan," New York *Daily News*, May 31, 1997.

Relevant interviews in this chapter: Ed Tapscott, Jerry Albig, Phil Hubbard, Ernie Grunfeld, John Wallace, Dontaé Jones, David Falk, Dave Checketts, Russ Granik, Joel Litvin, Chris Childs, Jeff Van Gundy, Dave Cowens, George Willis, Pete Favat, Charlie Ward, Eric Leckner, Fletcher Cockrel, J. D. Mayo, Dennis Helms, Isaac Austin, John Crotty, Jeff Kessler, Judge Jed Rakoff, andSteve Popper.

17 打ち砕かれて

225 **Ewing being first to the gym the day after the Game 5 loss:** Doc Rivers, *For Those Who Love the Game*, p. 149, 1993.

Ball Back in Their Own Court," *New York Times*, March 12, 1996.

208 **Bulls winning fourth title after notching league-record 72 wins in regular season:** Terry Armour, "Michael Jordan Named MVP as Chicago Bulls Win 1996 Title over Seattle Supersonics," *Chicago Tribune*, June 17, 1996.

Relevant interviews in this chapter: Stu Jackson, Jeff Van Gundy, Ernie Grunfeld, Don Chaney, Pam Harris, Pat Hazelton, Patrick Eddie, Brendan Malone, Ed Oliva, Mark Pannes, Pastor John Love, Ed Tapscott, Derek Harper, and Dave Checketts.

16 大炎上

209 **Details about the Jermaine O'Neal and Kobe Bryant draft workouts** came from multiple interviews with Ed Tapscott.

210 **The Knicks getting a pick from the Spurs for Charles Smith:** Mike Wise, "Knicks Deal Smith, and His Salary, to San Antonio," *New York Times*, Feb. 9, 1996.

210 **The Knicks getting a pick from Miami in the Riley tampering case:** Ira Winderman, "Barring Late Trade, Heat to Sit Out Draft," *South Florida Sun-Sentinel*, June 14, 1996.

211 **New York taking Wallace, McCarty, and Jones in the first round of the 1996 draft:** Clifton Brown, "Knicks Sign Their Three First Rounders," *New York Times*, August 7, 1996.

211 **Michael Jordan laying out an ultimatum to Jerry Reinsdorf and the Bulls:** Sam Smith, "How Close Did Michael Jordan Come to Joining the Knicks?," *Chicago Tribune*, August 13, 1997.

211 **Jordan's previous contract paying him $25 million over eight years:** Sam Smith, "How Close Did Michael Jordan Come to Joining the Knicks? ," *Chicago Tribune*, August 13, 1997.

211 **Jordan getting a $30 million deal for the 1996-97 season:** Sam Smith, "How Close Did Michael Jordan Come to Joining the Knicks? ," *Chicago Tribune*, August 13, 1997.

212 **Detail about Houston never having experienced a true recruitment** came from multiple interviews with Ed Tapscott.

212 **Houston playing for his father at Tennessee:** No byline, "Tennessee Basketball Coach Wade Houston and Son Allan Can Team Up, NCAA Rules," June 24, 1989.

212 **Houston leaving Pistons in free agency without letting them counter New York's offer:** Mitch Albom, "Houston's Sudden Departure Just Another Sign of NBA's Greed," *Detroit Free Press*, July 14, 1996.

212 **Grant Hill, other Pistons not attending Houston's wedding:** Sam Smith, "Houston's Departure to Knicks Changes Course for Pistons," *Chicago Tribune*, Dec. 24, 1996.

213 **Chris Childs taking on both Jordan and Kobe Bryant:** "Hoop Stories, Ep. 1: Chris Childs Stood Against Kobe Bryant and Michael Jordan," YouTube video, posted by Oldskoolbball, Dec. 30, 2018.

213 **Childs having family members who suffered from alcoholism:** Ira Berkow, "Childs Thinks He Can. . . and So Do the Nets," *New York Times*, Feb. 19, 1996.

213 **Childs having a pool party on the day he expected to be taken in the draft, then spiraling for days when he wasn't drafted:** Shaun Powell, "From Drunk to Knick, Chris Childs Took the Long Road to NBA," *Newsday*, Oct. 13, 1996.

213 **"A player only a bartender could love":** Shaun Powell, "From Drunk to Knick, Chris Childs Took the Long Road to NBA," *Newsday*, Oct. 13, 1996.

213 **"I went out and had twenty-four Heinekens, smoked four joints, and had five or six shots of Cognac":** Shaun Powell, "From Drunk to Knick, Chris Childs Took the Long Road to NBA," *Newsday*, Oct. 13, 1996.

213 **Johnson's twelve-year, $84 million deal being the biggest in sports history at the time:** Ed Hardin, "$84 Million: Hornets' Johnson Gets Plateful; Contract Will Run Through 2005," *News & Record*, Oct. 5, 1993.

214 **Charlotte trading Alonzo Mourning to Miami:** Mark Heisler, "Mourning Turns Up With Heat; Center Is Traded for Rice, Reeves, and Geiger After Turning Down Hornets," *Los Angeles Times*, Nov. 4, 1995.

214 **Johnson's back problems in Charlotte:** Phil Taylor, "The Sting Is Back; Propelled by Revitalized Larry Johnson, the Hornets Are Buzzing Around Top of the Central Division," *Sports Illustrated*, March 6, 1995.

Harper, Charlie Ward, Chris Brienza, Bob Salmi, Don Chaney, Willie Anderson, and Matt Fish.

15 ライリーの申し子

200 **Details on Van Gundy spending nights at Providence's basketball office** came from an interview with Stu Jackson (8/20/19).

201 **Van Gundy drinking a half-dozen Diet Cokes per day:** Percy Allen, "Revived Van Gundy Back in NBA Action; Sonics Notebook," *Seattle Times*, Oct. 9, 2003.

201 **Van Gundy being in room 1814 at the Ritz-Carlton:** Dave D'Alessandro, "Van Gundy Young, Game," *Bergen Record*, March 10, 1996.

201 **Van Gundy being NBA's youngest head coach by seven years:** Dave D'Alessandro, "Van Gundy Young, Game," *Bergen Record*, March 10, 1996.

201 **Van Gundy's father being fired a number of times:** George Vecsey, "Van Gundy: Like Father, Like Son, Like Son," *New York Times*, March 10, 1996.

201 **Van Gundy's lone head-coaching experience being at McQuaid Jesuit:** George Vecsey, "Van Gundy: Like Father, Like Son, Like Son," *New York Times*, March 10, 1996.

202 **Van Gundy telling his parents he planned to transfer from Yale to a junior college:** Ira Berkow, "Born to Coach Basketball: From a Scouting Assignment at Age 10, Van Gundy Has Risen to the Top," *New York Times*, April 21, 1997.

202 **Van Gundy reaching the Division III Elite Eight as a player:** Scott Pitoniak, "Van Gundy's Connection to Nazareth Remains Strong," *Rochester Business Journal*, Oct. 23, 2019.

202 **"Working with Huggies to develop a disposable coach":** Tony Kornheiser, "Making Sales Calls," *Washington Post*, May 28, 1991.

203 **Details on Van Gundy occasionally playing the role of babysitter** came from an interview with Pat Hazelton (8/12/19).

204 **Details on Van Gundy's end-of-season exit meeting with Riley** came from multiple interviews with Van Gundy himself.

204 **Van Gundy's daughter, Mattie, having the middle name"Riley":** Dave Hyde, "Two NBA Coaches and One Torn Family," *South Florida Sun-Sentinel*, May 5, 2000.

204 **Van Gundy asking Riley for some time away after his wife's miscarriage:** Ian O'Connor, "Van Gundy a Playoff-Winning Coach with Perspective and Compassion," Journal News, April 26, 2001.

204 **"I wanted at least one Van Gundy with me":** Ira Berkow, "From a Scouting Assignment at Age 10, Van Gundy Has Risen to the Top," *New York Times*, April 21, 1997.

205 **Sixers had lost 11 of 12, and had a league-worst record of 11-47 entering the game:** Raad Cawthon, "Sixers Ambush Knicks; the Knicks Had a New Coach, but the Sixers Were the Ones Who Looked Rejuvenated," *Philadelphia Inquirer*, March 9, 1996.

205 **Pinckney comparing the win over New York to Christmas miracle:** Raad Cawthon, "Sixers Ambush Knicks; the Knicks Had a New Coach, but the Sixers Were the Ones Who Looked Rejuvenated," *Philadelphia Inquirer*, March 9, 1996.

205 **Van Gundy being too nauseated to eat his Philly cheesesteak:** Dennis D'Agostino, *Garden Glory: An Oral History of the New York Knicks*, p. 248, 2003. Triumph Books.

205 **Van Gundy's preoccupied mishaps with his car:** Mike Wise, "From Team to Car, Woe Is Van Gundy," *New York Times*, May 19, 2000.

206 **Van Gundy's criticism of the team chaplain:** Chris Broussard, "Coach Criticizes Knick Chapel in Article," *New York Times*, April 6, 2001.

206 **Details about Van Gundy's opinions on"distractions"** came from interviewswith Pam Harris, Mark Pannes and Ed Oliva.

207 **"50,000-to-1 [odds]":** Mitch Lawrence, "Unusual Suspects," New York *Daily News*, March 9, 1996.

207 **Don Chaney winning Coach of the Year:** No byline, "Rockets Fire Coach Don Chaney," United Press International, Feb. 18, 1992.

207 **"Of course it changes things":** Lacy J. Banks, "Lost in New York: Knicks Job Interests Phil—and Michael," *Chicago Sun-Times*, March 11, 1996.

208 **Ewing's dunk over Longley:** Terry Armour, "New York Nightmare: Knicks 104, Bulls 72; Knicks Return to Old Ways in Rout over the Bulls," *Chicago Tribune*, March 11, 1996.

208 **Harper giving Van Gundy the game ball after win over Bulls:** Mike Wise, "Knicks Get

speak to media before game in New York: Ira Winderman, "NBA Fines Riley $10,000 for Tirade About Officiating," *South Florida Sun-Sentinel*, Jan. 13, 1996.

192 **Starks, Harper, and Ewing embracing Riley before the game began:** Don Amore, "Hot Knicks, Raining Boos Dampen the Life of Riley," *Hartford Courant*, Dec. 20, 1995.

192 **Knicks being shut out for first five minutes of Riley's return game:** Don Amore, "Hot Knicks, Raining Boos Dampen the Life of Riley," *Hartford Courant*, Dec. 20, 1995.

192 **Riley asking if a cough drop at the Garden was safe for him to have: Barbara Barker, "All Riled Up:** Knicks Pull Away for Emotion-Filled Victory," *Newsday*, Dec. 20, 1995.

193 **Doug Christie making it known he wanted to be traded:** Frank Isola, "Christie Tries to Swing Trade," New York *Daily News*, Nov. 29, 1995.

193 **"If there's dissension and there's a problem, you don't go to the newspaper. You talk it out":** Mike Wise, "Knicks Have No Trouble Expressing Themselves," New York *Times*, Dec. 31, 1995.

193 **Mason questioning Nelson and the team's direction:** Frank Isola, "Mase: What's Going On Here? " New York *Daily News*, Jan. 3, 1996.

194 **Details of the note Mason left for Nelson** came from interviews with Jeff Nix and Bob Salmi.

195 **Detail concerning Nelson needing new fittings for his Hilfiger-made suits** came from Ed Tapscott, who took part in multiple interviews.

195 **"It was a team loaded with veterans, that I thought I could be more passive with. It didn't work":** Frank Fitzpatrick, *Miami Herald*, March 1, 1997.

196 **Oakley's broken thumb:** Mike Wise, "Oakley to Miss Six Weeks with a Broken Thumb," *New York Times*, Feb. 16, 1996.

196 **Knicks trading Williams and Christie to Toronto:** Mike Wise, "Cash and Carry On at Trader Knick," *New York Times*, Feb. 19, 1996.

196 **"Everybody thought he'd be a good coach. But sometimes nightmares happen":** Michael Wilbon, "A New Day for Knicks of Old," *Washington Post*, March 12, 1996.

196 **Starks being benched immediately after making a three-pointer against Phoenix:** Shaun Powell, "Nelson, You're Not a Teflon Don," *Newsday*, Feb. 29, 1996.

197 **Starks having a fruitless meeting with Nelson:** Shaun Powell, "Nelson, You're Not a Teflon Don," *Newsday*, Feb. 29, 1996.

197 **"Hubert is the better player":** Frank Isola, "Nellie's Stark Answer: Davis," New York *Daily News*, Feb. 29, 1996.

197 **Team's first winless four-game road trip in ten years:** Barbara Barker, "No Zest Out West: Knicks Lose to Jazz, Wind Up 0-4 on Trip," *Newsday*, March 2, 1996.

197 **Nelson getting booed during starting-lineup** *intros at MSG: David Steele*, "Starks-Nelson Feud Turns Nasty," *Newsday*, March 5, 1996.

197 **"I didn't think he had very much left in the tank":** Bryant Gumbel, *HBO Real Sports with Bryant Gumbel*, interview with Don Nelson in June 25, 2019, episode.

198 **Nelson's meeting with Dolan:** Bryant Gumbel, *HBO Real Sports with Bryant Gumbel*, interview with Don Nelson in June 25, 2019, episode.

198 **"It got back to [Ewing], and once that happened, I was toast":** Bryant Gumbel, *HBO Real Sports with Bryant Gumbel*, interview with Don Nelson in June 25, 2019, episode.

198 **Detail about Nelson calling his players"assholes"** came from an interview with Willie Anderson (7/26/20).

198 **Knicks sign free agent Matt Fish:** No byline, "Knicks Sign Forward Matt Fish to 10-day Contract," Associated Press, Feb. 24, 1996.

198 **Ewing being sidelined with an ankle injury and flu-like symptoms:** Barbara Barker, "Herb Back with Team," *Newsday*, Feb. 29, 1996.

199 **"I loved everything except the team":** Jackie MacMullan, "Van's the Man Relieved to Be Rid of Don *Nelson;* the Knicks Blew Away the Bulls for New Coach, Jeff Van Gundy," *Sports Illustrated*, March 18, 1996.

199 **"As a coach, you can't just say, 'That's it. 'Some guys may need a little more explaining":** Frank Isola, "Christie Says Starks Is Legit in Complaint," New York *Daily News*, March 7, 1996.

Relevant interviews in this chapter: Jeff Nix, Ed Tapscott, Ernie Grunfeld, Dr. Norm Scott, Derek

$74. 4 Million Deal Doesn't Guarantee Loyalty," Associated Press, June 29, 1994.

186 **Golden State trades Memphis State's Penny Hardaway and three future No. 1 picks for Webber:** Ric Bucher, "Warriors Get Top Pick Chris Webber in Draft Night Trade," *Mercury News*, June 30, 1993.

187 **"I have no love for Don Nelson":** Mark Heisler, "Eyed by the Birds, Then Gored by the Bulls," *Los Angeles Times*, Nov. 27, 1994.

187 **Nelson suggesting players could blame Webber's salary for their stalled contract negotiations:** Clara Morris and Ryan Simmons, "Chris Webber's Beef with Don Nelson Was a Power Struggle that Ruined the Warriors," Secret Base (YouTube video), August 23, 2020. https://www.youtube.com/watch? v=HPlOefnhiRw&t=288s.

187 **"About the toughest guy I ever coached":** Alex Williams, "Retired NBA Coach Don Nelson Talks Playoffs, Poker and, Uh, Weed," *New York Times*, April 30, 2018.

187 **Nelson spending five days in the hospital and thirteen at home during midseason bout with viral pneumonia:** Leigh Montville, "The Crash: Battling Fractious Players and Illness, Golden State Coach Don Nelson Has Seen His Dream Season Ruined," *Sports Illustrated*, Jan. 16, 1995.

187 **The Warriors'media guide image, with Nelson leading the elevator ride:** Leigh Montville, "The Crash: Battling Fractious Players and Illness, Golden State Coach Don Nelson Has Seen His Dream Season Ruined," *Sports Illustrated*, Jan. 16, 1995.

187 **Nelson leaving the job midseason with a 14-31 mark:** No byline, "Nelson's Future Uncertain," *Associated Press*, Feb. 13, 1995.

188 **Knicks being tied for the NBA's second-best record through 12 games:** Basketball-Reference. com's historical league standings tracker, on Nov. 26, 1995.

188 **Headlines praising the Knicks:** Eddie Sefko, "Riley Is Gone, but New-Look Knicks Still Tough," *Houston Chronicle*, Nov. 25, 1995.

188 **Second headline praising the Knicks:** Curtis Bunn, "D-Lightful Are Don's Knicks," New York *Daily News*, Nov. 5, 1995.

188 **Knicks offering Charles Oakley and Charles Smith for Mourning:** Mark Heisler, "Core Truth as New York Fans Set the Fax Straight, and in Fewer Words," *Los Angeles Times*, Dec. 20, 1995.

188 **The Knicks countering with Starks, Mason, and a first-round pick:** Howard Blatt, "Zo Close, Yet Zo Far: Last-Minute Knick Offer Almost Lands Mourning," New York *Daily News*, Nov. 7, 1995.

188 **New York's offer being the runner-up to Miami's, according to Hornets coach Allen Bristow:** Howard Blatt, "Zo Close, Yet Zo Far: Last-Minute Knick Offer Almost Lands Mourning," New York *Daily News*, Nov. 7, 1995.

189 **Riley's name still being taped onto the remote control after Nelson took over:** Chris Smith, "Hoop Genius: Don Nelson Looks Like a Jovial, Beer-Drinking Sports Fan. Until He Gets Mad. Can He Succeed Where Pat Riley Failed? " *New York*, November 27, 1995.

189 **"After an hour and a half, we'd be out of practice":** Dennis D'Agostino, *Garden Glory: An Oral History of the New York Knicks*, p. 247, 2003. Triumph Books.

190 **Nelson's practice quizzes, which fined players $10 per wrong answer, and yielded $600 for charity in a single session:** Chris Smith, "Hoop Genius: Don Nelson Looks Like a Jovial, Beer-Drinking Sports Fan. Until He Gets Mad. Can He Succeed Where Pat Riley Failed? " *New York*, November 27, 1995.

190 **Charlie Ward going from a career-best performance in Nelson's Knicks debut to not playing most nights:** Tim Potvak, "Royal Challenge: Fill In for Grant," *Orlando Sentinel*, Dec. 22, 1995.

190 **"I wonder if we're all really, really accepting [the sacrifice]":** Howard Blatt, "A Matter of Minutes for Knicks," New York *Daily News*, Nov. 27, 1995.

191 **"I think he should be in jail!":** YouTube video, titled "NBA Pat Riley Returns to MSG as Miami Head Coach Pregame 1995," posted by tdreadedkaz, Aug. 5,2020. https://www.youtube.com/watch? v=w_8qgJ6nNoc&t=442s.

191 **Riley intentionally having the Heat players arrive at MSG late, to avoid the media glare:** Curtis Bunn, "Lost on Planet Pat," New York *Daily News*, Dec. 20, 1995.

191 **Heat fined $25,000 for not having players**

Sept. 2, 1995.

177 **Riley being"miserable" in New York:** Mark Kriegel, "Escape from New York," *Esquire*, Dec. 1, 1995.

177 **"I could have seen myself ending my career in New York":** Dennis D'Agostino, *Garden Glory: An Oral History of the New York Knicks*, p. 245, 2003. Triumph Books.

178 **Riley being introduced on a ship named *Imagination*, inside a lounge called Dynasty:** Mike Wise, "Riley Back in Spotlight and Back at the Helm," *New York Times*, Sept. 3, 1995.

178 **"We're all at least a little guilty":** Mike Wise, "Book Is Closed on the Knicks-Riley Saga," *New York Times*, Sept. 8, 1995.

Relevant interviews in this chapter: Derek Harper, Donnie Walsh, Dick Butera, Bob Salmi, Jeff Van Gundy, Dave Checketts, Mike Saunders, Ernie Grunfeld, Ken Munoz, Larry Pearlstein, and Mike Wise.

14 次々と生じる問題

179 **Nelson's call for the final shot being questioned in Vancouver loss:** Mike Wise, "For Nelson, Unpleasant Loss, Unpleasant Questions," *New York Times*, Jan. 22, 1996.

180 **Details of the team's plane ride back from Vancouver** came from multiple interviews with Jeff Nix.

181 **Nelson growing up on a farm:** Jeff Mayers, "Bucks Coach Hopes to Score for Farmers," Associated Press, Feb. 20, 1995.

182 **Nelson's fish neckties:** Lisbeth Levine, "Comeback of the Year," *Chicago Tribune*, Dec. 14, 1995.

182 **Tommy Hilfiger's deal to outfit Nelson for the season:** Lisbeth Levine, "Comeback of the Year," *Chicago Tribune*, Dec. 14, 1995.

182 **The Knicks'meetings with Chuck Daly:** Mike Wise, "Daly Tells the Knicks: Thanks, but No Thanks," *New York Times*, June 24, 1995.

182 **Details about the Knicks'efforts to keep their meeting with Daly under wraps** came from multiple interviews with Ed Tapscott.

182 **Daly's tight-knit relationships with his players:** Alan Goldstein, "PlayersWalk Tightrope of Stardom," *Baltimore Sun*, Feb. 17, 1993.

182 **Daly's relationships with the Dream Team players:** Jack McCallum, "Remembering Chuck Daly," *Sports Illustrated*, May 9, 2009.

183 **Daly's wife reportedly being opposed to him taking another job, due to potential stress:** Neil Best and Shaun Powell, "Wanted Man: Daly Figures to Get Knicks'Offer Today," *Newsday*, June 22, 1995.

183 **"It had to be the most seductive drink that's ever been placed in front of me":** Mike Wise, "Daly Tells the Knicks: Thanks, but No Thanks," *New York Times*, June 24, 1995.

183 **Grunfeld being drafted by and playing for Nelson in Milwaukee:** No byline, "Nelson, Knicks Get Close," Associated Press, July 4, 1995.

183 **Nelson's reputation as an offensive innovator:** Chris Ballard, "Genius of a Mad Scientist," *Sports Illustrated*, April 5, 2010.

184 **Nelson's first question for Grunfeld being about Mason's free-agent status:** Clifton Brown, "Holding On to Mason Was the Only Move," *New York Times*, Sept. 22, 1995.

184 **Mason winning the prior season's Sixth Man of the Year award:** Clifton Brown, "Holding On to Mason Was the Only Move," *New York Times*, Sept. 22, 1995.

184 **Nelson asking Oakley and Ewing to occasionally bring the ball up to create different looks, and Ewing hating it:** Bill Fay, "League Regaining Its Stability," *Tampa Tribune*, Oct. 15, 1995.

184 **Riley using blue, card-stock paper for his notes:** Tom D'Angelo, "Welcome to. . . Camp Riley," *Palm Beach Post*, Oct. 1, 1995.

185 **"We're not a running team":** Amy Shipley, "Knicks'Nelson Tries to Make a Point, *Miami Herald*, Oct. 15, 1995.

186 **Ewing and Nelson's first conversation being awkward:** Mike Wise, "In Collapse of Chemistry, Nelson and Ewing Failed to Mix," *New York Times*, March 10, 1996.

186 **Nelson joining the Knicks as the sixth-winningest coach in NBA history:** No byline, "Nelson, Knicks Get Close," Associated Press, July 4, 1995.

186 **Webber opted out of his Warriors contract after his rookie season:** No byline, "Webber's

13 罪人たちの駆け引き

166 **Fans chanting "We want Charlie!" and Riley calling the team"unprofessional":** Joe Donnelly, "What's Wrong? Riley Calls Team 'Unprofessional' After Beating Heat," *Newsday*, Feb. 18, 1995.

167 **"It'd be fake to say the victory puts that all aside":** Clifton Brown, "Knicks Walk Off with Winning Review," *New York Times*, Feb. 20, 1995.

167 **Riley sending Mason to the locker room in Denver before suspending him a second time:** Clifton Brown, "Mason-Riley Blowup Symptom of Internal Strife," *New York Times*, March 16, 1995.

167 **"They've already heard that sales pitch, and got nothing out of it":** Howard Blatt, "Doc Gives Diagnosis of Knick Ills," New York *Daily News*, March 23, 1995.

168 **"I ask Pat if he wants me to leave, and he says no":** Dennis D'Agostino, *Garden Glory: An Oral History of the New York Knicks*, p. 244, 2003. Triumph Books.

169 **"[Mase] was our worst inbounder":** Dan Klores, *Winning Time: Miller vs. The Knicks; ESPN 30 for 30* film, 2010.

169 **Reggie Miller acknowledging he fouled Anthony with a shove to the back:** Ian Begley, "Miller Admits He Pushed Off in 1995," ESPN.com, Sept. 9, 2012.

169 **Sam Mitchell fouling Starks:** Dean Schabner, "Pacers 107, Knicks 105," United Press International, May 7, 1995.

170 **"Did this dude just did [*sic*] this? ":** Dan Klores, *Winning Time: Miller vs. The Knicks; ESPN 30 for 30* film, 2010.

170 **"You lose the edge when you start losing big games":** Dennis D'Agostino, *Garden Glory: An Oral History of the New York Knicks*, p. 244, 2003. Triumph Books.

170 **Ewing's game winner in Game 5 victory over Pacers:** Mike Freeman, "After Game 5, Traveling Tune Is Pacers'Song," *New York Times*, May 18, 1995.

171 **Knicks holding Miller without a basket through three quarters in Game 6:** Rob Parker, "Miller Goes Flat, Bottled by Knicks," *Newsday*, May 20, 1995.

172 **Details of Riley's phone conversation about leaving New York immediately after the Game 7 loss to Indiana:** came from multiple interviews with Dick Butera.

174 **Riley's demand for a $300-a day-per diem from Arison:** Mike Wise, "Book Is Closed on the Knicks-Riley Saga," *New York Times*, Sept. 8, 1995.

174 **Butera not wanting to let go of the memo:** Mike Wise, "Book Is Closed on the Knicks-Riley Saga," *New York Times*, Sept. 8, 1995.

174 **Riley asking Van Gundy to bring his things from the office to his Connecticut home:** Dennis D'Agostino, *Garden Glory: An Oral History of the New York Knicks*, p. 244, 2003. Triumph Books.

175 **Details concerning Riley quietly telling his assistants first of his plan to resign** came from multiple interviews with Mike Saunders.

176 **Riley's resignation letter:** Mark Heisler, "Riley Abruptly Leaves Knicks; Rejecting a $3 Million Per Year Deal, Coach Says He Wanted Control Over Personnel," *Los Angeles Times*, June 16, 1995.

177 **Riley leaving for Greece the same day his resignation letter was faxed to the Knicks:** No byline, "Riley Suing Knicks? " *South Florida Sun-Sentinel*, June 27, 1995.

177 **The memo between Riley and Arison being dated ten days before Riley's resignation from the Knicks:** Mike Wise, "Book Is Closed on the Knicks-Riley Saga," *New York Times*, Sept. 8, 1995.

177 **David Stern hearing arguments during the tampering case:** Ira Winderman, "Knicks: Riley Deal Has Hit Impasse; Compensation, Tampering Unsettled," *South Florida Sun-Sentinel*, August 24, 1995.

177 **Knicks, Heat reaching a settlement, with New York getting $4 million and Miami's first-round pick:** Mike Wise, "Book Is Closed on the Knicks-Riley Saga," *New York Times*, Sept. 8, 1995.

177 **The vast monetary difference between the Knicks'offer and Miami's offer for Riley:** Barbara Barker, "Heat's Off Heat: Knicks Drop Riley Charges, Get Draft Pick and $1M," *Newsday*,

158 **Riley feeling he'd gotten assurances in exchange for staying silent about his plans to resign:** Mike Wise, "Knicks Are Said to Have Asked for Riley's Silence," *New York Times*, Sept. 1, 1995.

158 **ITT and Cablevision partnering to buy Knicks, MSG for more than $1 billion:** Murray Chass, "ITT-Cablevision Deal Reported to Buy Madison Square Garden," *New York Times*, August 28, 1994.

158 **Details on Riley's comment about being owed $10,000 during Araskog's first board meeting after taking over the Madison Square Garden properties** came from interviews with Araskog (7/19/19), Bob Gutkowski (9/30/19), and Dave Checketts (multiple interviews).

159 **Starks's $13 million deal:** Joe Donnelly, "Starks Pleased, but Not Mason; Mase Rejects Offer, Will Be Free Agent," *Newsday*, Nov. 9, 1994.

159 **"When you run from something for so long, it can catch up with you":** Sam Smith, "Nighttime Soap Opera Plays Big in N. Y. ," *Chicago Tribune*, Dec. 18, 1994.

159 **Riley's dilemma with Doc Rivers in 1994:** Clifton Brown, "Will Oakley Show? Checketts Optimistic," *New York Times*, Oct. 1, 1994.

159 **Details on Riley's blowout with Rivers:** came from multiple interviews with Rivers.

160 **Shouting match between Riley, Rivers:** Ian O'Connor, "Rivers Still Pained by Finals Loss in '94," ESPN. com, June 14, 2010.

160 Shouting match between Ewing, Starks in Atlanta: Clifton Brown, "Who Will Step Up and Save Knicks? ," ESPN.com, Dec. 18, 1994.

160 **Teammates calling Starks "Riley's son":** John Starks and Dan Markowitz, *My Life*, p. 98, 2004. Sports Publishing LLC.

160 **"Who are you to ever question anyone's shot selection? ":** Mike Lupica, "Time to Decide Who Knicks Are," *Newsday*, Dec. 13, 1994.

160 **"The Knicks don't have the same step anymore":** David Steele, "It's Magic, ...And Knicks Disappear in Embarrassing Loss," *Newsday*, Dec. 3, 1994.

160 **Riley chartering a jet to Aspen on New Year's Eve:** Mike Wise, "Book Is Closed on the Knicks-Riley Saga," *New York Times*, Sept. 8, 1995.

162 **ITT and Cablevision having an 85-15 ownership split of the Garden initially:** Vicki McCash, "Viacom Stock a Garden Party Pooper," *South Florida Sun-Sentinel*, Aug. 30, 1994.

162 **Araskog being a West Point graduate:** Thomas C. Haynes, "I. T. T. 's New Chief," *New York Times*, July 15, 1979.

162 **Small profits at MSG prompting layoffs under Checketts:** Mary Kay Melvin, "Strengthen Profits, Franchises: MSG's New President Sets Goals," Responsive Database Services, April 10, 1995.

164 **Riley punching a mirror and cutting his hand open as Lakers coach:** Wright Thompson, "Pat Riley's Final Test," ESPN. com, April 25, 2017.

164 **Knicks surrendering season-worst 38 points in a quarter to Pistons:** Clifton Brown, "Going from Dreadful to Simply Defeated," *New York Times*, Feb. 15, 1995.

164 **Riley punching a hole in a blackboard in Detroit as Knicks coach in 1995:** Mark Kriegel, "Riley Returns Regrets, Starks Passed on Pass," *New York Daily News*, Sept. 4, 1995.

164 **The record of phone calls between Butera and Arison shortly after Arison's acquisition of the Heat:** Mike Wise, "Book Is Closed on the Knicks-Riley Saga," *New York Times*, Sept. 8, 1995.

164 **Details on Arison's request to watch the Knicks'shootaround** came from interviews with Chris Brienza (1/28/21), and Jeff Van Gundy (multiple interviews).

165 **"The fact that he refused? I respected it":** Geoff Calkins, "Haggling Ends, Arison Closes Deal," *South Florida Sun-Sentinel*, Sept. 3, 1995.

165 **Riley and Arison meeting in a tunnel after the shootaround:** Geoff Calkins, "Haggling Ends, Arison Closes Deal," *South Florida Sun-Sentinel*, Sept. 3, 1995.

Relevant interviews in this chapter: Anthony Kelly, Freddy Avila, Latifa Whitlock, Dave Checketts, Rod Thorn, Derek Harper, Doc Rivers, Russ Granik, Ed Tapscott, Dr. Norm Scott, David Falk, Curtis Bunn, Bob Gutkowski, Ernie Grunfeld, Rand Araskog, Dick Butera, Chris Brienza, Jeff Van Gundy, and Jeff Nix.

tel, instead of taking the bus: Dennis D'Agostino, *Garden Glory: An Oral History of the New York Knicks*, p. 243, 2003. Triumph Books.

149 **Details about players being crestfallen as they showered after Game 7:** came from interviews with Jeff Van Gundy (multiple interviews), Jeff Nix (multiple interviews), Derek Harper (multiple interviews), Rolando Blackman (8/18/19), Neil Best (9/26/19), and David Steele (10/2/19).

149 **"Biggest mistake I ever made":** Fran Blinebury, "Heat Coach Returns to State Where He Originally Shined," *Houston Chronicle*, June 13, 2006.

149 **Almost no writers present for Starks'postgame interview, because of how long he took:** Neil Best, "The Aftermath: A Cold, Starks Reality; Says Mea Culpa After Poor Game," *Newsday*, June 24, 1994.

149 **"I blame myself":** David Steele, "It All Ends in Anguish: Knicks'Bid for a Title Comes Up Short in Game 7," *Newsday*, June 23, 1994.

149 **Starks's inability to sleep or focus on his kids:** David Steele, "The Aftermath: Starks Deals with the Pain," *Newsday*, June 25, 1994.

Relevant interviews in this chapter: Butch Fisher, Ken Trickey Jr. , Hakeem Olajuwon, Rudy Tomjanovich, Bob Salmi, Derek Harper, Curtis Bunn, Dave Robbins, Dick Ebersol, Bob Costas, David Steele, Dave Checketts, Bo Kimble, Ed Tapscott, Stu Crystal, Pam Harris, Mike Saunders, Dick Butera, Anthony Bonner, Pastor John Love, Larry Brown, Greg Butler, Scott Brooks, Rolando Blackman, Doc Rivers, and Jeff Nix.

12 信頼関係の問題

150 **Details on Mason's blind-date introduction to Latifa Whitlock and eventual engagement to her** came from interviews with Anthony Kelly (9/16/19)and Latifa Whitlock (multiple interviews).

151 **Mason arranging to join the Nets:** No byline, "Deals," Associated Press, Jan. 26, 1990.

152 **Checketts touching base with Riley during the offseason concerning an extension:** Clifton Brown, "Checketts Continues to Look for Offense," *New York Times*, Sept. 10, 1994.

152 **A deal that would have doubled Riley's salary:** Mike Lupica, "Quit Being So Thin-Skinned," *Newsday*, March 23, 1995.

153 **Rod Thorn stopping by a Knicks training camp practice:** Clifton Brown, "While Ewing Takes Dip, Knicks Enlist at Camp Riley," *New York Times*, Oct. 8, 1994.

153 **NBA three-point line getting moved in:** Sam Smith, "Seeking Extra Points, New NBA Rules Favor Scoring," *Chicago Tribune*, Sept. 14, 1994.

153 **Harper appearing in the league's hand-checking demonstration video:** Clifton Brown, "While Ewing Takes Dip, Knicks Enlist at Camp Riley," *New York Times*, Oct. 8, 1994.

153 **NBA's television ratings being down:** No byline, "NBA Finals Gets Lowest Ratings," Associated Press, June 20, 1999.

154 **The Knicks playing the longest postseason in NBA history at that time:** Mark Heisler, "It Wasn't Pretty, but It Was Compelling," *Los Angeles Times*, June 23, 1994.

154 **Ewing's offseason knee clean-out procedure:** Clifton Brown, "While Ewing Takes Dip, Knicks Enlist at Camp Riley," *New York Times*, Oct. 8, 1994.

154 **Riley joking with Smith, telling him to ice his newborn baby's knees:** David Steele, "Doc Hopes to Make Grade," *Newsday*, Oct. 11, 1994.

155 **Oakley's toe discomfort in camp:** Clifton Brown, "Oakley, the Indestructible Man, Is Hurting," *New York Times*, Oct. 18, 1994.

155 **Tapscott feeling Ward could improve considerably by focusing on solely basketball:** David Nakamura, "FSU's Ward Has Sights Set on June's NBA Draft," *Washington Post*, May 27, 1994.

156 **Monty Williams's thickened heart muscle being a risk:** David Haugh, "Rumors Haunting Monty Williams," *South Bend Tribune*, June 18, 1994.

157 **Viacom preparing to sell the Knicks, other MSG properties:** Julie Sanchez, "Viacom Eager to Sell Off Knicks, Rangers," Reuters, June 13, 1994.

157 **Riley's extension offer being for five years, $15 million:** Mike Lupica, "Focusing on Dotted Line: Checketts Prefers to Keep Pat, but Not as Lame Duck," *Newsday*, June 1, 1995.

never do it again: John Starks and Dan Markowitz, *My Life*, p. 48, 2004. Sports Publishing LLC.

134 **22 points in one half on his wedding night:** John Starks and Dan Markowitz, *My Life*, p. 59, 2004. Sports Publishing LLC.

135 **Hakeem Olajuwon being in pain because of Anthony Mason:** Phil Taylor, "Competitive Edge, Toughness Made Anthony Mason One to Remember," *Sports Illustrated*, Feb. 28, 2015.

136 **Starks's double-digit fourth quarter in Game 3:** Clifton Brown, "Pressure Points: Knicks Surge Past Rockets in 4th," *New York Times*, June 16, 1994.

136 **Ewing breaking record for most blocked shots in an NBA Finals series:** NBA Series Finals Leaders and Records for Blocks, Basketball-Reference. com.

137 Ahmad Rashad sitting on Garden hay bales, weeping: Tim Rohan, "Michael, Murray and. . . O. J. ? Ahmad Rashad Has Kept His Friends Close—Most of Them, Anyway," *Sports Illustrated*, June 29, 2018.

137 **O. J. Simpson serving as Rashad's best man:** Tim Rohan, "Michael, Murray and. . . O. J. ? Ahmad Rashad Has Kept His Friends Close—Most of Them, Anyway," *Sports Illustrated*, June 29, 2018.

137 **Rashad being mentioned in Simpson's note the day of the chase:** Tim Rohan, "Michael, Murray and... O. J. ? Ahmad Rashad Has Kept His Friends Close—Most of Them, Anyway," *Sports Illustrated*, June 29, 2018.

138 **Kenny Smith being preoccupied by the Simpson chase during Game 5:** Charles Curtis, "Kenny Smith: Rockets Talked O. J. During '94 Finals," *USA Today*, Oct. 16, 2016.

139 **NBA's television ratings being down considerably without Jordan:** No byline, "NBA Finals Gets Lowest Ratings," Associated Press, June 20, 1999.

139 **NBC affiliates'use of the split screen during the chase:** David Barron, "Juice on the Loose: When O. J. Stole the Rockets' Thunder 25 Years Ago," *Houston Chronicle*, June 14, 2019.

140 **Starks scoring 11 of his 19 in the fourth quarter of Game 5:** Sam Smith, "Title-Starved Knicks a Step from the Top," *Chicago Tribune*, June 18, 1994.

141 **Starks's appearance in the 1992 dunk contest:** Dan Devine, "Dunk History: John Starks, the Chicago Bulls and 'The Dunk,'" *Yahoo Sports*, August 18, 2014.

142 **"Standing at the free-throw line, running down the middle wide open, and you didn't throw it to me":** Ken Berger, "Forgotten Finals: Ewing on Game 6," YouTube video clip with Ewing, June 2, 2014. https://www.youtube.com/watch? v=n8ZFjgpJT_4.

142 **"When it left my hand, it was money":** John Starks and Dan Markowitz, *My Life*, p. 167, 2004. Sports Publishing LLC.

142 **Details about the planning in case the Knicks won Game 6 in Houston** came from interviews with Pam Harris (6/21/19), Stu Crystal (7/18/19), and Mike Saunders (multiple interviews).

142 **The parade for the New York Rangers, who'd won the Stanley Cup:** James Barron, "New Yorkers Bury the Rangers'Curse in a Sea of Confetti," *New York Times*, June 18, 1994.

142 **The Rockets"confiscating" the Knicks'champagne ahead of Game 6:** Dennis D'Agostino, *Garden Glory: An Oral History of the New York Knicks*, p. 241, 2003. Triumph Books.

142 **Riley's comment to Butera about his belief in Starks** came from multiple interviews with Butera.

143 **Starks having a third straight game with a double-digit fourth quarter:** Michael Arace, "Starks Makes Big Plays, but Olajuwon Makes Biggest," *Hartford Courant*, June 20, 1994.

143 **"Look, please let's just play tomorrow and get this over with":** Dennis D'Agostino, *Garden Glory: An Oral History of the New York Knicks*, pp. 241-42, 2003. Triumph Books.

143 **Detail about the pregame chapel meeting in a weight room before Game 7** came from an interview with Pastor John Love (7/30/19).

144 **Starks turning down the Spurs'contract offer in 1988:** John Starks and Dan Markowitz, *My Life*, p. 72, 2004. Sports Publishing LLC.

149 **The preplanned party in Riley's suite after Game 7, win or lose:** Dennis D'Agostino, *Garden Glory: An Oral History of the New York Knicks*, p. 243, 2003. Triumph Books.

149 **Herb Williams walking back to the team ho-**

122 **Lee getting financial help from prominent Black celebrities to finish *Malcolm X*:** Lena Williams, "Spike Lee Says Money from Blacks Saved 'X,'" *New York Times*, May 20, 1992.

123 **Lee's betting arrangement with Reggie Miller:** No byline, "Spike and Reggie Hug and Make Up," Associated Press, June 6, 1994.

123 **The agreement to cast Miller's wife in a Lee film if Pacers won series:** Jared Zwerling, "Miller Enters Hall with Spike Lee Motivation," ESPN. com, Sept. 7, 2012.

123 **"Are we in trouble here? ":** Spike Lee with Ralph Wiley, *Best Seat in the House: A Basketball Memoir*, p. 212, 1997. Crown.

124 **"My wife was right there!":** Dan Klores, *Winning Time: Miller vs. The Knicks; ESPN 30 for 30* film, 2010.

125 **Starks calling a players-only meeting before Game 6:** Clifton Brown, "Drive Time for Starks; Knicks Hope Mercurial Guard Has Post-Season Rebound," *New York Times*, April 16, 1995.

125 **Knicks taking a 1-6 postseason road record into Indiana:** Clifton Brown, "It's Do or Done Tonight for Knicks Era," *New York Times*, June 3, 1994.

127 **Checketts asking that the Larry O'Brien Trophy be given to the Knicks in the conference finals round to motivate the players, and Riley saying it was a bad idea:** Dennis D'Agostino, *Garden Glory: An Oral History of the New York Knicks*, p. 238, 2003. Triumph Books.

128 **"There's Patrick coming out of the sky":** Mike Lupica, "Magic from the Big Guy; Patrick's Game 7 a Story of Soaring," *Newsday*, June 6, 1994.

128 **Miller openly weeping in the locker room after Game 7:** Bruce Jenkins, "Ewing Leads Knicks into NBA Finals," *San Francisco Chronicle*, June 6, 1994.

128 **Starks saying the NBA Finals will be a"breeze" compared to the Indiana matchup:** J. A. Adande and Lacy J. Banks, "After Some Clarification, Starks Breezes into Opener," *Chicago Sun-Times*, June 9, 1994.

Relevant interviews in this chapter: Pam Harris, Maggie McEvoy, Dave Checketts, Butch Beard, Derek Harper, Russ Granik, Rod Thorn, Brian McIntyre, Phil Jackson (via email), Larry Brown, Patrick Eddie, Anthony Bonner, Donnie Walsh, Corey Gaines, Jeff Nix, J. A. Adande, and Ed Tapscott.

11 夢、追跡、そして悪夢

129 **Starks getting into a fight on his first day of middle school:** John Starks and Dan Markowitz, *My Life*, p. 27, 2004. Sports Publishing LLC.

129 **Principal telling Starks to leave school grounds:** John Starks and Dan Markowitz, *My Life*, p. 27, 2004. Sports Publishing LLC.

129 **Starks's effort to take the bus back home:** John Starks and Dan Markowitz, *My Life*, p. 27, 2004. Sports Publishing LLC.

131 **Starks requesting thirty tickets each for Games 1 and 2 of the NBA Finals:** Harvey Araton, "Starks Is Left Walking Mental Balance Beam," *New York Times*, June 10, 1994.

131 **Starks's uncle dying:** Clifton Brown, "What Do the Knicks Need? Some Easy Hoops Off the Fast Break," *New York Times*, June 10, 1994.

131 **Starks flying in from Tulsa:** Harvey Araton, "Starks Is Left Walking Mental Balance Beam," *New York Times*, June 10, 1994.

131 **"[His passing] didn't have anything to do with my performance":** Jerry Bembry, "Starks Is Pretty Angry Over Ugly Start," *Baltimore Sun*, June 10, 1994.

132 **Starks saying he got kicked off his high school team:** John Starks and Dan Markowitz, *My Life*, p. 34, 2004. Sports Publishing LLC.

132 **Starks growing up with six siblings:** John Starks and Dan Markowitz, *My Life*, p. 1, 2004. Sports Publishing LLC.

133 **Starks playing at four different colleges:** Jacob Lewis, "Starks Elevates His Game," *Washington Post*, Nov. 21, 1997.

133 **Starks taking a minimum-wage job as a cashier at Safeway:** John Starks and Dan Markowitz, *My Life*, p. 46, 2004. Sports Publishing LLC.

133 **The 10. 5-foot beams in the store:** John Starks and Dan Markowitz, *My Life*, p. 47, 2004.

133 **Playing in a local tournament against the likes of Karl Malone and Dennis Rodman:** John Starks and Dan Markowitz, *My Life*, p. 53, 2004. Sports Publishing LLC.

133 **Starks trying cocaine, telling himself he'd**

10 躍動するニックス

115 The Knicks having a 15,000-person season-ticket wait list: Richard Sandomir, "How Knicks Drummed Up Business," *New York Times*, Sept. 26, 2002.

115 Daryl Hannah and JFK Jr. breaking up: Bill Zwecker, "JFK Jr. Nicked by Breakup," *Chicago Sun-Times*, Nov. 16, 1994.

115 Detail about JFK Jr. requesting season tickets of his own came from interviews with Maggie McEvoy (8/19/19)and Dave Checketts (multiple interviews).

116 Derrick Coleman needing stitches for his lip: Al Harvin, "The Playbook Vanishes, and Other Nets' Riddles," *New York Times*, April 30, 1994.

116 Nets doctor being delayed on the way down to the locker room: Al Harvin, "The Playbook Vanishes, and Other Nets' Riddles," *New York Times*, April 30, 1994.

117 "We want the Bulls!" chant: David Steele, "Ewing, (36)Knicks Dismiss Nets, Get Shot at Bulls," *Newsday*, May 7, 1994.

118 Starks jawing with the daughter of a Bulls minority partner: Ed Sherman, "Like It or Not, Fans Get into Fight Action," *Chicago Tribune*, May 14, 1994.

118 Courtside fans wearing helmets at the following game: Steve Rosenbloom, "Ahmad & the Unapproach-a-Bull," *Chicago Sun-Times*, May 16, 1994.

118 Knicks trailing by 22 before tying the score late in Game 3: Mike Lupica, "Harper and Pippen: A Tale of Two Quitters," *Newsday*, May 15, 1994.

118 Pippen's refusal to go back into the game: Mike Lupica, "Harper and Pippen: A Tale of Two Quitters," *Newsday*, May 15, 1994.

118 Greg Anthony's 2-for-13 performance in Game 4: David Steele, "Nasty Whippin'by Pippen: Great Scottie, 21 Turnovers Destroy Knicks," *Newsday*, May 16, 1994.

118 B. J. Armstrong's go-ahead jumper in Game 5: Lacy J. Banks, "Heady Armstrong Steps Up in Big Way," *Chicago Sun-Times*, May 19, 1994.

119 Anthony telling Hubert Davis to be ready to shoot: Dennis D'Agostino, *Garden Glory: An Oral History of the New York Knicks*, p. 237, 2003. Triumph Books.

119 "What happened? Who fouled? ": J. A. Adande, "Hollins'Call Still Resonates After 15 Years," ESPN. com, May 29, 2009.

119 Garretson calling Hollins's call "terrible": Melissa Isaacson, "Ref Admits that Pippen Foul Wasn't," *Chicago Tribune*, Oct. 13, 1994.

120 "[The Knicks] are gonna win those sorts of games": Harvey Araton, "Knicks: A Train that Could (or Couldn't)," *New York Times*, March 16, 1994.

121 "They're a copy; we're the real thing": Clifton Brown, "Knicks Score 100 Against Pacers to Pass First Test," *New York Times*, May 25, 1994.

121 Ewing's two air balls and one point in Game 3: Peter May, "Knicks'Chances Go by the Boards; Rebounding the Key in Game 4," *Boston Globe*, May 30, 1994.

121 Ewing's scream out of frustration: David Steele, "Just Another Game 3 Loss, but This One Is New Mark for Futility," *Newsday*, May 29, 1994.

121 Knicks break record for fewest points by a team in shot-clock-era playoff game: David Steele, "Just Another Game 3 Loss, but This One Is New Mark for Futility," *Newsday*, May 29, 1994.

121 Spike Lee skipping his father's jazz concert to attend Game 7 of the Finals: Spike Lee with Ralph Wiley, *Best Seat in the House: A Basketball Memoir*, p. 62, 1997. Crown.

122 Actress Cheryl Burr telling Lee they needed to talk: Spike Lee with Ralph Wiley, *Best Seat in the House: A Basketball Memoir*, p. 105, 1997. Crown.

122 "Spike, it's over between me and you": Spike Lee with Ralph Wiley, *Best Seat in the House: A Basketball Memoir*, p. 107, 1997. Crown.

122 "Time for commitment": Spike Lee with Ralph Wiley, *Best Seat in the House: A Basketball Memoir*, p. 107, 1997. Crown.

122 Lee's first time buying season tickets, landing in Section 304: Spike Lee with Ralph Wiley, *Best Seat in the House: A Basketball Memoir*, p. 107, 1997. Crown.

122 Detail about Lee taking Knicks players to Shark Bar with other celebrities came from an interview with Patrick Eddie (2/8/19).

staffers'cars came from multiple interviews with Wayne Bell.

102 **Mason struggling with Turkish food:** Mark Jacobson, "The Beloved Anthony Mason," *New York*, Nov. 28, 1994.

102 **Fouls hardly ever getting called in Turkey:** Mark Jacobson, "The Beloved Anthony Mason," *New York*, Nov. 28, 1994.

102 **Improving his quickness in Venezuela:** Mark Jacobson, "The Beloved Anthony Mason," *New York*, Nov. 28, 1994.

102 **Averaging 28 points and 11 rebounds for USBL team:** Joe Krupinski, "Surf Stint Could Pay for Mason," *Newsday*, June 24, 1994.

102 **Ed Krinsky suggesting to Fuzzy Levane to sign Mason:** Harvey Araton, "Tough Knick Anthony Mason Was True to the City," *New York Times*, Feb. 28, 2015.

102 **Mason's 36 points that day:** Harvey Araton, "Tough Knick Anthony Mason Was True to the City," *New York Times*, Feb. 28, 2015.

102 **Detail about Mason's teeth being knocked out overseas and Mason's offer to play for an Israeli team before joining the Knicks** came from an interview with Latifa Whitlock (multiple interviews).

103 **Riley watching Mason at summer league:** Dennis D'Agostino, "Remembering Anthony Mason," NBA. com, March 2015.

105 **"Was about 8-to-1 in favor of chicks":** Eddie Mata, "NY Knicks Anthony Mason Where Are They Now in Sports," YouTube video, Jan. 24, 2015. https://www.youtube.com/watch? v=--PYk-dAZUxw&t=131s.

107 **Detail about Mason's wild night out with Hubert Davis** came from an interview with Ed Tapscott (multiple interviews).

108 **Mason's legal troubles from 1996 to 2000:** Jenna Fryer, "Hornets' Mason Sorry About Arrest," Associated Press, July 7, 2000.

108 **Cop tried to shake down Mason:** No byline, "Report: Cop Tried to Shake Down Basketball Player," Associated Press, April 16, 1997.

108 **Mason charged with statutory rape:** Mike Wise, "Mason Denies Charges in Statutory Rape Case," *New York Times*, Feb. 9, 1998.

109 **Five hours of police questioning:** No byline, "Mason Faces Rape Charge," Associated Press, Feb. 9, 1998.

109 **Felony charges dropped:** No byline, "Felony Charges Dropped Against Mason," United Press International, June 25, 1988.

110 **"Anthony's what I'd call an oxymoron":** Mark Jacobson, "The Beloved Anthony Mason," New York, Nov. 28, 1994.

110 **Detail about Corey Kelly being ticketed in the wake of Mason's auto accident** came from an interview with Anthony Kelly (9/16/19).

111 **Mason's mother was a bookkeeper:** Mark Jacobson, "The Beloved Anthony Mason," New York, Nov. 28, 1994.

111 **Detail about Mason enduring physical abuse while trying to protect his mother** came from multiple interviews with Latifa Whitlock.

111 **Detail about Mason leaving thousands of dollars on his mother's** dresser came from an interview with Gary Waites (8/2/19).

112 **Detail about Mason staying at the strip club to engage writers after nearly all his other teammates left** came from an interview with David Steele (10/2/19).

112 **Mason asking people if they were Christians, too:** Mark Jacobson, "The Beloved Anthony Mason," New York, Nov. 28, 1994.

113 **Detail about Mason being critical of Ewing for regularly turning down interview requests** came from interviews with Patrick Eddie (2/8/19), Freddy Avila, (8/28/19), and Anthony Kelly (9/6/19).

113 **Visiting the dying child in the hospital:** Ian O'Connor, "Mase's Greatest Assist," New York Daily News, March 28, 1995.

114 **"Joey had his moment before he died":** Ian O'Connor, "Mase's Greatest Assist," New York Daily News, March 28, 1995.

Relevant interviews in this chapter: Nico Childs, Wayne Bell, George Lester, Judon Roper, Latifa Whitlock, Cordell Johnson, Monica Bryant, Ed Krinsky, Bob Salmi, Ed Tapscott, Gary Waites, Patrick Eddie, Freddy Avila, Anthony Kelly, Antoine Mason, Don Cronson, Dave Checketts, David Steele, Curtis Bunn, Chris Smith, Fred Kerber, Frank Isola, Pastor John Love, and Ed Oliva.

83 **MRI confirming more bad cartilage:** Clifton Brown, "Knee Surgery Will Sideline Smith for Six Weeks," *New York Times*, Dec. 7, 1993.

83 **Smith having an array of celebrity nicknames:** Steve Bulpett, "All Celtics See No Stars," *Boston Herald*, Feb. 2, 1994.

84 **Doc Rivers tears his ACL:** Clifton Brown, "Injury to Rivers the Cloud in Ewing's Silver Lining," *New York Times*, Dec. 17, 1993.

85 **Greg Anthony can't find his belt:** Tim Layden, "Differences Are Easy to Pinpoint," *Newsday*, Dec. 22, 1993.

85 **Knicks had tried to acquire Harper before:** Jan Hubbard, "Knicks'Deal for Harper Rejected," *Newsday*, Feb. 25, 1993.

86 **Courtside fan taunting Harper:** Dennis D'Agostino, *Garden Glory: An Oral History of the New York Knicks*, p. 235, 2003.

87 **Riley's worst loss:** Clifton Brown, "Sonics Blast Knicks, and So Does Riley," *New York Times*, Feb. 23, 1994.

87 **The Knicks'West Coast struggles:** Clifton Brown, "Sonics Blast Knicks, and So Does Riley," *New York Times*, Feb. 23, 1994.

Relevant interviews in this chapter: Jason Hehir, Lewis Geter, Rolando Blackman, Mike Saunders, Brig Owens, Will Perdue, Mike Wise, Doc Rivers, Dr. Norm Scott, Derek Harper, Phil Hubbard, and Scott McGuire.

8 36時間のブレイクタイム

91 **"They all had their hands out":** Ira Berkow, "The Plot Thickens for Knicks and Bulls," *New York Times*, May 10, 1994.

91 **Harper pocketing his money:** Dennis D'Agostino, *Garden Glory: An Oral History of the New York Knicks*, p. 230, 2003. Triumph Books.

91 **Riley changing his starting lineup:** Clifton Brown, "Knicks Respond Favorabl to Riley's Changes," *New York Times*, March 3, 1994.

92 **Starks not thrilled with bench role:** Clifton Brown, "What, Starks Worry? Game 7 Is Buried," *New York Times*, Oct. 9, 1994.

92 **Holding eight straight opponents under 90 points:** Michael Arace, "Knicks Step Up Defense," *Hartford Courant*, March 20, 1994.

92 **Riley paying players for charges:** Dennis D'Agostino, *Garden Glory: An Oral History of the New York Knicks*, p. 236, 2003. Triumph Books.

92 **Eric Anderson trying to draw a charge:** Dennis D'Agostino, *Garden Glory: An Oral History of the New York Knicks*, p. 236, 2003. Triumph Books.

94 **Starks missing rest of regular season:** Robert McG. Thomas Jr. , "Knee Surger Puts Starks on Sidelines for Six Weeks," *New York Times*, March 15, 1994.

94 **"We needed scoring":** Clifton Brown, "This Finishing Stretch May Be Finishing the Knicks," *New York Times*, April 20, 1994.

95 **"That's what [Riley] said? ":** Clifton Brown, "This Finishing Stretch May Be Finishing the Knicks," *New York Times*, April 20, 1994.

95 **"Defines offense a different way than I define it":** Mike Freeman, "Riley Fires Back and Suspends Mason Indefinitely," *New York Times*, April 22, 1994.

95 **"You're either in, or you're out":** Mike Freeman, "Riley Fires Back and Suspends Mason Indefinitely," *New York Times*, April 22, 1994.

96 **Mason attending game while suspended as a spectator:** Sandy Keenan, "Knicks Shake It Off, Slam Sixers," *Newsday*, April 22, 1994.

96 **Davis thinking a fight was happening in the stands:** Sandy Keenan, "The Last Word Belongs to Pat; Hands Mase Indefinite Suspension," *Newsday*, April 22, 1994.

97 **"You're banned! You're barred! You're not part of this organization!":** Mark Jacobson, "The Beloved Anthony Mason," *New York*, Nov. 28, 1994.

Relevant interviews in this chapter: Corey Gaines, Anthony Bonner, Derek Harper, Mike Saunders, Jeff Van Gundy, Dave Checketts, Don Cronson, and Ernie Grunfeld.

9 アンソニー・メイソンの謎

98 **Details about Mason's Senior Night** came from interviews with Nico Childs (10/9/19) and Wayne Bell (multiple interviews).

99 **Details about Mason nearly being kicked off the team after sneaking into the girls-only dorm numerous times, and borrowing team**

Jordan," *Chicago Sun-Times*, May 26, 1993.

73 **The report on Jordan's gambling in Atlantic City mid-series:** Dave Anderson, "Jordan's Atlantic City Caper," *New York Times*, May 27, 1993.

74 **Van Gundy on New York's blown opportunity to go up 3-0:** Dennis D'Agostino, *Garden Glory: An Oral History of the New York Knicks*, p. 231, 2003.

74 **Smith dropping weight to play small forward:** Clifton Brown, "Smith Learning Less Can Mean More," *New York Times*, April 16, 1993.

74 **Teams opting to leave Smith open unless he was under the basket:** Sam Smith, "Knicks'Smith No Softie," *Chicago Tribune*, May 27, 1993.

75 **Knicks'27-game winning streak at the Garden:** Ira Winderman, "Knicks Get Down and Dirty; Jackson Annoyed by Physical Tactics," *South Florida Sun-Sentinel*, May 26, 1993.

76 **"Like the sudden death of a family member who was perfectly healthy":** Doc Rivers and Bruce Brooks, *For Those Who Love the Game*, p. 147, 1993. Henry Holt.

77 **Rivers seeing Herb Williams at a gas station after Game 5:** Doc Rivers and Bruce Brooks, *For Those Who Love the Game*, p. 148, 1993. Henry Holt.

77 **Rivers seeing Smith pulled over by the police after Game 5:** Doc Rivers and Bruce Brooks, *For Those Who Love the Game*, p. 148, 1993. Henry Holt.

77 **"Maybe this is the defining moment of this team's life":** David Moore, "Bulls Plan a Quick Ending for Knicks," *Dallas Morning News*, June 4, 1993.

77 **Smith and Knicks reaching a tentative agreement on a deal between Games 5 and 6:** Clifton Brown, "Large Step for Knicks, but It's Small Solace," *New York Times*, June 6, 1993.

78 **"We had a championship team. We really did":** Dennis D'Agostino, *Garden Glory: An Oral History of the New York Knicks*, p. 230, 2003. Triumph Books.

Relevant interviews for this chapter: Steve Maslek, Paul Evans, Reggie Warford, Ed Tapscott, Doc Rivers, Jake O'Donnell, Mike Wise, George Whittaker, Will Perdue, and Dave Checketts.

7 夜明け

79 **Riley family traveling for vacation to Wailea:** Jason Hehir, *The Last Dance: The Untold Story of Michael Jordan and the Chicago Bulls*, unused research material shared by Hehir, who directed the ESPN documentary, April 2020.

80 **Ewing learning of Jordan's retirement:** Rachel Nichols, "The Jump," interview with Patrick Ewing, ESPN, May 12, 2020.

80 **"It helps us":** Steve Jacobson, "Never Going to Be the Same," *Newsday*, Nov. 3, 1993.

80 **Team begins season at 12:01 a.m.:** David Steele, "Up Before Dawn: Riley Starts Work Ethic at Midnight," *Newsday*, Oct. 9, 1993.

80 **The new rules around flagrant fouls:** No byline, "NBA to Enforce New Flagrant Rule," United Press International, Nov. 5, 1993.

81 **Detail about Smith's tooth being knocked out by Oakley during a training-camp practice** came from an interview with Lewis Geter (7/30/19).

81 **Bonner being bruised up in camp:** Clifton Brown, "Bonner Muscling His Way into Knicks'Picture," *New York Times*, Oct. 17, 1993.

81 **Knicks being on the road to start the season:** David Steele, "Knicks Handle Road, Ailments," *Newsday*, Nov. 19, 1993.

81 **A number of Knicks being unhappy with their places in the rotation:** Clifton Brown, "Not All Knicks Are Happy Campers," *New York Times*, Oct. 8. 1993.

82 **Hornacek being able to predict New York's offense:** Frank Lawlor, "Surprise! Sixers Pull a Trap on the Knicks," *Philadelphia Inquirer*, Jan. 24, 1994.

82 **Anonymous quotes:** Mark Heisler, "Riley Has a New Project: Find Locker Room Rats," *Los Angeles Times*, Jan. 30, 1994.

82 **Ewing's and Starks's shooting woes:** No byline, "Rockets Win 15th in a Row," *Los Angeles Times*, Dec. 3, 1993.

83 **Smith having had knee surgery just months earlier:** Clifton Brown, "Knee Surgery Will Sideline Smith for Six Weeks," *New York Times*, Dec. 7, 1993.

No byline, "Suns Have Plenty of Punch Left, Pound Knicks," Associated Press, March 24, 1993.

62 **Greg Anthony returning to practice one day after breaking his jaw:** No byline, "Anthony Inspires No. 2 UNLV," *Orlando Sentinel*, Feb. 28, 1990.

62 **Anthony charging at a referee:** Howard Blatt, "Knicks Get Win, Barely Greg Leads Grizzlies Against Former Team," *New York Daily News*, Nov. 20, 1995.

62 **Six ejections and 12 technical fouls:** Clifton Brown, "Six Ejected in Knicks-Suns Wild West Slugfest," *New York Times*, March 24, 1993.

63 **Unprecedented fines:** Mark Heisler, "Brawl Costs Knicks, Suns $294, 173. 97," *Los Angeles Times*, March 25, 1993.

63 **"We're either gonna win the game, or win the fight":** Dan Klores, *Winning Time: Miller vs. The Knicks; ESPN 30 for 30* film, 2010.

Relevant interviews in this chapter: Pam Harris, Mark Pannes, Dave Checketts, Ernie Grunfeld, Dr. Norm Scott, Elgin Baylor, Xavier McDaniel, Bob Salmi, Loren Olson, Tim McGee, Said Hamdan, Stu Jackson, Jeff Nix, Greg Butler, Brendan Malone, David Cain, Donnie Walsh, Billie Streets, Bobby Goldwater, Ken Munoz, Rod Thorn, Joel Litvin, Russ Granik, Doc Rivers, Mike Saunders, Kenny Anderson, Steve Javie, Ed T. Rush, Jerry Colangelo, and Curtis Bunn.

6 猛牛軍団の中の蝶

64 **Paul Evans named Pitt coach:** Pohla Smith, "Pitt Names Evans Coach," United Press International, March 26, 1986.

65 **Smith being 5-foot-10 as a high school freshman:** Mark Whicker, "Smith's Style Finally Fits in with Clippers," *Orange County Register*, Jan. 22, 1990.

65 **Then growing to 6-foot-7 by graduation:** Mark Whicker, "Smith's Style Finally Fits in with Clippers," *Orange County Register*, Jan. 22, 1990.

65 **Smith's interests in other things:** Scott Howard-Cooper, "Smith Knows His Stuff on the Court," *Los Angeles Times*, March 28, 1990.

65 **Stocks and world affairs:** Scott Howard-Cooper, "Smith Knows His Stuff on the Court," *Los Angeles Times*, March 28, 1990.

65 **Smith's disinterest in watching game film with his father:** Scott Howard-Cooper, "Smith Knows His Stuff on the Court," *Los Angeles Times*, March 28, 1990.

66 **Smith's 52-point game:** Scott Howard-Cooper, "Smith's 52 Tie Record in Clipper Win," *Los Angeles Times*, Dec. 2, 1990.

66 **Smith's hair loss due to stress:** Ben Sin, "Checking In with Charles Smith," *New York*, Dec. 13, 2011.

68 **Starks's short fuse:** Larry McShane, "Malik and the Missing Playbook: A True Story," *Associated Press*, April 30, 1993.

68 **Ref telling Starks to shut up and play:** Sam Morrill, "John Starks Reminisces About Battles with Reggie Miller," YouTube video, MSG Network, July 26, 2017, https://www.youtube.com/watch? v=UFqQ7f2xBQs.

69 **"Wanted to take my fist and put it through his face":** Sam Morrill, "John Starks Reminisces About Battles with Reggie Miller," You-Tube video, MSG Network, July 26, 2017, https://www.youtube.com/watch? v=UFqQ7f2xBQs.

69 **"I'm gonna cut [Miller's] dick off and make him eat it":** Frank Isola and Mike Wise, *Just Ballin': The Chaotic Rise of the New York Knicks*, p. 223, 1999. Simon & Schuster.

69 **Starks's mother's frustration with Ewing:** Dan Klores, *Winning Time: Miller vs. The Knicks; ESPN 30 for 30* film, 2010.

70 **Detail about the hard-hat worker cussing out Phil Jackson from the upper deck of MSG** came from an interview with Will Perdue (12/19/20).

71 **Disparity in credential requests:** Bob Ryan, "City is Basking in its Basketball," *Boston Globe*, May 26, 1993.

72 **Jordan's struggles:** Jan Hubbard, "Jordan Is Human, at Least for Now," *Newsday*, May 24, 1993.

72 **Starks's training camp dunk attempt that kept him on the roster:** John Starks and Dan Markowitz, *My Life*, p. 83, 2004.

73 **Horace Grant's ankle injury:** Lacy J. Banks, "Big Apple No Fun City for 'No-Show Grant," *Chicago Sun-Times*, May 26, 1993.

73 **Jerry Krause passing on chance to sign Starks:** Mike Mulligan, "Anthony Foul Angers

12, 1992.

49 **Knicks'offer for Harvey Grant:** David Hutchison, "Grant Offer Tops $17 Million," *Washington Times*, July 3, 1992.

50 **Stanley Roberts holding up the trade:** Barry Cooper, "Roberts Agrees;Deal Done," *Orlando Sentinel*, Sept. 23, 1992.

50 **Boston signing McDaniel:** Peter May, "X Marks His Spot: McDaniel, Celtics Team on 3-yr Deal," *Boston Globe*, Sept. 11, 1992.

51 **Roberts being swayed by Sterling's party:** Barry Cooper, "Roberts Agrees;Deal Done," *Orlando Sentinel*, Sept. 23, 1992.

51 **An O where their X used to be:** Joe Gergen, "A Big 'X'Carved in Checketts' Reputation," *Newsday*, Sept. 11, 1992.

52 **Oakley's siblings:** Mike Wise, "The Knicks' Family Man," *New York Times*, Nov. 22, 1995.

52 **Oakley's flagrant total:** Harvey Pollack and Joe Favorito, "1993-94 NBA Media Guide and Statistical Yearbook," p. 188, Oct. 1993.

52 **Oakley hitting Silas in the chest:** Mike Cranston, "Former NBA Enforcer Charles Oakley Takes Tough-Guy Persona to Charlotte," Associated Press, Jan. 21, 2011.

53 **Detail about team staffers sitting their families away from the courtside seats, to avoid them being run into by Oakley** came from interview with Said Hamdan (12/30/20).

53 **Oakley's father dying at 35:** Mike Wise, "The Knicks' Family Man," *New York Times*, Nov. 22, 1995.

54 **Oakley's early wake-up calls:** Shaun Powell, "He Got His Toughness from Cleveland's Inner City and His Work Ethic from Rural Alabama," *Newsday*, May 8, 1994.

54 **Oakley's grandfather's lack of equipment:** Shaun Powell, "He Got His Toughness from Cleveland's Inner City and His Work Ethic from Rural Alabama," *Newsday*, May 8, 1994.

54 **Oakley washing cars:** Phil Taylor, "Charles Oakley Made His Name Under the Boards with His Elbows and His Heart," *Sports Illustrated*, Jan. 24, 2000.

54 **Oakley's plainspoken riddles:** Chris Jenkins, "Ewing's Shots Irk Knicks," *San Diego Union-Tribune*, June 17, 1994.

54 **Oakley's Starburst-like clothing:** Richard Sandomir, "Inside the Closet of Charles Oakley," *New York Times*, March 12, 1995.

54 **Refusing to wear the same thing as a teammate:** Richard Sandomir, "Inside the Closet of Charles Oakley," *New York Times*, March 12, 1995.

56 **Oakley's $10,000 fine:** Clifton Brown, "No Harm, No Foul? Oakley Is Fined $10,000," *New York Times*, Jan. 1, 1993.

56 **"The way a defensive back pops a receiver":** Clifton Brown, "No Harm, No Foul? Oakley Is Fined $10,000," *New York Times*, Jan. 1, 1993.

56 **"Just because there's glass in the road":** Doug Smith, "The World According to Oakley," *Toronto Star*, July 27, 2007.

57 **Knicks'meeting with the league office:** No byline, "Fine to Oakley Is Questioned," *New York Times*, Jan. 12, 1993.

57 **flagrant fouls:** Harvey Pollack and Joe Favorito, "1993-94 NBA Media Guide and Statistical Yearbook," p. 188, Oct. 1993.

57 **97 technical fouls:** Harvey Pollack and Joe Favorito, "1993-94 NBA Media Guide and Statistical Yearbook," p. 199, Oct. 1993.

59 **Frisbee-catching dog named Whitney:** Curtis Bunn, "Pitiful Showing Extinguishes Glow of Win over Bulls," *Newsday*, Sept. 30, 1992.

59 **"We just followed suit":** Curtis Bunn, "Pitiful Showing Extinguishes Glow of Win over Bulls," *Newsday*, Sept. 30, 1992.

59 **15 consecutive misses and 11-minute drought:** Curtis Bunn, "Pitiful Showing Extinguishes Glow of Win over Bulls," *Newsday*, Sept. 30, 1992.

59 **Video with car crashes and rams head-butting each other:** Stefan Marolachakis and Jesse Williams, "Open Run" podcast with Doc Rivers, Jan. 18, 2017.

59 **"Fire coming out of his eyes":** Stefan Marolachakis and Jesse Williams, "Open Run" podcast with Doc Rivers, Jan. 18, 2017.

60 **Hack opponents early and often:** Stefan Marolachakis and Jesse Williams, "Open Run" podcast with Doc Rivers, Jan. 18, 2017.

60 **Kenny Anderson breaking his wrist:** Mike Freeman, "Broken Wrist Sidelines Anderson and Angers Nets," *New York Times*, March 2, 1993.

60 **The narrative around the Suns being"soft":**

Mark Jackson came from an interview with Patrick Eddie (2/8/19).

37 **Team's $50,000 card games:** Robby Kalland and Martin Rickman, "Dime Podcast, Ep. 4: Greg Anthony Talks Fights at Knicks Practice and Lemon Pepper Wings," Oct. 19, 2017.

39 **Franchise-worst 61 points:** Curtis Bunn, "Hold That Team! Defense Key for Knicks," *Newsday*, April 24, 1992.

39 **Scoreless over final 3: 41 versus Atlanta:** Curtis Bunn, "Self-Destruction; Scoreless Last 3:41 Drops Knicks into Tie for 1st," *Newsday*, April 16, 1992.

40 **Losing sole possession of first place:** Curtis Bunn, "Self-Destruction;Scoreless Last 3:41 Drops Knicks into Tie for 1st," *Newsday*, April 16, 1992.

40 **Detail about Holzman gently correcting Checketts** came from interviews with Ed Tapscott (multiple conversations).

41 **Only team in history to blow such a lead:** ESPN Stats & Information research;original reporter query.

41 **Putting Ewing further from the basket:** Clifton Brown, "Stomping at the Garden, Knicks Win in a Waltz," *New York Times*, April 25, 1992.

41 **Trapping Isiah Thomas:** Jan Hubbard, "Brainpower Gives Knicks Better Look," *Newsday*, April 25, 1992.

41 **Strategy to contain Rodman:** Sam Smith, "Few Shots (Clank!) on Playoffs," *Chicago Tribune*, April 28, 1992.

41 **Six technical fouls:** Curtis Bunn, "Ewing Steps Up; Leads Knicks to Thrillin OT Win, 2-1 Lead," *Newsday*, April 29, 1992.

41 **Four techs and a flagrant:** Sam Smith, "Knicks, Pistons Get Down and Dirty," *Chicago Tribune*, May 1, 1992.

42 **"When push came to thug":** Bruce Newman, "Rough and Tough," *Sports Illustrated*, May 11, 1992.

42 **Pippen wishing Oakley good luck:** Sam Smith, "There's No Escaping Back-to-Back Weekend Games in New York," *Chicago Tribune*, May 5, 1992.

43 **"Knicks' Best Hope? Look Good Losing":** Chris Smith, "The Knicks Go for the Grand Slam," *New York*, May 31, 1993.

43 **Pippen's ankle sprain:** Sam Smith, "X-Rated Encounter for Pippen," *Chicago Tribune*, May 9, 1992.

43 **Three Bulls needing to be bandaged in one quarter:** Joe Gergen, "Bulls Take a Licking but Keep Ticking," *Newsday*, May 10, 1992.

44 **"Thrown around like a rag doll":** Alan Greenberg, "Pippen Makes It Tough on Bulls," *Hartford Courant*, May 28, 1993.

44 **Bulls'drives to the basket in Game 5:** Anthony Cotton, "Bulls Repel Knicks on Jordan's Drives," *Washington Post*, May 13, 1992.

44 **Details from the locker-room tape shown to the team before Game 6** came from interviews with Bob Salmi (multiple conversations), Gerald Wilkins (11/12/19), and Patrick Eddie (2/8/19).

45 **"I expect my head to be taken off ":** Melissa Isaacson, "Jackson Says He Saw It Coming," *Chicago Tribune*, May 15, 1992.

46 **Knicks forcing Jordan's game to the perimeter:** Curtis Bunn, "Knicks Live! Limping Ewing, Starks Lead Awesome Effort," *Newsday*, May 15, 1992.

46 **Knicks' five flagrants to Chicago's zero:** Lacy J. Banks, "Bulls Know Cavaliers Can't Be Taken Lightly," *Chicago Sun-Times*, May 19, 1992.

47 **Ewing's three fouls in four minutes in Game 7:** Steve Jacobson, "All Hail Michael! No Excuses for Average Patrick," *Newsday*, May 18, 1992.

Relevant interviews in this chapter: Dave Checketts, Pam Harris, Mark Pannes, Cliff Chenfeld, Stanley Jaffe, Bob Salmi, Jeff Nix, Brian Quinnett, Gerald Wilkins, Mike Saunders, Patrick Eddie, Tim McCormick, Ed Tapscott, and Xavier Mc-Daniel.

5 MSGのゴール下は犯罪現場？

48 **Detail about Riley's misinterpretation of the poster mock-ups** came from an interview with Pam Harris (6/21/19).

48 **Chalk outline on a printout:** Sam Smith, *The Jordan Rules: The Inside Story of One Turbulent Season with Michael Jordan and the Chicago Bulls*, p. 422 (Kindle version).

49 **Indestructible ticket material:** Eric Fisher, "Knicks Take Plastic, Not Paper, for New Anti-Counterfeit Tickets," *Washington Times*, Dec.

of Riley, p. 42, 1994.

26 **Riley's start as a broadcaster with Chick Hearn:** Mark Heisler, *The Lives of Riley*, p. 43, 1994. Macmillan.

26 **Riley's salary as an analyst:** Jerry Crowe, "As Hearn's Sidekicks, They Got a Kick Out of Their Jobs," *Los Angeles Times*, May 25, 2009.

26 **Hearn intervening to help Riley get signed as a Laker:** Mark Heisler, *The Lives of Riley*, p. 30, 1994. Macmillan.

27 **Riley wanting assurances he could get his old job back:** Mark Heisler, *The Lives of Riley*, p. 51, 1994. Macmillan.

27 **Jerry West's lack of interest in the Laker job:** Jerry West and Jonathan Coleman, *West by West: My Charmed and Tormented Life*, p. 131, 2012. Back Bay Books.

28 **"He just let us play":** Mark Heisler, *The Lives of Riley*, p. 66, 1994. Macmillan.

28 **Trademarking the phrase "three-peat":** Scott Ostler, "Champions Entering a New Phase as Riley Impels by Word of Mouth," *Los Angeles Times*, June 6, 1989.

28 **Riley's control and attention:** Mark Heisler, *The Lives of Riley*, p. 141, 1994.

28 **"What happened was, he made more money, commercials, and things than players":** Mark Heisler, *The Lives of Riley*, p. 146, 1994. Macmillan.

28 **Riley trying to plant a story:** Mark Heisler, "Showtime Goes to Broadway: Happy Days Are Here Again for Pat Riley," *Los Angeles Times*, Oct. 31, 1991.

29 **Riley's reluctance to do Coach of the Year award press conference:** Jeff Pearlman, *Showtime: Magic, Kareem, Riley, and the Los Angeles Lakers Dynasty of the 1980s*, p. 388, 2014. Gotham Books.

29 **Detail about Riley requiring scouts to get permission in advance to watch practice** comes from an interview with Phil Hubbard (7/25/19).

30 **Detail about Riley making the comment concerning a hostage** cames from an interview with Spencer Checketts (12/12/19).

31 **Riley initially learning to watch film as an analyst:** Jim Luttrell, "Video Viewing Becoming Vogue in the NBA," United Press International, Oct. 19, 1985.

33 **Riley taking sleeping pills after tough losses:** Curtis Bunn, "Riley Remains Critical," *Newsday*, Jan. 21, 1992.

33 **Riley seeing acupuncturists for stress:** Sam McMannis, "A Winner from the First," *Los Angeles Times*, Jan. 21, 1990.

33 **Riley's smoking habit:** Dr. Jack Ramsay, "Riley Kept his Word to Van Gundy," ESPN. com, Oct. 25, 2003.

Relevant interviews in this chapter: Billie Streets, Gerald Wilkins, Jerry Albig, Bob Salmi, Xavier McDaniel, Mike Meola, Howie Lorch, Dave Pryzbylo, Gil Brandt, Warren DeSantis, Larry Conley, Dennis DeNovio, Dave Checketts, Pastor John Love, Swen Nater, Frank Gardner, Spencer Checketts, Ernie Grunfeld, Ed Tapscott, Brian Quinnett, and Tim McCormick.

4 マイケル・ジョーダンをぶったおせ

34 **Detail about a scuttled poster idea featuring Riley** came from interviews with Pam Harris (6/21/19) and Mark Pannes (7/31/19).

34 **Balsam and Chenfeld as playlist creators:** John Anderson, "Going for the Gusto of '70s Nostalgia," *Newsday*, July 26, 1990.

34 **Itzler creating Knicks'anthem:** William C. Rhoden, "Hip-Hop in Orange and Blue," *New York Times*, Feb. 18, 1995.

34 **Detail about Jaffe throwing notebooks in response to seeing an example of how the Knicks'team dancers would perform** came from an interview with Pam Harris (6/21/19).

35 **"Assault" nickname:** Jan Hubbard, "Young Guards Are Impressing Riley," *Newsday*, Oct. 27, 1991.

35 **McDaniel's frequent pump fakes:** Curtis Bunn, "X-Man Falls Short: Punchless McDaniel Not Meeting Expectations," *Newsday*, March 12, 1992.

36 **Detail about VanDeWeghe claiming to go "3-for-5"** came from an interview with Brian Quinnett (2/15/19).

36 **Riley's"clique" meeting in Oakland:** Chris Smith, "The Knicks Go for the Grand Slam," *New York*, May 31, 1993.

37 **Details about the races between Oakley and**

Probe," *New York Post*, September 14, 2013.

11 **Walker-Brown confrontation:** Roy S. Johnson, "Brown-Walker Rift Continues to Strain the Knicks," *New York Times*, Feb. 2, 1986.

11 **Detail about a member of the coaching staff having an extramarital affair, and it annoying players** came from a pair of players who asked to be on background.

12 **Record-breaking injury totals:** "Knicks Top Even Themselves for Injuries," Associated Press, April 6, 1986.

12 **Idea of issuing fines for poor rebounding:** Roy S. Johnson, "Knicks Pathetic Again, Dropping 13th in Last 16," *New York Times*, Feb. 17, 1987.

12 **Cartwright and Bogues rebounding at same rate:** Peter May, "Knicks Are Facing a Very Long Haul," *Hartford Courant*, Nov. 17, 1987.

12 **Walker's pivot struggles:** Rick Pitino and Bill Reynolds, *Born to Coach: A Season with the New York Knicks*, p. 39, 1988. New American Library.

13 **Failures of Knicks management:** Spike Lee with Ralph Wiley, *Best Seat in the House: A Basketball Memoir*, p. 155, 1997. Crown.

13 **Mistrust between Pitino and Bianchi:** Harvey Araton, "As Bianchi Leaves, Bitterness Lingers," *New York Times*, April 5, 1991.

16 **Riley asking for book and movie deals:** Chris Smith, "Knicks Go for the Grand Slam," *New York*, May 31, 1993.

17 **Potential tampering charges against Warriors:** Harvey Araton, "Knicks May Charge that Warriors Tampered," *New York Times*, July 9, 1991.

18 **The Knicks having entertained trade offers for Ewing previously:** Paul Knepper, *The Knicks of the Nineties*, p. 7, 2020.

19 **List of Ewing's preferred trade destinations:** "Knicks Are Considering Trading Ewing," *Baltimore Sun*, August 23, 1991.

Relevant interviews for this chapter: Brendan Malone, Paul Westphal, Butch Beard, Butch Carter, unnamed players from the 1980s, Bob Hill, Curtis Bunn, Harvey Araton, Al Bianchi, Jehudith Cohen, Dick Evans, Dave Checketts, David Falk, Dick Rosenthal, and Ed Tapscott.

3 ライリーの改革

20 **Riley's love for "My Girl":** Wright Thompson, "Pat Riley's Final Test," ESPN. com, April 25, 2017.

20 **Detail about Riley using "This Old Heart of Mine" as his entrance music at the Garden** came from an interview with Billie Streets (10/24/19).

21 **Detail about the drill being named "Suicide Alley"** came from an interview with Jerry Albig (1/29/21).

21 **VanDeWeghe bracing for practices:** Clifton Brown, "Vandeweghe Enjoys Job as Backup to McDaniel," *New York Times*, Oct. 13, 1991.

23 **Riley's unimpressive first day of practice with San Diego:** Mark Heisler, *The Lives of Riley*, p. 25, 1994. Macmillan.

24 **Riley jumping center:** Mark Heisler, *The Lives of Riley*, p. 20, 1994. Macmillan.

24 **"His number one task was to beat to the hell out of me":** Jerry West and Jonathan Coleman, *West by West: My Charmed and Tormented Life*, p. 129, 2012. Back Bay Books.

24 **Riley's five siblings:** Mark Heisler, *The Lives of Riley*, p. 9, 1994. Macmillan.

24 **The Riley home's heat register:** Wright Thompson, "Pat Riley's Final Test," ESPN. com, April 25, 2017.

24 **Lack of affection in the home:** Wright Thompson, "Pat Riley's Final Test," ESPN. com, April 25, 2017.

25 **Tommy Lasorda entertaining Riley as a toddler:** Mark Heisler, *The Lives of Riley*, p. 10, 1994. Macmillan.

25 **Riley's father burning his baseball memorabilia:** Mark Heisler, The Lives of Riley, p. 10, 1994. Macmillan.

25 **Riley's father's businesses fizzling out:** Mark Heisler, *The Lives of Riley*, p. 10, 1994. Macmillan.

25 **Riley's father running onto the court:** Mark Kriegel, "The Father Within Pat's Dad Is Here and Now," *New York Daily News*, Sept. 5, 1995.

26 **Being denied entry into Lakers'pressroom:** Mark Heisler, *The Lives of Riley*, p. 40, 1994. Macmillan.

26 **Riley's drifting phase:** Mark Heisler, *The Lives*

原註

プロローグ

The majority of the information in this section comes from interviews with Said Hamdan (12/30/20), Pam Harris (6/21/19), and Sammy Steinlight (1/9/21).

1 力という新言語

2 **Details about McDaniel tripping Mason on the first day of training camp in 1991 and Mason's reaction to the tripping** came from an interview with Patrick Eddie (2/8/19).

3 **Sideways plane seats:** Phil Jasner, "Mason Thinks He Deserves Some Credit," *Philadelphia Daily News*, June 17, 1994.

3 **Language barriers and social isolation:** Mark Jacobson, "The Beloved Anthony Mason," *New York*, Nov. 28, 1994.

3 **Details about McDaniel wrapping a towel around his manhood in Seattle** came from an interview with Frank Brickowski (12/9/20).

4 **McDaniel fighting with Reggie King:** Bruce Newman, "X," *Sports Illustrated*, February 11, 1991.

4 **Constant sparring in McDaniel's rookie year:** Sam McManis, "X Marks the Spot," *Los Angeles Times*, May 12, 1989.

4 **Boy chasing Riley with butcher knife:** Mark Heisler, *The Lives of Riley*, p. 12, 1994. Macmillan.

5 **Riley's first date with Chris Rodstrom:** Riley's Hall of Fame speech, 19:45 mark of YouTube video. Published by OfficialHoophall. https://www.youtube.com/watch? v=RXy6o7hm9qM

5 **Loud noises at Knicks' first practice:** John Starks and Dan Markowitz, *My Life*, p. 97, 2004. Sports Publishing, LLC.

5 **Details about Riley laying out his game plan on Day 1 of camp** came from an interview with Gerald Wilkins (11/12/19).

6 **Details about Riley's "easy run"** came from an interview with Jeff Sanders (8/8/19).

6 **Details about the court being wet from the lack of air-conditioning** came from an interview with Jeff Van Gundy (multiple conversations).

Relevant interviews for this chapter included: Patrick Eddie, Xavier McDaniel, Ed Tapscott, Tim McCormick, Frank Brickowski, Bernie Bickerstaff, Dan O'Sullivan, Jeff Sanders, Brian Quinnett, and Jeff Van Gundy.

2 手榴弾を渡していたらどんなことになったやら

9 **PA announcer pleading with fans:** Roy S. Johnson, "Fans Hurl Posters in Defeat," *New York Times*, March, 18, 1987.

9 **"Thank God... they didn't have hand grenades":** Dave Anderson, "Seeds of a Knick Revolt," *New York Times*, March 19, 1987.

10 **One of the Knick players having a PhD:** William C. Rhoden, "Too Late; Fall Back, Baby," *New York Times*, Feb. 26, 1991.

10 **Bill Bradley being a U. S. senator:** Peter Kerr, "Bradley, Heavily Favored, Narrowly Defeats Whitman," *New York Times*, Nov. 7, 1990.

10 **Jerry Lucas being able to memorize parts of the phone book:** Scott Cacciola, "A Thinking Man's Player Never Stops Thinking," *New York Times*, April 6, 2013.

10 **Jackson's admission that the Knicks of the 1970s used to deflate basketballs slightly:** Sam Smith, "Call It Deflating, Scuffing, Cutting—or There's a Better Word: Cheating," *Chicago Tribune*, Nov. 30, 1986.

11 **FBI investigation into Knicks:** Gary Buiso, "Knicks Fixed Games for Drug Dealers: FBI

BLOOD IN THE GARDEN

THE FLAGRANT HISTORY OF THE 1990s NEW YORK KNICKS

本書執筆にあたって／参考文献

本書にまとめた情報の大部分は、ニックスのクラブに関係する200人以上の人々へのインタビューから得られたものです。参加者には、選手、コーチ、幹部、社員、配偶者、友人、代理人、親戚、対戦相手、高校や大学のチームメイト、リーグ幹部、テレビ局幹部、チームのダンサーやドクターなど、様々な人が含まれています。

デリケートな内容を多く含むため、情報源は明かさないことを条件にインタビューに応じてくれたケースもありましたが、私はできる限り、透明性を保つために、各インタビューからどのような情報が得られたかを、章ごとにまとめました。

そのほか、私が参考とした書籍、新聞、記事、ポッドキャスト、ビデオクリップ、映画も以下に挙げたいと思います。

＊

Wright Thompson, "Pat Riley's Final Test," ESPN. com, April 25, 2017.https://www.espn.com/espn/feature/story/_/id/19233570/why-miami-heat-president-pat-riley-leave-nba.

Dan Klores, *Winning Time: Reggie Miller vs. the New York Knicks*, March 14, 2010.

Ken Berger, "Forgotten Finals: Remembered for All the Wrong Reasons," CBS Sports. com, May 26, 2014. https://www.cbssports.com/nba/news/forgotten-finals-remembered-for-all-the-wrong-reasons/.

Dennis D'Agostino, *Garden Glory: An Oral History of the New York Knicks*.

Doc Rivers and Bruce Brooks, *Those Who Love the Game*, 1993. Henry Holt.

Jeff Pearlman, *Showtime: Magic, Kareem, Riley, and the Los Angeles Lakers Dynasty of the 1980s*, 2014. Gotham Books.

Mark Heisler, *Lives of Riley*, 1994. Macmillan.

Spike Lee with Ralph Wiley, *Best Seat in the House: A Basketball Memoir*, 1997. Crown.

John Starks and Dan Markowitz, *My Life*, 2004. Sports Publishing, LLC.

Chris Smith, "Knicks Go for the Grand Slam," *New York*, May 31, 1993.

Chris Smith, "Hoop Genius," *New York*, November 27, 1995.

Mark Jacobson, "The Beloved Anthony Mason," *New York*, November 28, 1994.

Frank Isola and Mike Wise, *Just Ballin': The Chaotic Rise of the New York Knicks*, 1999. Simon & Schuster.

Stefan Marolachakis and Jesse Williams, "Open Run podcast with Doc Rivers," January 18, 2017. https://podcasts.apple.com/us/podcast/doc-rivers-president-and-coach-of-the-la-clippers/id964872681?i=1000380143540.

Mark Kriegel, "Escape from New York," *Esquire*, December 1, 1995.

Mike Wise, "Book Is Closed on the Knicks-Riley Saga," *New York Times*, September 8, 1995.

BLOOD IN THE GARDEN

THE FLAGRANT HISTORY OF THE 1990s NEW YORK KNICKS

熱血のMSG マディソンスクエアガーデン

1990年代“いきすぎ”ニューヨーク・ニックス激闘譜

2025年2月15日　第1刷発行

著者……………クリス・ヘリング

訳者……………島本和彦

デザイン…………WHITELINE GRAPHICS CO.

発行人……………永田和泉

発行所……………株式会社イースト・プレス
〒101-0051 東京都千代田区神田神保町2-4-7 久月神田ビル
Tel 03-5213-4700
Fax 03-5213-4701
https://www.eastpress.co.jp

印刷所……………中央精版印刷株式会社

Printed in Japan
ISBN978-4-7816-2411-2

本書の情報は、2024年12月時点のものです。情報が変更している場合がございますので、ご了承ください。